Truman Capote

Gesammelte Erzählungen

Rowohlt

Hinweise auf die Originalausgaben, die Originaltitel der Erzählungen
und die Übersetzer siehe Seite 319
Schutzumschlag- und Einbandentwurf von Werner Rebhuhn

1.–15. Tausend August 1970
Mit freundlicher Genehmigung des Limes Verlages, Wiesbaden
veröffentlicht im Rowohlt Verlag GmbH, Reinbek bei Hamburg, 1970

Gesamtherstellung Clausen & Bosse, Leck/Schleswig
Holzfreies Werkdruckpapier von der Peter Temming AG, Glückstadt/Elbe
Printed in Germany
ISBN 3 498 09054 2

INHALT

BAUM DER NACHT

Es war Winter. Eine Reihe nackter Glühbirnen, aus denen alle Leuchtkraft hinausgezogen zu sein schien, erhellte den kalten, zugigen Bahnsteig der kleinen Station. Am späten Nachmittag hatte es geregnet, und nun hingen Eiszapfen von der Dachrinne des Bahnhofsgebäudes herab wie bösartige Zähne eines kristallenen Ungeheuers. Bis auf ein junges, ziemlich großes Mädchen war der Bahnsteig wie ausgestorben. Das Mädchen trug ein graues Flanellkleid, einen Regenmantel und einen karierten Schal. Ihr Haar, das in der Mitte gescheitelt und zu beiden Seiten ordentlich eingerollt war, war voll und dunkelblond; wenn ihr Gesicht auch fast zu zart und schmal war, hatte sie – zwar nichts Außergewöhnliches, aber doch etwas Anziehendes an sich. Neben einer Auswahl von Zeitschriften und einer Handtasche aus grauem Wildleder, auf der in sorgfältig gearbeiteten Messingbuchstaben der Name Kay stand, trug sie weit sichtbar eine grüne Gitarre.

Als der Zug fauchend und mit seinem Licht blendend aus der Dunkelheit auftauchte und mit dumpfem Getöse stehenblieb, sammelte Kay ihre Siebensachen zusammen und stieg in den letzten Wagen.

Innen glich dieses Abteil einer Reliquie. Die mit rotem Plüsch bezogenen Sitze waren alt und abgewetzt, und von den jodfarbenen Holzbeschlägen löste sich das Furnier. Eine altertümliche kupferne Lampe, die an der Decke angebracht war, sah romantisch aus, so als gehöre sie nicht hierher. Grauer, kalter Rauch hing in der Luft; und die überheizte Schwüle des Wagens unterstrich den faden Geruch von weggeworfenen Broten, Apfelresten und Apfelsinenschalen: Diese Abfälle lagen neben Pappbechern, Limonadeflaschen und zerknüllten Zeitungen auf dem langen Gang herum. Von einem Eiswasserbehälter, der in die Wand eingelassen war, rieselte ständig ein feiner Strahl zu Boden. Die Reisenden, die verdrossen aufsahen, als Kay eintrat, schienen all dies Unangenehme nicht wahrzunehmen.

Kay widerstand der Versuchung, sich die Nase zuzuhalten, und schlängelte sich vorsichtig durch den Gang. Nur einmal stolperte sie, ohne daß viel passierte, über die ausgestreckten Beine eines eingenickten dicken Mannes. Zwei merkwürdige Männer sahen sie voller Interesse an, als sie vorbeikam; und und ein Kind richtete sich von seinem Platz auf und schrie: «Uuii, Mama, kuck ma, 'n Banjo! Uuii, Fräulein, lassen's mich ma aufm Banjo spielen!» bis ein Klaps von Mama es zur Ruhe brachte.

Es war nur noch ein Platz frei. Sie fand ihn am Ende des Wagens in einem abgeschlossenen Teil, der schon von einem Mann und einer Frau besetzt war. Sie saßen da und hatten ihre Füße lässig auf den gegenüberliegenden freien Platz gestützt. Kay zögerte eine Sekunde, dann sagte sie: «Haben Sie etwas dagegen, daß ich mich hierher setze?»

Der Kopf der Frau schnellte herum, als wäre nicht eine einfache Frage an sie gestellt worden, sondern als hätte man sie mit einer Nadel gestochen. Trotzdem brachte sie ein Lächeln zustande. «Ich wüßte nicht, was Sie daran hindern sollte, meine Liebe», sagte sie und nahm ihre Füße herunter, und mit einer komischen Unpersönlichkeit schob sie auch die Füße des Mannes fort, der aus dem Fenster starrte und sich um nichts kümmerte.

Kay dankte der Frau, zog ihren Mantel aus, setzte sich und stellte die Tasche und die Gitarre neben sich auf den Sitz, die Zeitschriften legte sie auf den Schoß: Es war ganz bequem so, wenn sie auch gern noch ein Kissen für den Rücken gehabt hätte.

Der Zug ruckte an; wie ein Gespenst zischte der Dampf gegen das Fenster; langsam verblaßten die trüben Lichter der einsamen Bahnstation in der Ferne.

«Junge, das is so 'n Nest, wo es noch nich mal fließendes Wasser gibt», sagte die Frau, «keine Stadt, gar nix.»

Kay sagte: «Die Stadt liegt ein paar Kilometer weiter weg.»

«So is das. Wohnen Sie hier?»

«Nein.» Kay erklärte, daß sie vom Begräbnis eines Onkels kam. Eines Onkels, der ihr in seinem Testament nichts als die grüne Gitarre vermacht hatte. Wenn sie das natürlich auch nicht erwähnte. Und wohin fuhr sie jetzt? Oh, ins College zurück.

Die Frau dachte darüber nach, und ihre Schlußfolgerung war: «Was ihr bloß alle mit dem College habt. Ich will Ihnen was sagen, meine Liebe, ich bin erzogen worden die Hülle und die Fülle, aber ich hab nie ein College von innen gesehen.»

«Wirklich nicht?» murmelte Kay höflich und beendete dieses Thema, indem sie eine Zeitschrift aufschlug. Das Licht war zu dunkel zum Lesen, und die Geschichten schienen auch völlig uninteressant zu sein. Weil sie aber nicht in einen Marathonlauf der Unterhaltung verstrickt zu werden wünschte, fuhr sie fort, stur in das Blatt zu starren, bis sie einen verstohlenen Schlag auf ihrem Knie spürte.

«Lesen Sie doch nicht», sagte die Frau. «Ich brauch jemand, mit dem ich mal 'n Wort reden kann. Mit *ihm* zu sprechen, ist ja kein Vergnügen.» Sie zeigte mit dem Daumen auf den schweigsamen Mann. «Er is so geschlagen: Taubstumm, wissen Sie!»

Kay schloß die Zeitschrift und sah die Frau zum erstenmal richtig an. Sie war sehr klein; ihre Füße berührten knapp den Boden. Und wie viele zu klein geratene Leute hatte sie eine körperliche Abnormität, nämlich einen mächtigen, wirklich riesengroßen Kopf. So viel Rouge leuchtete auf ihren hängenden, fetten Wangen, daß es schwierig war, auch nur eine Vermutung über ihr Alter anzustellen: Vielleicht war sie fünfzig, fünfundfünfzig. Ihre großen Schafsaugen schielten, als wären sie gegen alles mißtrauisch, was sie sahen. Ihr Haar war unverkennbar rot gefärbt und zu spärlichen, fettigen Korkenzieherlocken aufgerollt. Ein früher sicher einmal elegant gewesener lavendelfarbiger Hut von gefälliger Form wippte höchst albern seitlich auf ihrem Kopf, und sie war ständig damit beschäftigt, ein herunterhängendes Bündel von Zelluloidkirschen zurückzustreifen, das an den Rand geheftet war. Sie trug ein einfaches, etwas abgetragenes blaues Kleid. Ihr Atem roch aufdringlich süß nach Gin.

«Sie wollen sich doch mit mir unterhalten, oder nicht, meine Liebe?»

«Sicher», sagte Kay beinahe amüsiert.

«'türlich wollen Sie. Sicherlich. Das mag ich so am Zugfahren. Im Bus, das is 'ne verschlossene, blöde Bande. Aber in der Bahn kann man seinem Herzen Luft machen, das hab ich schon immer gesagt.» Ihre Stimme war lustig und dröhnend und heiser wie die eines Mannes. «Aber wegen *ihm* versuch ich immer, diesen Platz zu bekommen, es is hier mehr privat, wie 'n eigenes Anteil, nich wahr?»

«Doch, es ist sehr angenehm», stimmte Kay zu. «Vielen Dank, daß Sie mich hier bei Ihnen sitzen lassen.»

«Es ist mir nur ein Vergnügen. Wir sind nich viel mit andern Leuten zusammen, es macht manche nervös, wenn sie *ihn* um sich haben.»

Gleichsam als wolle er es leugnen, stieß der Mann einen seltsam gurgelnden Laut tief aus der Kehle heraus und zupfte die Frau am Ärmel.

«Laß mich in Ruh, Liebling», sagte sie, als ob sie mit einem ungezogenen Kind spräche. «Es ist alles in Ordnung. Wir haben uns grad so schön unterhalten. Benimm dich ordentlich, oder das nette Mädchen geht fort. Sie ist sehr reich; sie geht in 'n College!» Und mit den Augen zwinkernd, fügte sie hinzu: «Er denkt, ich bin betrunken.»

Der Mann fiel auf seinen Platz zurück, drehte den Kopf zur Seite und sah Kay aus seinen Augenwinkeln aufmerksam an. Diese Augen, die wie ein Paar trüber milchig-blauer Murmeln anmuteten, waren von dichten Wimpern beschattet und auf seltsame Weise schön. Sein großflächiges, bartloses Gesicht hatte keinen richtigen Ausdruck, es sei denn, man betrachtete es aus einer bestimmten Entfernung. Es sah aus, als sei es nicht in der Lage, auch nur die kleinste Gefühlsregung zu erfahren oder widerzuspiegeln. Sein graues Haar war kurz geschnitten und nach vorn zu unregelmäßigen Ponies gekämmt. Er sah aus wie ein Kind, das durch irgendeinen unheimlichen Prozeß jäh gealtert ist. Er trug einen abgewetzten blauen Anzug aus Serge und hatte sich mit einem billigen, widerlichen Zeug einparfümiert. Am Arm trug er eine Micky-Mouse-Uhr.

«Er denkt, ich bin betrunken», wiederholte die Frau. «Und

das Schönste is, ich bin's wirklich. O Teufel – Sie müssen mir einen Gefallen tun, wollen Sie?» Sie beugte sich noch mehr vor. «Sagen Sie ja!»

Kay starrte immer noch den Mann an; die Art, wie er sie anschaute, erfüllte sie mit Ekel, aber sie konnte den Blick nicht von ihm abwenden. «Ich denke schon», sagte sie.

«Dann wollen wir etwas trinken», schlug die Frau vor. Sie ließ ihre Hand in einer Wachstuchtasche verschwinden und zog eine halbvolle Flasche Gin heraus. Sie wollte sie entkorken, schien dann aber zu überlegen, daß es besser sei, Kay die Flasche zu geben. «Oh, ich vergaß, daß Sie mithalten wollen», sagte sie. «Ich werd uns ein paar Pappbecher besorgen.»

Und bevor Kay protestieren und sagen konnte, daß sie nicht mittrinken wolle, war die Frau aufgestanden und ging – nicht sehr sicher – den Gang hinunter auf den Eiswasserbehälter zu.

Kay gähnte und lehnte ihre Stirn gegen die Fensterscheibe, ihre Finger glitten wie von ungefähr über die Gitarre: Und auf den Saiten erklang eine tiefe, einlullende Melodie, so eintönig beruhigend wie die südliche Landschaft, die – in Dunkelheit getaucht – am Fenster vorbeiglitt. Ein eisiger Wintermond rollte über den Zug hinweg am nächtlichen Himmel dahin wie ein dünnes weißes Rad. Und dann geschah – ohne Vorbereitung – etwas Seltsames: Der Mann streckte seine Hand aus und streichelte Kays Wange. Trotz der atemberaubenden Zartheit, mit der es geschah, war diese Geste doch so kühn, daß Kay zunächst zu erschreckt war, um zu erkennen, was sie davon zu halten hatte: Ihre Gedanken schossen in drei oder vier phantastische Richtungen. Er beugte sich vor, bis seine seltsamen Augen den ihren ganz nahe waren; die Parfumwolke, die ihn umgab, war ekelerregend. Die Gitarre schwieg, während sie sich fragend ansahen. Plötzlich, aus einem Anflug von Mitgefühl, tat er ihr sehr leid; aber sie empfand auch, und das ließ sich nicht unterdrücken, eine übermächtige Abneigung, einen richtigen Widerwillen: Irgend etwas an ihm, eine Eigenschaft, deren Wesen ihr immer wieder entglitt, die sie nicht zu fassen vermochte, erinnerte sie an – ja, an was?

Nach einer Weile ließ er seinen Arm ruhig sinken und fiel zurück auf seinen Platz, ein dämliches Grinsen ging über sein

Gesicht, als ob er ein großes Kunststück vollbracht hätte, für das er nun Beifall erwartete.

«Auf geht's, Jungs...» grölte die Frau. Und sie setzte sich, laut verkündend, sie sei «schwindlich wie eine Hexe! Müde wie ein Hund! Hui!» Von einer Handvoll Pappbecher nahm sie zwei und schob die anderen gleichgültig in ihre Bluse. «Gut aufbewahren und trockenhalten! Hahaha...» Sie bekam einen Hustenanfall, und als der vorüber war, schien sie ruhiger. «Hat mein Freund Sie auch gut unterhalten?» fragte sie und schlug sich voll Verehrung an die Brust. «Oh, er is so süß.» Sie sah aus, als ob sie ohnmächtig werden würde. Kay wünschte es sich beinahe.

«Ich trinke nicht», sagte sie und gab die Flasche zurück. «Ich trinke nie Alkohol: Ich mag einfach keinen.»

«Kein Spielverderber sein», sagte die Frau energisch. «Hier, halten Sie den Becher und seien Sie brav.»

«Nein, bitte...»

«Himmeldonnerwetter, halten Sie doch still. Stellen Sie sich vor, in Ihrem Alter, und nervös! Ja ich, ich kann zittern wie Espenlaub, ich hab wahrlich Gründe genug. Du lieber Gott, das kann man wohl sagen.»

«Aber...»

Ein gefährliches Lächeln verzerrte das Gesicht der Frau, und sie schielte entsetzlich. «Was is los? Bin Ihnen wohl nich gut genug?»

«Bitte, verstehen Sie mich nicht falsch», sagte Kay, und ihre Stimme zitterte. «Ich mag nur nicht zu etwas gezwungen werden, was ich nicht tun möchte. Schauen Sie, kann ich es nicht dem Herrn geben?»

«Dem? Nein, mein Lieber: Der braucht das bißchen Verstand, das er mitbekommen hat. Los, mein Herz, runter damit.»

Kay sah, daß es keinen Sinn hatte, und so entschloß sie sich, nachzugeben, um möglicherweise eine Szene zu vermeiden. Sie nippte und schüttelte sich. Es war abscheulicher Gin. Er brannte in ihrer Kehle und trieb ihr die Tränen in die Augen. Und schnell, während die Frau nicht hinsah, kippte sie den Becherinhalt in das Schalloch der Gitarre. Zufällig sah es aber der Mann; als Kay das merkte, beschwor sie ihn ohne Bedenken mit den Augen, sie nicht zu verraten. Aber aus seinem leeren Gesichtsausdruck konnte sie nicht erkennen, wieweit er sie verstanden hatte.

«Von wo sind Sie, Kleines?» nahm die Frau plötzlich wieder die Unterhaltung auf.

Einen Augenblick lang war Kay vor lauter Verwirrung nicht in der Lage zu antworten. Die Namen verschiedenster Städte gingen ihr gleichzeitig durch den Kopf. Endlich gestand sie aus diesem Durcheinander heraus: «New Orleans. Ich bin in New Orleans zu Hause.»

Die Frau strahlte. «N. O. – dahin möcht ich, wenn's mit mir mal zu Ende geht. Vor langer Zeit, oh, ich glaube, es war schon 1923, hatte ich dort eine süße kleine Wahrsagestube. Wartense mal, das war in der St. Peter Street.» Sie machte eine Pause, bückte sich und stellte die leere Ginflasche auf die Erde. Die rollte in den Gang und schaukelte mit einschläferndem Ton hin und her. «Ich bin in Texas aufgewachsen – auf einer großen Farm – mein Papa war reich. Wir Kinder bekamen immer nur das Beste; sogar Kleider aus Paris, aus Frankreich. Ich wette, Sie besitzen auch ein großes, vornehmes Haus. Haben Sie auch einen Garten? Und gibt es dort auch Blumen?»

«Nur Flieder.»

Der Schaffner trat in den Wagen, ein kalter Windstoß ging ihm voraus, der die Abfälle im Gang aufwirbelte und für kurze Zeit die stickige Luft erneuerte. Er schlurfte durch das Abteil, blieb hier und da stehen, um eine Fahrkarte zu knipsen oder mit einem Reisenden zu sprechen. Mitternacht war schon vorüber. Irgend jemand spielte vollendet auf einer Mundharmonika. Ein anderer erörterte die Verdienste eines bestimmten Politikers. Ein Kind weinte im Schlaf.

«Vielleicht wärn Sie nich so hochnäsig, wenn Sie wüßten, wer wir sind», sagte die Frau und wackelte mit ihrem riesigen Kopf. «Wir sind absolut nich irgendwer, da sind Sie ganz schön im Irrtum!»

Völlig verlegen öffnete Kay nervös eine Schachtel Zigaretten und zündete sich eine an. Sie fragte sich, ob es nicht weiter vorn im Abteil einen anderen Platz gäbe. Sie konnte die Frau keine Minute länger ertragen, genausowenig den Mann. Nie zuvor war sie in einer entfernt ähnlichen Situation gewesen. «Bitte, entschuldigen Sie mich», sagte sie, «ich muß jetzt gehen. Es war sehr nett bei Ihnen, aber ich habe einem Freund versprochen, mich hier im Zug mit ihm zu treffen ...»

Mit einer kaum wahrnehmbaren Schnelligkeit ergriff die Frau das Handgelenk des Mädchens. «Hat Ihre Mama Ihnen nich immer gesagt, daß es Sünde is, wenn man lügt?» flüsterte sie überallhin vernehmbar. Der lavendelfarbene Hut rutschte ihr vom Kopf, aber sie machte keine Anstalten, ihn wieder aufzusetzen. Ihre Zunge schnellte heraus und befeuchtete die Lippen. Als Kay aufstand, packte sie fester zu. «Setzen Sie sich, meine Liebe... es wartet kein Freund... was soll das, nur wir hier sind Ihre Freunde, und wir wollen um alles in der Welt nich, daß Sie uns verlassen.»

«Aber bestimmt, ich lüge nicht.»

«Setzen Sie sich, meine Liebe.»

Kay ließ die Zigarette fallen, und der Mann hob sie auf. Er drückte sich in seine Ecke und war ganz damit beschäftigt, üppige Rauchringe in die Luft zu blasen, die aufstiegen wie hohle Augen und in Nichts zergingen.

«Sie würden ihn verletzen, wenn Sie von uns fortgingen, und das wollen Sie doch nich, meine Liebe?» wimmerte die Frau schmeichelnd. «Setzen Sie sich – setzen Sie sich doch –, ah, ein braves Mädchen. Und was für 'ne hübsche, wirklich hübsche Gitarre ...»

Ihre Stimme ging unter im plötzlich aufkeuchenden ununterbrochenen Lärm eines anderen Zuges. Für einen Augenblick ging das Licht im Abteil aus; und in der Dunkelheit blitzten die goldenen Fenster des vorbeirasenden Zuges auf – schwarz-gelb-schwarz-gelb-schwarz-gelb. Die Zigarette des Mannes leuchtete wie ein Glühwürmchen, und seine Rauchringe stiegen weiter ruhig in die Luft. Draußen läutete stürmisch eine Glocke.

Als das Licht wieder anging, rieb sich Kay das Handgelenk, an dem die harten Finger der Frau schmerzend Spuren hinterlassen hatten, die aussahen wie ein Armreif. Sie war mehr verwirrt als ärgerlich. Sie entschloß sich, den Schaffner zu bitten, einen anderen Platz für sie zu suchen. Aber als er dann da war und ihre Fahrkarte nahm, kam die Frage nur stotternd und unzusammenhängend von ihren Lippen.

«Ja, Fräulein?»

«Ach nichts», sagte sie.

Und schon war er wieder fort.

In geheimnisvollem Schweigen sahen die drei im Abteil einander an, bis die Frau sagte: «Ich hab hier etwas, was ich Ihnen gern zeigen möchte, meine Liebe.» Sie wühlte wieder in der Wachstuchtasche. «Sie werden nich mehr so hochnäsig sein, wenn Sie das gesehen haben.»

Was sie Kay reichte, war ein Handzettel, der auf so gelbes altes Papier gedruckt war, daß er aussah, als sei er schon Jahrhunderte alt. In dünnen, übertrieben verschnörkelten Buchstaben war da zu lesen:

Lazarus
der Mann der lebendig begraben wird
Ein Wunder
Kommen Sie und sehen Sie selbst
Erwachsene 25 c – Kinder 10 c

«Ich singe dazu immer einen Choral und halte eine Predigt», sagte die Frau. «Es is furchtbar traurig: Manche Leute weinen sogar, besonders die Alten. Und ich hab mir sehr elegante Sachen dafür zugelegt: Einen schwarzen Schleier und ein schwarzes Kleid, oh, es steht mir sehr gut. Er hat einen wunderbaren, nach Maß gearbeiteten Hochzeitsanzug an und einen Turban auf dem Kopf, und sein Gesicht ist dick weiß gepudert. Sehen Sie, wir versuchen ein so echtes Begräbnis zu machen wie nur möglich. Aber, hol's der Teufel, heutzutage kommen da höchstens so 'n paar ganz Gescheite, die uns nur auslachen wollen. Manchmal bin ich wirklich froh für ihn, daß er so geplagt ist, sonst würde es ihm vielleicht weh tun.»

Kay sagte: «Ach, Sie treten in einem Zirkus oder bei einer Schaustellertruppe auf?»

«Nee, für uns allein», sagte die Frau, während sie den hinuntergefallenen Hut aufhob. «Wir machen das nun schon jahrelang – in jeder größeren Stadt im Süden sind wir aufgetreten: Singasong, Mississippi-Spunky, Louisiana – Eureka, Alabama ...» Diese und andere Namen kamen singend von ihren Lippen und klangen zusammen wie Regen. «Nach dem Choral und nach der Predigt begraben wir ihn.»

«In einem Sarg?»

«So was Ähnlichem. Er is herrlich, lauter silberne Sterne sind auf den ganzen Deckel gemalt.»

«Man sollte denken, daß er dabei ersticken müßte», sagte Kay verblüfft. «Wie lange bleibt er denn begraben?»

«Das, was ich erzählt hab, dauert ungefähr eine Stunde – natürlich ist da nich der Köder mit dabei.»

«Der Köder?»

«O ja, das is das, was wir in der Nacht vor der Vorstellung tun. Sehen Sie, wir machen einen Laden ausfindig, irgendein alter Laden mit 'nem großen Schaufenster langt dafür, und dann bitten wir den Besitzer, daß er *ihn* in das Fenster läßt, und, na ja, da hypnotisiert er sich dann selbst. Er steht die ganze Nacht steif wie 'n Stock da, und die Leute kommen und sehen ihn sich an. Er kümmert sich aber den Teufel um sie ...» Während sie sprach, bohrte sie immer wieder mit einem Finger im Ohr und zog ihn gelegentlich heraus, um sich den Fund anzuschauen. «Und einmal versuchte so ein alter, verlotterter Sheriff in Mississippi ...»

Die Geschichte, die nun folgte, war wirr und ohne Pointe: Kay machte sich nicht die Mühe, zuzuhören. Aber das, was sie bisher gehört hatte, regte sie zu Träumereien an, zu einer entfernten Wiederholung der Beerdigung ihres Onkels; ein Ereignis, das – um die Wahrheit zu sagen – sie nicht sehr berührt hatte, denn sie hatte ihn kaum gekannt. Während sie nun völlig abwesend auf den Mann blickte, erschien vor ihr das Antlitz ihres Onkels, fast so bleich wie das blasse Seidenkissen in seinem Sarg. Sie verglich die Gesichter miteinander, das des Mannes, und das ihres Onkels, so wie sie es in Erinnerung hatte, und sie glaubte da eine merkwürdige Parallele zu erkennen. Es war nämlich in dem Gesicht des Mannes dieselbe schreckliche, unvergeßlich geheimnisvolle Stille, als ob er in gewisser Beziehung wirklich ein Schaustück in einem Glaskäfig wäre, das sich darin gefiel, betrachtet zu werden, aber kein Interesse hatte, sich selbst auch umzuschauen.

«Verzeihung, was sagten Sie?»

«Ich sagte, ich würde mir wünschen, daß sie uns einen richtigen Friedhof zur Verfügung stellten. So wie es jetzt is, müssen wir die Vorstellung dort geben, wo's gerade geht ... meistens auf freien Plätzen, die aber in neun von zehn Fällen neben so 'ner stinkigen Tankstelle liegen, und das hilft uns genaugenommen gar nich. Aber, wie gesagt, wir haben uns da eine schöne Vorstellung zusammengestellt, die beste. Sie sollten auch mal zuschauen kommen, wenn's gerade mal paßt.»

«Doch, das will ich gern tun», sagte Kay abwesend.

«Doch, das will ich gern tun», äffte die Frau sie nach. «Was hab ich gesagt, he? Es fragt Sie jemand was!» Sie hob ihren Rock hoch und putzte sich hingebungsvoll die Nase mit dem zerschlissenen Saum ihres Unterrocks. «Sie können mir glauben, es ist hart, auch nur einen Dollar zu verdienen. Wissen Sie, was wir letzten Monat eingenommen haben? Dreiundfünfzig Dollar! Meine Liebe, Sie sollten mal versuchen, davon zu leben. Sie zog die Nase hoch und ordnete wieder ihren Rock mit übertriebener Korrektheit. «Ja, ja, eines schönen Tages wird der gute Junge sicher dabei draufgehen; aber auch dann werden sie noch sagen, es war Schwindel.»

In diesem Augenblick nahm der Mann etwas aus seiner Tasche, was so aussah wie ein hübsch lackierter Pfirsichkern, und balancierte es auf seiner Handfläche hin und her. Er sah zu Kay hinüber und riß – ihrer Aufmerksamkeit sicher – die Augen weit auf und begann in einer unbeschreiblich obszönen Weise den Kern zu drücken und zu liebkosen.

Kay runzelte die Stirn. «Was will er denn?»

«Sie sollen es kaufen.»

«Was ist es überhaupt?»

«Ein Zaubermittel», sagte die Frau. «Ein Liebeszauber.»

Der unbekannte Mundharmonikaspieler war jetzt ruhig. Andere, weniger einheitliche Geräusche traten auf einmal hervor: Irgend jemand schnarchte, die Ginflasche rollte immer noch hin und her, müde Stimmen stritten, und entfernt das Rumpeln der Eisenbahnräder.

«Wo bekommen Sie Liebe billiger, meine Liebe?»

«Es ist hübsch. Es ist wirklich reizend...» antwortete Kay, einen Augenblick in die Enge getrieben. Der Mann polierte und rieb den Kern an seinem Hosenbein. Den Kopf hielt er gesenkt, wie ein demütig bittender, trauriger Engel, und plötzlich steckte er den Kern zwischen die Zähne und fing an, darauf zu beißen, als ob es eine Silbermünze wäre, der er nicht recht traute. «Ein Talisman hat mir noch immer Unglück gebracht. Und außerdem... bitte, können Sie ihn nicht dazu bringen, aufzuhören?»

«Schauen Sie nich so erschreckt», sagte die Frau, leiser als bisher. «Er will Sie nich quälen.»

«Lassen Sie ihn aufhören, Herrgott noch mal!»

«Was kann ich denn machen», sagte die Frau und zuckte mit den Achseln. «Sie haben doch Geld. Sie sind reich. Er will ja nur einen Dollar, einen Dollar nur.»

Kay klemmte ihre Tasche unter den Arm. «Ich habe noch gerade so viel bei mir, um zurück zur Schule zu kommen», log sie, stand dann schnell auf und trat in den Gang. Dort blieb sie einen Augenblick lang stehen und erwartete neues Unheil. Aber nichts geschah.

Mit absichtsvoller Gleichgültigkeit stieß die Frau einen Seufzer aus und schloß die Augen; allmählich hörte der Mann auf und steckte den Talisman zurück in die Tasche. Seine Hand glitt hinüber und faßte die Hand der Frau mit leichtem Druck.

Kay schloß die Tür und ging hinaus auf die Plattform. Es war bitterkalt draußen, und sie hatte ihren Regenmantel im Abteil gelassen. Sie löste ihren Schal und band ihn um den Kopf. Obgleich sie die Strecke nicht kannte, fuhr der Zug durch eine ihr seltsam vertraute Gegend: Hohe Bäume, verschleiert und von einem heimtückischen Mond blaß bemalt, hoben sich zu beiden Seiten steil empor, ohne Unterbrechung, ohne Lichtung. Und über allem stand der Himmel in einem tiefen undurchdringlichen Blau, mit Sternen übersät, die dann und wann verblaßten. Sie konnte die Rauchschwaden sehen, die von der Lokomotive aufstiegen wie lange Wolken aus Ektoplasma. In einer Ecke der Plattform warf eine rote Öllampe farbige Schatten.

Sie fand eine Zigarette und versuchte sie anzuzünden: der Wind blies ein Streichholz nach dem anderen aus, bis sie nur noch eins übrig hatte. Sie ging in die Ecke, wo die Laterne brannte, und hielt die Hände schützend um das letzte Streichholz: Die Flamme sprang auf, flackerte und verlosch. Ärgerlich warf sie die Zigarette und die leere Streichholzschachtel fort; die Spannung in ihr wuchs zu äußerster Erbitterung. Sie schlug mit den Fäusten gegen die Wand und fing leise an zu wimmern wie ein reizbares Kind.

Von der übermäßigen Kälte bekam sie Kopfschmerzen, und sie sehnte sich danach, in das warme Abteil zurückzukehren und zu schlafen. Aber sie konnte nicht, wenigstens jetzt noch nicht; und sie brauchte über den Grund nicht nachzudenken, denn sie kannte ihn sehr gut. Teils, um nicht mit den Zähnen zu klappern, teils aber auch, um sich mit ihrer eigenen Stimme zu beruhigen, sagte sie laut vor sich hin. «Wir sind jetzt in Alabama, denke ich, morgen werden wir in Atlanta sein, und ich bin neunzehn, und im August werde ich zwanzig, ich bin im zweiten Jahr im College, und ich bin ...» Sie sah sich in der Dunkelheit um, in der Hoffnung, erste Anzeichen der Morgendämmerung zu entdecken, aber sie sah immer nur dieselbe endlose Mauer der Bäume, denselben eisigen Mond. «Ich hasse ihn, er ist schrecklich, und ich hasse ihn ...» Sie hielt inne und schämte sich ihrer Torheit, und sie war zu müde, um der Wahrheit auszuweichen: sie hatte Angst.

Plötzlich fühlte sie sich auf unheimliche Weise gezwungen, niederzuknien und die Laterne zu berühren. Der schlanke Glaszylinder war warm, und der rote Schimmer drang durch ihre Hände, daß sie leuchteten. Die Wärme taute ihre Finger auf und kribbelte an ihren Armen entlang.

Sie war so in Gedanken verloren, daß sie nicht hörte, wie die Tür geöffnet wurde. Die Räder des Zuges donnerten tikkete-tack-tickete-tick und verschluckten die Tritte des Mannes. Es war ein kleines, kaum wahrnehmbares Gefühl, das sie schließlich warnte; aber ein paar Sekunden vergingen, ehe sie sich umzusehen wagte.

Er stand da in stummer Ergebenheit, mit geneigtem Kopf und schlaff herunterhängenden Armen. Während sie in sein harmloses, leeres Gesicht starrte, das vom Lampenlicht strahlend erhellt war, wußte Kay plötzlich, weshalb sie Angst hatte: Es war eine Erinnerung, eine Kindheitserinnerung an Schrecken, die einst vor langer Zeit über ihr geschwebt hatten, wie das mit Geistern bevölkerte Geäst des Baumes der Nacht. Tanten, Köchinnen, Fremde – alle hatten sie eine Lust daran, Spukgeschichten zu erzählen oder Verse zu lehren von Tod, bösen Vorahnungen, Geistern und Dämonen. Und immer war da die unaufhörliche Drohung mit jenem Zauberer gewesen: ‹Bleib in der Nähe des Hauses, Kind, oder der Zauberer wird dich fangen und bei lebendigem Leibe auffressen!› Es gab ihn überall, den Zauberer, und überall war Gefahr. In der Nacht im Bett: ‹Hörst du, wie er ans Fenster klopft?

Hör nur hin!› Sie zog sich langsam am Gitter hoch, bis sie aufrecht stand. Der Mann nickte und zeigte mit der Hand zur Tür. Kay holte tief Luft und schritt vorwärts. Sie gingen zusammen hinein.

Die Luft im Abteil war in Schlaf erstarrt: Nur noch ein einsames Licht brannte und schuf eine Art künstlicher Dämmerung. Es regte sich nichts außer dem schwerfälligen Schüttern des Zuges und dem heimlichen Knistern der weggeworfenen Zeitungen.

Nur die Frau war hellwach. Man konnte sehen, daß sie in heftiger Erregung war. Sie fingerte nervös an ihren Locken und den Zelluloidkirschen herum, und ihre plumpen, kurzen Beine, die sie an den Knöcheln übereinandergeschlagen hatte, schwangen unruhig hin und her. Sie schenkte Kay keine Beachtung, als sie sich setzte. Der Mann ließ sich auf seinen Platz nieder, ein Bein hatte er untergeschlagen und die Hände vor der Brust gefaltet.

Kay bemühte sich, ungezwungen zu erscheinen, und nahm sich eine Zeitschrift vor. Sie bemerkte, daß der Mann sie beobachtete, daß er keine Sekunde seinen Blick von ihr abwandte: Sie wußte es und hatte doch Angst, es sich einzugestehen; am liebsten hätte sie geschrien und alle Leute im Abteil aufgeweckt. Aber wenn die sie nun gar nicht hörten! Wenn sie nun gar nicht wirklich *schliefen*? Tränen traten ihr in die Augen und vergrößerten und verzerrten die Schrift, bis alles in ein verschwommenes Durcheinander überging. Da machte sie die Zeitschrift mit grimmiger Plötzlichkeit zu und sah die Frau an.

«Ich will ihn kaufen», sagte sie. «Den Talisman, meine ich. Ich will ihn kaufen, wenn das alles ist – alles, was Sie wollen.»

Die Frau gab keine Antwort. Sie lächelte teilnahmslos und wandte sich dem Mann zu.

Als Kay ihn ansah, schien sein Gesicht sich zu verändern, es wich vor ihr zurück, als tauchte ein Felsen wie der Mond im Wasser unter. Eine behagliche Trägheit löste die Spannung in ihr ab. Ganz dunkel nahm sie noch wahr, wie die Frau ihr die Tasche fortnahm und den Regenmantel sanft wie ein Leichentuch über ihren Kopf zog.

(1943)

MIRIAM

Seit Jahren lebte Mrs. H. T. Miller nun schon allein in einer hübschen Wohnung (zwei Zimmer und eine kleine Küche) in einem umgebauten Sandsteinhaus in der Nähe des East River. Sie war Witwe, Mr. H. T. Miller hatte ihr eine leidliche Lebensversicherung hinterlassen. Ihre Interessen waren begrenzt, sie hatte kaum Freunde, und selten kam sie weiter hinaus als bis zum Kaufmann an der Ecke. Die anderen Leute im Haus schienen sie gar nicht zu bemerken: Ihre Kleider waren einfach, ihr Haar grau, kurz geschnitten und leicht gewellt, sie benutzte keine Schönheitsmittel, ihr Gesicht war einfach und unscheinbar, an ihrem letzten Geburtstag war sie einundsechzig Jahre alt geworden. Ihr Unternehmungsgeist war nicht sehr groß: Sie hielt ihre zwei Zimmer tadellos in Ordnung, rauchte gelegentlich eine Zigarette, kochte sich das Essen selbst und sorgte für einen Kanarienvogel.

Da traf sie Miriam. An diesem Abend schneite es. Mrs. Miller hatte das Abendbrotgeschirr zu Ende abgetrocknet und las flüchtig das Abendblatt, als sie die Anzeige eines Films entdeckte, der in der Nähe gespielt wurde. Der Titel klang gut, also zwängte sie sich mühsam in ihren Biberpelz, schloß die Überschuhe und verließ die Wohnung. Eine Lampe in der Diele ließ sie brennen: Vor nichts fürchtete sie sich mehr als vor der Dunkelheit.

Der Schnee war leicht, fiel ruhig hernieder und hinterließ noch keine Spuren auf dem Pflaster. Der Wind, der vom Fluß herüberkam, war nur an den Straßenkreuzungen schneidend. Mrs. Miller hetzte voran, mit gesenktem Kopf. Sie achtete nicht auf den Weg, wie ein Maulwurf, der sich blind vorwärts wühlt. Bei einem Drugstore hielt sie an und kaufte sich eine Rolle Pfefferminz.

Eine lange Schlange stand vor der Kasse. Sie stellte sich an das Ende. Man würde nicht lange warten müssen, und es seien noch Karten für alle Plätze da, stöhnte eine müde Stimme. Mrs. Miller wühlte in ihrer Lederhandtasche, bis sie das Eintrittsgeld passend zusammenhatte. Die Schlange schien sich Zeit zu lassen. Während sie ein bißchen herumblickte, um sich zu zerstreuen, entdeckte sie am äußersten Ende des Eingangs ein kleines Mädchen.

Ihr Haar war so lang und seltsam, wie Mrs. Miller es nie gesehen hatte: vollkommen weiß wie bei einem Albino. Es fiel in weichen Strähnen bis zur Taille locker herab. Sie war dünn und zerbrechlich. Es lag eine schlichte, ganz eigene Eleganz in der Art, wie sie da stand, die Daumen in den Taschen eines geschneiderten pflaumenblauen Samtmantels.

Mrs. Miller fühlte sich merkwürdig erregt, und als das kleine Mädchen sie anschaute, lächelte sie freundlich. Das kleine Mädchen ging zu ihr hinüber und sagte: «Würden Sie mir bitte einen Gefallen tun?»

«Gern, wenn ich kann», sagte Mrs. Miller.

«Oh, es ist ganz einfach. Ich möchte Sie bloß bitten, eine Eintrittskarte für mich zu kaufen; man läßt mich sonst nicht hinein. Hier ist das Geld.» Und dankbar reichte sie Mrs. Miller zwei Zehn-Cent-Stücke und einen Fünfer.

Sie gingen zusammen hinein. Eine Platzanweiserin führte sie in eine Vorhalle. In zwanzig Minuten würde der Film zu Ende sein.

«Ich komme mir wie ein richtiger Verbrecher vor», sagte Mrs. Miller fröhlich, als sie sich setzte. «Ich glaube, was wir tun, ist gegen die Bestimmungen, nicht wahr? Hoffentlich habe ich nichts Falsches getan. Deine Mutter weiß doch, wo du bist, Liebes? Sie weiß es doch – oder nicht?»

Das kleine Mädchen antwortete nicht. Sie knöpfte ihren Mantel auf und legte ihn über ihrem Schoß zusammen. Das Kleid, das sie darunter anhatte, war sauber und dunkelblau. Eine goldene Kette baumelte ihr um den Hals, und ihre Finger – feinnervig und musikalisch – spielten damit. Mrs. Miller kam zu dem Schluß, daß das eigentlich hervorstechende Merkmal nicht ihre Haare, sondern ihre Augen waren; sie waren nußbraun, ruhig und hatten überhaupt nichts Kindliches, sie waren so groß, daß sie das kleine Gesicht zu verschlingen schienen.

Mrs. Miller bot ihr ein Pfefferminzbonbon an. «Wie heißt du, Liebling?»

«Miriam», sagte sie, als ob es irgendwie eine bereits intime Auskunft wäre.

«Aber ist das nicht merkwürdig – ich heiße auch Miriam. Und den Namen gibt es gar nicht einmal so schrecklich oft. Nun erzähl mir bloß nicht, daß du mit dem Nachnamen auch Miller heißt.»

«Einfach Miriam.»

«Aber ist das nicht seltsam?»

«Mäßig», sagte Miriam und ließ das Pfefferminzbonbon auf der Zunge rollen. Mrs. Miller errötete und rutschte unbehaglich auf ihrem Platz hin und her.

«Du hast einen ziemlich großen Wortschatz für ein so kleines Mädchen.»

«So?»

«Doch, ja», sagte Mrs. Miller, hastig zu der Frage übergehend: «Gehst du gern ins Kino?»

«Das kann ich wirklich nicht sagen», anwortete Miriam. «Ich war noch in keinem.»

Die Vorhalle begann sich mit Frauen zu füllen; entfernt hörte man das drohende Explodieren von Bomben in der Wochenschau. Mrs. Miller erhob sich und klemmte ihre Tasche unter den Arm. «Ich glaube, ich muß mich beeilen, wenn ich noch einen Platz bekommen will», sagte sie. «Es war nett, daß wir uns getroffen haben.»

Miriam nickte ganz leicht mit dem Kopf.

Es schneite die ganze Woche über. Räder und Tritte bewegten sich lautlos auf der Straße, als ob das Leben heimlich hinter einem blassen, aber undurchdringlichen Vorhang weiter verliefe. In dieser herabgesunkenen Stille gab es weder Himmel noch Erde, nur Schnee, der im Wind wirbelte, die Fensterscheiben bemalte, die Räume auskühlte und die Stadt tötete, sie zum Schweigen brachte. Den ganzen Tag über mußte man Licht brennen lassen, und Mrs. Miller verlor jegliches Zeitgefühl: Der Freitag unterschied sich in nichts vom Samstag, und am Sonntag ging sie zum Kaufmann: Er hatte natürlich geschlossen.

An jenem Abend machte sie sich Rührei und Tomatensuppe. Dann zog sie ein flanellenes Nachthemd an, kremte sich das Gesicht ein und machte sich das Zubettgehen mit einer Wärmflasche am Fußende angenehmer. Sie las gerade die *Times,* als es an der Tür schellte. Zuerst dachte sie, daß sich jemand geirrt hätte und daß er wieder gehen würde. Aber es schellte und schellte, wurde zu einem ununterbrochenen Surren. Sie sah auf die Uhr: Es war kurz nach elf; das war doch nicht möglich, sonst schlief sie schon immer um zehn.

Sie kletterte aus dem Bett und tappte barfuß durch das Wohnzimmer. «Ich komm ja schon, bitte, hören Sie auf.» Der Türriegel hatte sich verklemmt. Sie versuchte, ihn nach der einen und nach der anderen Seite zu schieben, während die Glocke nicht einen Augenblick lang eine Pause machte. «Schluß jetzt», schrie Mrs. Miller. Der Riegel gab nach, und sie öffnete die Tür einen kleinen Spalt. «Was ist los, um Himmels willen?»

«Hallo», sagte Miriam.

«Oh ... was ist denn, hallo», sagte Mrs. Miller und trat zögernd ins Treppenhaus. «Du bist doch das kleine Mädchen von neulich.»

«Ich dachte schon, Sie würden nicht aufmachen, aber ich hielt die ganze Zeit meinen Finger auf den Klingelknopf; ich wußte nämlich, daß Sie zu Hause sind. Freuen Sie sich nicht, daß ich gekommen bin?»

Mrs. Miller wußte nicht, was sie sagen sollte. Sie sah, daß Miriam denselben Mantel aus pflaumenblauem Samt trug und jetzt noch eine dazu passende Baskenmütze aufhatte; ihr weißes Haar war zu zwei glänzenden Zöpfen geflochten, mit riesengroßen weißen Schleifen an den Enden.

«Wo ich nun schon so lange gewartet habe, könnten Sie mich doch endlich hineinlassen», sagte sie.

«Es ist schon schrecklich spät ...»

Miriam sah sie bestürzt an. «Was ist denn dabei? Lassen Sie mich hinein. Es ist kalt hier draußen, und ich habe ein Seidenkleid an.» Dann schob sie Mrs. Miller sanft beiseite und betrat die Wohnung.

Sie ließ den Mantel und die Mütze auf einen Stuhl fallen.

Sie hatte wirklich ein Seidenkleid an. Weiße Seide. Weiße Seide im Februar. Das Kleid hatte einen wunderschönen Faltenrock und lange Ärmel; es raschelte leise, als sie im Zimmer herumwanderte. «Mir gefällt es bei Ihnen», sagte sie. «Ich mag den Teppich, Blau ist meine Lieblingsfarbe.» Sie berührte eine Papierrose in einer Vase auf dem Kaffeetisch. «Imitation», bemerkte sie leise. «Das ist traurig. Sind Imitationen nicht traurig?» Sie setzte sich aufs Sofa, ihren Rock sorgfältig um sich ausbreitend.

«Was willst du hier?» fragte Mrs. Miller.

«Setzen Sie sich doch», sagte Miriam. «Es macht mich nervös, wenn jemand so herumsteht.»

Mrs. Miller sank auf einen Fußschemel. «Was willst du hier?» wiederholte sie.

«Wissen Sie, ich glaube gar nicht, daß Sie sich über mein Kommen freuen.»

Zum zweitenmal wußte Mrs. Miller nichts zu antworten; ihre Hand machte eine vage Geste. Miriam kicherte und kuschelte sich in einen Berg von Kissen, die mit Chintz bezogen waren. Mrs. Miller sah jetzt, daß das Mädchen weniger blaß war als in ihrer Erinnerung. Ihre Wangen waren gerötet.

«Woher weißt du, wo ich wohne?»

Miriam runzelte die Stirn. «Das ist doch kein Problem. Wie heißen Sie? Und wie heiße ich?»

«Aber ich steh nicht im Telefonbuch.»

«Oh, lassen Sie uns über etwas anderes sprechen.»

Mrs. Miller sagte: «Deine Mutter muß wahnsinnig sein, daß sie ein Kind wie dich noch so spät in der Nacht herumlaufen läßt und in so lächerlichem Aufzug. Sie kann nicht normal sein.»

Miriam stand auf und ging in eine Ecke, wo ein zugedeckter Vogelkäfig an einer Kette von der Zimmerdecke herabhing. Sie blickte verstohlen unter das Tuch. «Ein Kanarienvogel», sagte sie. «Macht es Ihnen etwas aus, wenn ich ihn aufwecke? Ich würde ihn so gern singen hören.»

«Laß Tommy in Ruh», sagte Mrs. Miller ängstlich. «Wag es nicht, ihn aufzuwecken.»

«Gewiß», sagte Miriam. «Aber ich sehe nicht ein, warum ich ihn nicht singen hören soll.» Und dann: «Haben Sie etwas zu essen da? Ich sterbe vor Hunger! Ich würde mich schon über Milch und ein Marmeladenbrot freuen.»

«Hör zu», sagte Mrs. Miller, sich von dem Fußschemel erhebend, «hör zu – wenn ich dir ein paar ordentliche Brote mache, wirst du dann brav sein und nach Hause gehen? Ich glaube bestimmt, es ist schon Mitternacht vorbei.»

«Es schneit», sagte Miriam vorwurfsvoll. «Und es ist kalt und dunkel.»

«Nun ja, du hättest gar nicht herkommen sollen», sagte Mrs. Miller, mühsam Herr ihrer Stimme bleibend. «Ich kann das Wetter nicht ändern. Wenn du etwas zu essen haben willst, mußt du mir versprechen, wieder zu gehen.»

Miriam strich sich mit einem Zopf über die Wange. Sie schien in Gedanken versunken, als erwöge sie den Vorschlag. Sie wandte sich zum Vogelkäfig. «Na schön», sagte sie, «ich verspreche es.»

Wie alt mag sie sein? Zehn? Elf? Mrs. Miller öffnete in der Küche ein Glas mit eingemachten Erdbeeren und schnitt vier Scheiben Brot ab. Sie füllte ein Glas mit Milch und machte eine Pause, um sich eine Zigarette anzuzünden. *Und warum ist sie gekommen?* Ihre Hand zitterte, als sie das Streichholz hielt, und sie verharrte wie gebannt, bis sie sich den Finger verbrannte. Der Kanarienvogel sang; sang wie am Morgen und zu keiner Tageszeit sonst.

«Miriam», rief sie, «Miriam, ich hab dir doch gesagt, du sollst Tommy nicht stören.» Es kam keine Antwort. Sie rief noch einmal; aber alles, was sie hörte, war der Kanarienvogel. Sie zog an der Zigarette und merkte, daß sie das Korkfilterende angezündet hatte und – oh, wirklich, sie durfte die Nerven nicht verlieren.

Sie trug die Sachen auf einem Tablett hinein und stellte es auf den Frühstückstisch. Als erstes sah sie, daß der Vogelbauer noch zugedeckt war. Und Tommy sang trotzdem. Sie hatte ein eigenartiges Gefühl dabei. Und niemand war im Zimmer. Mrs. Miller ging durch den Alkoven, der in ihr Schlafzimmer führte; an der Tür hielt sie vor Schreck den Atem an.

«Was machst du da?» fragte sie.

Miriam sah auf, mit einem ganz ungewöhnlichen Ausdruck in den Augen. Sie stand vor dem Schreibtisch und hatte eine

Schmuckkassette geöffnet vor sich. Einen Augenblick lang beobachtete sie Mrs. Miller scharf und zwang sie, ihr in die Augen zu sehen, dann lächelte sie.

«Es ist gar nichts Ordentliches dabei», sagte sie. «Aber dieses hier mag ich.» Sie hielt eine Brosche mit einer Gemme in der Hand. «Sie ist zauberhaft.»

«Glaubst du nicht, daß es besser wäre, wenn du sie zurücklegen würdest», sagte Mrs. Miller und fühlte plötzlich, daß sie einen Rückhalt brauchte. Sie lehnte am Türrahmen; ihr Kopf war unerträglich schwer; ein Druck störte den Rhythmus ihres Herzschlags. Das Licht schien zu flackern. «Bitte, Kind – ein Geschenk von meinem Mann ...»

«Aber sie ist schön und ich möchte sie haben», sagte Miriam. *«Geben Sie sie mir.»*

Wie Mrs. Miller so dastand, sich mühend, einen Satz zu formen, der auf irgendeine Weise die Brosche retten könnte, kam sie darauf, daß es keinen Menschen gab, zu dem sie sich flüchten konnte; sie war allein; eine Tatsache, die ihr schon lange nicht mehr zum Bewußtsein gekommen war und deren jähes Gewicht sie betäubte. Hier in ihrer eigenen Wohnung in dieser erstorbenen, verschneiten Stadt gab es Dinge, denen sie nicht ausweichen konnte, denen sie – sie erkannte es mit erschrekkender Klarheit – keinen Widerstand entgegenzusetzen vermochte.

Miriam verschlang heißhungrig Brote und Milch, und als sie alles aufgegessen hatte, machten ihre Finger spinnenartige Bewegungen über den Teller, um die Krümel zusammenzuscharren. Die Brosche schimmerte auf ihrem Kleid, und das lichte Profil darauf sah aus wie eine Trick-Spiegelung ihrer Trägerin.

«Das war gut», seufzte sie, «jetzt noch ein Stückchen Mandelkuchen oder eine Kirsche, dann wäre es ideal. Süßigkeiten sind was Feines, finden Sie nicht?»

Mrs. Miller kauerte hilflos auf dem Fußschemel und rauchte eine Zigarette. Ihr Haarnetz war zur Seite gerutscht, und einzelne Strähnen hingen ihr ins Gesicht. Sie starrte dumpf ins Leere. Auf ihren Wangen brannten rote Flecken – wie Spuren eines heftigen Schlages.

«Haben Sie Bonbons – oder Kuchen?»

Mrs. Miller klopfte die Asche über dem Teppich ab. Ihr Kopf wackelte leicht, als sie versuchte, ihrem Blick ein Ziel zu geben.

«Du hast mir versprochen zu gehen, wenn ich dir etwas zu essen mache», sagte sie.

«Lieber Himmel, hab ich das?»

«Ein Versprechen ist ein Versprechen, und ich bin müde und fühl mich gar nicht wohl.»

«Ärgern Sie sich nicht», sagte Miriam. «Ich mach ja nur Spaß.»

Sie nahm den Mantel, hängte ihn über den Arm und setzte vor dem Spiegel die Baskenmütze auf Plötzlich beugte sie sich zu Mrs. Miller hinunter und flüsterte. «Einen Gutenachtkuß.»

«Bitte – lieber nicht», sagte Mrs. Miller.

Miriam zuckte mit der Schulter und zog eine Augenbraue hoch. «Wie Sie wollen», sagte sie, ging geradewegs zum Frühstückstisch, nahm die Vase, in der die Papierrosen steckten, trug sie dorthin, wo der Fußboden unbedeckt war und schleuderte sie zur Erde. Das Glas sprang in alle Himmelsrichtungen, und sie trampelte mit den Füßen auf den Blumen herum. Dann ging sie langsam zur Tür, aber bevor sie sie schloß, sah sie sich noch einmal nach Mrs. Miller um mit einer gespielt harmlosen Neugier.

Mrs. Miller verbrachte den nächsten Tag im Bett, nur einmal stand sie auf, um den Kanarienvogel zu füttern und eine Tasse Tee zu trinken; sie maß Fieber, hatte aber keines, doch ihre Träume waren fiebrig und bewegt. Ihre uneinheitliche Stimmung hielt selbst dann noch an, als sie dalag und mit weitgeöffneten Augen zur Decke starrte. Ein Traum schlang sich durch alle anderen wie ein flüchtiges, geheimnisvolles Thema in einer großen Sinfonie; die einzelnen Szenen, die er enthielt, waren scharf umrissen, als stecke hinter ihnen die Intensität einer begabten Hand: Ein kleines Mädchen, das ein Brautkleid und einen Myrtenkranz trug, führte eine graue Prozession einen Gebirgspfad hinunter, unter den Menschen war eine ungewöhnliche Stille, bis eine Frau am Ende des Zuges fragte: ‹Wohin führt sie uns?› – ‹Niemand weiß es›, antwortete ein alter Mann, der an der Spitze ging. ‹Aber ist sie nicht wunderschön?› ließ sich eine dritte Stimme vernehmen. ‹Sieht sie nicht aus wie eine Lilie... so leuchtend und rein?›

Als sie Dienstag früh erwachte, fühlte sie sich besser, grelle Sonnenstrahlen bahnten sich den Weg durch die Jalousien und warfen ein schattenhaftes Licht auf ihre ungesunden Traumbilder. Sie öffnete das Fenster und sah, daß es taute, es war warm wie im Frühling; ein paar helle neue Wolken fegten am klaren Himmel dahin, dessen Bläue nicht der Jahreszeit entsprach; über die tiefer gelegenen Häusergiebel hinweg konnte sie den Fluß sehen und den Rauch aus den Schornsteinen der Schleppdampfer, der sich im warmen Wind kräuselte. Ein großer silberner Schneepflug räumte die verschneiten Straßen, sein Motor erfüllte die Luft mit einem summenden Ton.

Als sie aufgeräumt hatte, ging sie zum Kaufmann, löste einen Scheck ein und ging weiter zu Schrafft, wo sie frühstückte und angeregt mit der Bedienung plauderte. Oh, es war ein herrlicher Tag, fast ein Ferientag – und es wäre töricht, schon nach Hause zu gehen.

Sie stieg in einen Bus Richtung Lexington Avenue und fuhr bis zur 86th Straße mit; hier wollte sie ein bißchen einkaufen.

Sie wußte zwar nicht, was sie kaufen sollte oder brauchte, aber sie schlenderte so dahin, nur die Vorübergehenden betrachtend, die in Eile waren und mit sich selbst beschäftigt, was in ihr ein beunruhigendes Gefühl der Verlassenheit hervorrief.

Jenen Mann sah sie, als sie an der Ecke der Third Avenue wartete: Es war ein alter Mann, krummbeinig und gebeugt durch die Last schwerer Pakete. Er trug einen schäbigen braunen Mantel und eine karierte Mütze. Plötzlich kam es ihr zum Bewußtsein, daß sie sich anlächelten: Dieses Lächeln hatte aber nichts Freundliches an sich, es war nicht mehr als ein kühles, auf flackerndes Wiedererkennen. Aber sie wußte bestimmt, daß sie ihn nie zuvor gesehen hatte.

Er stand in der Nähe eines Pfeilers der Hochbahn, und als sie über die Straße ging, wandte er sich um und folgte ihr. Er hielt sich dicht hinter ihr; aus den Augenwinkeln beobachtete sie sein schwankendes Spiegelbild in den Schaufenstern.

In der Mitte des Häuserblocks blieb sie dann stehen und

sah ihn an. Er blieb ebenfalls stehen, hob seinen Kopf und grinste. Aber was sollte sie sagen? Was tun? Hier bei hellem Tageslicht in der 86th Straße? Es war sinnlos, und sie beschleunigte ihre Schritte, ihre Hilflosigkeit verachtend. Nun ist die Second Avenue eine düstere Straße, sie besteht aus Abfällen und Resten; teilweise ist sie gepflastert, teilweise asphaltiert und teilweise zementiert; es herrscht durchweg eine Atmosphäre, als wäre sie ausgestorben. Mrs. Miller ging an fünf Häuserblöcken vorbei, ohne eine Menschenseele zu treffen, und die ganze Zeit blieb das ständige Knirschen seiner Schritte im Schnee hinter ihr. Auch als sie zu einem Blumenladen kam, war das Geräusch immer noch da. Sie eilte hinein und beobachtete durch die Glastür, wie der alte Mann vorbeiging; er blickte geradeaus und verlangsamte nicht seinen Schritt, aber er tat etwas Seltsames und Unmißverständliches: Er tippte mit dem Finger an seine Mütze.

«Sechs weiße, sagten Sie?» fragte der Blumenhändler. «Ja», antwortete sie, «weiße Rosen.» Von hier aus ging sie in ein Geschäft, wo es Porzellan- und Glaswaren zu kaufen gab, und suchte eine Vase aus, die vermutlich ein Ersatz für diejenige sein sollte, die Miriam zerschlagen hatte, wenn der Preis auch enorm hoch war und die Vase selbst, so fand sie, ausgesprochen kitschig. Aber eine Serie von unerklärlichen Einkäufen hatte begonnen, als ginge es nach einem vorbestimmten Plan: einem Plan, von dem sie nicht das geringste wußte und der unkontrollierbar war.

Sie kaufte einen Karton mit glasierten Kirschen, und in einem Laden, der sich Knickerbocker Bakery nannte, zahlte sie vierzig Cent für sechs Mandelkuchen.

Innerhalb der letzten Stunde war das Wetter umgeschlagen, es war wieder kalt geworden: Wie getrübte Linsen schoben sich Schneewolken vor die Sonne, und eine früh hereinbrechende Dämmerung gab dem Himmel die Farbe von Totengebein. Ein feuchter Nebel vermischte sich mit dem Wind und den Stimmen einiger Kinder, die sich hoch oben auf den zusammengekehrten Schneehaufen herumbalgten, und ließ alles verlassen und trostlos erscheinen. Bald fielen die ersten Flokken, und als Mrs. Miller das Sandsteinhaus erreicht hatte, fiel der Schnee so schnell und dicht, daß er aussah wie ein Wandschirm, und die Fußstapfen verschwanden ebenso schnell wieder, wie sie entstanden waren.

Die Rosen waren hübsch und wirkungsvoll in der Vase angeordnet. Die glasierten Kirschen glänzten in einer Keramikschale. Die Mandelkuchen, mit Zucker bestreut, warteten darauf, gegessen zu werden. Der Kanarienvogel hüpfte auf seiner Schaukel herum und pickte an einem Futterring.

Genau um fünf läutete es. Mrs. Miller *wußte,* wer es war. Der Saum ihres Hauskleides schleifte am Boden entlang, als sie über den Korridor ging. «Bist du es?» rief sie.

«Natürlich», sagte Miriam, das Wort hallte gellend im Treppenhaus wider. «Machen Sie auf.»

«Geh weg», sagte Mrs. Miller.

«Bitte beeilen Sie sich ... mein Gepäck ist so schwer.»

«Geh weg», sagte Mrs. Miller. Sie ging in das Wohnzimmer zurück, zündete sich eine Zigarette an, setzte sich und hörte unbeweglich dem Gesurre zu; wieder und immer wieder. «Du kannst ebensogut wieder gehen. Ich habe nicht die Absicht, dich hereinzulassen.»

Bald darauf hörte die Glocke auf zu schellen. Zehn Minuten etwa regte sich Mrs. Miller nicht. Als sie dann keinen Laut hörte, nahm sie an, daß Miriam gegangen sei. Auf Zehenspitzen schlich sie zur Tür und öffnete einen Spalt weit; Miriam stand leicht an einen Pappkoffer gelehnt und wiegte in ihren Armen eine schöne französische Puppe.

«Ich hab wirklich schon gedacht, Sie kämen überhaupt nicht», sagte sie mürrisch. «Hier, helfen Sie mir bitte, das hineinzutragen, es ist schrecklich schwer.»

Es war kein ausgesprochener Zwang, dem sich Mrs. Miller beugte, sondern eher eine merkwürdige Passivität; sie brachte den Koffer hinein, Miriam die Puppe. Miriam rollte sich auf dem Sofa zusammen, ohne sich vorher die Mühe zu machen, ihren Mantel und die Mütze abzulegen, und sah uninteressiert zu, wie Mrs. Miller den Koffer absetzte, zitternd dastand und sich mühte, wieder zu Atem zu kommen.

«Danke schön», sagte sie. Bei Tageslicht sah sie zerknittert und leidend aus, ihr Haar war weniger glänzend. Die französische Puppe, die sie so liebte, hatte eine säuberlich gepuderte Perücke, und ihre starren Glasaugen suchten Trost bei

Miriam. «Ich hab eine Überraschung», fuhr sie fort. «Schauen Sie in meinen Koffer.»

Kniend hob Mrs. Miller den Deckel hoch und nahm noch eine Puppe heraus, dann ein blaues Kleid, in dem sie das erkannte, das Miriam an jenem ersten Abend im Kino angehabt hatte; und bei dem übrigen sagte sie: «Das sind alles Kleider. Wozu?»

«Weil ich gekommen bin, um bei Ihnen zu wohnen», sagte Miriam, während sie den Stengel von einer Kirsche abriß. «Wie nett von Ihnen, mir Kirschen zu kaufen!»

«Aber das kannst du doch nicht tun! Um Himmels willen, geh wieder – geh und laß mich in Ruh!»

«...und die Rosen und der Mandelkuchen? Wie wirklich nett und großzügig. Wissen Sie, diese Kirschen sind köstlich. Zuletzt wohnte ich bei einem alten Mann; er war schrecklich arm, und wir hatten nie etwas Gutes zu essen. Aber ich glaube, ich werd mich hier wohl fühlen.» Sie hielt inne, um ihre Puppe fester an sich zu drücken. «Wenn Sie mir jetzt vielleicht zeigen würden, wo ich meine Sachen hintun kann...»

Mrs. Millers Gesicht löste sich in eine Maske häßlicher roter Linien auf; sie fing an zu weinen, auf eine unnatürliche, tränenlose Art, als ob sie es schon lange nicht mehr getan und nun vergessen hätte. Sie schob sich vorsichtig nach rückwärts, bis sie die Tür erreichte.

Dann tastete sie sich durchs Stiegenhaus und die Treppe hinunter bis zum nächsten Treppenabsatz. Dort hämmerte sie wie wahnsinnig an die Tür der nächst liegenden Wohnung; ein kleiner rothaariger Mann öffnete, und sie drängte sich an ihm vorbei. «Was zum Teufel is los», sagte er. «Is was passiert, Liebling?» fragte eine junge Frau, die aus der Küche kam und sich die Hände abtrocknete. Und an sie wandte sich Mrs. Miller.

«Hören Sie», stieß sie hervor, «ich schäme mich über mein Benehmen, aber – ja, ich bin Mrs. H. T. Miller, ich wohne über Ihnen und...» sie schlug die Hände vors Gesicht. «Es klingt so absurd...»

Die Frau führte sie zu einem Stuhl, während der Mann aufgeregt mit dem Kleingeld in seiner Tasche klimperte. «Ja, und weiter?»

«Ich wohne über Ihnen, und ein kleines Mädchen ist zu mir zu Besuch gekommen, und ich glaube, ich fürchte mich vor ihr. Sie will nicht wieder fortgehen, ich kann sie nicht dazu bringen und – sie ist im Begriff, etwas Furchtbares zu tun. Sie hat schon meine Brosche mit der Gemme gestohlen, aber sie wird noch etwas Schlimmeres tun – etwas Grauenhaftes!»

Der Mann fragte: «Ist es 'ne Verwandte von Ihnen, ha?»

Mrs. Miller schüttelte den Kopf. «Ich weiß nicht, wer sie ist. Sie heißt Miriam, aber ich kenne sie nicht weiter.»

«Beruhigen Sie sich doch, meine Liebe», sagte die Frau und streichelte Mrs. Millers Arm. «Harry hier wird mit dem Kind schon fertig werden. Geh rauf, Liebling.» Und Mrs. Miller sagte: «Die Tür ist offen – 5 A.»

Als der Mann gegangen war, brachte die Frau ein Handtuch und trocknete Mrs. Miller das Gesicht ab. «Sie sind sehr freundlich», sagte Mrs. Miller. «Es tut mir leid, daß ich mich wie eine Verrückte benehme, nur dieses verdammte Kind ...»

«Es ist ja schon gut, meine Liebe», tröstete die Frau. «Sie sollten sich nicht so aufregen.»

Mrs. Miller legte den Kopf in die Beuge ihres Armes; sie war zum Umfallen müde. Die Frau drehte am Radio; ein Klavier und eine heisere Stimme verscheuchten die Stille, und die Frau klopfte mit ihrem Fuß genau den Takt dazu.

«Vielleicht sollten wir auch raufgehen», sagte sie.

«Ich möchte sie nicht mehr sehen, ich möchte ihr nie mehr begegnen.»

«Hm, hm, aber wissen Sie, was Sie hätten machen sollen? Sie hätten die Polizei rufen sollen!»

Plötzlich hörten sie den Mann auf der Treppe. Er kam mit langen Schritten ins Zimmer, blickte finster drein und kratzte sich im Genick. «Da is niemand», sagte er verwirrt. «Sie muß abgehauen sein.»

«Harry, du bist ein Dummkopf», rief die Frau. «Wir haben die ganze Zeit hier gesessen, und wir hätten dann doch gesehen ...» Sie hielt plötzlich inne, weil der Mann sie durchdringend ansah.

«Ich hab überall nachgesehen», sagte er, «und da is niemand. Niemand, verstehst du?»

«Sagen Sie», Mrs. Miller erhob sich, «sagen Sie, haben Sie einen großen Koffer gesehen? Oder eine Puppe?»

«Nein, *ma'am,* nichts!»

Und als ob sie ein Urteil verkünde, sagte die Frau: «Ja, wie ist denn so etwas möglich...»

Mrs. Miller betrat vorsichtig die Wohnung; sie ging in die Mitte des Zimmers und blieb da stehen. Nun, in mancher Hinsicht hatte sich nichts verändert: die Rosen, die Kuchen und die Kirschen standen an ihrem Platz. Aber das Zimmer wirkte leer, leerer als wenn die Möbel und all die vertrauten Dinge nicht dagewesen wären, ausgestorben und versteinert wie eine Leichenhalle. Das Sofa tauchte in einer ungewohnten Fremdheit vor ihr auf: Es kam ihr so leer vor, daß sie meinte, es wäre weniger bedrückend und schrecklich gewesen, als Miriam dort zusammengerollt gelegen hatte. Sie starrte wie gebannt auf die Stelle, wo ihrer Erinnerung nach der Koffer gestanden hatte, und einen Augenblick lang schwankte der Fußschemel beängstigend. Sie schaute durchs Fenster; da war wirklich der Fluß, es schneite auch richtig – aber dann: nichts konnte man als sicher bezeugen: Miriam, sie war so lebendig dagewesen – und doch, wo war sie jetzt? Wo, wo?

Als ob sie sich in einem Traum bewege, so sank sie auf einen Stuhl. Das Zimmer verlor jegliche Gestalt, es war dunkel und wurde immer dunkler, und es gab nichts, was man dagegen tun konnte; sie war nicht fähig, ihre Hand zu heben und Licht zu machen.

Plötzlich, als sie die Augen schloß, fühlte sie sich wie von einer Woge emporgetragen, wie ein Taucher, der aus einer unendlichen grünen Tiefe emporkommt. In Zeiten des Schreckens und übergroßer Qual gibt es Augenblicke, in denen alle Sinne voller Erwartung sind, wie auf eine Offenbarung gerichtet, das Denken jedoch ist in Ruhe gehüllt; es ist wie ein Traum oder ein übernatürlicher Trancezustand; und während dieser Ruhepause ist man gefaßt auf das Übermaß einer stillen Erkenntnis: Wenn es nun in Wirklichkeit nie ein Mädchen namens Miriam gegeben hätte? Wenn sie sich ganz törichterweise auf der Straße gefürchtet hätte? Aber schließlich war dies, wie alles andere auch, völlig unbedeutend. Denn das einzige, was sie an Miriam verloren hatte, war das Bewußtsein ihrer Persönlichkeit, aber nun erkannte sie, daß sie das Wesen wiedergefunden hatte, das in diesem Zimmer lebte, das sich die Mahlzeiten bereitete, das einen Kanarienvogel besaß, daß jemand war, dem sie vertrauen und dem sie Glauben schenken konnte: Mrs. H. T. Miller.

Zufrieden lauschend nahm sie ein Geräusch wahr: das Öffnen und Schließen einer Schreibtischschublade; sie schien es noch zu hören, als es schon lange vorüber war – das Öffnen und Schließen. Allmählich wurde dieses harte Geräusch dann durch das Knistern eines Seidenkleides ersetzt, und dies, zunächst ganz schwach, kam näher und näher und schwoll zu einer solchen Mächtigkeit an, daß die Wände bebten und das Zimmer in einer wispernden Woge versank. Mrs. Miller erstarrte und öffnete die Augen zu einem dumpfen Geradeausstarren.

«Hallo», sagte Miriam.

(1944)

DER SILBERNE KRUG

Nach der Schule arbeitete ich immer im Walhalla Drugstore. Er gehörte meinem Onkel, Mr. Ed. Marshall. Ich nenne ihn Mr. Marshall, weil alle, einschließlich seiner Frau, ihn Mr. Marshall nannten. Trotzdem war er ein netter Mensch.

Sein Drugstore war vielleicht ein bißchen altmodisch, aber er war groß und dunkel und kühl: Während der Sommermonate gab es keinen angenehmeren Ort in der ganzen Stadt. Wenn man hineinkam, stand zur Linken der Ladentisch für Tabakwaren und Zeitschriften, hinter dem Mr. Marshall gewöhnlich saß: Ein untersetzter Mann mit einem viereckigen, geröteten Gesicht und einem gezwirbelten, männlichen weißen Schnurrbart. Dem Ladentisch gegenüber stand die prächtige Sodabar. Sie war sehr alt und aus feinem gelblichem Marmor hergestellt, der sich ganz glatt anfühlte, aber nicht mit billiger Glasur überzogen war. Mr. Marshall hatte sie 1910 auf einer Auktion in New Orleans erstanden und war sehr stolz darauf. Wenn man auf einem der hohen, schlanken Hocker saß und über die Bar blickte, konnte man sich verschwommen, wie bei Kerzenlicht, in einer Reihe alter Mahagonispiegel betrachten. Auch die einfache Ware war in Vitrinen untergebracht, hinter Glastüren, die mit Messingschlüsseln verschlossen waren. Diese Vitrinen sahen aus, als enthielten sie kostbare Raritäten. Es lag immer ein Geruch von Sirup, Muskatnuß und anderen köstlichen Dingen in der Luft.

Im Walhalla traf sich die ganze Wachata County, bis ein gewisser McPherson in die Stadt kam und einen zweiten Drugstore eröffnete, auch auf dem Rathausplatz, direkt gegenüber. Dieser Rufus McPherson war ein ganz gemeiner Kerl; er nahm meinem Onkel nämlich die Kundschaft fort. Er richtete sich sehr modern ein, hatte zum Beispiel elektrische Ventilatoren und farbige Glühbirnen; er trug den Vorüberfahrenden die Waren ans Auto und machte gegrillte Käse-Sandwiches auf Bestellung Wenn auch manche Mr. Marshall treu blieben, die meisten konnten Rufus McPherson doch nicht widerstehen.

Eine geraume Zeit versuchte Mr. Marshall, ihn zu übersehen: Wenn man McPhersons Namen erwähnte, ließ er so etwas wie ein Schnauben vernehmen, zwirbelte seinen Schnurrbart und blickte fort. Aber man sah, daß er wütend war. Und er wurde immer wütender. Eines Tages dann, es war so Mitte Oktober, kam ich ins Walhalla und sah ihn an der Bar sitzen, Domino spielen und mit Hamurabi Wein trinken.

Hamurabi war ein Ägypter und so etwas Ähnliches wie ein Dentist, wenn er auch nicht viel zu tun hatte, denn die Leute haben hier in der Gegend ungewöhnlich gesunde Zähne, die sie einem besonderen Stoff, den das Wasser enthält, zu verdanken haben. Die meiste Zeit lungerte er im Walhalla herum, und er war der beste Freund meines Onkels. Es war ein hübsches Mannsbild, dieser Hamurabi, dunkelhäutig und fast zwei Meter groß. Die Mütter unserer Stadt steckten ihre Töchter hinter Schloß und Riegel und machten ihm selber schöne Augen. Er hatte überhaupt keinen fremden Akzent, und ich war immer der Überzeugung, daß er so wenig ein Ägypter war wie der Mann im Mond.

Jedenfalls tranken sie da nun in großen Zügen roten italienischen Wein aus einem Vier-Liter-Krug. Es war ein betrüblicher Anblick, denn Mr. Marshall war weit und breit als Antialkoholiker bekannt. So war natürlich mein erster Gedanke: O Himmel, Rufus McPherson hat es also doch geschafft. Das war aber gar nicht der Fall.

«Komm her, mein Sohn», sagte Mr. Marshall, «und trink ein Glas Wein mit uns.»

«Ja», sagte Hamurabi, «du mußt uns helfen, ihn leer zu machen. Er ist aus dem Laden, wir können ihn nicht verkommen lassen.»

Viel später, als der Krug geleert war, nahm Mr. Marshall ihn auf und sagte: «Na, wir werden ja sehen!» Und damit verschwand er in den Nachmittag.

«Wo will er denn hin?» fragte ich.

«Tja», war alles, was Hamurabi antwortete. Es machte ihm Spaß, mich zu foppen.

Eine halbe Stunde verstrich, ehe mein Onkel wiederkam. Er ging ganz krumm und stöhnte unter der Last, die er trug. Er stellte den Krug auf die Bar, trat zurück und rieb sich lächelnd die Hände. «Nun, was haltet ihr davon?»

«Hm», schnurrte Hamurabi.

«O je . . .» sagte ich.

Es war derselbe Weinkrug, bei Gott, aber er hatte sich inzwischen wunderbar verändert; denn er war jetzt bis zum Rand mit Fünf- und Zehn-Cent-Stücken vollgepfropft, die matt durch das dicke Glas schimmerten.

«Hübsch, was?» sagte mein Onkel. «In der First National habe ich das machen lassen. Größere Stücke als Fünfer gingen nicht rein. Aber es ist trotzdem 'ne Menge Geld drin, das kann ich euch sagen.»

«Aber was soll das, Mr. Marshall?» sagte ich. «Ich meine, was hat das für einen Sinn?»

Mr. Marshalls Lächeln ging in ein Grinsen über. «Das hier ist ein Krug voll Silber, man könnte sagen . . .»

«Das Schüsselchen am Ende des Regenbogens», unterbrach Hamurabi.

«. . . und der Sinn, wie du es nennst, ist der, daß die Leute raten sollen, wieviel Geld da drin ist. Sagen wir zum Beispiel, du kaufst etwas für fünfundzwanzig Cent – gut, damit erwirbst du dir die Chance zu raten. Je mehr du kaufst, desto öfter darfst du raten. Und ich werde bis zum Heiligen Abend alle Zahlen in mein Hauptbuch eintragen. An diesem Tag aber bekommt derjenige, der der richtigen am nächsten gekommen ist, den ganzen Ramsch.»

Hamurabi nickte feierlich. «Er spielt den Weihnachtsmann – einen ganz schön gerissenen Weihnachtsmann», sagte er. «Ich geh jetzt nach Haus und schreib ein Buch: Der raffinierte Mord an Rufus McPherson.» Um die Wahrheit zu sagen, er schrieb wirklich manchmal Geschichten und schickte sie an verschiedene Magazine. Aber sie kamen immer wieder zurück.

Es war überraschend und kam einem Wunder gleich, wie die Wachata County den Krug aufnahm. Seit den Tagen des Bahnvorstehers Tully, der armen Seele, hatte das Walhalla kein solches Geschäft mehr gemacht. Tully war damals plötzlich verrückt geworden und hatte überall verbreitet, er habe hinter dem Bahnhof Öl entdeckt, was zur Folge hatte, daß die Stadt von wilden Ölsuchern überschwemmt wurde. Sogar die größten Trunkenbolde, die nie einen Cent für etwas anderes ausgaben als für Whisky oder Weiber, hielten jetzt ihr Geld zusammen und legten es in Milchmischgetränken an. Ein paar ältliche Damen mißbilligten zwar öffentlich Mr. Marshalls Unternehmen als eine Art von Glücksspiel, aber sie machten uns weiter keine Scherereien, und einige kamen uns sogar gelegentlich besuchen und wagten mitzuraten. Die Schulkinder waren ganz besessen von der Sache, und ich wurde bei ihnen sehr beliebt, weil sie dachten, ich wüßte die richtige Antwort.

«Ich will dir sagen, warum das alles so ist», sagte Hamurabi und zündete sich eine der ägyptischen Zigaretten an, die er sich von einer New Yorker Firma mit der Post schicken ließ.

«Es ist nämlich nicht das, was man zunächst annehmen könnte; mit anderen Worten, es ist nicht Habgier. Nein, es ist das Geheimnis, das einen solchen Zauber verbreitet. Man braucht sich ja bloß mal diese Fünf- und Zehn-Cent-Stücke anzuschauen. Was denkt man dabei: Ah, *so* viel! Nein, nein. Man denkt: Ah, *wie* viel? Und das ist in der Tat eine tiefgründige Frage. Für jeden bekommt sie eine andere Bedeutung. Verstehst du?»

Und Rufus McPherson war vielleicht empört! Wenn man ein Geschäft hat, rechnet man um die Weihnachtszeit mit einem großen Teil seines jährlichen Verdienstes, und gerade jetzt tat er sich schwer, einen Kunden zu finden. So versuchte er, das mit dem Krug nachzumachen; aber weil er ein solcher Geizhals war, tat er nur Ein-Cent-Stücke hinein. Er schrieb auch einen Brief an die Redaktion des *Banners,* unserer Wochenzeitung, in dem er sagte, daß man Mr. Marshall «teeren und federn und aufhängen sollte, weil er kleine unschuldige Kinder in gewiegte Spieler verwandelt und sie auf den Weg zur Hölle führt!» Es läßt sich denken, wie lächerlich er sich machte. Niemand hatte für McPherson etwas anderes übrig als Spott. Und so stand er ab Mitte November etwa nur noch vor seinem Laden auf der Straße und starrte bitterböse auf das fröhliche Treiben jenseits des Platzes.

Um diese Zeit etwa tauchten Appleseed und seine Schwester zum erstenmal auf. Er war in unserer Stadt nicht bekannt. Wenigstens konnte sich niemand erinnern, ihn je zuvor gesehen zu haben. Er erzählte, daß er eineinhalb Kilometer hinter Indian-Branches auf einer Farm wohne; berichtete, daß seine Mutter nur vierundsiebzig Pfund wiege und daß er noch einen älteren Bruder habe, der auf Hochzeiten für fünfzig Cent Geige spielte. Er behauptete, daß Appleseed der einzige Name sei, den er habe und daß er zwölf Jahre alt sei. Aber Middy war ein ganz armselig aussehendes Kind. Sie war glatt und dunkelblond. Er hatte ein schmales, wettergebräuntes Gesicht mit unruhigen grünen Augen, die einen sehr weisen und erfahrenen Ausdruck hatten. Er war klein und schmächtig und nervös; und er hatte immer dieselben Sachen an: einen roten Pullover, blaue Drillichhosen und ein Paar Stiefel von Männergröße, die bei jedem Schritt schlappten.

Es regnete, als er zum erstenmal ins Walhalla kam; das Haar klebte an seinem Kopf, als hätte er eine Kappe auf, und seine Stiefel waren vom braunen Lehm der Feldwege dick überkrustet. Middy zottelte hinter ihm her, während er großspurig wie ein Cowboy an die Bar trat, wo ich gerade Gläser wusch.

«Ich hab gehört, ihr habt da Geld in 'ne Flasche gesteckt und wollt die jetzt wegschenken», sagte er und sah mich dabei ruhig an. «Wo ihr's doch sowieso hergebt, da wärn wir sehr dankbar, wenn ihr's uns denn geben tätet. Ich heiße Appleseed, das hier is meine Schwester Middy.»

Middy war ein ganz armselig aussehendes Kind. Sie war ein gutes Stück größer als ihr Bruder und sah auch älter aus: eine richtige Bohnenstange. Sie hatte kurzes, flachsblondes Haar, das aussah wie abgehackt, und ein blasses, erbarmungswürdiges kleines Gesicht. Sie trug ein verschossenes Baumwollkleidchen, das ihr knapp bis zu den spitzen Knien reichte. Irgend etwas mit ihren Zähnen stimmte nicht, und sie suchte es zu verbergen, indem sie den Mund immer fest zusammenpreßte wie eine alte Dame.

«Tut mir leid», sagte ich, «aber da mußt du mit Mr. Marshall reden.»

Und das tat er natürlich. Ich hörte, wie mein Onkel ihm erklärte, was er tun müsse, um den Krug zu gewinnen. Appleseed hörte aufmerksam zu, nickte dann und wann. Plötzlich kam er zurück, stellte sich vor den Krug, streichelte ihn ganz vorsichtig und sagte: «Is sich nich 'n hübsches Ding, Middy?»

Middy sagte: «Kriegen wir sie?»

«Nee. Was man da erst machen muß, du, man muß raten, wieviel Geld drin is. Und man muß für fünfundzwanzig Cent was kaufen, um erst ma raten zu können.»

«Ooch, wir haben doch aber gar nich fünfundzwanzig Cent. Was meinst, wie wir fünfundzwanzig Cent kriegen sollen?»

Appleseed runzelte die Stirn und rieb sich das Kinn. «Das wird noch das einfachste sein, überlaß das man mir. Viel schwieriger ist: Wenn ich 'ne Chance hab, kann ich nich nur raten ... ich muß *wissen.*»

Nun gut, ein paar Tage später sah man sie wieder. Appleseed ließ sich auf einem Barhocker nieder und verlangte ganz ungeniert zwei Glas Wasser, eins für sich und eins für Middy. Das war die Gelegenheit, bei der er uns die Informationen über seine Familie gab: «... dann is noch Papa Daddy da, das is der Papa von meiner Mama, das is 'n Indianer, weil er nämlich nich gut Englisch sprechen kann. Mein Bruder, der wo Geige spielt, der is schon dreimal im Kittchen gewesen ... wegen ihm mußten wir weg von Louisiana. Bei 'ner Messerstecherei hat er einen schlimm zugerichtet, wegen 'ner Frau, die war zehn Jahr älter wie er. Sie hatte blonde Haare.» Middy, die sich im Hintergrund herumdrückte, sagte nervös: «Du mußt nich die ganzen privaten Sachen von unsrer Familie erzähln, Appleseed.»

«Halt 'n Mund, Middy», sagte er, und sie war still. «Sie is 'n liebes Ding», fügte er hinzu, drehte sich um und tätschelte ihren Kopf, «aber sie darf sich nich alles erlauben. Geh jetzt und schau dir die Bilder in den Zeitschriften an, Liebes, und hör auf, mit den Zähnen so zu machen. Appleseed muß jetzt 'n bißchen überlegen.» Das Überlegen bestand darin, daß er unentwegt den Krug anstarrte, als wolle er ihn mit den Augen verschlingen. Das Kinn in die Hand gestützt, sah er ihn lange Zeit an, ohne ein einziges Mal seine Augenlider zu bewegen. «Eine Dame in Louisiana hat gesagt, daß ich sehn kann, was andre Leute nich sehn können, weil ich mit 'ner Glückshaube auf die Welt gekommen bin.»

«Ist doch klar, daß du nicht sehen kannst, wieviel da drin

ist», sagte ich zu ihm. «Warum läßt du dir nicht einfach eine Zahl einfallen, vielleicht ist das die richtige.»

«Hoch», sagte er, «das is verdammt riskant. Ich... so kann ich das nich machen. Ich hab mir überlegt, ganz sicher is die Sache nur, wenn man jeden Fünfer und jeden Zehner zählt.»

«Zählen!»

«Was zählen?» fragte Hamurabi, der gerade hereingekommen war und sich an die Bar setzte.

«Der Junge da sagt, er will zählen, wieviel in dem Krug drin ist», erklärte ich.

Hamurabi sah Appleseed interessiert an. «Wie willst du das bewerkstelligen, mein Sohn?»

«Oh, eben zählen», sagte Appleseed sachlich.

Hamurabi lachte. «Dann mußt du schon Röntgenaugen haben, mein Sohn, mehr kann ich dazu nicht sagen.»

«O nein. Die Hauptsache is nur, daß man mit 'ner Glückshaube auf die Welt gekommen is. Eine Dame in Louisiana hat das zu mir gesagt. Das war 'ne Hexe; sie hatte mich gern, und als meine Mama mich nich zu ihr geben wollte, hat sie sie verhext, und darum wiegt meine Mama nur noch vierundsiebzig Pfund.»

«Seh-r in-te-res-sant», bemerkte Hamurabi nur und sah Appleseed ganz merkwürdig an.

Middy bummelte so durch die Gegend und griff nach einer Ausgabe der *Filmgeheimnisse*. Sie zeigte Appleseed ein Foto und sagte: «Is diese Dame nich hübsch? Sieh doch nur, Appleseed, siehst du, was die für schöne Zähne hat? Die sind nich so durcheinander.»

«Mach dir man darum keine Sorgen mehr», sagte er.

Als sie gegangen waren, bestellte Hamurabi sich eine Flasche Orangeade und trank sie langsam aus, während er eine Zigarette rauchte. «Glaubst du, bei dem Kleinen stimmt da oben alles?» fragte er plötzlich mit nachdenklicher Stimme.

In den kleinen Städten läßt sich Weihnachten am allerbesten feiern, glaube ich. Die Stimmung breitet sich in ihnen schneller aus, sie verwandeln sich und kommen unter diesem Zauber zu einem völlig neuen Leben. Schon in der ersten Dezemberwoche wurden die Haustüren mit Kränzen geschmückt, und in den Schaufenstern sah man schimmernde rote Papierglocken und glitzernden Schnee. Die Kinder wanderten in die Wälder hinaus und kamen mit duftenden Weihnachtsbäumen schwer beladen zurück. Die Frauen fingen an, ihre Stollen zu backen, sie machten die Einmachgläser mit dem Mincemeat auf und die Flaschen mit dem Brombeer- und Scuppernong-Wein. Auf dem Rathausplatz wurde ein riesengroßer Baum mit Lametta und elektrischen Kerzen geschmückt, die nach Sonnenuntergang angezündet wurden. Spät am Nachmittag konnte man den Chor der Presbyterianerkirche Weihnachtslieder für das alljährlich stattfindende Krippenspiel üben hören. In der ganzen Stadt standen die Kamelien in voller Blüte.

Der einzige Mensch, der nicht im geringsten von dieser zu Herzen gehenden Atmosphäre berührt zu sein schien, war Appleseed. Er ging seiner Beschäftigung nach, das Kruggeld zu zählen, und er tat das mit großer und beharrlicher Sorgfalt. Jeden Tag kam er nun ins Walhalla und konzentrierte sich auf den Krug, wobei er finster vor sich hinblickte und murmelte. Anfangs waren wir alle fasziniert, aber allmählich wurde es langweilig, und niemand kümmerte sich mehr um ihn. Er kaufte nie etwas, offensichtlich war es ihm nicht gelungen, die fünfundzwanzig Cent aufzutreiben. Manchmal sprach er mit Hamurabi, der ein zärtliches Interesse an ihm nahm und ihm gelegentlich Bonbons oder für einen Cent Lakritze schenkte.

«Glauben Sie immer noch, daß er 'n bißchen spinnt?» fragte ich.

«Ich bin mir nicht ganz sicher», sagte Hamurabi. «Aber du wirst es schon noch erfahren. Er ißt nicht genug. Ich werd ihn mal ins Café *‹Regenbogen›* mitnehmen und ihm einen Teller Gulasch bestellen.»

«Fünfundzwanzig Cent wären ihm wahrscheinlich lieber.»

«Nein. Er braucht eine ordentliche Portion Gulasch. Außerdem wäre es für ihn besser, wenn er nie zum Raten käme. Ein so nervöses, so ungewöhnliches Kind, ich möchte nicht dafür verantwortlich sein, wenn er verliert. Sag doch selbst, es wär schrecklich.»

Ich will zugeben, daß Appleseed mir zu der Zeit nicht ganz richtig vorkam. Mr. Marshall hatte Mitleid mit ihm. Die Kinder versuchten ihn zu necken, gaben es aber bald auf, weil er sich einfach nicht um sie kümmerte. Den ganzen Tag sah man ihn nur an der Bar sitzen, mit gerunzelter Stirn, die Augen unentwegt auf den Krug gerichtet. Und er war so abwesend, daß man manchmal das schrecklich unheimliche Gefühl hatte, er existiere vielleicht gar nicht. Und wenn man schon beinah wirklich davon überzeugt war, wachte er auf und sagte so etwas Ähnliches wie: «Weißt, hoffentlich is 'n Buffalo-Fünfer drin, von 1913. So 'n Junge hat mir gesagt, wo man für 'nen Buffalo-Fünfer von 1913 fünfzig Dollar kriegt.» Oder: «Middy soll 'ne berühmte Dame beim Film werden. Die verdienen 'ne Menge Geld, die Damen, die beim Film mitmachen. Dann essen wir aber keinen Grünkohl mehr, solang wir leben. Nur Middy sagt, sie kann nich zum Film, wenn sie keine schönen Zähne hat.»

Middy kam nicht immer mit ihrem Bruder mit. An den Tagen, an denen sie nicht dabei war, schien er nicht er selbst zu sein; er war dann scheu und ging bald wieder.

Hamurabi hielt sein Versprechen und lud ihn zu einem Gulasch ins Café ein. «Mr. Hamurabi is nett, doch, doch», sagte Appleseed hinterher, «aber er hat so komische Ansichten: Er is der Meinung, daß er König wär oder so was Ähnliches, wenn er an einem Ort leben würde, der Ägypten heißt.»

Und Hamurabi sagte: «Dieses Kind hat ein rührendes Vertrauen. Es ist schön, wenn man das so sieht. Aber ich fange an, die ganze Sache zu verabscheuen.» Und er zeigte zum Krug hinüber. «Eine derartige Hoffnung in einem Menschen zu erwecken ist grausam, und es tut mir verdammt leid, daß ich anfangs mitgemacht habe.»

Im Walhalla vertrieb man sich am liebsten die Zeit damit, zu überlegen, was man kaufen würde, wenn man den Krug bekäme. Unter denen, die dabei mitmachten, waren: Salomon Katz, Phoebe Johnes, Carl Kuhnhardt, Pully Simmons, Eddie Foxcroft, Marvin Finkle, Trudy Edwards und ein Neger namens Erskine Washington. Ein paar ihrer Wünsche waren: eine Reise nach Birmingham, um sich dort Dauerwellen machen zu lassen, ein gebrauchtes Klavier, ein Shetlandpony, ein goldenes Armband, eine vollständige Ausgabe von Rover Boys-Büchern und eine Lebensversicherung.

Einmal fragte Mr. Marshall, was Appleseed sich denn wünsche. «Das is 'n Geheimnis», war die Antwort, und kein noch so dringendes Bitten konnte ihn dazu bringen, es zu verraten. Aber wir waren davon überzeugt, daß es ein ganz brennender Wunsch sein mußte, was es auch immer sein mochte.

Richtig Winter wird es bei uns in der Regel erst Ende Januar, und dann ist er auch noch ziemlich mild und dauert nicht lange.

Aber in dem Jahr, von dem ich schreibe, waren wir schon in der Woche vor Weihnachten mit einem ungewöhnlichen Kälteeinbruch gesegnet. Mancher redet heute noch davon, denn es war ganz schrecklich: Die Wasserleitungen froren ein; viele Leute mußten, in ihre Decken gehüllt, den ganzen Tag im Bett bleiben, weil sie es versäumt hatten, genug Holz für den Kamin zu besorgen; der Himmel verwandelte sich in jenes seltsam trübe Grau, das er kurz vor einem Gewitter zeigt, und die Sonne war so blaß wie der abnehmende Mond. Ein scharfer Wind blies. Er fegte die alten, vertrockneten Blätter des vergangenen Herbstes auf den vereisten Boden, und der Tannenbaum auf dem Rathausplatz wurde zweimal seines ganzen Weihnachtsschmuckes beraubt. Wenn man atmete, entstanden Rauchschwaden. Unten bei der Seidenspinnerei, wo die Ärmsten der Armen wohnten, drängten sich die Familien abends in der Dunkelheit zusammen und erzählten sich Geschichten, um sich von der Kälte abzulenken. Draußen auf dem Land bedeckten die Farmer ihre empfindlichen Pflanzen mit Hanfsäcken und beteten; manche nutzten das Wetter aus, schlachteten ihre Schweine und brachten frische Wurst in die Stadt. Mr. R. C. Judkins, der Trunkenbold der Stadt, staffierte sich mit einem roten Rupfengewand aus und spielte den Weihnachtsmann in dem Geschäft, in dem es nur Sachen für fünf und zehn Cent zu kaufen gibt. Mr. R. C. Judkins war Vater einer großen Familie, und alle waren glücklich, ihn einmal so nüchtern zu erleben, daß er in der Lage war, einen Dollar zu verdienen. Auf einer der Feiern, die die Kirche jetzt veranstaltete, standen sich Mr. Marshall und Rufus McPherson plötzlich von Angesicht zu Angesicht gegenüber: Bittere Worte wurden gewechselt, aber es kam zu keiner Schlägerei.

Wie schon erwähnt, lebte Appleseed auf einer Farm, eineinhalb Kilometer hinter Indian-Branches, also annähernd fünf Kilometer von unserer Stadt entfernt; ein riesig langer und einsamer Weg. Aber trotz der Kälte kam er jeden Tag ins Walhalla und blieb bis Ladenschluß, das bedeutete, da die Tage nun kürzer waren, bis nach Einbruch der Dunkelheit. Gelegentlich konnte er den halben Weg mit dem Vorarbeiter von der Seidenspinnerei mitfahren, aber das kam nicht oft vor. Er sah müde aus und bekam tiefe Falten um den Mund. Er fror dauernd und bibberte furchtbar vor Kälte. Ich glaube nicht, daß er irgend etwas Warmes unter seinem roten Pullover und seinen blauen Drillichhosen anhatte.

Es war drei Tage vor Weihnachten, als er plötzlich aus heiterem Himmel verkündete: «Nun, ich bin fertig. Ich meine, ich weiß jetzt, wieviel in der Flasche drin is.» Er brachte das mit einer solch ernsthaften, feierlichen Sicherheit heraus, daß es schwerfiel, daran zu zweifeln.

«Jetzt hör aber mal auf, mein Sohn», sagte Hamurabi, der auch gerade da war. «Das kannst du gar nicht wissen. Es ist falsch, sich das einzubilden; du bist drauf und dran, dir nur weh zu tun.»

«Sie brauchen mir keine Predigt zu halten, Mr. Hamurabi. Ich weiß schon, was ich tu. 'ne Dame in Louisiana hat zu mir gesagt ...»

«Ja, ja, ja – aber du solltest das vergessen. Wenn ich du wäre, würde ich jetzt schön nach Hause gehen und dort auch bleiben und diesen gottverdammten Krug vergessen.»

«Mein Bruder geht heute abend rüber nach Cherokee City, auf 'ne Hochzeit, er soll dort wieder spielen, und er wird mir dann die fünfundzwanzig Cent geben», sagte Appleseed halsstarrig. «Morgen werd ich mein Glück versuchen.»

Am nächsten Tag war ich daher einigermaßen aufgeregt, als Appleseed und Middy ankamen. Er hatte wirklich seine fünfundzwanzig Cent: Zur Sicherheit waren sie in den Zipfel eines roten Taschentuches eingebunden.

Die beiden wanderten Hand in Hand an den Auslagen entlang und beratschlagten flüsternd, was sie sich kaufen sollten. Schließlich entschieden sie sich für ein fingerhutgroßes Fläschchen Gardenia-Cologne, das Middy sofort aufmachte und sich zur Hälfte aufs Haar goß. «Es riecht wie ... oh, liebe Mutter Gottes, ich hab noch nie so was Süßes gerochen. Komm, Appleseed, Liebling, laß mich auch was auf dein Haar spritzen.» Aber er ließ es nicht zu.

Mr. Marshall suchte sein Hauptbuch heraus, das alle Zahlen enthielt, während Appleseed zur Bar schlenderte; er legte beide Hände um den Krug und streichelte ihn sanft. Seine Augen leuchteten, und seine Wangen glühten vor Erregung. Ein paar Leute, die im Augenblick gerade im Drugstore waren, drängten sich näher heran. Middy stand im Hintergrund, kratzte sich seelenruhig am Bein und roch an dem Cologne. Hamurabi war nicht da.

Mr. Marshall leckte an seiner Bleistiftspitze und lächelte. «Okay, mein Sohn, was soll ich nun schreiben?»

Appleseed holte tief Luft. «Siebenundsiebzig Dollar und fünfunddreißig Cent», platzte er heraus.

Mit dem Nennen einer so ungeraden Zahl bewies er Originalität, weil im großen und ganzen nur runde Ziffern geraten worden waren. Mr. Marshall wiederholte feierlich den Betrag, während er ihn niederschrieb.

«Wann erfahr ich, ob ich gewonnen hab?»

«Am Heiligen Abend», sagte irgend jemand.

«Das is morgen, wie?»

«Ja, so ist es», sagte Mr. Marshall ohne jegliche Überraschung. «Komm um vier Uhr.»

Während der Nacht sank das Thermometer noch tiefer, und gegen Morgen gab es einen jener heftigen sommergleichen Regengüsse, so daß der nächste Tag heiter und frostig war. In der Stadt sah es aus wie auf einer Ansichtskarte aus dem Norden, mit weißen, glitzernden Eiszapfen an den Bäumen und Eisblumen auf allen Fensterscheiben. Mr. R. C. Judkins stand in aller Frühe auf, stampfte ohne ersichtlichen Grund durch die Straßen und läutete mit einer Tischglocke; ab und zu blieb er stehen, um einen Schluck Whisky aus einer kleinen Flasche zu nehmen, die er in seiner hinteren Tasche verborgen hielt. Da der Tag windstill war, stieg aus vielen Schornsteinen der Rauch gemächlich und geradewegs zum klaren, frostigen Himmel auf. Ein bißchen später war der presbyterianische Chor schon in vollem Schwung; und die Kinder (sie trugen schreckenerregende Masken wie am Abend vor Allerheiligen) jagten einander rund um den Platz und machten einen ohrenbetäubenden Lärm.

Hamurabi kam gegen Mittag, um uns beim Ausschmücken von Walhalla behilflich zu sein. Er brachte eine große Tüte mit Mandarinen mit, die wir zusammen alle aufaßen; die Schalen warfen wir in den neuen dickbauchigen Ofen (ein Geschenk Mr. Marshalls an sich selbst), der in der Mitte des Ladens stand. Dann nahm mein Onkel den Krug von der Bar, polierte ihn blank und stellte ihn auf einen Tisch, von dem aus man ihn gut sehen konnte. Danach war er für uns überhaupt keine Hilfe mehr, denn er hockte auf einem Stuhl und verbrachte die ganze Zeit damit, eine zerknitterte grüne Schleife um den Krug zu binden und sie wieder abzunehmen. So mußten Hamurabi und ich das übrige allein machen: Wir fegten den Boden, rieben die Spiegel blank, staubten die Vitrinen ab und zogen rote und grüne Bänder aus Kreppapier von einer Wand zur anderen. Als wir fertig waren, sah alles sehr hübsch und elegant aus.

Aber Hamurabi sah trübselig auf unser Werk und sagte: «Nun, ich denke, ich mach jetzt, daß ich fortkomme.»

«Du willst nicht bleiben?» fragte Mr. Marshall betroffen.

«O nein, nein», sagte Hamurabi und schüttelte langsam seinen Kopf. «Ich will nicht das Gesicht dieses Kindes sehen. Heut ist Weihnachten, und ich hab die Absicht, mich zu amüsieren. Und das kann ich nicht, wenn ich mir das aufs Gewissen lade. Teufel, ich könnt nicht mal schlafen.»

«Mach, was du willst», sagte Mr. Marshall. Und er zuckte die Achseln, aber man konnte sehen, daß er sich verletzt fühlte.

«So ist das Leben eben – und außerdem, wer weiß denn, ob er nicht gewinnt?»

Hamurabi seufzte schwermütig. «Was hat er geraten?»

«Siebenundsiebzig Dollar und fünfunddreißig Cent», sagte ich.

«Gebt doch zu, das ist doch hirngespinstig», sagte Hamurabi. Er ließ sich neben Mr. Marshall auf einen Stuhl fallen, schlug die Beine übereinander und zündete sich eine Zigarette an.

«Wenn du Baby Ruth dahast, möcht ich gern eins, ich hab 'nen ganz bitteren Geschmack im Mund.»

Der Nachmittag schlich dahin, und wir saßen alle drei um den Tisch herum und fühlten uns schrecklich elend. Es wurde kaum ein Wort gesprochen, und als die Kinder nun den Platz verlassen hatten, hörte man nur noch die Uhr vom Rathausturm die Stunden schlagen. Das Walhalla war geschlossen, aber ständig gingen Leute vorbei und schauten verstohlen ins Fenster. Um drei Uhr sagte Mr. Marshall mir, ich solle die Tür aufschließen.

Innerhalb von zwanzig Minuten war der Raum proppenvoll; alle hatten sie ihre Sonntagskleider an, und in der Luft lag ein süßlicher Geruch, denn die meisten der kleinen Mädchen von der Seidenspinnerei hatten sich mit Vanille einparfümiert. Sie drängten sich an den Wänden entlang, setzten sich auf die Bar, quetschten sich hinein, wo immer sie konnten; bald zog sich die Menge bis auf die Straße hinaus. Der Platz war mit Pferdegespannen und T-Ford-Modellen umsäumt, die die Farmer mit ihren Familien in die Stadt gebracht hatten. Es gab viel Gelächter und Schreien und Spaß – ein paar empörte Damen beklagten sich über das Fluchen und rücksichtslose Schieben und Drängen der jungen Burschen, aber niemand ging fort. Am Seiteneingang hatte sich eine ganze Menge Neger zusammengefunden, und sie amüsierten sich am meisten. Jeder versuchte das Beste aus einer guten Sache zu machen. Denn in unserer Gegend ist es für gewöhnlich sehr ruhig: Es geschieht nicht viel. Man kann mit Sicherheit sagen, daß nahezu die ganze Wachata County anwesend war, mit Ausnahme der Kranken natürlich und – Rufus McPhersons. Ich sah mich nach Appleseed um, konnte ihn aber nirgends entdecken. Mr. Marshall räusperte sich und klatschte in die Hände, um sich Ruhe zu verschaffen.

Als sich der Lärm gelegt hatte und die Atmosphäre genügend gespannt war, erhob er seine Stimme wie ein Aktionator und rief: «Nun hört mal alle her, in diesem Umschlag, den ihr hier in meiner Hand seht –» und er hob ein gelbes Kuvert hoch über seinen Kopf – «hier also steht die Lösung drin, die bis zu diesem Augenblick niemand kennt, außer dem lieben Gott und der First National Bank, haha. Und in diesem Buch –» er hob nun das Hauptbuch mit der anderen Hand hoch – «hab ich alles aufgeschrieben, was ihr geraten habt. Hat noch jemand eine Frage?» Alles war still. «Schön.

Wenn wir jetzt noch jemand haben könnten, der freiwillig ...»

Nicht eine lebende Seele rührte sich von der Stelle: Es war, als ob eine entsetzliche Scheu die Menge überfallen hätte, und auch diejenigen, die sonst die größten Angeber waren, scharrten nur verlegen mit den Füßen. Da rief jemand, es war Appleseeds Stimme: «Durchlassen ... *ma'am*, gehnse bitte ausm Weg.» Als er sich nun nach vorn drängte, trotteten Middy und ein magerer, verschlafen aussehender Bursche hinter ihm her, es war offensichtlich der geigende Bruder. Appleseed hatte dasselbe an wie immer, aber sein Gesicht war sauber geschrubbt und rosig, die Stiefel waren geputzt, und das Haar hatte er mit Pomade glatt zurückgekämmt. «Kommen wir noch zur Zeit?» keuchte er.

Aber Mr. Marshall sagte: «Du willst also unser Freiwilliger sein?»

Appleseed sah ihn verwirrt an, nickte dann aber heftig.

«Hat irgend jemand etwas gegen diesen jungen Mann einzuwenden?»

Immer noch herrschte Totenstille. Mr. Marshall übergab Appleseed den Umschlag, der ihn ruhig entgegennahm. Er nagte an seiner Unterlippe und sah ihn erst noch einen Moment an, bevor er ihn aufriß.

In der ganzen Versammlung gab es keinen Laut, außer einem gelegentlichen Husten und dem gedämpften Klingeln von Mr. R. C. Judkins' Tischglocke. Hamurabi lehnte an der Bar und starrte zur Decke; Middy stierte mit leerem Blick über die Schulter der Bruders, und als er daranging, den Umschlag aufzureißen, stieß sie einen leisen, ängstlichen Seufzer aus.

Appleseed zog einen rosa Zettel heraus, und während er ihn so vorsichtig hielt, als ob er zerbrechen könnte, murmelte er das, was darauf geschrieben stand, leise vor sich hin. Plötzlich wurde sein Gesicht ganz blaß, und Tränen glänzten in seinen Augen.

«He, nu red schon, Junge», brüllte irgendwer.

Hamurabi trat vor und riß ihm beinahe den Zettel aus der Hand. Er räusperte sich und fing an zu lesen, während sich sein Gesicht ganz komisch veränderte. «Heilige Mutter Gottes ...» sagte er.

«Lauter, lauter», forderte man ärgerlich im Chor.

«Betrügerbande!» brüllte Mr. R. C. Judkins, der um diese Zeit schon wieder einen in der Krone hatte. «Ich rieche eine Ratte, und sie stinkt schon zum Himmel!» Worauf ein Wirbelsturm von Schreien und Pfiffen die Luft erfüllte.

Appleseeds Bruder fuhr herum und schüttelte seine Fäuste. «Maul halten, Maul halten, sonst hau ich euch eure verdammten Köpfe zusammen, daß ihr Beulen kriegt, wie 'n Kürbis so groß, versteht ihr?»

«Bürger», schrie Bürgermeister Mawes, «Bürger – hört doch, heut ist Weihnachten ... so hört doch ...»

Und Mr. Marshall sprang auf einen Stuhl, klatschte in die Hände und stampfte mit den Füßen, bis wieder einigermaßen Ruhe herrschte. Es soll hier schon gleich erwähnt werden, daß Rufus McPherson dem Mr. R. C. Judkins Geld dafür gegeben hatte, damit er jenen Wirbel verursachte, wie wir später erfuhren. Jedenfalls, als der Tumult vorüber war, hatte natürlich niemand anderes den Zettel in Händen als ich ... aber man frage mich nicht, wie es dazu gekommen ist.

Ohne zu überlegen, schrie ich: «Siebenundsiebzig Dollar und fünfunddreißig Cent.» Natürlich verstand ich in der Aufregung zuerst nicht, was das bedeutet; es war nur eine Zahl. Aber dann brach Appleseeds Bruder in sein Freudengeheul aus, und nun begriff ich; der Name des Gewinners wurde schnell bekannt, und das ehrfurchtsvolle Geflüster hörte sich an wie ein Gewitterregen. Aber Appleseed selbst bot einen jammervollen Anblick. Er weinte, als ob er tödlich verwundet wäre, doch als Hamurabi ihn dann auf seine Schultern hob, damit die Menge ihn bewundern konnte, trocknete er sich die Augen mit dem Ärmel seines Pullovers und fing an zu grinsen. Mr. R. C. Judkins brüllte: «Zigeuner! Lausiger Zigeuner!» Aber seine Stimme ging in einem ohrenbetäubenden Applaus unter.

Middy packte meinen Arm. «Meine Zähne», quietschte sie. «Jetzt krieg ich meine Zähne!»

«Zähne?» fragte ich noch ganz betäubt.

«Falsche», sagte sie. «Das ist es doch, was wir uns für das Geld kaufen wollen – ein schönes weißes Gebiß.»

Aber im Augenblick interessierte mich einzig und allein, wie Appleseed auf diese Zahl gekommen war. «Komm, erzähl mir», sagte ich verzweifelt, «erzähl mir, wie, in Gottes Namen, konnte Appleseed wissen, daß es gerade siebenundsiebzig Dollar und fünfunddreißig Cent waren?»

Middy sah mich verständnislos an. «Warum ... ich denke, er hat es dir gesagt», antwortete sie ganz ernst. «Er hat gezählt.»

«Ja, aber wie – wie?»

«Geh, weißt du nicht mal, wie man zählt?»

«Aber ist das alles?»

«Nun ja», sagte sie, und es folgte eine nachdenkliche Pause. «'n bißchen gebetet hat er auch noch.» Sie machte Anstalten, davonzustürzen, drehte sich aber noch einmal um und rief: «Außerdem ist er mit 'ner Glückshaube auf die Welt gekommen.»

Und mehr hat nie jemand über dieses Geheimnis erfahren. Wenn man Appleseed später fragte: «Wie hast du das gemacht?» lächelte er nur seltsam und wechselte das Thema.

Viele Jahre später zog er mit seiner Familie irgendwohin nach Florida, und man hörte nie wieder von ihm.

In unserer Stadt aber ist diese Legende immer noch lebendig; und bis zu seinem Tod im April des vergangenen Jahres wurde Mr. Marshall am Heiligen Abend immer in die Bibelstunde der Baptisten eingeladen, um die Geschichte von Appleseed zu erzählen. Hamurabi schrieb auch einmal einen Bericht darüber und schickte ihn an verschiedene Magazine. Er wurde aber nie gedruckt. Ein Redakteur schrieb zurück:

«Wenn aus dem kleinen Mädchen wirklich ein Filmstar geworden ist, läßt sich vielleicht etwas mit Ihrer Geschichte anfangen.» Aber das ist nie geschehen, und warum sollte man lügen?

(1945)

WIE ICH DIE DINGE SEHE

Ich weiß, was über mich geredet wird, und Sie können sich auf meine Seite stellen oder auf die der anderen, das ist Ihre Sache. Dies ist meine Darstellung gegen die von Eunice und Olivia-Ann, und es sollte für einen Menschen mit zwei guten Augen wahrlich ein leichtes sein, zu erkennen, wer von uns seine fünf Sinne beisammen hat. Ich möchte nur, daß die Bürger der USA die Tatsachen kennenlernen, das ist alles.

Die Tatsachen: Am Sonntag, dem 12. August dieses Jahres unseres Herrn, versuchte Eunice, mich mit dem Säbel ihres Vaters, der noch aus dem Bürgerkrieg stammt, umzubringen, und Olivia-Ann zerstörte alles um sich herum mit einem fünfunddreißig Zentimeter langen Fleischermesser; alles andere gar nicht zu erwähnen.

Es fing vor sechs Monaten an, als ich Marge heiratete. Das war das erste, was ich falsch gemacht habe. Wir wurden in Mobile nach einer Bekanntschaft von vier Tagen getraut. Wir waren beide sechzehn, und sie besuchte gerade meine Cousine Georgia. Nun, da ich eine Menge Zeit gehabt habe, darüber nachzudenken, kann ich mir um alles in der Welt nicht mehr vorstellen, wie ich auf so eine wie sie überhaupt hereinfallen konnte. Sie sieht nicht besonders aus, hat keine gute Figur und kein bißchen Verstand. Aber Marge ist naturblond, und das erklärt vielleicht alles. Nun, wir waren drei Monate verheiratet, als Marge plötzlich daherkommt und in anderen Umständen ist; das zweite, was ich falsch gemacht habe. Nun fängt sie an zu jammern, daß sie nach Hause will zu ihrer Mama – aber sie hat gar keine Mama mehr, nur diese beiden Tanten, Eunice und Olivia-Ann. So läßt sie mich meine ausgezeichnete

Stellung als Bankangestellter aufgeben und geht mit mir hierher nach Admiral's Mill, das weiter nichts ist als eine verdammte Unterbrechung der Landstraße, wie immer man es auch betrachtet.

An dem Tag, als Marge und ich auf dem Bahnhof von L & N aus dem Zug stiegen, regnete es in Strömen, und glauben Sie, irgendwer kam uns abholen? Und dabei hatte ich auch noch einundvierzig Cent für ein Telegramm herausgerückt. Meine Frau hier ist schwanger, und wir müssen gute zehn Kilometer bei einem solchen Guß zu Fuß laufen. Für Marge war es sehr schlecht, weil ich kaum etwas von unserem Gepäck tragen konnte, wegen der schrecklichen Schmerzen in meinem Rücken. Als ich dieses Haus zum erstenmal sah, war ich sehr beeindruckt, muß ich sagen. Es ist groß und gelb und hat richtige Säulen an der Vorderfront, und der Garten ist von roten und weißen japanischen Rosen umsäumt.

Eunice und Olivia-Ann hatten uns kommen sehen und empfingen uns in der Halle. Ich wünschte mir, Sie könnten die beiden sehen. Weiß Gott, Sie würden auf der Stelle tot umfallen! Eunice ist ein dickes, altes, fettes Weib mit einem Hinterteil, das gut seine zwei Zentner wiegt. Ob Regen oder Sonnenschein – immer zieht sie in einem altmodischen Nachthemd durchs Haus; sie nennt es einen Kimono, aber es ist wirklich nichts anderes als ein schmutziges, flanellenes Nachthemd. Außerdem kaut sie Tabak, spuckt, wenn es keiner sieht, und dabei tut sie immer so, als ob sie eine Dame wäre. Sie hält lange Reden über die gute Erziehung, die sie genossen hat, und damit versucht sie nur, mich zu quälen, aber es berührt mich persönlich kein bißchen, weil ich genau weiß, daß sie nicht einmal die Comics lesen kann, ohne jedes einzelne Wort zu buchstabieren. Eins muß man ihr allerdings lassen, sie kann Geld so schnell addieren und subtrahieren, daß sie ohne weiteres nach Washington gehen könnte, um dort zu arbeiten, wo man es herstellt. Das soll nicht heißen, daß sie nicht eine Menge Geld hat! Natürlich sagt sie, sie hätte keins, aber ich weiß, daß sie welches hat, denn ich fand eines Tages zufällig in einem Blumentopf auf der Seitenveranda fast tausend Dollar, die sie dort versteckt hatte. Ich habe nicht einen Cent angerührt, aber Eunice sagt, ich hätte einen Hundert-Dollar-Schein gestohlen, was von Anfang bis zu Ende gemein gelogen ist.

Natürlich ist alles, was Eunice sagt, wie ein Befehl aus dem Hauptquartier, weil nicht eine lebende Seele in Admiral's Mill behaupten kann, daß sie ihr Geld nicht schuldig ist. Und wenn sie sagen würde, daß Charlie Carson (ein blinder Invalide von neunzig Jahren, der seit 1896 keinen Schritt mehr getan hat) sie überfallen und vergewaltigt hätte, würden alle in dieser Gegend es bei einem ganzen Stapel von Bibeln beschwören.

Nun, Olivia-Ann ist schlimmer, das ist wahr! Aber sie geht einem nicht so sehr auf die Nerven wie Eunice, denn sie ist von Natur aus ein Halbidiot und sollte wirklich bei irgendwem auf dem Speicher in Sicherheit gehalten werden. Sie ist ganz blaß und mager und hat einen Schnurrbart. Sie hockt da und schnitzelt die meiste Zeit mit ihrem fünfunddreißig Zentimeter langen Fleischermesser an einem Holzscheit herum; oder sie begeht irgendeine Gemeinheit, wie das mit Mrs. Harry Steller Smith. Ich habe geschworen, es niemals jemandem zu erzählen, aber nach diesem bösartigen Anschlag auf das Leben eines Mitmenschen schere ich mich den Teufel um alle Versprechungen.

Mrs. Harry Steller Smith war der Kanarienvogel von Eunice, der nach einer Frau aus Pensacola so genannt worden war, die ein Allheilmittel herstellt, das Eunice gegen ihre Gicht nimmt. Eines Tages hörte ich einen schrecklichen Lärm im Wohnzimmer, und als ich nachschaute, was sah ich da, Olivia-Ann scheuchte gerade Mrs. Harry Steller Smith mit einem Besen zum Fenster hinaus. Die Tür des Vogelkäfigs stand weit offen. Wenn ich nicht in dem Augenblick hereingekommen wäre, hätte man es ihr vielleicht nie nachweisen können. Sie hatte Angst, daß ich es Eunice erzählen würde, und fiel über mich her, es sei gemein, eine Kreatur Gottes so einzusperren, und außerdem könne sie Mrs. Harry Steller Smiths Singen nicht ausstehen. Na schön, sie tat mir irgendwie leid; sie gab mir zwei Dollar, und so half ich ihr, für Eunice eine Geschichte zu erfinden. Natürlich hätte ich das Geld nie genommen, wenn ich nicht gedacht hätte, daß es ihr Gewissen erleichtern würde.

Die allerersten Worte, die Eunice sagte, als ich das Haus betrat, waren: «So, damit bist du also hinter unserem Rücken auf und davon, Marge, und das hast du geheiratet?»

Marge sagt: «Sieht er nicht fabelhaft aus, Tante Eunice?»

Eunice schaut mich von *oben* bis *unten* an und antwortet: «Sag ihm, er soll sich umdrehen.» Während ich ihr meinen Rücken zuwende, sagt Eunice: «Da hast du wohl den Kleinsten vom ganzen Wurf erwischt. Das ist doch kein Mann!»

Noch nie in meinem Leben bin ich so heruntergesetzt worden! Sicher, ich bin ein bißchen untersetzt, aber ich hab ja auch noch nicht meine volle Größe.

«Doch, er ist ein Mann», sagt Marge.

Olivia-Ann, die die ganze Zeit dastand, den Mund so weit offen, daß die Fliegen ein- und aussummen konnten, sagt: «Du hast gehört, was meine Schwester gesagt hat. Das ist kein Mann. Komische Idee von diesem kleinen Zwerg, herumzulaufen und zu behaupten, daß er ein Mann sei. Bah, der ist nicht mal männlichen Geschlechts.»

Marge sagt: «Du scheinst zu vergessen, Tante Olivia-Ann, daß es mein Ehemann ist, der Vater meines ungeborenen Kindes.»

Eunice gab einen gräßlichen Laut von sich, so wie nur sie es fertigbringt, und sagt: «Nun, dazu kann ich nur sagen, ich würde damit jedenfalls nicht angeben.»

Ist das nicht ein schöner Empfang? Und das, nachdem ich meine ausgezeichnete Stellung als Bankangestellter aufgegeben habe.

Aber das ist noch gar nichts gegen das, was später am selben Abend noch folgte. Als Bluebell das Geschirr vom Abendessen abgeräumt hatte, fragte Marge so nett sie nur konnte, ob wir uns das Auto ausleihen dürften, um damit nach Phoenix City ins Kino zu fahren.

«Du hast wohl den Verstand verloren», sagt Eunice, und man hätte wirklich denken können, wir hätten ihr den Kimono vom Leibe reißen wollen.

«Du hast wohl den Verstand verloren», sagt auch Olivia-Ann. «Es ist sechs Uhr», sagt Eunice, «und wenn du denkst, daß ich diesen Zwerg mit meinem so gut wie neuen 1934er Chevrolet auch nur bis zur Toilette und zurück fahren lassen würde, dann mußt du den Verstand verloren haben.»

Natürlich fängt Marge bei solchen Reden an zu weinen.

«Mach dir nichts draus, Liebling», sag ich. «Hab früher 'ne Menge Cadillacs gefahren.»

«Bah», sagte Eunice.

«Jawohl», sage ich.

Eunice sagt: «Wenn er jemals auch nur mit einem Pflug gefahren ist, will ich ein Dutzend in Terpentin gebratene Präriehunde essen.»

«Ich will nicht, daß ihr euch meinem Mann gegenüber so benehmt», sagt Marge. «Euer Verhalten ist einfach grotesk! Es sieht ja fast so aus, als hätte ich mir da irgendwo einen wildfremden Mann aufgegabelt.»

«Wenn dir der Schuh paßt, zieh ihn an», sagt Eunice.

«Glaub nicht, daß du uns Sand in die Augen streuen kannst», sagt Olivia-Ann mit ihrer dröhnenden Stimme, die sich anhört wie der Schrei eines Esels bei der Paarung, da gibt es wirklich keinen Unterschied.

«Man hat uns nicht gerade im Rinnstein aufgelesen, weißt du», sagt Eunice.

Marge sagt: «Ich gebe euch zu verstehen, daß ich vor dreieinhalb Monaten vor einem vereidigten Friedensrichter diesen Mann rechtmäßig geheiratet habe, bis daß der Tod uns scheide. Ihr braucht euch nur zu erkundigen. Außerdem, Tante Eunice, er ist frei, weiß und sechzehn. Und ebenso schätzt es George Far Sylvester nicht, daß sein Vater so behandelt wird.»

George Far Sylvester ist der Name, den wir für unser Baby ausgesucht haben. Klingt großartig, finden Sie nicht? Nur, wie die Dinge jetzt stehen, habe ich überhaupt kein Gefühl mehr dafür.

«Wie kann ein Mädchen von einem Mädchen ein Kind bekommen?» sagt Olivia-Ann, was ein berechneter Angriff auf meine Männlichkeit war. «Es gibt doch jeden Tag was Neues, kann ich nur sagen.»

«Oh, sei jetzt still», sagt Eunice. «Wir wollen nichts mehr vom Kino in Phoenix City hören.»

Marge schluchzt: «Oh-h-h, und es ist ein Film mit Judy Garland.»

«Mach dir nichts draus, Liebling», sage ich. «Ich glaube bestimmt, den Film hab ich schon vor zehn Jahren in Mobile gesehen.»

«Das ist eine ganz bewußte Lüge», schreit Olivia-Ann. «Oh, du bist ein Schurke, wahrhaftig. Zehn Jahre spielt Judy noch gar nicht.» Olivia-Ann hat in ihren ganzen zweiundfünfzig Jahren noch keinen einzigen Film gesehen (sie sagt zwar keinem, wie alt sie ist, doch ich hab eine Karte nach Montgomery geschrieben, und man war sehr entgegenkommend in bezug auf die Antwort), aber sie hat acht Filmhefte abonniert. Die Postbotin Delancey sagt, es sei dies die einzige Post, die sie außer dem Katalog von Sears & Roebuck bekommt. Sie hat eine ausgesprochen krankhafte Schwäche für Gary Cooper und besitzt einen großen und zwei Handkoffer voll Fotos von ihm.

So standen wir auf, und Eunice wälzt sich zum Fenster und sieht hinaus auf die japanischen Rosen und sagt: «Die Vögel fliegen schon in ihre Nester – Zeit, daß wir ins Bett gehen. Du hast wieder dein altes Zimmer, Marge, und für diesen Herrn hab ich auf der hinteren Veranda ein Feldbett aufgestellt.»

Es dauerte gut eine Minute, bis der Groschen bei mir fiel.

Ich sage: «Und was, wenn es nicht zu dreist ist zu fragen, habt ihr dagegen einzuwenden, daß ich bei meiner rechtmäßigen Frau schlafe?» Nun fingen die beiden an, über mich herzufallen.

Und gerade jetzt bekam Marge einen hysterischen Anfall. «Hört auf! Hört auf! Hört auf! Ich kann das nicht mehr ertragen. Geh bitte, Babylein – geh bitte, und schlaf dort, wo sie sagen. Morgen werden wir weitersehen ...»

Eunice sagt: «Mir schwant, das Kind hat doch ein bißchen Verstand.»

«Armer Liebling», sagt Olivia-Ann, legt ihren Arm um Marge und führt sie hinaus, «armer Liebling, so jung und so unerfahren. Komm, jetzt wein dich erst mal richtig an Olivia-Anns Brust aus.»

Den Mai, Juni, Juli und fast den ganzen August über hab ich mich auf dieser verfluchten hinteren Veranda herumgedrückt und bin vor Hitze fast umgekommen. Ein Moskitonetz hatte ich auch nicht. Und Marge – sie hat den Mund nicht aufgemacht, um zu protestieren, nicht ein einziges Mal! In dieser Gegend von Alabama ist es sumpfig. Es gibt Moskitos, die einen Büffel umbringen würden, wenn man ihnen nur halbwegs Gelegenheit dazu böte. Von den gefährlichen fliegenden Fischen will ich gar nicht reden und von dem Aufgebot an Ratten, das ausreichen würde, um einen ganzen Lastzug von hier nach Timbuktu zu schleppen. Oh, wenn es nicht wegen des kleinen George wäre, der noch gar nicht auf der Welt ist, hätt ich mich schon längst aus dem Staub gemacht, schon längst! Ich muß erwähnen, daß ich mit Marge keine fünf Sekunden allein gewesen bin seit jener ersten Nacht. Eine von ihnen streicht immer um uns herum wie ein Anstandswauwau. Und in der letzten Woche drehten sie beinah durch, als Marge sich in ihrem Zimmer eingeschlossen hatte und man mich nirgends finden konnte. In Wirklichkeit war ich unten und sah zu, wie die Neger Baumwollballen verpackten, aber gerade zum Trotz ließ ich Eunice in dem Glauben, daß Marge und ich nichts Gutes trieben. Danach mußte auch Bluebell mit aufpassen.

Und nicht einmal ein paar Cents für Zigaretten hatte ich während der ganzen Zeit. Eunice setzte mir Tag für Tag zu, ich solle mir einen Job besorgen. «Warum sucht sich dieser kleine Heide nicht irgendeine ehrliche Arbeit?» sagte sie. Wie Sie wahrscheinlich bemerkt haben werden, spricht sie niemals direkt zu mir, obgleich ich oft genug ihre erlauchte Gegenwart allein genieße. «Wenn er so was wie ein Mann wäre, würde er versuchen, das Brot für das Mädchen zu verdienen, aber stattdessen steckt er auch noch seine Füße unter meinen Tisch.» Aber Sie müssen wissen, daß ich in den letzten dreieinhalb Monaten fast ausschließlich von kalten Yamwurzeln und übriggebliebener Grütze gelebt habe; ich war zweimal unten in der Sprechstunde bei Dr. A. N. Carter, er ist sich nicht ganz sicher, ob ich nicht Skorbut habe.

Und was das betrifft, daß ich nicht arbeite, so möchte ich wissen, was für eine Beschäftigung ein Mann von meinen Fähigkeiten, ein Mann, der eine ausgezeichnete Stellung bei einer Bank innehatte, in einem Nest wie Admiral's Mill finden sollte? Hier gibt es nur ein Geschäft, und Mr. Tubberville, der Inhaber, ist tatsächlich so faul, daß es eine Qual für ihn bedeutet, wenn er etwas verkaufen muß. Dann ist da noch die Morgenstern-Baptistenkirche, aber die hat schon einen Prediger, einen schrecklichen alten Kerl namens Shell, den Eunice eines Tages anschleppte, damit er sich um mein Seelenheil kümmern sollte. Mit meinen eigenen Ohren habe ich gehört, wie er zu ihr sagte, daß mir nicht mehr zu helfen sei.

Aber was Eunice mit Marge angestellt hat, schlägt wirklich dem Faß den Boden aus. Sie hat das Mädchen in der schändlichsten Weise gegen mich aufgehetzt, das ist mit Worten nicht zu beschreiben. Ha, Marge war auch schon so weit, daß sie frech zu mir wurde, aber ich verabreichte ihr eine Tracht Prügel und machte dem somit ein Ende. Meine Frau hat sich mir gegenüber nicht respektlos zu benehmen, kommt nicht in Frage!

Die Front gegen mich ist klar abgesteckt: Bluebell, Olivia-Ann, Eunice, Marge und was sonst noch in Admiral's Mill rumläuft (342 Einwohner). Verbündete: keine. So war die Situation, als am Sonntag, dem 12. August, der Anschlag auf mein Leben gemacht wurde.

Gestern war es ruhig und so heiß, daß ganze Eisberge geschmolzen wären. Genau um zwei Uhr brach das Unheil herein. Ich weiß das so genau, weil Eunice eine von diesen verrückten Kuckucksuhren hat, die mich umbringen. Ich war im Wohnzimmer völlig mit mir selbst beschäftigt, komponierte ein Lied und saß am Klavier, das Eunice für Olivia-Ann gekauft hat; sie ließ auch einmal in der Woche von Columbus, Georgia, her einen Lehrer für sie kommen. Die Postbotin Delancey, die so lange zu mir hielt, bis sie einsah, daß es vielleicht nicht klug war, erzählt, daß dieser närrische Lehrer eines Nachmittags aus dem Haus gestürzt sei, als ob Adolf Hitler leibhaftig ihm auf den Fersen wäre. Er sei in seinen Ford gesprungen, und man habe nie wieder etwas von ihm gehört. Ich sagte schon, ich bin im Wohnzimmer, weil es hier kühl ist, und ich bin hier auch keinem im Wege, als plötzlich Olivia-Ann hereingetrabt kommt, Lockenwickler in den Haaren, und kreischt: «Hör sofort mit diesem höllischen Spektakel auf! Kannst du einen denn keine Minute in Ruhe lassen? Und auf der Stelle machst du, daß du von meinem Klavier wegkommst! Es ist nicht dein Klavier, es ist mein Klavier, wenn du nicht sofort machst, daß du wegkommst, bin ich am ersten Montag im September vor Gericht mit dir, ohne lang zu fackeln.»

Das ist nichts als Eifersucht, weil ich ein geborener Musiker bin, und weil die Lieder, die mir einfallen, wunderbar sind.

«Und sehen Sie sich nur an, was Sie mit meinen echten Elfenbeintasten gemacht haben, Mr. Sylvester», sagt sie und stürzt ans Klavier, «fast alle sind sie rausgerissen! Das waren Sie, aus purster Gemeinheit haben Sie das getan.»

Sie weiß ganz genau, daß das Klavier schon auf den Müllhaufen gehörte, als ich ins Haus kam.

Ich sage: «Da Sie so eine Neunmalkluge sind, Miss Olivia-Ann, wird es Sie vielleicht interessieren, zu erfahren, daß ich im Besitz von ein paar recht interessanten Geschichten bin. Ein paar Geschichten, für die mir möglicherweise andere Leute dankbar wären, wenn ich sie ihnen erzählen würde. Was es mit Mrs. Harry Steller Smith auf sich hat – zum Beispiel.»

Erinnern Sie sich an Mrs. Harry Steller Smith? Sie war einen Moment still und schaute den leeren Vogelkäfig an. «Du hast mir dein Ehrenwort gegeben», sagt sie, und wird puterrot vor Schreck.

«Vielleicht? Vielleicht aber auch nicht», sage ich. «Es war gemein von dir, Eunice so zu betrügen, aber wenn ein gewisser Jemand einen gewissen Jemand in Ruhe läßt, vielleicht kann ich dann darüber hinwegsehen.»

«Na schön, mein Herr», und damit ging sie so freundlich und ruhig hinaus wie nur was. Ich aber streckte mich auf dem Sofa aus, das das schrecklichste Möbelstück ist, das ich je gesehen habe; es gehört zu einer Einrichtung, die Eunice 1912 in Atlanta gekauft hat, und für die sie zweitausend Dollar bezahlt hat, bar – so behauptet sie jedenfalls. Diese Einrichtung ist schwarz mit olivfarbenem Plüsch und riecht wie das feuchte Gefieder eines Kükens an einem nebligen Tag. In einer Ecke des Wohnzimmers steht ein großer Tisch mit zwei Bildern von Miss E.s und O.-A.s Mama und Papa. Der Papa ist ganz hübsch. Aber, unter uns gesagt, ich bin davon überzeugt, daß er von irgendwoher Negerblut in den Adern hat. Er war Captain im Bürgerkrieg, und das ist etwas, was ich nie vergessen werde, wegen seines Säbels, der über dem Kamin hängt, und der eine hervorragende Rolle bei den Ereignissen spielt, die jetzt noch folgen. Die Mama hat dieselbe halbidiotische Armsündermiene wie Olivia-Ann, nur muß ich sagen, daß sie der Mama besser steht.

Ich hatte gerade ein bißchen gedöst, als ich Eunice brüllen hörte: «Wo ist er? Wo ist er?» Als nächstes sah ich sie in der Tür stehen, die Hände auf ihre Nilpferdhüften gestützt, und das ganze andere Pack drängte hinter ihr her: Bluebell, Olivia-Ann und Marge.

Einige Sekunden vergingen damit, daß Eunice mit ihren großen, bloßen Füßen so fest und wütend aufstampfte, wie sie nur konnte, und ihrem dicken Gesicht mit einer Postkarte von den Niagara-Fällen zuwedelte.

«Wo ist er?» sagt sie. «Wo sind meine hundert Dollar, die er hat verschwinden lassen, während ich vertrauensvoll meinen Rücken drehte.»

«Das ist der Tropfen, der das Faß überlaufen läßt», sage ich, aber es war zu heiß, und ich war zu müde, aufzustehen.

«Das ist nicht das einzige Faß, das überläuft», sagt sie. «Das war das Geld für meine Beerdigung, ich will es wiederhaben. Man konnte ja wissen, daß er es fertigbringen würde, sogar einen Toten auszuplündern.»

«Vielleicht hat er es gar nicht genommen», sagt Marge.

«Du hältst deinen Mund, Fräuleinchen», sagt Olivia-Ann.

«Er hat mein Geld gestohlen, das ist so sicher wie der Tod», sagt Eunice. «Die Schuld steht ihm in den Augen geschrieben, man braucht ihn ja nur anzusehen.»

Ich gähnte und sagte: «Bei Gericht ist das so, wenn die Partei A die Partei B fälschlich anklagt, kann die Partei A sogar Gefängnis kriegen, selbst wenn sie von Rechts wegen ins staatliche Irrenhaus gehörte, damit alle Beteiligten geschützt sind.»

«Gott wird ihn strafen», sagt Eunice.

«Oh, Schwester», sagt Olivia-Ann, «laß uns nicht auf Gott warten.»

Daraufhin kommt Eunice in ihrem komischen Aufzug auf mich zu, das flanellene Nachthemd schleift am Boden entlang. Olivia-Ann latscht gleich hinter ihr her, und Bluebell stößt einen Klageton aus, den man deutlich bis Eufala und wieder zurück gehört haben muß, während Marge händeringend dasteht und wimmert. «Oh-h-h», schluchzt Marge, «bitte, gib ihr das Geld zurück, Babylein.»

Ich sage: «*Et tu Brute?*» Das ist von William Shakespeare.

«Schaut ihn euch doch nur an», sagt Eunice, «den ganzen Tag liegt er herum und rührt nicht den kleinen Finger.»

«Erbärmlich», gluckst Olivia-Ann.

«Man könnte denken, daß er das Kind erwartet und nicht das arme Mädchen hier», spricht Eunice.

Bluebell gibt auch noch ihren Senf dazu: «Is das nich die reinste Wahrheit?»

«Wer im Glashaus sitzt, soll nicht mit Steinen schmeißen», antworte ich.

«Drei Monate lang hat dieser Zwerg hier auf der faulen Haut gelegen, und jetzt hat er auch noch die Frechheit, mich zu verleumden», sagt Eunice.

Ich klopfe mir ein Stäubchen Asche vom Ärmel und sage: «Dr. A. N. Carter hat mir erklärt, daß ich Skorbut habe, und zwar in einem ganz gefährlichen Stadium. Ich soll mich kein bißchen aufregen – sonst kann es passieren, daß mir Schaum vor den Mund tritt und ich beiße.»

Bluebell sagt: «Warum geht er nich in dieses Kaff Mobile zurück, Miss Eunice? Ich hab's schon satt bis oben hin, immer sein schmutziges Waschwasser auszuschütten.»

Natürlich brachte mich dieses kohlrabenschwarze Niggerweib so auf die Palme, daß ich nichts mehr sah vor Wut.

Äußerlich ruhig, stand ich auf, nahm den Regenschirm vom Hutständer und schlug ihn ihr über den Kopf, daß er in zwei Stücke zerbrach.

«Mein Schirm! Das ist echte japanische Seide!» kreischt Olivia-Ann.

Marge schreit: «Du hast Bluebell umgebracht, du hast die arme alte Bluebell umgebracht.»

Eunice schiebt Olivia-Ann vorwärts und sagt: «Er ist verrückt geworden, Schwester! Lauf! Und hol Mr. Tubberville!»

«Ich kann Mr. Tubberville nicht leiden», sagt Olivia-Ann standhaft. «Ich hol mein Fleischermesser.» Sie stürzt zur Tür hin, und da ich den Tod nicht fürchte, beförderte ich sie mit einem Handgriff zu Boden. Dabei habe ich mir furchtbar meinen Rücken verrenkt.

«Er bringt sie um!» brüllt Eunice so laut, daß man meint, das Haus müsse einstürzen. «Er wird uns noch alle umbringen! Ich hab dich gewarnt, Marge. Schnell, Kind, Papas Säbel!»

Marge nimmt also Papas Säbel und gibt ihn Eunice. Da red mir noch einer von Weibertreue! Und nun – als ob das nicht schlimm genug wäre – gibt Olivia-Ann mir einen so entsetzlichen Schlag gegen das Knie, daß ich loslassen muß. Wissen Sie, und gleich darauf hört man sie im Garten einen Choral grölen:

«Mine Eyes have seen the glory of the
comming of the Lord;

He is trampling out the vintage where
the grapes of wrath are stored ...»

(Meine Augen haben den Herrn in seiner Herrlichkeit kommen sehn; er vernichtet die Weinernte, bei der die Trauben des Zorns gelesen werden ...)

Währenddessen rast Eunice durch die Gegend und schlägt wie wild mit dem Säbel ihres Papas um sich. Irgendwie ist es mir gelungen, auf das Klavier zu flüchten. Darauf steigt Eunice auf den Klavierhocker, und ich werde nie begreifen, wie dieses wacklige Ding ein Ungetüm wie sie ausgehalten hat.

«Komm da runter, du elender Feigling, oder ich renn dir den Säbel durch den Leib», sagt sie, holt aus, und ich hab einen zentimetertiefen Schnitt weg, als Vorgeschmack.

Inzwischen hat sich Bluebell erholt. Sie ist davongelaufen, um mit Olivia-Ann zusammen im Vorgarten Gottesdienst zu halten. Ich nehme an, daß sie auf meinen Leichnam gewartet haben, und Gott weiß, ob sie ihn nicht bekommen hätten, wenn Marge nicht ohnmächtig geworden wäre.

Das ist das einzig Gute, was ich von Marge berichten kann. Ich kann mich nicht mehr richtig erinnern, was danach geschah, außer, daß Olivia-Ann mit ihrem fünfunddreißig Zentimeter langen Fleischermesser wieder erschien und ein ganzer Haufen von Nachbarn dazu. Aber plötzlich war Marge die Hauptattraktion, und ich nehme an, daß man sie in ihr Zimmer gebracht hat. Jedenfalls verbarrikadierte ich, sobald sie fort waren, die Wohnzimmertür.

Ich hab all die schwarzen und olivfarbenen Stühle davorgeschoben und auch den großen Mahagonitisch, der gut seine zwei Tonnen wiegt, und den Hutständer und noch eine Menge anderer Sachen. Ich hab die Fenster zugemacht und die Jalousien heruntergelassen. Ich hab auch einen Fünf-Pfund-Karton mit Sweet-Love-Candy gefunden, und gerade in diesem Augenblick eß ich eine cremegefüllte Schokoladenkirsche. Manchmal kommen sie an die Tür und klopfen und schreien und bitten. O ja, sie sind auf einen ganz anderen Ton verfallen. Aber was mich betrifft – ich spiele von Zeit zu Zeit ein Liedchen auf dem Klavier. Sie sollen wissen, daß es mir gutgeht.

(1945)

OHNE ZIEL

Jene sind abtrünnig geworden vom Licht und kennen seinen Weg nicht und kehren nicht wieder zu seiner Straße.
Im Finstern bricht man in die Häuser ein; des Tages verbergen sie sich miteinander und scheuen das Licht.
Denn wie wenn der Morgen käme, ist ihnen allen die Finsternis; denn sie sind bekannt mit den Schrecken der Finsternis. *Hiob 24: 13, 16, 17*

I

Vincent knipste das Licht in der Galerie aus. Als die Tür verschlossen war, strich er draußen die Krempe seines eleganten Panamas glatt und ging in Richtung der Third Avenue, seinen Schirm, tapp-tapp-tapp, auf das Pflaster stoßend. Der Regen, der kommen sollte, hatte den Tag seit der Morgendämmerung verdüstert, und aufgeblasene Wolken am Himmel trübten die Fünf-Uhr-Sonne; es war aber trotzdem heiß und feucht wie in tropischem Nebel, und die Stimmen, die durch die graue Julistraße hallten, klangen gedämpft und seltsam, trugen einen verdrießlichen Unterton. Vincent war es, als ob er sich auf dem Grund des Meeres bewege. Autobusse, die durch die 75th Straße kreuzten, sahen aus wie grünbauchige Fische, und kaum erkennbare Gesichter wiegten sich wie wellenreitende Masken. Er sah jeden Vorübergehenden genau an, denn er suchte jemand, und plötzlich sah er sie, ein Mädchen in einem grünen Regenmantel. Sie stand da an der Ecke der 75th Straße und der Third Avenue und rauchte eine Zigarette. Irgendwie hatte man den Eindruck, als ob sie eine Melodie vor sich hinsumme. Der Regenmantel war durchsichtig. Sie hatte dunkle Slacks an, keine Strümpfe, ein Paar mexikanische Sandalen und ein weißes Herrenhemd. Ihr Haar war rehbraun und wie das eines Jungen geschnitten. Als sie merkte, daß Vincent zu ihr herüberkam, ließ sie die Zigarette fallen und eilte den Häuserblock entlang zum Eingang eines Antiquitätengeschäftes.

Vincent verlangsamte seine Schritte. Er zog ein Taschentuch heraus und tupfte sich die Stirn ab; wenn er nur fortkönnte, ans Meer, in der Sonne liegen. Er kaufte sich eine Nachmittagszeitung und griff ungeschickt nach seinem Wechselgeld. Es rollte in den Rinnstein und verschwand lautlos in einem Abflußloch. «War ja nur 'n Fünfer, Menschenskind», sagte der Zeitungsverkäufer, denn Vincent sah aus, als ob ihm das Herz gebrochen wäre, obgleich er in Wirklichkeit den Verlust gar nicht bemerkt hatte. Und so war es jetzt oft, er war nie richtig in Kontakt mit der Umwelt, nie sicher, ob der nächste Schritt ihn zurück oder vorwärts bringen würde, aufoder abwärts. Gleichgültig, den Regenschirm über den Arm gehängt und seine Augen auf die Schlagzeilen der Zeitung gerichtet – aber was stand überhaupt in dem verdammten Ding? –, setzte er seinen Weg in die Innenstadt fort. Eine dunkelhäutige Frau, die eine Einkaufstasche trug, rempelte ihn an, sah auf und brummte etwas in einem vulgären, heftigen Italienisch. Ihre rauhe, scharfe Stimme schien durch Lagen von Wolle zu kommen. Als er sich dem Antiquitätengeschäft näherte, wo das Mädchen im grünen Regenmantel wartete, ging er noch langsamer, er zählte eins, zwei, drei, vier, fünf, sechs – bei sechs blieb er vor dem Schaufenster stehen.

Das Fenster glich einer Rumpelkammer; was so im Laufe eines ganzen Menschenlebens von irgendwelchen Leuten ausrangiert worden war, erhob sich hier zu einer Pyramide ohne besonderen Wert: leere Bilderrahmen, eine lavendelfarbene Perücke, verschnörkelte Rasierbecken, Lampenschirme aus Perlen. Eine orientalische Maske hing an einer Schnur von der Decke herab, und der Luftzug eines im Laden laufenden Ventilators drehte sie langsam im Kreis herum. Vincent erhob allmählich seinen starren Blick und sah unverhüllt zu dem Mädchen hin. Sie bewegte sich im Türeingang hin und her, so daß er ihre grüne Erscheinung durch das doppelte Glas verzerrt und gewellt sah; die Hochbahn stampfte oben vorbei, und das Fenster zitterte. Ihr Bild zerfloß wie die Spiegelung auf einem silbernen Gefäß, festigte sich dann allmählich wieder: sie beobachtete ihn.

Er hängte sich eine Old Gold zwischen die Lippen, wühlte in seinen Taschen nach einem Streichholz und seufzte, als er keines fand. Das Mädchen trat aus dem Eingang. Sie hielt ihm ein billiges kleines Feuerzeug hin; als die Flamme aufsprang, sahen ihn ihre blassen, flachen, katzengrünen Augen mit beunruhigender Eindringlichkeit an. Ihre Augen hatten einen erstaunten, einen erschreckten Ausdruck, als ob sie ein furchtbares Geschehen, von dem sie Zeuge gewesen waren, weit aufgerissen hätte. Unbekümmerte Ponies hingen ihr in die Stirn; der jungenhafte Haarschnitt betonte noch das kindliche, beinahe poetische Aussehen ihres schmalen, hohlwangigen Gesichts. Es war ein Gesicht, wie man es manchmal bei Jünglingen auf mittelalterlichen Bildern findet.

Vincent blies den Rauch durch die Nase und wußte, daß es sinnlos war zu fragen, hätte aber, wie immer, gern gewußt, wovon sie lebte und wo. Er schnippte die Zigarette fort, denn er hatte sie gar nicht anzünden wollen, dann drehte er sich um und ging schnell unter der Hochbahn hindurch weiter; als er den Bordstein erreichte, hörte er das Quietschen von Bremsen, und als ob ein Wattepfropf aus seinen Ohren gesprengt worden wäre, überfiel ihn plötzlich der Straßenlärm. Ein Taxichauffeur schrie: «Verflixt noch mal, Kleine, hast du Blei im Hintern?» Aber das Mädchen machte keine Anstalten, auch nur den Kopf herumzudrehen; sie bewegte sich völlig abwesend und von ihrer Umgebung unberührt wie eine Schlafwandlerin über die Straße und starrte zu Vincent hin, der sie sprachlos beobachtete. Ein farbiger Junge in einem lebhaften violetten Anzug faßte sie beim Ellbogen. «Krank, Fräulein?» fragte er und führte sie weiter. Sie antwortete nicht. «Sie sehen mächtig komisch aus, Fräulein. Wenn Sie krank sind, ich...» dann, als er der Richtung ihrer Augen folgte, ließ er sie los. Da war etwas, was ihn verstummen ließ. «O je», murmelte er und zog sich mit einer grinsenden Zurschaustellung seiner zahnsteinbedeckten Zähne zurück.

So fing Vincent an, entschlossen weiterzugehen, und sein Regenschirm klopfte Häuserblock um Häuserblock entlang, als ob er geheime Zeichen gäbe. Sein Hemd war von beißendem Schweiß durchnäßt, und die nun so harten Geräusche dröhnten in seinem Kopf: Eine Autohupe heulte *My Country, 'tis of Thee*, blauer elektrischer Sprühregen sprang aus donnernden Schienen, Whisky-Gelächter kam wie ein ständiger Schluckauf durch schmale Türen der nach abgestandenem Bier riechenden Bars, in denen mit Orchideen bemalte Musikautomaten USA-Musik fabrizierten – *I got spurs that jingle jangle jingle* ... Gelegentlich erhaschte er einen Schimmer von ihr, einmal spiegelte sie sich im Fenster von Pauls Seefisch-Palast, wo sich scharlachrote Hummer auf einem Strand von zerhackten Eisstücken sonnten. Sie folgte dicht hinter ihm, die Hände in die Taschen ihres Regenmantels geschoben. Von einer Kinoreklame schimmerte messingfarbenes Licht herüber, und er dachte daran, wie gern sie Filme sah: schaurige Mord-, Spionage- und Wildwestfilme. Er ging in eine Seitenstraße, die zum East River führte; es war still hier, ruhig wie am Sonntag: Ein dahinschlendernder Matrose aß schmatzend ein Stückchen Torte mit Schlagsahne, eifrige Zwillinge sprangen Seil, eine alte Dame in Samt mit gardinenweißem Haar schob einen Spitzenvorhang zur Seite und starrte gleichgültig in die regendunkle Leere – das Bild einer Stadt im Juli. Und hinter ihm das weiche, immerwährende Schlappen der Sandalen. Die Verkehrsampel an der Second Avenue leuchtete rot auf; an der Ecke jammerte ein bärtiger Zwerg, es war Ruby, der Popcorn-Mann, vor sich hin: «Heißes Popcorn, in Butter geröstet, eine große Tüte gefällig?» Vincent schüttelte den Kopf, und der Zwerg sah wie vernichtet aus, dann: «Sehnse?» höhnte er und stieß seine Schaufel in den von einer Kerze erleuchteten Kasten, wo zerplatzende Körner herumsprangen wie wahnsinnige Motten. «Sehnse, det Mädelchen weiß, daß Popcorn nahrhaft is.» Sie kaufte sich für einen Zehner davon, es war in einer grünen Tüte, die zu ihrem Regenmantel paßte und zu ihren Augen.

Dies ist eine Gegend, meine Straße, in dem Haus mit dem Toreingang wohne ich. Es war notwendig, daß er sich daran erinnerte, weil er sein Wirklichkeitsbewußtsein durch ein Wissen um Zeit und Ort ersetzt hatte. Dankbar sah er mürrische ältliche Damen an, ebenso die Männer, die auf den Vortreppen der Sandsteinhäuser herumhockten und ihre Pfeife rauchten. Neun kleine blasse Mädchen kreischten um einen Blumenkarren an der Ecke herum, sie bettelten um Margueriten, die sie sich ins Haar stecken wollten, aber der Hausierer rief: «Schuuh», und wie Perlen eines zerrissenen Armbandes stoben sie auseinander und kreisten auf der Straße umher; die wilden sprangen davon und lachten, und die scheuen hoben still und für sich ihr sommermüdes Gesicht zum Himmel: Der Regen, würde er denn überhaupt nicht mehr kommen?

Vincent wohnte im Souterrain, er stieg ein paar Stufen hinunter und nahm sein Schlüsseletui heraus; dann blieb er hinter der Eingangstür stehen und sah durch das Guckloch zurück. Das Mädchen wartete oben auf dem Bürgersteig; sie lehnte am Treppengeländer eines Hauses, ihre Arme hingen schlaff herunter – und Popcorn lag, wie Schnee, verschüttet um sie herum. Ein schmutziger kleiner Junge kroch verwegen heran und las es auf wie ein Eichhörnchen.

2

Für Vincent war es ein Feiertag. Den ganzen Vormittag über war niemand in die Galerie gekommen, was nicht ungewöhnlich war, wenn man das arktische Wetter in Betracht zog. Er saß an seinem Schreibtisch, verschlang Mandarinen und amüsierte sich sehr über eine Geschichte von Thurber in einer alten Ausgabe des *New Yorkers*. Er lachte laut und hörte nicht, wie das Mädchen eintrat, sah sie nicht über den dunklen Teppich kommen, bemerkte sie tatsächlich überhaupt nicht, bis das Telefon läutete. «Galerie Garland, hallo.» Sie war komisch, ganz zweifellos, dieser auffällige Haarschnitt, die Augen ohne jegliche Tiefe «Ah, Paul. *Comme ci, comme ça*, und dir?» – sie sah aus wie eine Vogelscheuche, hatte keinen Mantel an, nur ein großkariertes Hemd, eine marineblaue Hose, und – sollte es ein Scherz sein? – rosa Knöchelsöckchen, ein Paar mexikanische Sandalen. «Das Ballett? Wer tanzt denn? Ach die!» Unter dem Arm trug sie ein flaches Paket, das in die Comics-Seiten einer Zeitung eingepackt war – «Hör zu, Paul, ich ruf dich noch mal an. Es ist jemand hier ...» und während er den Hörer auflegte, nahm er ein geschäftsmäßiges Lächeln an und erhob sich.

«Ja?»

Ihre aufgesprungenen Lippen zitterten von ungeformten Worten, als ob sie einen Sprachfehler hätte, und ihre Augen rollten in den Höhlen wie lose Murmeln. Es war eine ängstliche Schüchternheit, wie man sie bei Kindern findet.

«Ich habe ein Bild», sagte sie. «Kaufen Sie Bilder?»

Vincents Lächeln erstarrte. «Wir stellen aus.»

«Ich habe es selbst gemalt», sagte sie, und ihre rauhe, die Silben verschluckende Stimme hatte einen südlichen Akzent. «Mein Bild – *ich* hab es gemalt. Eine Dame sagte mir, hier in der Gegend würden Bilder gekauft.»

Vincent sagte: «Ja, natürlich, aber es ist so –» und er machte eine hilflose Bewegung – «es ist nämlich so, ich habe gar keine Vollmacht. Mr. Garland – dies ist seine Galerie, wissen Sie – ist außerhalb.» Während sie da auf dem weiten, schönen Teppich stand, sackte ihr Körper unter dem Gewicht des Pakets zur Seite, und sie sah aus wie eine traurige, aus Flicken zusammengenähte Puppe. «Vielleicht», begann er wieder, «vielleicht bei Henry Krueger, die Straße hinauf, Nummer fünfundsechzig ...» Aber sie hörte gar nicht zu.

«Ich hab es selbst gemacht», betonte sie sanft. «Dienstag und Donnerstag waren unsere Maltage, und ein ganzes Jahr hab ich gearbeitet. Die andern, die haben immer wieder daran herumgepatzt, und Mr. Destronelli ...» Plötzlich, als würde sie sich einer Indiskretion bewußt, hielt sie inne und biß sich auf die Lippen. Ihre Augen wurden ganz schmal. «Sind Sie nicht mit ihm befreundet?»

«Mit wem?» fragte Vincent verwirrt.

«Mit Mr. Destronelli.»

Er schüttelte den Kopf und wunderte sich, warum solch ein exzentrisches Wesen immer in ihm diese merkwürdige Bewunderung hervorrief. Es war das gleiche Gefühl, das er als Kind den närrischen Gestalten im Karneval gegenüber gehabt hatte. Und es war wahr, daß alle, die er je geliebt hatte, immer irgendwie verkehrt und in sich gebrochen gewesen waren. Doch seltsamerweise rief diese Veranlagung zwar eine Faszination in ihm hervor, zerstörte sie aber am Ende gewöhnlich wieder. «Natürlich habe ich keinerlei Vollmachten», wiederholte er und warf die Mandarinenschalen in den Papierkorb, «aber wenn Sie wollen, könnte ich mir Ihre Arbeit ja mal ansehen.»

Eine Pause; dann begann sie, auf dem Boden kniend, das Packpapier mit den Comics abzuwickeln. Vincent bemerkte, daß es ursprünglich ein Teil der *New Orleans Times Picayune* gewesen war. «Kommen vom Süden, was?» sagte er. Sie blickte nicht auf, aber er sah, wie sie in den Schultern erstarrte. «Nein», sagte sie. Lächelnd überlegte er einen Augenblick und kam zu dem Schluß, daß es taktlos wäre, bei einer so offensichtlichen Lüge noch einmal zu fragen. Oder konnte sie ihn falsch verstanden haben? Und plötzlich fühlte er ein übermächtiges Verlangen, ihren Kopf zu berühren und ihr über das jungenhafte Haar zu streichen. Er vergrub die Hände in seine Taschen und sah zum Fenster hinaus. Es war von der Februarkälte gefroren, und irgendein Vorübergehender hatte etwas Unanständiges auf das Glas gekritzelt.

«Da», sagte sie.

Eine Gestalt ohne Kopf, in einem mönchartigen Gewand, lehnte selbstzufrieden an einem schäbigen Artistenkoffer; in der einen Hand hielt sie eine räuchernde blaue Kerze, in der anderen einen winzigkleinen goldenen Käfig, der abgeschlagene Kopf lag blutend zu ihren Füßen: Es war der des Mädchens, dieser Kopf, aber hier war das Haar lang, sehr lang, und ein kleines Kätzchen, das aussah wie ein Schneeball, mit kristallenen, blitzenden Augen, spielte mit den Enden der ausgebreitet daliegenden Haare wie mit einer Garnrolle. Ein Falke – auch er hatte keinen Kopf – mit scharlachroter Brust und kupferfarbenen Klauen verhängte mit seinen Flügeln den Hintergrund, so daß er aussah wie ein Abendhimmel. Es war ein grelles Bild, die harten, unvermischten Farben waren mit männlicher Grausamkeit aufgetragen, aber wenn es auch technisch nicht viel taugte, war es doch von einer Kraft, wie man sie oft bei tiefempfundenen Dingen sieht, auch wenn sie in primitiver Weise dargestellt sind. Vincent reagierte genauso, wie er es immer dann tat, wenn eine Melodie ein bestürztes inneres Wiedererkennen hervorrief, oder wenn Zeilen in einem Gedicht ein Geheimnis enthüllten, das ihn ganz besonders betraf: Es lief ihm vor Freude kalt den Rücken hinunter. «Mr. Garland ist in Florida», sagte er vorsichtig, «aber ich finde, er sollte es sich anschauen; könnten Sie es nicht hierlassen für, sagen wir, eine Woche?»

«Ich hab einen Ring gehabt, und ich hab ihn verkauft», er hatte das Gefühl, als rede sie in Trance. «Es war ein hübscher Ring, ein Ehering – nicht mein eigener, mit einer Inschrift. Ich hatte auch einen Mantel.» Sie drehte an einem Knopf ihres Hemdes, zog daran, bis er absprang und auf den

Teppich rollte wie ein Perlenauge. «Ich will gar nicht viel – fünfzig Dollar; ist das unverschämt?»

«Zu viel», sagte Vincent schroffer, als es eine Absicht gewesen war. Er wollte ihr Bild jetzt haben, aber nicht für die Galerie, sondern für sich selbst. Es gibt gewisse Kunstwerke, die mehr Interesse an ihrem Schöpfer erwecken als an dem, was er geschaffen hat, gewöhnlich weil man in diesem Werk irgend etwas mit dem identifizieren kann, was bis zum Augenblick eine ganz persönliche und unaussprechliche Empfindung zu sein schien, und man fragt verwundert: Wer ist es, der mich so genau kennt, und wie ist er? «Ich gebe Ihnen dreißig.»

Einen Augenblick stierte sie ihn blöde an, dann holte sie tief Luft und streckte ihre Hand aus, die Handfläche nach oben. Diese Unmittelbarkeit, die zu harmlos war, um abstoßend zu wirken, traf ihn unvorbereitet. Fast verlegen sagte er: «Es tut mir schrecklich leid, aber ich muß Ihnen einen Scheck zuschicken. Könnten Sie ...?» Das Telefon unterbrach ihn, und als er hinging, um sich zu melden, folgte sie ihm mit ausgestreckter Hand, ein irrer Blick verzerrte ihr Gesicht. «Ach, Paul, kann ich dich nicht anrufen? Ja, ich verstehe. Gut, warte eine Sekunde.» Er klemmte den Hörer gegen seine Schulter und schob einen Schreibblock und einen Bleistift über den Tisch. «Hier, schreiben Sie bitte Ihren Namen und Ihre Adresse auf.»

Aber sie schüttelte den Kopf, der verwirrte, ängstliche Ausdruck wurde stärker.

«Einen Scheck», sagte Vincent, «ich muß Ihnen einen Scheck schicken. Bitte, Ihren Namen und Ihre Adresse.» Er lächelte ihr ermutigend zu, als sie schließlich zu schreiben begann.

«Tut mir leid, Paul... wer gibt die Party? Nanu, die kleine Bestie, mich hat sie nicht... he!» rief er, denn das Mädchen wandte sich zur Tür. «Bitte, he!» Kalte Luft zog durch die Galerie, und die Tür knallte zu, daß das Glas klirrte. «Hallohallohallo.» Vincent antwortete nicht; er stand da und zerbrach sich den Kopf über die merkwürdige Adresse, die sie in Druckbuchstaben auf seinem Block zurückgelassen hatte: D. J. – Y. W. C. A. «Hallohallohallo.»

Es hing über seinem Kamin, das Bild, und in den Nächten,

in denen er nicht schlafen konnte, goß er sich ein Glas Whisky ein und sprach mit dem Falken, der keinen Kopf hatte, erzählte ihm die Geschichte seines Lebens: Er sei, so sagte er, ein Dichter, der noch nie ein Gedicht geschrieben hätte, ein Maler, der noch nie gemalt hätte, ein Liebender, der noch nie geliebt hätte (wirklich); kurz, jemand ohne Richtung, ganz ohne Ziel. Oh, es lag nicht daran, daß er es nicht versucht hätte – es hatte immer gut angefangen und war schlecht ausgegangen, immer. Vincent, weiß, männlich, sechsunddreißig Jahre, Akademiker: Ein Mann auf See, fünfzig Meilen von der Küste entfernt; ein Opfer, nur geboren, um eines Tages umgebracht zu werden, entweder von sich selbst oder von irgendeinem anderen; ein Schauspieler ohne Engagement. Und all dies war in dem Bild enthalten, alles zusammenhanglos und in einer phantastischen, absurden Weise. Wer war sie, daß sie das alles kannte? Nachforschungen, die er angestellt hatte, hatten zu nichts geführt; man kannte sie in keinem anderen Geschäft, und nach einer D. J. zu suchen, die vermutlich in einer Y. W. C. A. wohnte, schien Wahnsinn. Und dann hatte er auch ganz sicher erwartet, daß sie wiederkommen würde, aber der Februar ging vorbei und der März. Eines Abends, als er die Plaza überquerte, geschah etwas Merkwürdiges. Die Kutscher der altmodischen, zweirädrigen Droschken, die diesen Ort umsäumten, zündeten die Lampen ihrer Wagen an, denn es wurde dämmrig, und das Lampenlicht drang durch das sich bewegende Laub. Eine Droschke stieß vom Bordstein ab und rollte fort in die Dämmerung. Sie hatte einen einzigen Fahrgast, dessen Gesicht er nicht sehen konnte, aber es war ein Mädchen mit kurzgeschnittenen rehbraunen Haaren. So setzte er sich auf eine Bank und vertrieb die Zeit, indem er sich mit einem Soldaten unterhielt und mit einem homosexuellen Farbigen, der Gedichte rezitierte, und mit einem Mann, der seinen Dackel ausführte: Leuten, wie man sie abends trifft. Mit ihnen wartete er – aber die Droschke mit der einen, auf die er wartete, kam nicht mehr zurück. Er sah sie wieder (oder glaubte sie zu sehen), als er die Treppe zur Untergrundbahn hinunterging, und dieses Mal verlor er sie in dem gekachelten Tunnel mit den bunten Pfeilen und Kaugummi-Automaten aus den Augen. Es war, als ob ihr Gesicht in seine Sinne geprägt wäre; er konnte es nicht loswerden, so wie ein Toter zum Beispiel seine legendären Augen nicht von dem Bild befreien kann, das er zuletzt gesehen hat. Mitte April ging er nach Connecticut, um ein Wochenende bei seiner verheirateten Schwester zu verbringen; er war in einer nervösen Spannung und so bissig, daß sie sich beklagte, er sei gänzlich anders als sonst. «Was hast du denn, Vinny, Liebling – wenn du Geld brauchst...» – «Oh, hör auf!» sagte er. «Dann muß es die Liebe sein», neckte ihn sein Schwager. «Komm, Vinny, nun beichte mal; wie sieht sie aus?» Und all das verärgerte ihn so, daß er mit dem nächsten Zug nach Hause fuhr. Von einer Telefonzelle im Hauptbahnhof rief er an, um sich zu entschuldigen, aber eine quälende Nervosität summte in seinem Innern, und er hängte ein, während die Telefonistin noch versuchte, die Verbindung herzustellen. Er wollte etwas trinken. In der ‹*Commodore Bar*› blieb er ungefähr eine Stunde und kippte vier Daiquiris hinunter – es war Samstag, es war neun Uhr, er hatte nichts zu tun, es sei denn, daß er allein irgend etwas unternahm. Er tat sich selbst leid. Im Park hinter der Volksbücherei gingen Liebespaare unter den Bäumen umher und flüsterten, und die Trinkwasser-Fontänen sprudelten leise wie deren Stimmen; doch ihm, Vincent, der ein bißchen angetrunken hier umherirrte, sagte der weiße Aprilabend nur, daß er ebensogut hätte alt sein können wie die alten Leute, die in heiser schleppendem Gespräch auf den Bänken herumsaßen.

Auf dem Land ist der Frühling eine Zeit geringfügiger Begebenheiten, die sich still ereignen. Hyazinthen schießen in den Gärten aus der Erde, die Wiesen brennen plötzlich in einem eisigen grünen Feuer, die Abende werden durch eine langsam dahinfließende Dämmerung verlängert, und der mitternächtliche Regen öffnet die Fliederdolden; aber in der Stadt gibt es – wie Fanfaren – die Leierkastenmänner; Gerüche, die der Winterwind nicht vertreiben konnte, verpesten die Luft; Fenster, die lange geschlossen waren, öffnen sich, und die Unterhaltung, die ziellos durch einen Raum schwebt, stößt mit dem Mißton einer Hausiererklingel zusammen. Es ist die verrückte Jahreszeit der Luftballons und der Rollschuhe, der Baritone in den Hinterhöfen und der Leute mit den merkwürdigsten Unternehmungen; zum Beispiel jener Mann, der aus dem Boden schoß wie die Spielzeugfiguren, die aus einem Kasten schnellen, wenn man den Deckel abnimmt. Er war alt, er hatte ein Fernrohr und ein Aushängeschild: 25 Cent. Betrachten Sie den Mond! Betrachten Sie die Sterne! 25 Cent. Kein Stern konnte den Lichtschein über der Stadt durchdringen, aber Vincent sah den Mond, ein rundes, dunstiges weißes Gebilde, und dann die grelle Flamme elektrischer Glühbirnen: Four Roses, Bing Cro – er bewegte sich durch schalen Karamelgeruch, schwamm durch Ozeane voll käsiger Gesichter, Neon und Dunkelheit. Durch das Gekreisch eines Musikautomaten dröhnte ein Schuß, eine Pappente plumpste herab, und irgend jemand schrie: «O Gott!» Es war ein Vergnügungslokal am Broadway, in dem ein Automat neben dem anderen stand, und das bis zum Rand vollgepfropft war mit Leuten, bei denen es samstags hoch hergeht. Er sah sich einen Gruselfilm an (was der Schuhputzer sah), ließ sich von einer wächsernen Hexe, die hinter einer Scheibe saß und ihn angrinste, sein Schicksal sagen: «Sie sind ein liebevoller und zärtlicher Mensch...» aber er las nicht weiter, denn in der Nähe des Musikautomaten gab es einen neuen Anziehungspunkt. Eine Horde von Halbwüchsigen klatschte im Takt zu Jazzmusik und hatte um zwei Tanzende einen Kreis gebildet. Es waren zwei farbige Mädchen. Sie schwangen langsam und leicht zusammen wie Liebende, wiegten sich, stampften und rollten ernst und wild mit den Augen; sie paßten sich im Rhythmus dem Geriesel einer Klarinette ebenso an wie dem aufsteigenden Dröhnen einer Trommel. Vincents Blick schweifte die Reihe der Zuschauer entlang, und als er sie sah, durchfuhr ihn ein leuchtender Schauer; denn etwas von der Leidenschaft des Tanzes spiegelte sich in ihrem Gesicht wider. Sie stand da neben einem großen, häßlichen Burschen, und es sah aus, als schliefe sie, und die Negerinnen wären ihr Traum. Das Orchestrion, das hinter der quäkenden Stimme eines Mädchens gebrüllt hatte, wimmerte jetzt einem jähen Ende entgegen. Das Klatschen hörte auf, die Tanzenden trennten sich. Sie war nun allein; obgleich Vincents Instinkt ihm riet zu gehen, bevor sie ihn bemerkte, ging er doch hin und berührte so leicht ihre Schulter wie jemand, der ganz sacht einen Schlafenden weckt. «Hallo», sagte er mit viel zu lauter Stimme. Sie drehte sich herum, starrte ihn an, und ihre Augen waren ganz leer. Schrecken zuerst und dann Verwirrung ersetzten den toten, verlorenen Blick. Sie trat dann einen Schritt zurück, und gerade als der Musikautomat wieder zu lärmen anfing, ergriff er sie beim Handgelenk: «Erinnern Sie sich an mich», beschwor er sie, «die Galerie? Ihr Bild?» Sie blinzelte, ließ die Lider müde über die Augen sinken, und er fühlte, wie die Spannung in ihrem Arm langsam nachließ. Sie war schlanker als in seiner Erinnerung, auch hübscher, und ihr Haar, das etwas gewachsen zu sein schien, hing unordentlich herum. Ein schmales silbernes Bändchen von Weihnachten baumelte traurig von einer vereinzelten Locke herunter. Er wollte sagen: ‹Möchten Sie etwas trinken?› Aber sie lehnte sich an ihm, ihr Kopf ruhte an seiner Brust wie der eines Kindes, und so fragte er: «Wollen Sie mit zu mir kommen?» Sie sah ihn an; und die Antwort, die dann kam, war ein Hauch, ein Flüstern: «Bitte», sagte sie.

Vincent zog sich aus, hängte seine Sachen ordentlich in den Schrank und bewunderte sich in seiner Nacktheit vor einer Tür, in die ein Spiegel eingelassen war. Er war nicht ganz so hübsch, wie er gedacht hatte, aber immerhin doch hübsch. Für seine mittlere Größe war er außerordentlich gut proportioniert; er hatte dunkelblondes Haar, und sein schmales, ziemlich stupsnasiges Gesicht hatte eine zarte, frische Farbe. Das Rauschen laufenden Wassers unterbrach die Stille; sie war im Badezimmer und richtete sich ein Bad. Er zog einen weiten, flanellenen Schlafanzug an, zündete eine Zigarette an und sagte: «Alles in Ordnung?» Das Wasser hörte auf zu laufen, es war lange still, dann: «Ja, danke.» Auf der Heimfahrt im Taxi hatte er den Versuch gemacht, sich mit ihr zu unterhalten, aber sie hatte nichts gesagt, nicht einmal, als sie die Wohnung betraten – und das beleidigte ihn; denn weil er stolz auf seine Wohnung war wie eine Frau, hatte er wenigstens eine anerkennende Bemerkung erwartet. Es waren ein außergewöhnlich hohes Zimmer, ein Bad, eine kleine Küche und ein Hintergarten. In der Einrichtung hatte er moderne mit antiken Möbeln kombiniert und ein ausgezeichnetes Ergebnis erzielt. An den Wänden hingen ein Trio von Toulouse-Lautrec-Drucken, ein gerahmtes Zirkusplakat, D. J.s Gemälde und Fotografien von Rilke, Nijinskij und der Duse. Ein Leuchter mit schlanken blauen Kerzen brannte auf einem

Tisch; das Zimmer, das in ihr irres Licht getaucht war, schwankte. Eine Glastür führte in den Garten. Hier hielt er sich nicht viel auf, denn es war ein Platz, den man unmöglich sauberhalten konnte. Da standen ein paar verwelkte, dunkle Tulpenstengel im Mondlicht, ein winziger Paradiesbaum und ein alter, verwitterter Stuhl, den der letzte Mieter hier zurückgelassen hatte. Er ging auf den kalten Fliesen hin und her, er hoffte, daß die kühle Luft das narkotisch trunkene Gefühl in ihm vertreiben würde. In der Nähe wurde ein Klavier malträtiert, und über ihm war an einem Fenster das Gesicht eines Kindes. Er griff gerade nach einem Grashalm, als ihr langer Schatten in den Garten fiel. Sie stand in der Tür. «Kommen Sie nicht heraus», sagte er und ging auf sie zu. «Es ist ein bißchen kühl geworden.»

Sie war jetzt von einer erregenden Sanftheit; sie schien irgendwie weniger eckig, weniger durcheinander als bisher, und als Vincent ihr ein Glas Sherry anbot, war er entzückt von der Zartheit, mit der sie es an die Lippen hob. Sie hatte seinen Frottee-Morgenrock; er war um Ellen zu lang. Sie war barfuß und zog die Füße neben sich auf die Couch. «Es ist wie in Glass Hill, das Kerzenlicht», sagte sie und lächelte. «Großmama wohnte in Glass Hill. Es war manchmal sehr schön dort; wissen Sie, was sie immer sagte? Sie sagte: ‹Kerzen sind wie ein Zauberstab; man zündet eine an, und die Welt ist ein Märchenbuch.›»

«Was für eine schwermütige alte Dame muß das gewesen sein», sagte Vincent trunken. «Wahrscheinlich hätten wir einander gehaßt.»

«Großmama hätte Sie geliebt», sagte sie prompt. «Sie liebte alle Männer, alle, die ihr je begegnet sind, sogar Mr. Destronelli.»

«Destronelli?» er hatte den Namen schon einmal gehört.

Mit einem schlauen Blick sah sie ihn von der Seite an, und dieser Blick schien zu sagen: Zwischen uns braucht es doch keine Ausflüchte zu geben, wir verstehen uns doch und haben das nicht nötig. «Oh, Sie wissen doch», sagte sie mit einer Überzeugung, die unter normalen Umständen überraschend gewesen wäre. Es war jedoch, als ob ihn zeitweilig die Fähigkeit, überrascht sein zu können, im Stich ließ. «Alle kennen ihn.»

Er legte seinen Arm um sie und zog sie näher zu sich heran. «Ich nicht, ich kenn ihn nicht», sagte er und küßte ihren Mund, ihren Hals; sie kam ihm nicht besonders entgegen, aber er sagte – und seine Stimme war ganz jung und unsicher geworden –, «bin ihm nie begegnet, diesem Herrn Wer-auch-immer». Er ließ eine Hand unter ihren Mantel gleiten und streifte ihn von ihren Schultern. Über einer Brust hatte sie ein Muttermal, klein und sternförmig. Er starrte zu der Spiegeltür, bei dem flackernden Licht wellte sich ihr Bild darin und machte sie blaß und undeutlich. Sie lächelte. «Der Herr Wer-auch-immer», sagte er, «wie sieht er aus?» Der Anflug ihres Lächelns verging wieder, und ein leichtes Stirnrunzeln, wie das eines Affen, huschte über ihr Gesicht. Sie betrachtete ihr Gemälde über dem Kamin, und es fiel ihm auf, daß sie es jetzt erst ansah; sie schien einen bestimmten Gegenstand des Bildes zu studieren, aber ob es der Falke oder der Kopf war, konnte er nicht feststellen. «Nun», sagte sie und drückte sich fester an ihn, «er sieht aus wie du, wie ich, wie die meisten Menschen.»

Es regnete; in dem feuchten Mittagslicht brannten noch zwei Kerzenstumpen, und an dem offenen Fenster wehten die grauen Vorhänge verloren hin und her. Vincent machte seinen Arm frei; er war völlig abgestorben unter dem Gewicht ihres Körpers. Vorsichtig, um kein Geräusch zu machen, hob er sich aus dem Bett, blies die Kerzen aus, ging auf Zehenspitzen ins Badezimmer und tauchte sein Gesicht in kaltes Wasser. Auf dem Weg zur Küche reckte er sich und fühlte, wie schon lange nicht mehr, eine übermäßige Freude an seiner männlichen Kraft, eine gesunde Ganzheit seiner Persönlichkeit. Er toastete Rosinenbrot, machte Orangensaft und eine Kanne Tee zurecht und stellte alles auf ein Tablett; und so unbeholfen, daß alles schepperte, brachte er das Frühstück hinein und stellte es auf einen Tisch neben dem Bett. Sie hatte sich nicht bewegt; ihr zerzaustes Haar lag fächerartig auf dem Kopfkissen, und eine Hand ruhte in der Höhlung, in der sein Kopf gelegen hatte. Er beugte sich über sie und küßte ihre Lippen, ihre Augenlider zitterten und waren noch ganz dunkel von Schlaf. «Ja, ja, ich bin schon wach», murmelte sie, und der Regen, der mit dem Wind daherstob, sprühte gegen das Fenster wie der Gischt einer Brandung. Irgendwie wußte er, daß es bei ihr keine der üblichen Künste geben würde: kein Meiden der Augen, keine verschämte, vorwurfsvolle Stille. Sie stützte sich auf ihre Ellbogen; sie sieht mich an, dache Vincent, als ob ich ihr Mann wäre, und als er ihr nun den Orangensaft reichte, lächelte er ihr dankbar zu.

«Was ist heute?»

«Sonntag», antwortete er und legte sich wieder zu ihr unter die Steppdecke, während er das Tablett über seine Beine stellte.

«Aber die Glocken läuten ja gar nicht», sagte sie, «und es regnet.»

Vincent brach ein Stück Toast durch. «Du machst dir nichts daraus, oder? Regen – solch ein beruhigendes Geräusch.» Er goß Tee ein. «Zucker? Sahne?»

Sie achtete nicht auf das, was er sagte, und sprach weiter: «Heute ist Sonntag? Was? Ich meine, was für ein Monat?»

«Wo hast du bisher gelebt, unter der Erde?» fragte er grinsend. Und er war bestürzt bei dem Gedanken, daß sie es ernst meinen konnte. «Oh, April... April vielleicht.»

«April», wiederholte sie. «Bin ich schon lange hier?»

«Erst seit gestern abend.»

«Oh.»

Vincent rührte seinen Tee um, der Löffel klang in der Tasse wie eine Glocke. Brotkrumen verstreuten sich zwischen den Bettüchern, und er dachte an die *Tribune* und die *Times*, die draußen vor der Tür auf ihn warteten, aber heute morgen hatten sie für ihn keinen Reiz; es war besser, hier neben ihr im warmen Bett zu liegen, Tee zu schlürfen und dem Regen zuzuhören. Komisch, wenn man darüber nachdachte, wirklich sehr komisch. Sie kannte seinen Namen nicht, und er nicht den ihren. Und so sagte er: «Ich bin dir noch dreißig Dollar schuldig, weißt du das? Es ist natürlich deine Schuld – solch eine blödsinnige Adresse dazulassen. D. J., was soll man sich darunter vorstellen?»

«Ich glaube nicht, daß es gut wäre, dir meinen Namen zu sagen», antwortete sie. «Ich könnte leicht einen erfinden: Dorothy Jordan, Delilah Johnson; siehst du? Man kann alle möglichen Namen daraus machen, und wenn *er* nicht wäre, würde ich dir den richtigen Namen schon sagen.»

Vincent stellte das Tablett auf den Fußboden. Er rollte sich auf die Seite, und während er sie anschaute, schlug sein Herz schneller. «Wer ist *er*?» Obgleich ihr Gesichtsausdruck unbewegt blieb, erstickte Ärger ihre Stimme, als sie sagte: «Wenn du ihn nicht kennst, dann sag mir, warum ich hier bin?»

Stille, draußen schien der Regen plötzlich ausgesetzt zu haben. Eine Schiffssirene stöhnte auf dem Fluß. Er drückte sie fest an sich, kämmte mit seinen Fingern durch ihr Haar, und während er sich sehr wünschte, daß sie ihm glauben möge, sagte er: «Weil ich dich liebe.»

Sie schloß die Augen. «Was ist aus ihnen geworden?»

«Aus wem?»

«Aus den andern, denen du das schon gesagt hast.»

Es fing wieder an, der Regen klatschte eintönig ans Fenster, fiel auf die ausgestorbenen sonntäglichen Straßen; während Vincent zuhörte, dachte er nach. Er erinnerte sich an seine Kusine Lucille, arme, schöne, dumme Lucille, den ganzen Tag saß sie da und stickte Seidenblumen auf Stoffreste. Und Allen T. Baker – da war der Winter, den sie in Havanna verbracht hatten; das Haus, in dem sie gewohnt hatten, rosa Muschelkalk bröckelte von den Zimmerwänden; arme Allen, er hatte gedacht, es würde für immer sein. Auch bei Gordon. Gordon mit den lockigen, strohblonden Haaren, den Kopf voller alter elisabethanischer Balladen. Ob es stimmte, daß er sich erschossen hatte? Und Connie Silver, das taube Mädchen, das war die, die Schauspielerin hatte werden wollen – was mochte aus ihr geworden sein? Oder Helen, Louise, Laura? «Es war nur eine», sagte er, und selbst seinen eigenen Ohren klang es, als wäre es wahr. «Nur eine, und sie ist tot.» Zärtlich, wie aus Mitgefühl, berührte sie seine Wange. «Ich glaube, *er* hat sie getötet», sagte sie, ihre Augen waren den seinen so nahe, daß er sehen konnte, wie der Umriß seines Gesichts in ihrem Grün gefangen war. «Er hat auch Miss Hall getötet, weißt du. Die liebste Frau auf der ganzen Welt, Miss Hall, und so schön, daß es einem den Atem nahm. Ich hatte bei ihr Klavierstunden, wenn sie ‹hallo› sagte, und wenn sie ‹auf Wiedersehen› sagte – dann war mir immer, als bliebe mir das Herz stehen.» Ihre Stimme hatte jetzt einen unpersönlichen Klang, als ob sie von Dingen spräche, die einem anderen Jahrhundert angehörten und von denen sie nicht unmittelbar betroffen war. «Der Sommer ging schon zu Ende, als sie *ihn* heiratete – im September, denke ich. Sie ging nach Atlanta, und dort wurden sie getraut, und sie kam nie mehr zurück. So plötzlich geschah es», sie schnippte mit den Fingern. «Gerade so. Ich sah ein Bild von ihm in der Zeitung. Manchmal denke ich, wenn sie gewußt hätte, wie sehr ich sie liebte – warum gibt es Menschen, denen man es nie zeigen kann? –, ich denke, vielleicht hätte sie nicht geheiratet; vielleicht wäre dann alles anders geworden, so wie ich es mir wünschte.» Sie vergrub ihr Gesicht ins Kopfkissen, und wenn sie weinte, so ohne Laut.

Am 20. Mai wurde sie achtzehn; es schien unglaubwürdig – Vincent hatte sie um viele Jahre älter geschätzt. Er wollte sie bei einer Surprise-Party vorstellen, aber schließlich mußte er sich eingestehen, daß dieser Plan unpassend war. Erstens hatte er seinen Freunden gegenüber D. J. bisher nicht ein einziges Mal erwähnt, obgleich er an nichts anderes mehr dachte; zweitens konnte er sich entmutigend genau vorstellen, welchen Spaß ihnen die Begegnung mit einem Mädchen liefern würde, von dem er nichts wußte, nicht einmal den Namen, obgleich sie ganz öffentlich in derselben Wohnung wohnten. Aber irgendwie mußte der Geburtstag doch gefeiert werden. Sie zum Essen oder ins Theater auszuführen, war hoffnungslos. Sie besaß kein einziges Kleid, und es war nicht seine Schuld. Er hatte ihr über vierzig Dollar gegeben, damit sie sich Kleider kaufen sollte, und dies sind die Sachen, für die sie das Geld ausgab: eine lederne Windjacke, eine Garnitur Militärbürsten, ein Regenmantel, ein Feuerzeug. Auch in ihrem Suitcase, das sie in die Wohnung gebracht hatte, war nichts gewesen als Seife aus einem Hotel, eine Schere, die sie brauchte, um sich die Haare zu schneiden, zwei Bibeln und ein abscheuliches farbiges Foto. Das Foto zeigte eine affektiert lächelnde Frau in mittleren Jahren mit einem aufgedunsenen Gesicht. Da war eine Widmung: Die besten Wünsche und viel Glück! Martha Lovejoy Hall.

Weil sie nicht kochen konnte, mußten sie auswärts essen; wegen seines Gehalts und der Grenzen, die durch ihre Garderobe gesetzt waren, blieben sie meistens auf den Automaten angewiesen – hierhin ging sie am liebsten: Die Makkaroni waren so köstlich –, oder sie aßen in einem der Restaurants mit Bar und Grill an der Third. Und so wurde das Geburtstagsessen im Automaten eingenommen. Sie hatte sich das Gesicht so lange geschrubbt, bis die Haut rot glänzte, hatte sich die Haare gewaschen und geschnitten und die Fingernägel lackiert, ungeschickt wie eine Sechsjährige, die Erwachsensein spielt. Sie hatte die Lederjacke an, an die das Veilchensträußchen gesteckt war, das er ihr geschenkt hatte; es sah wohl lächerlich aus, denn zwei streitsüchtige Mädchen, die an ihrem Tisch saßen, kicherten wie wahnsinnig. Vincent sagte, wenn sie nicht aufhörten ...

«Bah, was denken Sie wohl, wer Sie sind?»

«Supermann. Der Bursche denkt, er ist ein Supermann.» Das war zuviel, und Vincent wurde heftig. Er rückte vom Tisch fort und kippte dabei eine Ketchup-Flasche um. «Zum Teufel, laß uns hier verschwinden», aber D. J. löffelte weiter ihr Brombeerkompott; so wütend er auch war, er wartete doch ruhig, bis sie fertig gegessen hatte, denn er respektierte ihre Entrückung, hätte aber doch gern gewußt, in welcher Zeit sie eigentlich lebte. Er hatte eingesehen, daß es nutzlos war, nach ihrer Vergangenheit zu fragen; aber der Gegenwart schien sie sich auch nur hier und da bewußt zu sein; und es war, als ob ihr auch die Zukunft nicht viel bedeutete. Ihr Geist war wie ein Spiegel, der in einem leeren Raum die blaue Unendlichkeit reflektiert.

«Was möchtest du jetzt tun?» fragte er, als sie auf die Straße kamen. «Wir könnten in einer Droschke durch den Park fahren.»

Sie wischte sich mit ihrem Ärmel die Brombeerreste aus den Mundwinkeln und sagte: «Ich möchte ins Kino gehen.»

Ins Kino. Schon wieder. Im letzten Monat hatte er so viele Filme gesehen, daß Fetzen von Hollywood-Dialogen schon durch seine Träume schwirrten. An einem Samstag hatten sie auf ihr Drängen Karten für drei verschiedene Vorstellungen gekauft, billige Plätze, wo der Geruch nach Desinfektionsmitteln aus den Toiletten die Luft verpestete. Jeden Morgen, bevor er zur Arbeit ging, legte er fünfzig Cent auf den Kamin – und ob es regnete oder ob die Sonne schien, sie ging ins Kino. Aber Vincent war sensibel genug, um zu erkennen warum: es hatte auch in seinem Leben sozusagen eine Zeit des Fegefeuers gegeben, in der auch er jeden Tag ins Kino gegangen war, und oft war er mehrere Vorstellungen desselben Films hindurch sitzen geblieben; es war auf seine Weise wie Religion, denn während er den wechselnden schwarzen und weißen Formen zuschaute, spürte er eine Erleichterung seines Gewissens, wie sie ein Mensch erfahren mag, der seinem Priester beichtet.

«Handschellen», sagte sie und spielte auf eine Begebenheit in dem Film *Die 39 Schritte* an, den sie im Beverly gesehen hatten, in einem Programm alter Hitchcock-Filme. «Die bonde Frau und der Mann mit Handschellen aneinandergefesselt – mir fiel dabei etwas ein.» Sie schlüpfte in einen seiner Schlafanzüge und steckte das Veilchensträußchen an eine Ecke ihres Kopfkissens, dann kuschelte sie sich ins Bett. «So ist man gefangen, zusammengeschmiedet.»

Vincent gähnte. «Uh, hua», machte er und drehte das Licht aus. «Nochmals herzlichen Glückwunsch zum Geburtstag, Liebling, *war* es ein schöner Geburtstag?»

Sie sagte: «Einmal war ich irgendwo, da tanzten zwei Mädchen; sie waren so frei, es gab nur sie und nichts sonst, es war schön wie Sonnenuntergang.» Eine ganze Weile war sie still; dann kamen in ihrem langsamen, südlichen Dialekt schleppend die Worte: «Es ist furchtbar nett von dir, daß du mir die Veilchen geschenkt hast.»

«Freut mich, daß du sie magst», antwortete er schon halb im Schlaf.

«Es ist schade, daß sie sterben müssen.»

«Ja, gute Nacht.»

«Gute Nacht.»

Großaufnahme. O John, es geht doch nicht um mich, aber wir müssen an die Kinder denken, eine Scheidung würde ihr Leben vernichten. Abgeblendet. Die Leinwand zittert, Trommelwirbel, Trompetenstöße: RKO zeigt Ihnen ...

Hier ist ein Korridor ohne Ausgang, ein Tunnel ohne Ende. An der Decke funkeln Kronleuchter, und windgebeugte Kerzen tanzen in der bewegten Luft. Vor ihm schaukelt ein alter Mann in einem Schaukelstuhl, ein alter Mann mit blondgefärbten Haaren, gepuderten Wangen und einem Puppenmund: Vincent erkennt Vincent. Fort, kreischt Vincent, der junge, hübsche, aber Vincent der alte, abscheuliche kriecht auf allen vieren vorwärts und klettert wie eine Spinne auf seinen Rücken. Drohungen, Beschwörungen, Püffe, nichts vertreibt ihn. Und so läuft er mit seinem Schatten um die Wette, seinen Reiter hin- und herstoßend. Ein züngelnder Blitz flammt auf, und mit einemmal wimmelt es in dem Tunnel von Männern im Frack mit weißen Krawatten und Frauen in Brokatkleidern. Er fühlt sich gedemütigt; wie tölpelhaft muß er ihnen vorkommen, so wie er in diesem vornehmen Kreis erscheint, auf seinem Rücken – wie Sindbad – einen heruntergekommenen alten Mann. Die Gäste stehen paarweise wie versteinert da, niemand spricht ein Wort. Er bemerkt nun, daß auch viele von ihnen mit bösartigen Ebenbildern ihrer selbst beladen sind, mit sichtbaren Verkörperungen ihres inneren Verfalls. Gleich neben ihm reitet ein Mann, der einer Eidechse ähnlich sieht, auf einem rotäugigen Neger. Ein anderer Mann tritt auf ihn zu, es ist der Gastgeber; klein, kahlköpfig und mit rosigem Gesicht kommt er mit leichten und gemessenen Schritten daher, in Schuhen aus feinstem Leder; auf einem Arm, den er steif angewinkelt hält, trägt er einen großen Falken ohne Kopf, dessen Krallen sich in sein Handgelenk bohren, daß es blutet. Die Flügel des Falken breiten sich aus, während sein Herr mit ihm vorbeistolziert. Auf einem Podest steht ein altmodisches Grammophon. Der Gastgeber legt eine neue Platte auf, während er die Handkurbel dreht: ein blecherner, abgespielter Walzer versetzt den Schalltrichter in Schwingungen. Er hebt seine Hand und kündigt mit einer sopranhellen Stimme an: «Achtung! Der Tanz beginnt.» Alle verneigen sich und drehen sich im Kreis, während der Gastgeber mit dem Falken an ihnen vorbei hin- und hergeht. Die Wände dehnen sich, und die Decke wächst hoch. Ein Mädchen gleitet in Vincents Arme, und in einer krächzenden, grauenhaften Imitation seiner Stimme hört er: «Lucille, wie himmlisch; dieser wunderbare Duft, ist es Veilchen?» Es ist seine Kusine Lucille, und während sie durch den Raum kreisen, verwandelt sich ihr Gesicht. Er tanzt jetzt mit einer anderen. «Ach, Connie, Connie Silver! Wie wunderbar, dich wiederzusehen», brüllt jene Stimme, denn Connie ist völlig taub. Plötzlich tritt ein Herr mit einem Loch im Kopf zwischen sie: «Gordon, verzeih mir, ich wollte nie...» aber sie sind schon fort, Gordon und Connie tanzen zusammen weiter. Wieder eine neue Partnerin. Es ist D. J. Auch ihr hat sich eine Gestalt an den Rücken geklettet, ein bezauberndes Kind mit kastanienbraunem Haar; gleichsam als Zeichen seiner Unschuld drückt es ein schneeweißes Kätzchen an seine Brust. «Ich bin schwerer, als ich ausschaue», sagt es, und die schreckliche Stimme erwidert: «Aber ich bin von allen am schwersten.» Von dem Augenblick an, da ihre Hände sich berühren, fühlt er, wie das Gewicht, das auf ihm lastet, abnimmt, der alte Vincent schwindet dahin. Seine Füße lösen sich vom Boden, ihre Berührung macht, daß er schwebt. Das Grammophon dreht sich immer noch, laut wie zuvor, aber er hebt sich empor, und die weißen, immer mehr zurückweichenden Gesichter glimmen unten wie Pilze auf einer dunklen Wiese. Der Gastgeber macht den Falken los und läßt ihn aufsteigen. Vincent denkt: Vor den Blinden sind die Bösen sicher. Aber der Falke kreist über ihm und stößt hinunter mit ausgestreckten Krallen; am Ende weiß er, daß es nie eine Befreiung geben wird.

In seine Augen strömte die Dunkelheit des Zimmers. Sein Arm hing über die Bettkante, das Kopfkissen war auf den Fußboden gefallen. Instinktiv griff er neben sich, denn es verlangte ihn nach der Zärtlichkeit des Mädchens. Bettücher, glatt und kalt; Leere und der aufdringliche Duft welkender Veilchen. Steil fuhr er hoch: «Du, wo bist du?»

Die Glastüren standen offen. Eine aschfarbene Mondspur wiegte sich auf der Türschwelle, denn es war noch nicht hell, und in der Küche schnurrte der Eisschrank wie eine riesengroße Katze. Ein Stoß von Papieren raschelte auf dem Tisch. Vincent rief noch einmal, ganz leise jetzt, als ob er wünschte, nicht gehört zu werden. Er stand auf, taumelte mit unsicheren Beinen vorwärts und schaute in den Garten. Hier war sie, halb kniend lehnte sie an dem Paradiesbaum. «Was?» und sie fuhr herum. Sie war nicht gut zu erkennen, er sah nur eine dunkle, kompakte Gestalt. Sie kam näher, einen Finger auf den Mund gepreßt.

«Was ist los?» flüsterte er.

Sie stellte sich auf die Zehenspitzen, und ihr Atem kribbelte in seinem Ohr.

«Ich warne dich, geh hinein.»

«Hör mit diesem Blödsinn auf», sagte er mit normaler Stimme.

«Barfuß hier draußen, du wirst dich...» aber sie hielt ihm den Mund zu.

«Ich hab ihn gesehen», flüsterte sie. «Er ist hier.»

Vincent stieß ihre Hand fort. Es fiel ihm schwer, sie nicht zu schlagen. «Er! Er! Er! Was ist los mit dir? Bist du –» zu spät versuchte er das Wort – «verrückt?» nicht auszusprechen. Da, das war das Eingeständnis dessen, was er schon lange wußte, was er seinem Verstand aber zu kristallisieren bisher nicht gestattet hatte. Und er dachte: was ist nun anders geworden? Ein Mensch kann nicht zur Rechenschaft gezogen werden für die, die er liebt. Das war doch nicht wahr, Lucille, sie hatte keinen großen Verstand und stickte Mosaiken auf Seide, stickte seinen Namen auf die Krawatten; Connie, sie lebte in ihrer stillen, tauben Welt, wartete auf seine Schritte, ein Laut, den sie mit Sicherheit hören konnte; Allen T. Baker, die Fotografie, die sie von ihm besaß, war vom vielen Anschauen ganz abgegriffen, sie brauchte auch noch Liebe, aber sie war jetzt alt und verloren – alle hatte er betrogen. Und sich selbst hatte er auch betrogen mit den Begabungen, die er nicht ausgenutzt hatte, den Reisen, die er nicht unternommen hatte, den Versprechen, die er nicht gehalten hatte. Es hatte so ausgesehen, als wäre ihm nichts geblieben, bis – oh, warum mußte er in denen, die er liebte, immer das gebrochene Spiegelbild seiner selbst finden? Und als er sie nun im alternden Morgengrauen ansah, war sein Herz kalt, die Liebe tot.

Sie ging fort, unter den Baum. «Laß mich hier», sagte sie, und ihre Augen liefen prüfend an den Fenstern des Hauses entlang. «Nur einen Augenblick.»

Vincent wartete und wartete. Von allen Seiten sahen die Fenster herunter wie Türen, die in Träume führen; über ihm im vierten Stock zerrte bei einer Familie Wäsche an der Leine. Der untergehende Mond sah aus wie der frühe Mond der Abenddämmerung, ein dunstiges Wagenrad; und der Himmel, der Dunkelheit beraubt, war grau getüncht. Die Blätter des Paradiesbaumes bewegten sich im Wind der aufgehenden Sonne, und in dem verblassenden Licht gewann der Hof Gestalt, die Gegenstände einen festen Platz. Von den Dächern kam das heisere morgendliche Gegurre der Tauben. Ein Licht ging an. Und noch eins.

Schließlich ließ sie den Kopf sinken; wonach sie auch immer ausgeschaut hatte, sie hatte es nicht gefunden. Oder doch, fragte sich Vincent verwundert, als sie sich ihm mit vorgeschobenen Lippen zuwandte.

«Na, Sie sind aber ziemlich früh wieder zu Haus, Mr. Waters.» Es war Mrs. Brennan, die krummbeinige Frau des Hausmeisters. «Ja, und, Mr. Waters – schönes Wetter, nich? Wir müssen da beide was besprechen.»

«Mrs. Brennan –» wie schwer es ihm fiel, zu atmen, zu reden; die Worte rieben sich an seiner wunden Kehle, klangen laut wie Donnerschläge – «ich fühle mich ziemlich elend, wenn es Ihnen recht ist...» und er versuchte, an ihr vorbeizueilen.

«So, das tut mir aber leid. Nahrungsmittelvergiftung, das is sicher 'ne Nahrungsmittelvergiftung. Sie, ich sag Ihnen was, der Mensch kann nich vorsichtig genug sein. Kommt nur von den Juden, wissen Sie. Denen gehören doch all diese Delikateßläden. Puh, nichts für mich, dieser Judenfraß.» Sie trat vor das Tor, versperrte ihm den Weg und hob warnend den Finger: «Ärger mit Ihnen, Mr. Waters, deshalb, weil Sie sich nich an die Vorschriften halten.»

Ein peinigender Knoten lag mitten in seinem Kopf, wie ein bösartiger Edelstein; bei jeder schmerzenden Bewegung blitzten juwelengeschmückte farbige Nadelspitzen auf. Die Frau des Hausmeisters schwatzte weiter, aber es gab glücklicherweise ruhige Augenblicke, in denen er absolut nichts hören konnte. Es war wie beim Radio – wenn es leise und dann wieder zu voller Lautstärke aufgedreht wird. «Ich weiß ja, sie is 'ne anständige, christlich gesinnte Dame, Mr. Waters, sonst würde ein Gentleman wie Sie ja nich – hm. Nur Tatsache is, daß Mr. Cooper keine Lügenmärchen erzählt, er is wirklich ein ruhiger Mensch. Is in diesem Bezirk Gasableser, ich weiß nich, wie lang schon.» Ein Sprengwagen rollte die Straße entlang, ihre Stimme ging unter und tauchte wieder auf wie ein Haifisch. «Mr. Cooper hat allen Grund, zu glauben, daß sie ihn umbringen wollte – na, Sie können sich vorstellen, wie sie da stand mit dieser Schere und schrie. Sie redete ihn mit einem iitalienischen Namen an. Aber wenn Sie sich Mr. Cooper mal ansehen würden, dann würden Sie mir glauben, daß er kein Iitaliener is. Ja, Mr. Waters, Sie müssen schon einsehen, daß so ein Benehmen das Haus in schlechten ...»

Die schwache Sonne nahm Besitz von der Tiefe seiner Augen und ließ sie tränen. Die Frau des Hausmeisters, die den Finger hin- und herbewegte, schien in einzelne Stücke zu zerfallen: eine Nase, ein Kinn, ein rotes, rotes Auge. «Mr. Destronelli», sagte er, «entschuldigen Sie. Mrs. Brennan, ich möchte mich entschuldigen.» Sie denkt, ich bin betrunken, und ich bin doch krank, sieht sie denn nicht, daß ich krank bin? «Mein Besuch wird gehen, heute noch, und nicht wiederkommen.»

«Ja, nun, das sollten Sie nich sagen», antwortete Mrs. Brennan und schnalzte mit der Zunge. «Man sieht ihr an, daß sie ein Ruheplätzchen braucht, armes kleines Ding. So blaß irgendwie. Klar, ich möcht mit diesen Iitalienern auch nichts zu tun haben, wie alle andern! Aber Mr. Cooper für 'nen Iitaliener zu halten! Stell man sich das mal vor. Warum, er is doch weiß wie Sie, wie ich.» Sie klopfte ihm besorgt auf die Schulter. «Tut mir leid, daß Sie sich nicht wohl fühlen, Mr. Waters; 'ne Nahrungsmittelvergiftung, sag ich Ihnen. Der Mensch kann nich vorsichtig ge ...»

Im Stiegenhaus roch es nach Essen und Ofenasche. Da war eine Treppe, die er noch nie benutzt hatte, weil seine Wohnung unten lag, ganz geradeaus. Ein Streichholz flammte auf, und Vincent sah, als er sich vorwärts tastete, einen kleinen Jungen – er war nicht älter als drei oder vier Jahre – im Treppenschacht kauern; er spielte mit einer großen Haushaltsschachtel Streichhölzer, und Vincents Gegenwart schien ihn nicht zu interessieren. Er zündete einfach ein neues Streichholz an. Vincent konnte seinen Kopf nicht dazu bringen, eine Ermahnung zu formulieren, und als er hier nun mit gelähmter Zunge wartete, öffnete sich eine Tür, es war seine Tür.

Verbergen. Denn wenn sie ihn hier jetzt sähe, würde sie wissen, daß irgend etwas nicht stimmte, würde Verdacht schöpfen. Und wenn sie anfinge zu sprechen, wenn ihre Augen sich begegneten, dann würde er nicht fähig sein, es durchzuhalten. So drückte er sich in eine dunkle Ecke hinter den kleinen Jungen, und dieser fragte: «Was soll ich tun, Mister?»

Sie kam, er hörte das Schlappen ihrer Sandalen, das grüne Gewisper ihres Regenmantels. «Was soll ich tun, Mister?» Während ihm das Herz bis in den Hals hinauf schlug, bückte er sich, preßte den Jungen an sich und hielt ihm den Mund so fest zu, daß er keinen Laut von sich geben konnte. Er sah sie nicht vorbeigehen; erst später, als die Haustür zuschlug, wurde er sich bewußt, daß sie nun fort war. Der kleine Junge rutschte zur Erde. «Was soll ich tun, Mister?»

Vier Aspirin nahm er kurz nacheinander und ging zurück in sein Zimmer; das Bett war schon eine Woche lang nicht mehr gemacht worden, ein umgeworfener Aschenbecher lag am Boden, die verschiedensten Kleidungsstücke hingen an unmöglichen Stellen, zum Beispiel an den Lampenschirmen. Aber wenn es ihm morgen besser gehen sollte, dann würde er großreinemachen; vielleicht würde er die Wände neu anstreichen, möglicherweise auch den Garten in Ordnung bringen. Ab morgen würde er sich auch wieder um seine Freunde kümmern, sie zu sich bitten und Einladungen annehmen. Und doch war diese Aussicht, die er im voraus genoß, ohne Reiz: alle, die er früher gekannt hatte, erschienen ihm heute hohl und unecht. Schritte im Stiegenhaus; konnte sie so schnell zurück sein, war das Kino schon aus, der Nachmittag vorbei? Das Fieber kann die Zeit so merkwürdig verstreichen lassen, und einen Augenblick lang war es ihm, als ob alle Knochen einzeln in seinem Innern herumschwirrten. Klapp-klapp, das waren die schlürfenden Schritte eines Kindes, sie gingen vorbei, die Treppe hinauf, und Vincent machte sich auf, schwebte zu dem Schrank mit dem Spiegel. Er hatte den Wunsch, sich zu beeilen, er wußte, daß es sein mußte, aber die Luft schien zäh zu sein wie Gummi. Er nahm ihr Suitcase vom Schrank und stellte es auf das Bett, ein armseliges, billiges Köfferchen mit rostigen Schlössern und gewellter Oberfläche. Er betrachtete es voller Schuld. Wohin würde sie nun gehen? Wie würde sie leben? Als er mit Connie, Gordon und all den anderen Schluß gemacht hatte, hatte über allem schließlich doch eine gewisse Würde gelegen. Wirklich, aber – und er hatte es sich gründlich überlegt – es gab keinen anderen Weg. So suchte er ihre Sachen zusammen. Miss Martha Lovejoy Hall lugte unter der ledernen Windjacke hervor, ihr Musiklehrerinnengesicht lächelte ihn mit verborgenem Vorwurf an. Vincent drehte sie um, mit dem Gesicht nach unten, und steckte einen Umschlag mit zwanzig Dollar in den Rahmen. Dafür konnte sie eine Fahrkarte nach Glass Hill kaufen, oder woher sie auch immer gekommen sein mochte. Nun versuchte er, das Köfferchen zu schließen, war aber vom Fieber so geschwächt, daß er auf dem Bett zusammenbrach. Flinke gelbe Flügel glitten durch das Fenster. Ein Schmetterling. Er hatte noch nie einen Schmetterling in dieser Stadt gesehen, und er sah aus wie eine schwebende, geheimnisvolle Blume, wie irgendein Zeichen, und er sah ihm beinahe mit Entsetzen zu, wie er in der Luft tanzte. Draußen fing irgendwo die Drehorgel eines Bettlers an zu dudeln. Sie klang wie ein kaputtes Klavier und spielte die Marseillaise. Der Schmetterling ließ sich mit ihrem Gemälde nieder, kroch über kristallene Augen und breitete seine Flügel flach über dem losgelösten Kopf auseinander wie eine Seidenschleife. Vincent wühlte in ihrem Köfferchen herum, bis er die Schere fand. Er hatte zunächst die Absicht, dem Schmetterling die Flügel zu zerfetzen, dieser kreiste aber zur Decke und blieb dort hängen wie ein Stern. Die Schere durchbohrte das Herz des Falken, fraß sich durch die Leinwand wie ein gieriges Maul aus Stahl; Fetzen des Bildes lagen am Boden verstreut wie abgeschnittenes Haar. Er kniete nieder, scharrte die Stücke auf einem Haufen zusammen, legte sie in das Köfferchen und schlug den Deckel zu. Er weinte. Und durch seine Tränen wuchs der Schmetterling an der Decke, wurde riesengroß wie ein Vogel; und mehr noch: eine Anhäufung von leichtbewegtem, leuchtendem Gelb; einsam raunend, wie eine Brandung, die den Strand zerfrißt. Der Windhauch seiner Flügel wehte das Zimmer ins Nichts. Vincent schleppte sich vorwärts und riß die Tür auf, während das Köfferchen ständig gegen sein Bein stieß. Ein Streichholz flammte auf. Der kleine Junge fragte: «Kann ich was tun, Mister?» Vincent grinste blöde, während er den Koffer ins Stiegenhaus stellte. Er machte die Tür wieder zu wie ein Dieb, verriegelte das Sicherheitsschloß, zerrte einen Stuhl heran und schob ihn schräg unter den Drücker. Im stillen Raum war nur das milde, sich verändernde Sonnenlicht und ein dahinkriechender Schmetterling; er wurde hinuntergetrieben wie ein eigenwilliges Blatt Papier und landete auf einem Leuchter. «Manchmal ist er gar kein Mensch –» hatte sie erzählt, sich hier auf das Bett geworfen und hastig gesprochen, in den Minuten vor der Dämmerung – «manchmal ist er etwas ganz anderes: ein Falke, ein Kind, ein Schmetterling.» Und dann hatte sie gesagt: «Dort, wo sie mich hingebracht haben, waren Hunderte von alten Damen und jungen Männern, und einer von den jungen Männern erzählte mir, daß er ein Seeräuber sei, und eine von den alten Damen – sie war fast neunzig – ließ mich immer ihren Magen fühlen. ‹Fühl hier›, sagte sie, ‹fühl mal, wie er stößt.› Diese alte Dame war auch in der Zeichenklasse, und ihre Bilder sahen aus wie bunte Flickendekken. Und er war natürlich auch dort. Mr. Destronelli. Nur nannte er sich hier Gum. Doktor Gum. Oh, mich täuschte er nicht, auch wenn er eine graue Perücke trug und sich so herrichtete, daß er ganz alt und freundlich aussah, ich wußte doch Bescheid. Und eines Tages ging ich auf und davon, rannte einfach weg und versteckte mich hinter einem Fliederbusch; und ein Mann kam vorbei in einem kleinen roten Auto, er hatte einen Mauseschnurrbart und kleine, grausame Augen. Aber das war *er* auch. Und als ich ihm sagte, wer er sei, warf er mich aus seinem Auto raus. Ein anderer Mann, es war in Philadelphia, gabelte mich in einem Café auf und nahm mich in eine Seitengasse mit. Er sprach italienisch und war überall tätowiert. Das war *er* auch. Und der nächste, das war der, der sich die Fußnägel lackierte, der setzte sich in einem Kino neben mich, weil er dachte, ich sei ein Junge. Als er sah, daß er sich geirrt hatte, wurde er nicht wütend, sondern ließ mich bei sich wohnen und machte uns nette Sachen zu essen. Aber er trug ein silbernes Medaillon, und eines Tages sah ich hinein, und es war ein Bild von Miss Hall darin. Da wußte ich, daß *er* es war, ich fühlte, daß sie tot war, und ich erkannte, daß er auch mich umbringen würde. Und er wird es tun. Er wird es tun.» Dämmerung, die Nacht brach an. Und die Lautfasern, die man Schweigen nennt, woben eine leuchtendblaue Maske. Als er aufwachte, lugte er durch schmale Augenschlitze, hörte den wahnsinnigen Pulsschlag seiner Uhr, das Kratzen eines Schlüssels in einem Schloß. Irgendwo löst sich in dieser Stunde der Dämmerung ein Mörder aus dem Dunkel und folgt mit einem Strick dem Schimmer seidener Beine eine verhängnisvolle Treppe hinauf. Und der Träumende hier starrt durch seine Maske und träumt von Betrug. Ohne nachzuschauen weiß er, daß das Suitcase fort ist, daß sie da war und wieder gegangen ist; warum aber empfindet er so wenig Freude über seine Sicherheit, warum fühlt er sich nur betrogen und klein – klein wie in jener Nacht, als er den Mond durch das Fernrohr eines alten Mannes suchte?

3

Wie Fetzen eines alten Briefes lag Popcorn verstreut und zertreten umher, und während sie sich in der Haltung eines Aufsehers zurücklehnte, erlaubte sie ihrem Blick, darin herumzusuchen, als ob sie hier und da ein Wort, eine Antwort entzifferte. Ihre Augen wandten sich vorsichtig dem Mann zu, der die Treppen hinaufstieg, Vincent. Er war frisch wie nach einem Bad, nach dem Rasieren oder wie Eau de Cologne. Aber ein schreckliches Blau lag um seine Augen, und der weiß-blau gestreifte Anzug, den er anhatte, war für einen stärkeren Mann angefertigt worden: Vier lange Wochen Lungenentzündung und schlaflose, brennende Nächte hatten sein Gewicht um ein Dutzend Pfund und mehr verringert. Jeden Morgen und jeden Abend, wenn er sie hier an seiner Tür traf oder in der Nähe der Galerie oder vor dem Restaurant, in dem er aß, wurde in ihm eine namenlose Unordnung ausgelöst, eine Paralyse der Zeit und der Persönlichkeit. Die wortlosen Gebärden, mit denen sie ihn verfolgte, schnürten ihm das Herz ab. Es gab Tage, an denen er sich wie im Koma fühlte, dann schien sie nicht nur *eine* Person zu sein, sondern alle, sich aus vielen zusammenzusetzen, und er folgte ihrem Schatten auf der Straße, jedem Schatten und wurde verfolgt. Und einmal, als sie beide allein in einem Fahrstuhl gewesen waren, hatte er geschrien: «Ich bin nicht *er*: Sondern ich, nur ich!» Aber sie hatte gelächelt, wie sie gelächelt hatte, als sie von dem Mann mit den lackierten Fußnägeln erzählte, denn sie wußte es trotz allem besser.

Es war Zeit zum Abendessen, und da er nicht wußte, wo er es einnehmen sollte, blieb er unter einer Straßenlaterne stehen, die plötzlich aufglomm und ein verschwommenes Licht auf das Pflaster warf. Während er hier wartete, donnerte es, und auf der ganzen Straße stürzten die Gesichter davon, nur zwei nicht, das des Mädchens und das seine. Ein Windstoß, der vom Fluß herüberkam, schüttelte das Gelächter der Kinder durcheinander, die eingehängt daherstolzierten wie Karussellpferdchen, und er trug die Stimme einer Mama herüber, die sich aus einem Fenster lehnte und schrie: «Der Regen, Rachel, der Regen – es hat angefangen zu regnen, es hat angefangen zu regnen!» Und der mit Efeu und Gladiolen beladene Blumenkarren rumpelte wie verrückt dahin, als der Hausierer, mit einem Auge zum Himmel schielend, davonrannte, um irgendwo Schutz zu suchen. Ein Geranientopf fiel herunter, und die kleinen Mädchen sammelten die Blüten auf und steckten sie sich ins Haar. Die Spritzer der vorbeieilenden Füße, die sich mit den Regentropfen vermischten, machten den Bürgersteig zu einem Xylophon – Türen wurden geschlagen, Fenster geschlossen, dann nichts als Stille und Regen. Plötzlich kam sie mit langsamen, schlürfenden Schritten unter die Lampe, um sich neben ihn zu stellen, und es war, als ob der Himmel ein vom Donner zersprengter Spiegel wäre, denn der Regen fiel zwischen ihnen nieder wie ein Vorhang aus zersplittertem Glas.

(1946)

EINE WEIHNACHTSERINNERUNG

Stellt euch einen Morgen gegen Ende November vor! Das Heraufdämmern eines Wintermorgens vor mehr als zwanzig Jahren. Denkt euch die Küche eines weitläufigen alten Hauses in einem Landstädtchen. Ein großer schwarzer Kochherd bildet ihren wichtigsten Bestandteil, aber auch ein riesiger runder Tisch und ein Kamin sind da, vor dem zwei Schaukelstühle stehen. Und gerade heute begann der Kamin sein zur Jahreszeit passendes Lied anzustimmen.

Eine Frau mit kurzgeschorenem weißem Haar steht am Küchenfenster. Sie trägt Tennisschuhe und einen formlosen grauen Sweater über einem sommerlichen Kattunkleid. Sie ist klein und behende wie eine Bantam-Henne; aber infolge einer langen Krankheit in ihrer Jugend sind ihre Schultern kläglich verkrümmt. Ihr Gesicht ist auffallend: dem Lincolns nicht unähnlich, ebenso zerklüftet und von Sonne und Wind gegerbt; aber es ist auch zart, von feinem Schnitt, und die Augen sind sherryfarben und scheu. «Oje», ruft sie aus, daß die Fensterscheibe von ihrem Hauch beschlägt, «es ist Früchtekuchen-Wetter!»

Der, zu dem sie spricht, bin ich. Ich bin sieben. Sie ist sechzig und noch etwas darüber. Wir sind Vetter und Base, zwar sehr entfernte, und leben zusammen seit – ach, solange ich denken kann. Es wohnen noch andere Leute im Haus, Verwandte; und obwohl sie Macht über uns haben und uns oft zum Weinen bringen, merken wir im großen und ganzen doch nicht allzuviel von ihnen. Wir sind jeder des anderen bester Freund. Sie nennt mich Buddy, zum Andenken an einen Jungen, der früher mal ihr bester Freund war. Der andere Buddy starb in den achtziger Jahren, als sie noch ein Kind war. Sie ist noch immer ein Kind.

«Ich wußte es, noch eh ich aus dem Bett stieg», sagt sie und kehrt dem Fenster den Rücken. Ihre Augen leuchten zielbewußt. «Die Glocke auf dem Gericht hallte so kalt und klar. Und kein Vogel hat gesungen; sind vermutlich in wärmere Länder gezogen. O Buddy, hör auf, Biskuits zu futtern, und hol unser Wägelchen! Und hilf mir meinen Hut suchen! Wir müssen dreißig Kuchen backen.»

So ist es immer: jedes Jahr im November dämmert ein Morgen herauf, und meine Freundin verkündet – wie um die diesjährige Weihnachtszeit feierlich zu eröffnen, die ihre Phantasie befeuert und die Glut ihres Herzens nährt –: «Es ist Früchtekuchen-Wetter! Hol unser Wägelchen! Hilf mir meinen Hut suchen!» Der Hut findet sich: ein Wagenrad aus Stroh, geschmückt mit Samtrosen, die in Luft und Licht verblaßten; er gehörte einmal einer eleganteren Verwandten. Zusammen ziehen wir unser Wägelchen, einen wackeligen Kinderwagen, aus dem Garten und zu einem Gehölz von Hikkorynußbäumen. Das Wägelchen gehört mir, das heißt, es wurde für mich gekauft, als ich auf die Welt kam. Es ist aus Korbgeflecht, schon ziemlich aufgeräufelt, und die Räder schwanken wie die Beine eines Trunkenbolds. Doch ist es ein treuer Diener; im Frühling nehmen wir es mit in die Wälder und füllen es mit Blumen, Kräutern und wildem Farn für unsere Verandatöpfe; im Sommer häufen wir es voller Picknicksachen und Angelruten aus Zuckerrohr und lassen es zum Ufer eines Flüßchens hinunterollen; auch im Winter findet es Verwendung: als Lastwagen, um Feuerholz vom Hof zur Küche zu befördern, und als warmes Bett für Queenie, unseren zähen, kleinen, rotweißen, rattenfangenden Terrier, der die Staupe und zwei Klapperschlangenbisse überstanden hat. Queenie trippelt jetzt neben uns einher.

Drei Stunden darauf sind wir wieder in der Küche und entkernen eine gehäufte Wagenladung Hickorynüsse, die der Wind heruntergeweht hat. Vom Aufsammeln tut uns der Rücken weh: wie schwer sie unter dem welken Laub und im frostfahlen, irreführenden Gras zu finden waren! (Die Haupternte war schon von den Eigentümern des Wäldchens – und das sind nicht wir – von den Bäumen geschüttelt und verkauft worden.) Krick-kräck! Ein lustiges Krachen, wie lauter Zwergen-Donnerschläge, wenn die Schalen zerbrechen und der goldene Hügel süßen, fetten, sahnefarbenen Nußfleisches in der Milchglasschüssel höhersteigt. Queenie bettelt um einen Kosthappen, und hin und wieder gönnt meine Freundin ihr verstohlen ein Krümchen, wenn sie auch beteuert, daß wir's nicht entbehren können. «Wir dürfen's nicht, Buddy! Wenn wir mal damit anfangen, nimmt's kein Ende. Und wir haben fast nicht genug. Für dreißig Früchtekuchen!» In der Küche dunkelt es. Die Dämmerung macht aus dem Fenster einen Spiegel: unsere Spiegelbilder, wie wir beim Feuerschein vor dem Kamin arbeiten, mischen sich mit dem aufgehenden Mond. Endlich, als der Mond schon sehr hoch steht, werfen wir die letzte Nußschale in die Glut und sehen gemeinschaftlich seufzend zu, wie sie Feuer fängt. Das Wägelchen ist leer, die Schüssel bis ist zum Rand voller Nußkerne.

Wir essen unser Abendbrot (kalte Biskuits, Brombeermus und Speck) und besprechen den nächsten Tag. Morgen beginnt der Teil der Arbeit, der mir am besten gefällt: das Einkaufen. Kandierte Kirschen und Zitronen, Ingwer und Vanille und Büchsen-Ananas aus Hawaii, Orangeat und Zitronat und Rosinen und Walnüsse und Whisky und, oh, was für eine Unmenge Mehl und Butter, und so viele Eier und Gewürze und Aroma – jemine! Wir brauchen wohl gar ein Pony, um das Wägelchen nach Hause zu ziehen!

Doch ehe die Einkäufe gemacht werden können, muß die Geldfrage gelöst werden. Wir haben beide keins, abgesehen von kläglichen Summen, mit denen uns die Leute aus dem Haus gelegentlich versehen (ein Zehner gilt schon als sehr viel Geld), oder von dem, was wir auf mancherlei Art selbst verdienen, indem wir einen Ramsch-Verkauf veranstalten oder Eimer voll handgepflückter Brombeeren und Gläser mit hausgemachter Marmelade, mit Apfelgelee und Pfirsichkompott verkaufen oder für Begräbnisse und Trauungen Blumen pflücken. Mal haben wir auch bei einem nationalen Fußballtoto den neunundsiebzigsten Preis gewonnen, fünf Dollar! Nicht etwa, daß wir auch nur eine blasse Ahnung vom Fußball hätten! Es ist vielmehr so, daß wir einfach bei jedem Wettbewerb mitmachen, von dem wir hören. Augenblicklich richtet sich all unsere Hoffnung auf das große Preisausschreiben, bei dem man fünfzigtausend Dollar für den Namen einer neuen Kaffeesorte gewinnen kann (wir schlugen A. M.[1] vor, und nach einigem Zaudern – denn meine Freundin fand es möglicherweise frevelhaft –, den Slogan *A. M. = Amen!*). Unser einziges wirklich einträgliches Unternehmen war, um die Wahrheit zu gestehen, das Unterhaltungs- und Monstrositäten-Kabinett, das wir vor zwei Jahren in einem Holzschuppen auf dem Hof eröffnet hatten. Die Unterhaltung lieferte ein Stereoptikon mit Ansichten aus Washington und New York, das uns eine Verwandte geliehen hatte, die dortgewesen war (als sie entdeckte, weshalb wir es geborgt hatten, wurde sie wütend); in der Monstrositäten-Abteilung hatten wir ein Küken mit drei Beinen, das eine von unseren eigenen Hennen ausgebrütet hatte. Jeder aus der ganzen Gegend wollte das Küken sehen: wir verlangten von Erwachsenen einen Nickel und von Kindern zwei Cent und nahmen gute zwanzig Dollar ein, ehe das Kabinett infolge Ablebens seiner Hauptattraktion schließen mußte.

Irgendwie jedoch sparen wir jedes Jahr unser Weihnachtsgeld zusammen, in einer Früchtekuchen-Kasse. Wir bewahren das Geld in einem Versteck auf: in einer alten, perlenbestickten Geldbörse unter einer losen Diele unter dem Estrich unter dem Nachttopf unter dem Bett meiner Freundin. Die Geldbörse wird selten aus dem sicheren Gewahrsam hervorgeholt, es sei denn, um eine Einlage zu machen oder, wie es jeden Samstag vorkommt, um etwas abzuheben; denn samstags darf ich zehn Cent haben, um ins Kino zu gehen. Meine Freundin ist noch niemals in einem Kino gewesen und hat auch nicht die Absicht, je hinzugehen. «Lieber laß ich mir die Geschichte von dir erzählen, Buddy! Dann kann ich's mir viel schöner ausmalen. Außerdem muß man in meinem Alter mit seinem Augenlicht schonend umgehen. Wenn der HERR kommt, möcht ich IHN deutlich erkennen.» Aber nicht nur, daß sie nie in einem Kino war: sie hat auch nie in einem Restaurant gegessen, ist nie weiter als zehn Kilometer von zu Hause fortgewesen, hat nie ein Telegramm erhalten oder abgeschickt, hat nie etwas anderes gelesen als das Witzblatt und die Bibel, hat sich nie geschminkt, hat nie geflucht, nie jemandem etwas

[1] a. m. = ante meridiem = vormittags

Böses gewünscht, nie absichtlich gelogen und nie einen hungrigen Hund von der Tür gescheucht. Und nun ein paar von den Dingen, die sie getan hat und noch tut: mit einer Hacke die größte Klapperschlange totgeschlagen, die man jemals hierzulande gesehen hat (mit sechzehn Klappern), nimmt Schnupftabak (heimlich), zähmt Kolibris (versucht's nur mal!), bis sie ihr auf dem Finger balancieren, erzählt Geistergeschichten (wir glauben beide an Geister), aber so gruselig, daß man im Juli eine Gänsehaut bekommt, hält Selbstgespräche, geht gern im Regen spazieren, zieht die schönsten Japonikas der Stadt und kennt das Rezept für jedes alte indianische Hausmittel, auch den Warzen-Zauber.

Jetzt, nach beendetem Abendbrot, ziehen wir uns in einen abgelegenen Teil des Hauses in das Zimmer zurück, in dem meine Freundin in einem eisernen Bett schläft, das in ihrer Lieblingsfarbe, Rosa, gestrichen und mit einer bunten Flickerlsteppdecke zugedeckt ist. Stumm und in Verschwörerwonnen schwelgend, holen wir die Perlenbörse aus ihrem geheimen Versteck und schütten ihren Inhalt auf die Flickerldecke: Dollarscheine, fest zusammengerollt und grün wie Maiknospen; düstere Fünfzig-Cent-Stücke, schwer genug, um einem Toten die Lider zu schließen; hübsche Zehner, die munterste Münze, eine, die wirklich silbern klingt; Nickel und Vierteldollars, glattgeschliffen wie Bachkiesel; aber hauptsächlich ein hassenswerter Haufen bitter riechender Pennies. Im vergangenen Sommer verpflichteten sich die anderen im Haus, uns für je fünfundzwanzig totgeschlagene Fliegen einen Penny zu zahlen. Oh, welch Gemetzel im August: wieviel Fliegen flogen in den Himmel! Doch es war keine Beschäftigung, auf die man stolz sein konnte. Und während wir jetzt dasitzen und die Pennies zählen, ist es uns, als ob wir wieder Tote-Fliegen-Tabellen aufstellten. Wir haben beide keinen Zahlensinn: wir zählen langsam, kommen durcheinander und müssen wieder von vorn anfangen. Auf Grund ihrer Berechnungn haben wir zwölf Dollar dreiundsiebzig. «Auf Grund meiner genau dreizehn Dollar. «Hoffentlich hast du dich verzählt, Buddy! Mit dreizehn können wir nichts anfangen. Dann gehen uns die Kuchen nicht auf. Oder jemand stirbt daran. Wo es mir doch nicht im Traum einfallen würde, am Dreizehnten aufzustehen!» Es ist wahr: den Dreizehnten jedes Monats verbringt sie im Bett. Um also ganz sicherzugehen, nehmen wir einen Penny und werfen ihn aus dem Fenster.

Von den Zutaten, die wir für unsere Früchtekuchen brauchen, ist Whisky am teuersten, und er ist auch am schwierigsten zu beschaffen. Das Gesetz verbietet den Verkauf in unserem Staat. Doch jedermann weiß, daß man bei Mr. Haha Jones eine Flasche kaufen kann. Und am folgenden Tag, nachdem wir unsere prosaischeren Einkäufe gemacht haben, begeben wir uns zu Mr. Hahas Geschäftslokal, einem nach Ansicht der Leute ‹lasterhaften› Fischrestaurant und Tanzcafé unten am Fluß. Wir sind schon früher dortgewesen, und um das gleiche zu besorgen; doch in den voraufgegangenen Jahren hatten wir mit Hahas Frau zu tun, einer jodbraunen Indianerin mit messinggelb gebleichtem Haar, die stets todmüde ist. Ihren Mann haben wir noch nie zu Gesicht bekommen, obwohl wir gehört haben, daß er auch ein Indianer ist. Ein Riese mit tiefen Rasiermessernarben auf beiden Backen. Er wird ‹Haha› genannt, weil er so düster ist – ein Mann, der nie lacht. Je mehr wir uns seinem Café nähern (einer großen Blockhütte, die innen und außen mit grellbunten Ketten nackter elektrischer Birnen bekränzt ist und am schlammigen Flußufer steht, im Schatten von Uferbäumen, durch deren Zweige die Flechten wie graue Nebel wehen), um so langsamer werden unsere Schritte. Sogar Queenie hört auf zu springen und geht bei Fuß. In Hahas Café sind schon Leute ermordet worden. Aufgeschlitzt. Den Schädel eingeschlagen. Im nächsten Monat wird wieder ein Fall vor Gericht verhandelt. Natürlich ereignen sich solche Vorfälle in der Nacht, wenn die bunten Lämpchen verrückte Muster bilden und das Grammophon winselt. Am Tage ist Hahas Café schäbig und öde. Ich klopfe an die Tür, Queenie bellt, und meine Freundin ruft: «Mrs. Haha, *ma'am*? Ist jemand da?» Schritte. Die Tür geht auf. Das Herz bleibt uns stehen. Es ist Mr. Haha Jones persönlich! Und er ist tatsächlich ein Riese; er hat tatsächlich Narben; er lächelt tatsächlich nicht. Nein, aus schrägstehenden Satansaugen stiert er uns finster an und begehrt zu wissen: «Was wollt ihr von Haha?»

Einen Augenblick sind wir zu betäubt, um zu sprechen. Dann findet meine Freundin ihre Stimme wieder, bringt aber nicht mehr als ein Flüstern zustande: «Bitte schön, Mr. Haha, wir möchten gern ein Liter von Ihrem besten Whisky!»

Seine Augen werden noch schräger. Nicht zu glauben: Haha lächelt! Er lacht sogar! «Wer von euch beiden ist denn fürs Trinken?»

«Wir brauchen den Whisky für Früchtekuchen, Mr. Haha. Zum Backen!»

Das ernüchtert ihn. Er zieht die Augenbrauen zusammen. «Ist doch keine Art, guten Whisky zu verschwenden!» Trotzdem verzieht er sich in das schattige Café und erscheint ein paar Sekunden darauf mit einer Flasche butterblumengelben Alkohols ohne Etikett. Er läßt den Whisky im Sonnenlicht funkeln und sagt: «Zwei Dollar!»

Wir zahlen – mit Nickeln und Zehnern und Pennies. Plötzlich wird sein Gesicht weich, und er klimpert mit den Münzen in seiner Hand, als ob's eine Faust voll Würfel wäre. «Ich will euch was sagen», schlägt er uns vor und läßt das Geld wieder in unsere Perlbörse rutschen, «schickt mir statt dessen einen von euren Früchtekuchen!»

«Nein, wirklich», sagt meine Freundin auf dem Heimweg, «was für ein reizender Mann! In seinen Früchtekuchen tun wir eine ganze Tasse Rosinen extra!»

Der schwarze Herd, der mit Kleinholz und Kohle gefüttert wird, glühte wie eine ausgehöhlte Kürbislaterne. Schneebesen schwirren, Löffel mahlen in Schüsseln voll Butter und Zukker, Vanille durchduftet die Luft, Ingwer würzt sie; schmelzende, die Nase kitzelnde Gerüche durchtränken die Küche, überschwemmen das ganze Haus und schweben mit dem Rauchwölkchen durch den Kamin in die Welt hinaus. In vier Tagen haben wir die Arbeit geschafft. Einunddreißig Kuchen, mit Whisky befeuchtet, lagern warm auf Fensterbrettern und Regalen.

Für wen sind sie?

Für Freunde. Nicht unbedingt für Nachbarn. Nein, der größte Teil ist für Leute bestimmt, die wir vielleicht einmal, vielleicht auch nie gesehen haben. Leute, die unsere Phantasie beschäftigen. Wie der Präsident Roosevelt. Wie Ehrwürden und Mrs. J. C. Lucey, Baptisten-Missionare auf Borneo, die im vergangenen Winter hier einen Vortrag hielten. Oder der kleine Scherenschleifer, der zweimal jährlich durchs Städtchen kommt. Oder Abner Packer, der Fahrer vom Sechs-Uhr-Autobus aus Mobile, der uns tagtäglich zuwinkt, wenn er in einer

Staubwolke vorüberbraust. Oder die jungen Winstons, ein Ehepaar aus Kalifornien, deren Wagen eines Tages vor unserer Haustür eine Panne hatte und die eine Stunde lang so nett mit uns auf der Veranda verplauderten (Mr. Winston machte eine Aufnahme von uns, die einzige, die es von uns beiden gibt). Kommt es wohl daher, weil meine Freundin vor jedermann mit Ausnahme von Fremden scheu ist, daß uns die Fremden, flüchtige Zufallsbekannte, als unsere wahren Freunde erscheinen? Ich glaube ja. Und die Sammelbücher, in die wir die Danksagungen auf Regierungsbriefpapier und hin und wieder eine Mitteilung aus Kalifornien oder Borneo und die Penny-Postkarten vom Scherenschleifer einkleben, geben uns das Gefühl, mit ereignisreicheren Welten verbunden zu sein, als es die Küche mit dem Blick auf einen abgeschnittenen Himmel ist.

Jetzt schabt ein dezemberkahler Feigenbaumzweig gegen das Fenster. Die Küche ist leer; die Kuchen sind fort. Gestern haben wir die letzten im Wägelchen zur Post gefahren, wo der Ankauf von Briefmarken unsere Börse umgestülpt hat. Wir sind pleite. Ich bin deswegen ziemlich niedergeschlagen, aber meine Freundin besteht darauf zu feiern, und zwar mit einem zwei Finger breiten Rest Whisky in Hahas Flasche. Queenie bekommt einen Teelöffel voll in ihren Kaffeenapf (sie nimmt ihren Kaffee gern stark und mit Zichorie gewürzt). Das übrige verteilen wir auf zwei leere Gelee-Gläser. Wir sind beide ganz ängstlich, daß wir unverdünnten Whisky trinken wollen; der Geschmack zieht uns das Gesicht zusammen, und wir müssen uns grimmig schütteln. Aber allmählich fangen wir an zu singen, und gleichzeitig singen wir beide zwei verschiedene Lieder. Ich kann die Worte meines Liedes nicht richtig, bloß: *Kommt nur all, kommt nur all, in der Niggerstadt ist Stutzerball!* Aber ich kann tanzen. Steptänzer im Film, das will ich nämlich werden. Mein tanzender Schatten hüpft über die Wände, von unseren Stimmen zittert das Porzellan, wir kichern, als ob unsichtbare Hände uns kitzelten. Queenie wälzt sich auf dem Rücken, ihre Pfoten trommeln durch die Luft, eine Art Grinsen verzerrt ihre schwarzen Lippen. Innerlich bin ich so warm und feurig wie die zerbröckelnde Glut der Holzscheite und so sorglos wie der Wind im Kamin. Meine Freundin walzt um den Kochherd und hält den Saum ihres billigen Kattunrocks zwischen den Fingerspitzen, als ob er ein Ballkleid wäre. *Zeig mir den Weg, der nach Hause führt*, singt sie, und ihre Tennisschuhe quietschen über den Fußboden. *Zeig mir den Weg, der nach Hause führt!*

Es treten auf: zwei Verwandte. Sehr empört. Allgewaltig mit Augen, die schelten, mit Zungen, die ätzen. Hört zu, was sie zu sagen haben, und wie die Worte in zorniger Melodie übereinanderpurzeln: «Ein kleiner siebenjähriger Junge! Der nach Whisky riecht! Bist du von Gott verlassen? Einem Siebenjährigen so etwas zu geben! Mußt verrückt geworden sein! Der Weg, der ins Verderben führt! Hast wohl Base Kate vergessen? Und Onkel Charlie? Und Onkel Charlies Schwager? Schande! Skandal! Demütigend! Kniet nieder und betet, betet zum HERRN!»

Queenie verkriecht sich unter dem Herd. Meine Freundin starrt auf ihre Schuhe, ihr Kinn zittert, sie hebt den Rock, schnaubt sich die Nase und läuft in ihr Zimmer. Lange nachdem die Stadt schlafen gegangen und das Haus verstummt ist und nur noch das Schlagen der Turmuhr und das Wispern der erlöschenden Glut verbleibt, weint sie in ihr Kissen hinein, das schon so naß ist wie ein Witwentaschentuch.

«Weine doch nicht!» sagte ich zu ihr. Ich sitze am Fußende ihres Bettes und zittere meinem Flanellnachthemd zum Trotz, das noch nach dem Hustensaft vom vorigen Winter riecht. «Weine doch nicht!» bitte ich sie und kitzle sie an den Zehen und an den Fußsohlen. «Du bist zu alt dafür!»

«Das ist's ja», schluchzt sie, «ich *bin* zu alt. Alt und komisch.»

«Nicht komisch. Lustig. Mit keinem ist's so lustig wie mit dir. Laß doch! Wenn du nicht aufhörst mit Weinen, bist du morgen so müde, daß wir nicht fortgehen und den Baum abhacken können.»

Sie richtet sich auf. Queenie springt aufs Bett (was sie sonst nicht darf) und leckt ihr die Wangen. «Ich weiß eine Stelle, Buddy, wo es wunderschöne Bäume gibt. Und auch Stechpalmen. Mit Beeren, so groß wie deine Augen. Weit weg im Wald. Weiter, als wir je gewesen sind. Papa hat dort immer unseren Weihnachtsbaum geholt und auf der Schulter nach Hause getragen. Das war vor fünfzig Jahren. Ach, ich kann's gar nicht mehr abwarten, bis es morgen früh ist.»

Am anderen Morgen. Das Gras funkelt im Rauhreif. Die Sonne, rund wie eine Orange und orangerot wie Heißwettermonde, tänzelt über den Horizont und überglüht versilberte Winterwälder. Ein wilder Truthahn ruft. Im Unterholz grunzt ein ausgerissenes Schwein. Bald sind wir am Rand eines knietiefen, schnellfließenden Wassers und müssen das Wägelchen stehenlassen. Queenie watet zuerst durch den Bach, paddelt hinüber und bellt klagend, weil die Strömung rasch ist und das Wasser so kalt, um Lungenentzündung zu bekommen. Wir folgen und halten unsere Schuhe und unsere Ausrüstung (ein Beil und einen Jutesack), über den Kopf. Noch fast zwei Kilometer weiter: strafende Dornen, Kletten und Brombeerranken verhäkeln sich in unseren Kleidern; rostrote Kiefernnadeln leuchten mit grellbunten Schwämmen und ausgefallenen Vogelfedern. Hier und dort erinnern uns ein Aufblitzen, ein Flattern und ein schrilles Aufkreischen daran, daß nicht alle Vögel gen Süden gezogen sind. Immer wieder windet sich der Pfad durch zitronengelbe Sonnentümpel und pechdunkle Rankentunnel. Dann ist noch ein Bach zu überqueren: von einer aufgescheuchten Armada gesprenkelter Forellen schäumt das Wasser um uns her, und Frösche von Tellergröße üben sich im Bauchsprung; Biber-Baumeister arbeiten an einem Damm. Am anderen Ufer steht Queenie, schüttelt sich und zittert. Auch meine Freundin zittert, aber nicht vor Kälte, sondern vor Begeisterung. Als sie den Kopf hebt, um die kiefernduftschwere Luft einzuatmen, wirft eine von den zerlumpten Rosen auf ihrem Hut ein Blütenblatt ab. «Wir sind gleich dort, Buddy! Riechst du ihn schon?» fragt sie, als ob wir uns einem Ozean näherten.

Und es ist wirklich eine Art Ozean. Duftende Bestände von Festtagsbäumen, stachelblättrige Stechpalmen. Rote Beeren, die wie chinesische Ballonblumen blinken: schwarze Krähen stoßen krächzend auf sie nieder. Nachdem wir unseren Jutesack so mit Grünzeug und roten Beeren vollgestopft haben, daß wie ein Dutzend Fenster bekränzen können, machen wir uns daran, einen Baum zu wählen. «Er soll zweimal so groß wie ein Junge sein», sagt meine Freundin nachdenklich. «Damit ein Junge nicht den Stern stibitzen kann.» Der Baum, den wir schließlich auswählen, ist zweimal so hoch wie ich. Ein wackerer, schmucker Geselle, hält er dreißig Beilhieben stand, bevor er krachend mit durchdringendem Schrei umkippt. Dann beginnt der lange Treck nach draußen: wir schleppen ihn wie ein Stück Jagdbeute ab. Alle paar Meter geben wir den Kampf auf, setzen uns hin und keuchen. Aber wir haben die Kraft siegreicher Jäger; das und der starke, eisige Duft des Baumes beleben uns und spornen uns an. Auf der Rückkehr zur Stadt, bei Sonnenuntergang die rote Lehmstraße entlang, begleiten uns zahlreiche Komplimente; doch meine Freundin ist listig und verschwiegen, wenn Vorübergehende den in unserem Wägelchen thronenden Schatz loben: was für ein schöner Baum, und woher er käme. «Von da drüben», murmelt sie unbestimmt. Einmal hält ein Wagen, und die träge Frau des reichen Mühlenbesitzers lehnt sich hinaus und plärrt: «Ich geb euch 'n Vierteldollar für den schäbigen Baum!» Im allgemeinen sagt meine Freundin nicht gern nein; aber diesmal schüttelt sie sofort den Kopf: «Auch nicht für 'n Dollar!» Die Frau des Mühlenbesitzers läßt nicht locker: «'n Dollar? Ist ja verrückt! Fünfzig Cent – das ist mein letztes Wort. Meine Güte, Frau, ihr könnt euch ja 'n andern holen!» Anstatt einer Antwort spricht meine Freundin sanft und nachdenklich vor sich hin: «Da hab ich meine Zweifel. Zweimal das gleiche: das gibt's nicht auf der Welt.»

Zu Hause. Queenie sackt vor dem Kamin zusammen und schläft, laut wie ein Mensch schnarchend, bis zum nächsten Morgen.

Ein Koffer in der Bodenkammer enthält: einen Schuhkarton voller Hermelinschwänze (vom Opern-Umhang einer merkwürdigen Dame, die mal im Haus ein Zimmer gemietet hatte), Ketten zerfransten Lamettas, das vor Alter goldbraun wurde, einen Silberstern und eine kurze Schnur mit altersschwachen, bestimmt gefährlichen, kerzenförmigen elektrischen Birnen. Ausgezeichneter Schmuck, soweit vorhanden, und das ist nicht viel: meine Freundin möchte, daß unser Baum strahlt «wie ein Baptisten-Fenster» und daß er die Zweige unter Schneelasten von Schmuck niederhängen läßt. Doch die *made-in-Japan*-Herrlichkeit des Einheitspreis-Ladens können wir uns nicht leisten. Daher machen wir, was wir immer gemacht haben: wir sitzen mit Schere und Bleistift und Stapeln von Buntpapier tagelang am Küchentisch. Ich mache Skizzen, und meine Freundin schneidet sie aus: eine Menge Katzen, auch Fische (weil sie leicht zu zeichnen sind), ein paar Äpfel, ein paar Wassermelonen, ein paar Engel mit Flügeln, die wir aus aufgespartem Silberpapier von Hershey-Riegeln zurechtbasteln. Wir benutzen Sicherheitsnadeln, um unsere Kunstwerke am Baum zu befestigen. Um ihm den letzten Schliff zu geben, bestreuen wir die Zweige mit zerschnittener Baumwolle (die wir zu diesem Zweck im August selber gepflückt haben). Meine Freundin betrachtet die Wirkung prüfend und schlägt die Hände zusammen. «Nun sag mal ehrlich, Buddy: sieht's nicht zum Fressen schön aus?» Queenie versucht, einen Engel zu fressen.

Nachdem wir Stechpalmengirlanden für sämtliche Vorderfenster geflochten und mit Bändern umwunden haben, besteht unsere nächste Aufgabe im Fabrizieren von Geschenken für die Familie. Halstücher für die Damen aus Schnurbatik, für die Herren ein hausgemachter Sirup aus Zitronen, Lakritzen und Aspirin, einzunehmen ‹bei den ersten Symptomen einer Erkältung› sowie nach der Jagd. Aber als es an der Zeit ist, unsere gegenseitigen Geschenke vorzubereiten, trennen wir uns, um im geheimen zu arbeiten. Kaufen würde ich ihr gern: ein Messer mit Perlmuttergriff, ein Radio, ein ganzes Pfund Kirsch-Pralinen (wir haben mal ein paar gekostet, und seither beteuert sie: «Davon könnt ich leben, Buddy, weiß Gott, das könnt ich – und hab Seinen Namen damit nicht unnütz in den Mund genommen»). Statt dessen baue ich ihr einen Drachen. Und sie würde mir gern ein Fahrrad kaufen. (Sie hat's mir schon millionenmal gesagt: «Wenn ich's nur könnte, Buddy! 's ist schlimm genug, wenn man im Leben auf etwas verzichten muß, was man selbst gern haben möchte; aber was mich, zum Kuckuck, richtig verrückt macht, ist, wenn man einem andern nicht das schenken kann, was man ihm so sehr wünscht! Doch eines Tages tu ich's, Buddy! Ich verschaffe dir ein Rad! Frag mich nicht wie. Vielleicht stehl ich's.») Statt dessen, davon bin ich ziemlich überzeugt, baut sie mir wahrscheinlich auch einen Drachen – ebenso wie voriges Jahr und das Jahr davor: und ein Jahr noch weiter davor haben wir uns gegenseitig Schleudern gebastelt. Was mir alles sehr recht ist. Denn wir sind Champions im Drachensteigenlassen und studieren den Wind wie die Matrosen; meine Freundin, die mehr Talent hat als ich, kann einen Drachen in die Lüfte schikken, wenn nicht mal so viel Brise da ist, um die Wolken zu tragen.

Am Heiligabend kratzen wir nachmittags einen Nickel zusammen und gehen zum Metzger, um Queenies herkömmliches Geschenk, einen guten, abnagbaren Rindsknochen zu kaufen. Der Knochen wird in lustiges Papier gewickelt und hoch in den Baum gehängt, in die Nähe des Silbersterns. Queenie weiß, daß er da ist. Sie hockt am Fuß des Baumes und starrt, vor Gier gebannt, nach oben: als es Schlafenszeit ist, weigert sie sich, von der Stelle zu gehen. Ihre Aufregung ist ebenso groß wie meine eigene. Ich zerwühle meine Bettdecken und drehe das Kopfkissen herum, als hätten wir eine sengendheiße Sommernacht. Irgendwo kräht ein Hahn: irrtümlicherweise, denn die Sonne ist noch auf der anderen Seite der Erde.

«Buddy, bist du wach?» Es ist meine Freundin, die von ihrem Zimmer aus ruft, das neben meinem liegt; und einen Augenblick darauf sitzt sie auf meinem Bettrand und hält eine Kerze in der Hand. «Ach, ich kann kein Auge zumachen», erklärt sie. «Meine Gedanken hüpfen wie Kaninchen herum. Buddy, glaubst du, daß Mrs. Roosevelt unseren Kuchen zum Weihnachtsessen auftragen läßt?» Wir kuscheln uns im Bett zusammen, und sie drückt mir die Hand. ‹Hab-dich-lieb›. «Mir scheint, deine Hand war früher viel kleiner. Ach, mir ist's schrecklich, wenn du älter wirst! Wenn du groß bist – ob wir dann noch Freunde sind?» Ich antworte, immer! «Aber ich bin so traurig, Buddy! Ich wollte dir so gern ein Fahrrad schenken. Ich hab versucht, die Kameenbrosche zu verkaufen, die Papa mir geschenkt hatte. Buddy ...» Sie stockt, als sei sie zu verlegen. «Ich hab dir wieder einen Drachen gemacht!» Dann gestehe ich, daß ich ihr auch einen gemacht habe, und wir lachen. Die Kerze brennt so weit herunter, daß man sie nicht mehr halten kann. Sie geht aus, und der Sternenschimmer ist wieder da, und die Sterne kreisen vor dem Fenster wie ein sichtbares Jubilieren, das der Anbruch des Tages langsam, ach, so langsam zum Verstummen bringt. Vielleicht schlummern wir ein bißchen; aber die Morgendämmerung spritzt uns wie kaltes Wasser ins Gesicht: wir sind auf, mit großen Augen, und wandern umher und warten, daß die anderen aufwachen. Mit voller Absicht läßt meine Freundin einen Kessel auf den Küchenfußboden fallen. Ich steptanze vor verschlossenen Türen. Eins ums andere tauchen die Familienmitglieder auf und sehen aus, als ob sie uns am liebsten umbringen würden; aber es ist Weihnachten, daher können sie's nicht. Zuerst gibt's ein großartiges Frühstück; es ist einfach alles da, was man sich nur vorstellen kann: von Pfannkuchen und Eichhörnchenbraten bis zu Maisgrütze und Wabenhonig. Was alle in gute Laune versetzt, mich und meine Freundin ausgenommen. Offengestanden können wir vor Ungeduld, daß es endlich mit den Geschenken losgehen soll, keinen Bissen essen.

Leider bin ich enttäuscht. Das wäre wohl jeder. Socken, ein Sonntagsschulhemd, ein paar Taschentücher, ein fertiggekaufter Sweater und ein Jahresabonnement auf eine fromme Zeitschrift für Kinder: *Der kleine Hirte*. Ich platze vor Ärger. Wahrhaftig!

Meine Freundin macht einen besseren Fang. Ein Beutel mit Satsuma-Mandarinen – das ist ihr bestes Geschenk. Sie selbst ist jedoch stolzer auf einen weißwollenen Schal, den ihre verheiratete Schwester ihr gestrickt hat. Aber *sagen* tut sie, ihr schönstes Geschenk sei der Drachen, den ich ihr gebaut habe. Und er *ist* auch sehr schön, wenn auch nicht ganz so schön, wie der, den sie mir gemacht hat, denn der ist blau und übersät mit goldenen und grünen Leitsternen, und außerdem ist noch mein Name, Buddy, draufgemalt.

«Buddy, der Wind weht!»

Der Wind weht, und alles andere ist uns einerlei, bis wir zum Weideland hinter dem Haus gerannt sind, wo Queenie hingerast ist, um ihren Knochen zu vergraben (und wo sie selbst einen Winter darauf begraben wird). Dort tauchen wir in das gesunde, gürtelhohe Gras, wickeln an unseren Drachen die Schnur auf und fühlen, wie sie gleich Himmelsfischen an der Schnur zerren und in den Wind hineinschwimmen. Zufrieden und sonnenwarm lagern wir uns im Gras, schälen Mandarinen und sehen den Kunststückchen unserer Drachen zu. Bald habe ich die Socken und den fertiggekauften Sweater vergessen. Ich bin so glücklich, als hätten wir beim großen Preisausschreiben die fünfzigtausend Dollar für den Kaffeenamen gewonnen.

«Ach, wie dumm ich auch bin», ruft meine Freundin und ist plötzlich so munter wie eine Frau, der es zu spät einfällt, daß sie einen Kuchen im Ofen hat. «Weißt du, was ich immer geglaubt habe?» fragt sie mit Entdeckerstimme und lächelt nicht mich an, sondern über mich hinaus. «Ich hab immer gedacht, der Mensch müßte erst krank werden und im Sterben liegen, ehe er den HERRN zu Gesicht bekommt. Und ich hab mir vorgestellt, wenn ER dann käme, wär's so, wie wenn man auf das Baptisten-Fenster schaut: schön wie farbiges Glas, durch das die Sonne scheint, und solch ein Glanz, daß man nicht merkt, wenn's dunkel wird. Und es ist mir ein Trost gewesen, an den Glanz zu denken, der alles Spukgefühl fortjagt. Aber ich wette, daß es gar nicht so kommt. Ich wette, zu aller letzt begreift der Mensch, daß der HERR sich bereits gezeigt hat. Daß einfach alles, wie es ist –» (ihre Hand beschreibt einen Kreis, der Wolken und Drachen und Gras und Queenie einschließt, die eifrig Erde über ihren Knochen scharrt – «und eben das, was der Mensch schon immer gesehen hat – daß das ‹IHN-Sehen› war. Und ich – ich könnte mit dem Heute in den Augen die Welt verlassen.»

Es ist unser letztes gemeinsames Weihnachten. Das Leben trennt uns. Die Alles-am-besten-Wisser bestimmen, daß ich auf eine Militärschule gehöre. Und so folgt eine elende Reihe von Gefängnissen mit Signalhörnern oder grimmigen, von Reveille-Klängen verpesteten Sommerlagern. Ich habe auch ein neues Zuhause. Aber das zählt nicht. Zu Hause ist dort, wo meine Freundin ist, und ich komme nie dorthin.

Und sie bleibt dort und kramt in der Küche herum. Allein mit Queenie. Dann ganz allein. («Liebster Buddy», schreibt sie in ihrer wilden, schwer leserlichen Schrift, «gestern hat Jim Macys Pferd ausgeschlagen und Queenie einen schlimmen Tritt versetzt. Sei dankbar, daß sie nicht viel gespürt hat. Ich hab sie in ein feines Leinentuch eingewickelt und im Wägelchen zu Simpsons Weideland hinuntergefahren, wo sie nun bei all ihren vergrabenen Knochen ist.») Ein paar Novembermonate hindurch fährt sie noch fort, alleine Früchtekuchen zu backen; nicht so viele wie früher, aber einige, und natürlich schickt sie mir immer das ‹Pracht-Exemplar›. Sie fügt auch in jedem Brief einen dick in Toilettenpapier eingewickelten Zehner bei: «Geh in einen Film und erzähl mir im nächsten Brief die Geschichte!» Aber allmählich verwechselt sie mich in ihren Briefen mit ihrem anderen Freund, mit dem Buddy, der in den achtziger Jahren starb. Immer häufiger ist der Dreizehnte nicht der einzige Tag des Monats, an dem sie im Bett bleibt. Und es kommt ein Morgen im November, der Anbruch eines blätterkahlen, vogelstummen Wintermorgens, an dem sie sich nicht aufraffen kann, um auszurufen: «Oje, 's ist Früchtekuchen-Wetter!»

Und als *das* geschieht, weiß ich Bescheid. Der Brief, der es mit mitteilt, bestätigt nur die Meldung, die eine geheime Ader schon erhalten hat und durch die ein unersetzbares Teil meiner selbst von mir getrennt und freigelassen wird wie ein Drachen an einer gerissenen Schnur. Deshalb muß ich jetzt an diesem bestimmten Dezembermorgen, während ich über den Schul-Campus wandere, immer wieder den Himmel absuchen. Als ob ich erwarte, ein verirrtes Drachenpaar zu sehen, das, fast zwei Herzen gleichend, gen Himmel eilt!

(1946)

SCHLIESS DIE LETZTE TÜR

I

«Hör zu, Walter: Wenn die Leute dich nicht mögen, dich ablehnen, glaub mir, es liegt nicht an ihnen, du allein schaffst diese Situationen.»

Anna hatte so zu ihm gesprochen, und wenn sein gesünderes Ich ihm auch sagte, daß sie nichts Böses beabsichtige (denn wenn nicht einmal Anna ein Freund war, wer war es denn sonst?), er verabscheute sie deswegen; er war herumgegangen und hatte allen erzählt, wie sehr er Anna verabscheue und was für eine gemeine Person sie sei. «Dieses Weib!» hatte er gesagt. «Traut der bloß nicht. Ihre rücksichtslose Offenheit – nichts als eine Bemäntelung all ihrer unterdrückten Feindseligkeit; eine schreckliche Lügnerin obendrein, man kann ihr kein Wort glauben: Gefährlich ist die, ach du lieber Gott!» Und natürlich kam alles, was er gesagt hatte, zu Anna zurück, so daß sie ihm antwortete, als er wegen der Anfangszeit eines Theaterstücks anrief, das sie sich gemeinsam hatten ansehen wollen: «Tut mir leid, Walter, aber ich kann nicht mehr. Ich versteh dich sehr gut, und ich habe auch eine gewisse Sympathie für dich. Er ist absolut zu begreifen, dein Groll, und man sollte dir auch nicht zu viel Schuld geben, aber ich will dich nicht mehr wiedersehen, weil ich meiner selbst nicht so sicher bin, daß ich es mir leisten könnte.» Aber warum? Was hatte er denn getan? Ja, gut, er hatte über sie geredet, aber er hatte es nicht so gemeint, und schließlich, so sagte er zu Jimmy Bergman (er war ein Heuchler, wie er im Buche stand), wofür hatte man denn Freunde, wenn man sich nicht objektiv über sie unterhalten konnte?

Er hat gesagt, du hast gesagt, sie haben gesagt, wir haben

gesagt, so ging das immer im Kreis herum. Immer im Kreis herum, wie der paddelblattförmige Ventilator, der sich über ihm an der Decke drehte; er drehte und drehte sich, wirbelte die verbrauchte Luft sinnlos auf, machte ein Geräusch, das sich anhörte wie das Ticken einer Uhr, und zählte in der Stille die Sekunden. Walter rückte langsam an eine kühlere Stelle in seinem Bett und schloß die Augen vor dem dunklen kleinen Raum. Um sieben war er heute abend in New Orleans angekommen. Um sieben Uhr dreißig hatte er sich in diesem Hotel eingetragen, das anonym in einer Seitenstraße lag. Es war August, und es war, als ob riesige Feuer am nächtlichen roten Himmel brannten; und die unnatürliche Landschaft der Südstaaten, die er unablässig vom Zug aus betrachtet hatte und die er jetzt aus der Erinnerung nachzeichnete in dem Versuch, alles andere zu sublimieren, verstärkte in ihm das Gefühl, bis ans Ende gereist zu sein, bis an den Rand der Welt.

Aber warum er in dem stickigen Hotel hier in dieser weltabgeschiedenen Stadt war, konnte er nicht sagen. Das Zimmer hatte ein Fenster, aber ihm schien, er würde es nicht aufbringen, und er fürchtete sich, den Hotelboy zu rufen (was für merkwürdige Augen der Junge hatte!), und er hatte Angst, das Hotel zu verlassen. Wenn er sich nun verirren würde? Denn wenn er sich verirrte, auch nur ein bißchen, wäre er vollkommen verloren. Er hatte Hunger; seit dem Frühstück hatte er nichts gegessen; er fand noch ein paar Erdnußbutter-Kekse in einer Packung, die er in Saratoga gekauft hatte, und spülte sie mit einem Schluck Four Roses hinunter, es war der Rest. Ihm wurde schlecht davon. Er erbrach sich in den Papierkorb, fiel zurück auf sein Bett und weinte, bis das Kopfkissen naß war. Eine Zeitlang lag er da, in dem heißen Zimmer fröstelnd, lag nur so da und sah zu, wie der Ventilator sich langsam drehte; da gab es keinen Anfang und kein Ende; es war ein ewiger Kreislauf.

Ein Auge, die Erde, die Jahresringe eines Baumes, alles ist rund, und jeder Kreis, sagte sich Walter, hat einen Mittelpunkt. Es war verrückt von Anna, zu behaupten, daß er alles, was geschehen war, selbst verschuldet hätte. Wenn da wirklich irgend etwas mit ihm nicht stimmte, dann hatten ihn die Umstände so gemacht, ohne daß er etwas dafür konnte, vielleicht war seine bigotte Mutter schuld oder sein Vater, ein Versicherungsangestellter in Hartford, oder seine ältere Schwester Cecile, die einen Mann geheiratet hatte, der vierzig Jahre älter war als sie. «Ich wollte nur von zu Hause fort.» Das war ihre Entschuldigung, und um die Wahrheit zu sagen, Walter hatte es sehr vernünftig gefunden.

Aber er wußte nicht, wo er damit anfangen sollte, über sich selbst nachzudenken, er wußte nicht, wo der Mittelpunkt zu finden war. Der erste Telefonanruf? Nein, das war erst vor drei Tagen gewesen, genaugenommen war das das Ende, nicht der Anfang. Nun, er konnte mit Irving beginnen, denn Irving war der erste Mensch, den er in New York kennengelernt hatte.

Irving war ein lieber kleiner Judenjunge mit einer bemerkenswerten Begabung für Schach, aber für nicht viel mehr: Er hatte seidenweiches Haar und rosige Babywangen, er sah aus wie sechzehn. In Wirklichkeit war er schon dreiundzwanzig, genau wie Walter. Sie hatten sich in einer Bar im Künstlerviertel kennengelernt. Walter war allein und sehr einsam in New York, und als der liebe kleine Irving dann so freundlich zu ihm war, dachte er, es wäre gut, auch freundlich zu sein, weil man ja nie wissen konnte... Irving kannte eine Menge Leute, alle hatten ihn sehr gern, und er machte Walter mit all seinen Freunden bekannt.

Da war auch Margaret. Margaret war mehr oder weniger Irvings Freundin. Sie sah nicht besonders aus (sie hatte hervorquellende Augen, immer etwas Lippenstift auf den Zähnen und zog sich an wie eine Zehnjährige), aber sie war von einer hektischen Heiterkeit, die Walter anziehend fand. Er konnte nicht verstehen, warum sie sich überhaupt mit Irving herumquälte. «Warum tun Sie das?» fragte er auf einem der langen Spaziergänge, die sie jetzt gemeinsam im Central Park machten.

«Irving ist lieb», sagte sie, «und seine Liebe zu mir ist so rein. Wer weiß: Ich glaube, ich könnte ihn sogar heiraten.»

«Das wäre verdammt dumm», sagte er. «Irving könnte nie Ihr Mann sein, weil er in Wirklichkeit Ihr kleiner Bruder ist. Für jeden ist Irving wie ein kleiner Bruder.»

Margaret war zu klug, um nicht zu erkennen, daß es wirklich so war. Und als Walter sie dann eines Tages fragte, ob er sie in die Arme nehmen dürfe, sagte sie ja, sie hätte nichts dagegen. Und dies war nur das erste von vielen Malen.

Schließlich kam Irving dahinter, und an einem Montag gab es eine häßliche Szene, merkwürdigerweise gerade in derselben Bar, in der sie sich kennengelernt hatten. An jenem Abend hatte es eine Party für Kurt Kuhnhardt gegeben (Reklamebüro Kuhnhardt), Margarets Chef. Sie war mit Walter zusammen dortgewesen, und sie hatten anschließend an jener Bar haltgemacht, um vor dem Schlafengehen noch etwas zu trinken. Mit Ausnahme von Irving und ein paar Mädchen in Slacks war es hier leer. Irving saß an der Bar mit geröteten Wangen und ziemlich glasigen Augen. Er sah aus wie ein kleiner Junge, der Erwachsensein spielt, denn seine Beine waren zu kurz und reichten nicht bis zur Fußleiste des Hockers; sie baumelten wie bei einer Puppe herunter. Sofort, als Margaret ihn bemerkte, versuchte sie umzukehren und wieder hinauszugehen, aber Walter ließ es nicht zu. Außerdem hatte Irving sie auch schon entdeckt: Während er sie unverwandt ansah, kippte er seinen Whisky hinunter, kletterte langsam vom Barhocker und schritt mit einer irgendwie traurigen, vorgetäuschten Angriffslust in steifer Haltung vorwärts.

«Irving, Lieber», sagte Margaret, hielt aber inne, weil er sie mit einem schrecklichen Blick ansah.

Sein Kinn bebte. «Geh du weg», sagte er, so wie er als kleiner Junge geschrien hatte, wenn ihn jemand quälte, «ich hasse dich.» Dann holte er mit einer fast langsamen Bewegung aus und stieß, als hielte er ein Messer umklammert, gegen Walters Brust. Es war kein fester Schlag, und als Walter nur lächelte, taumelte Irving gegen einen Musikautomaten und schrie: «Schlag wieder, du verdammter Feigling, komm her, und ich bring dich um, ich schwör dir bei Gott, ich tu das.»

Auf dem Nachhauseweg weinte Margaret still und müde vor sich hin. «Er wird nie wieder lieb sein», sagte sie.

Und Walter sagte: «Ich weiß nicht, was du meinst.»

«O doch, du weißt schon», flüsterte sie. «Du weißt schon, wir beide haben ihn gelehrt zu hassen. Ich glaube nicht, daß er es bisher gekonnt hat.»

Walter war nun schon vier Monate in New York. Sein ursprüngliches Kapital war von fünfhundert Dollar auf fünfzehn zusammengeschrumpft, und Margaret lieh ihm Geld, damit er seine Januar-Miete im Brevoort bezahlen konnte. Warum, so wollte sie wissen, zog er nicht irgendwohin, wo es billiger war? Nun, sagte er, es sei besser, eine gute Adresse angeben zu können. Und wie war es mit einer Stellung? Wann wollte er anfangen zu arbeiten? Oder tat er es schon? Sicher, sagte er, sicher, er hätte es sich wirklich schon lang und breit überlegt. Aber er dächte nicht daran, seine Zeit mit irgendeinem kleinen Job zu vergeuden, der sich gerade bot. Er wollte etwas Ordentliches tun, etwas mit Aufstiegsmöglichkeiten, etwas, sagen wir, was mit Reklame zu tun hatte. Schon gut, sagte Margaret, vielleicht könne sie ihm helfen; jedenfalls würde sie mit Mr. Kuhnhardt, ihrem Chef, sprechen.

2

Die K.K.A., wie sie hieß, war eine Agentur mittlerer Größe, aber sie war sehr gut, die beste ihrer Art. Kurt Kuhnhardt, der sie im Jahre 1925 gegründet hatte, war ein merkwürdiger Mann mit einem merkwürdigen Ruf: Ein magerer, schwer zufriedenzustellender Deutscher, ein Junggeselle. Er wohnte in einem eleganten, düsteren Haus am Sutton Place, in einem Haus, das interessant eingerichtet war. Unter anderem gab es dort drei Picassos, eine prächtige Spieldose, Masken von den Südsee-Inseln und einen stämmigen dänischen Burschen, den Hausdiener. Kurt Kuhnhardt lud gelegentlich einen seiner Angestellten zum Essen ein, seinen jeweiligen Favoriten, denn er suchte ständig jemanden zu protegieren. Es war eine gefährliche Position, denn diese Beziehungen waren wunderlich und undurchschaubar: Der Günstling fand sich beim Studium der Stellenangebote wieder, auch wenn er am Tage vorher mit seinem Gönner herrlich gespeist hatte. Während seiner zweiten Woche bei der K.K.A. erhielt Walter, der als Hilfskraft für Margaret eingestellt worden war, eine kurze Mitteilung von Mr. Kuhnhardt, mit der er ihn zum Lunch bat. Er war natürlich sehr aufgeregt.

«Spielverderber?» sagte Margaret, während sie seine Krawatte zurechtrückte und einen Faden von seinem Rockaufschlag zupfte.

«Nur das nicht. Das da ist doch nur eine – schau, für Kuhnhardt kannst du gut arbeiten, solange du dich nicht allzusehr mit ihm beschäftigst, oder die Arbeit leidet darunter – das da ist doch nur eine Episode.»

Walter wußte, worauf Margaret hinauswollte; sie machte ihm keinen Augenblick etwas vor; er hatte den Wunsch, ebenso aufrichtig zu sein, hielt sich aber zurück; jetzt hatte er keine Zeit. In den nächsten Tagen allerdings mußte er versuchen, sie loszuwerden, und zwar bald. Es war erniedrigend, dieses Arbeiten für Margaret. Außerdem würde sie von jetzt ab versuchen, ihn zu ducken. Aber keinem würde das gelingen, dachte er, während er in Herrn Kuhnhardts wasserblaue Augen sah, niemand würde es fertigbringen, ihn zu ducken.

«Du bist doch ein Idiot», sagte Margaret. «Mein Gott, diese kleinen Freundschaften von K. K. hab ich schon dutzendmal gesehen, sie bedeuten einen Dreck. Mit der Telefonistin hat er auch herumgeflirtet. Einen muß er immer zum Narren halten. Ehrenwort, Walter, so kommst du nicht schneller zum Ziel: Wichtig ist allein, wie du deine Arbeit machst.»

Er sagte: «Kannst du dich über mich beklagen? Ich mache meine Arbeit so, wie man es von mir erwarten kann.»

«Kommt immer darauf an, was du unter erwarten verstehst», sagte sie.

An einem der darauffolgenden Samstage verabredete er sich mit ihr am Hauptbahnhof. Sie wollten nach Hartford fahren und den Nachmittag bei seiner Familie verbringen, dafür hatte sie sich ein neues Kleid gekauft, einen neuen Hut und neue Schuhe. Aber er ließ sich nicht blicken. Statt dessen fuhr er mit Mr. Kuhnhardt nach Long Island und war hier der ehrfürchtigste von dreihundert Gästen auf Rosa Coopers erstem Ball. Rosa Cooper (geborene Kuppermann) war Erbin der Cooper Dairy Products: Ein dunkles, dralles, freundliches junges Mädchen mit gekünsteltem britischem Akzent, dem Ergebnis einer vierjährigen Erziehung bei Miss Jewett. Sie schrieb ihrer Freundin Anna Stimson einen Brief, den diese später einmal Walter zeigte: «Dem göttlichsten Mann begegnet. Sechsmal mit ihm getanzt, ein göttlicher Tänzer. Er ist Abteilungsleiter in einem Reklamebüro und sieht schrecklich gut aus. Wir haben uns verabredet – zum Abendessen und ins Theater!»

Margaret erwähnte diese Episode nicht, und Walter tat es auch nicht. Es war, als wäre nichts geschehen, außer daß sie – wenn nicht gerade geschäftliche Dinge zu erledigen waren – nicht mehr miteinander sprachen und sich auch nicht mehr sahen. Eines Nachmittags, als er genau wußte, daß sie nicht zu Hause war, ging er in ihre Wohnung mit einem Schlüssel, den sie ihm früher einmal gegeben hatte; er hatte noch ein paar Sachen bei ihr, Kleider, einige Bücher, seine Pfeife; während er herumwühlte und alles zusammensuchte, fand er ein Foto von sich, das mit Lippenstiftrot bemalt war: Einen Augenblick hatte er das Gefühl, als fiele er in einen Traum. Er geriet auch an das einzige Geschenk, das er ihr je gemacht hatte, ein Fläschchen L'Heure bleue, es war noch unberührt. Er setzte sich auf die Bettkante, und während er eine Zigarette rauchte, strich seine Hand über das kühle Kopfkissen, und er erinnerte sich daran, wie ihr Kopf hier gelegen hatte, er erinnerte sich auch, wie sie hier am Sonntagvormittag immer gelegen und einander Comics vorgelesen hatten, von Barney Google und Dirk Tracy bis Joe Palooka.

Sein Blick fiel auf das Radio, es war ein kleiner grüner Kasten; sie hatten immer bei Musik miteinander geschlafen, es war ganz gleich, was gespielt wurde, Jazz, Sinfonien, Schlager: Es war ihr Zeichen gewesen, denn immer, wenn sie ihn gewollt hatte, hatte sie gesagt: «Wollen wir Radio hören, Liebling?» Jedenfalls war es nun vorbei, und er haßte sie, daran sollte er lieber denken. Er sah das Parfumfläschchen wieder und steckte es in die Tasche: Rosa würde sich vielleicht über eine Überraschung freuen.

Als er am nächsten Tag im Büro beim Eiswasserbehälter stehenblieb, stand Margaret da. Sie lächelte ihn beherrscht an und sagte: «Ich wußte gar nicht, daß du ein Dieb bist.» Es war das erste deutliche Zeichen von Feindschaft zwischen ihnen. Und plötzlich kam es Walter zum Bewußtsein, daß es im ganzen Büro niemand gab, der zu ihm hielt. Kuhnhardt? Auf ihn konnte man absolut nicht rechnen. Und alle anderen waren seine Feinde: Jackson, Einstein, Fischer, Porter, Capehart, Ritter, Villa, Byrd. O sicher, sie waren klug genug, es ihm nicht offen zu zeigen, nicht solange K. K.s Schwärmerei für ihn anhielt.

Nun ja, eine richtige Abneigung war schließlich nur etwas

Positives, und das einzige, was Walter nicht ertrug, waren vage Beziehungen, vielleicht weil er in seinen eigenen Gefühlen so schwankend und unklar war. Er war sich nie sicher, ob er einen Menschen mochte oder nicht. Er brauchte Liebe, aber er war unfähig, selbst zu lieben. Er konnte dem anderen gegenüber nie aufrichtig sein, ihm nie mehr als fünfzig Prozent der Wahrheit sagen. Auf der anderen Seite war es ihm unmöglich, dem anderen die gleichen Schwächen zuzubilligen: Zu irgendeinem Zeitpunkt, dessen war Walter sicher, wurde er immer betrogen. Er hatte Angst vor dem anderen, fürchtete ihn. In der Oberschule hatte er einmal ein Gedicht plagiiert und es in der Schülerzeitung veröffentlicht; er konnte die letzte Zeile nicht vergessen: *Alles was wir tun, tun wir aus Angst.* Und als sein Lehrer ihn überführte, hatte er je irgend etwas als ungerechter empfunden?

3

Zu Beginn des Sommers verbrachte er das Wochenende meist bei Rosa Cooper auf Long Island. Das Haus war gewöhnlich voller netter Studenten aus Yale und Princeton. Ihn irritierten sie aber, denn sie waren von der Art junger Männer, bei denen er schon in Hartford immer ein zittriges Gefühl in der Magengegend bekommen hatte, wenn er sie nur sah, und selten genug erkannten sie ihn auch als ebenbürtig an. Aber Rosa war ein lieber Kerl, das fand jeder, sogar Walter.

Aber wer so nett ist, meint es selten ernst, und Rosa meinte es auch nicht ernst mit Walter. Er machte sich nicht allzuviel daraus. Er konnte immerhin an einem solchen Wochenende eine Menge Bekanntschaften machen: Taylor Ovington, Joyce Randolph (ein Starlet), E. L. McEvoy und über ein Dutzend anderer Leute, deren Namen seinem Adressenbuch einen beträchtlichen Glanz verliehen. Eines Abends ging er mit Anna Stimson in einen Film, in dem die Randolph mitspielte. Und sie saßen noch nicht richtig, da wußten schon alle Leute um sie herum, daß es eine Freundin von ihm war, daß sie trank, unmoralisch lebte und nicht annähernd so hübsch war, wie Hollywood sie herausbrachte. Anna sagte, er benähme sich wie ein unreifes Mädchen. «Ein Mann bist du nur in einer Beziehung, mein Herz», sagte sie.

Anna Stimson hatte er bei Rosa kennengelernt. Sie war Redakteurin eines Modemagazins, fast ein Meter achtzig groß, trug nur schwarze Kleider und hatte eine Vorliebe für Spazierstöcke, Monokel und Pfunde klimpernden mexikanischen Silbers. Zweimal war sie verheiratet gewesen, das erste Mal mit Buck Strong, dem Cowboy-Film-Idol, und sie hatte ein Kind, einen vierzehnjährigen Sohn, den sie hatte fortgeben müssen, in eine ‹Besserungs-Akademie›, wie sie es nannte.

«Er ist ein garstiges Kind», sagte sie. «Er macht sich ein Vergnügen daraus, mit einem Kleinkalibergewehr aus dem Fenster wild in die Gegend zu schießen, wirft mit allem möglichen um sich und stiehlt bei Woolworth: Ein abscheuliches Gör, genau wie du.»

Trotzdem war Anna gut zu ihm, und in ihren weniger depressiven, weniger boshaften Phasen hörte sie freundlich zu, wenn er seine Probleme hinausstöhnte und erklärte, warum er gerade so war, wie er war. Sein ganzes Leben lang hatte irgendein Betrüger ihm immer die falschen Karten zugeteilt. Da er Anna alle Laster zutraute, nur nicht, daß sie dumm war, betrachtete er sie als eine Art von Beichtvater: Nichts von dem, was er ihr zu erzählen hatte, konnte sie im Grunde mißbilligen. Er konnte zum Beispiel erzählen: «Ich habe Kuhnhardt eine Menge über Margaret vorgelogen; ich weiß, daß das ziemlich gemein ist, aber sie würde es mit mir genauso machen; und ich will ja gar nicht, daß er sie rauswirft, aber vielleicht versetzt er sie in sein Büro nach Chicago.»

Oder: «Ich war in einer Buchhandlung, ein Mann stand dort, und wir kamen ins Gespräch: Es war ein Mann in mittleren Jahren, ziemlich nett, sehr intelligent. Als ich ging, folgte er mir in kurzem Abstand: Ging ich über die Straße, ging er auch über die Straße, ging ich schneller, ging er auch schneller. Wir kamen so an sechs oder sieben Häuserblocks vorbei, und als mir endlich klarwurde, was er wollte, machte es mir Spaß, und ich überlegte, wie ich ihn ordentlich an der Nase herumführen könnte. Ich blieb also an der Ecke stehen und winkte einem Taxi; dann drehte ich mich um und sah den Burschen lange, lange an. Er kam angehetzt, war ein einziges Lächeln. Und ich sprang ins Auto, schlug die Tür zu, lehnte mich zum Fenster raus und lachte ihn schallend aus: Sein Gesichtsausdruck, der war schrecklich, er sah aus wie Christus. Ich kann ihn nicht vergessen. Sag, Anna, warum tu ich so verrücktes Zeug? Mir war, als hätte ich es auf diese Weise allen denen heimgezahlt, die mich je gequält haben, aber es war auch noch etwas anderes.» Diese Geschichten pflegte er Anna zu erzählen, und dann ging er nach Hause und legte sich schlafen. Seine Träume waren licht und blau.

Nun interessierte er sich für das Problem Liebe, hauptsächlich deshalb, weil es für ihn kein Problem war. Er war sich jedoch dessen bewußt, daß er von niemandem geliebt wurde. Dieses Wissen war wie ein zusätzlicher Herzschlag in seinem Innern. Es liebte ihn wirklich kein Mensch. Anna vielleicht. Ob Anna ihn liebte? «Oh», sagte Anna, «wann ist etwas schon das, was es zu sein scheint? Im Augenblick ist es eine Kaulquappe und wenig später ein Frosch. Es sieht aus wie Gold, aber steckt man es an den Finger, hinterläßt es einen grünen Streifen. Nimm zum Beispiel meinen zweiten Mann: Er schien ein netter Mensch zu sein und entpuppte sich dann auch als Lump. Du brauchst dich ja bloß in diesem Zimmer umzusehen: Warum kann man in diesem Kamin keinen Weihrauch verbrennen, und die Spiegel dort, sie lassen den Raum großer erscheinen und lügen. Nichts ist das, Walter, was es zu sein vorgibt. Weihnachtsbäume sind Cellophan, und der Schnee, das sind nur Seifenflocken. In uns schwirrt irgend etwas herum, was Seele genannt wird, und wenn man stirbt, ist man nicht etwa tot; solange wir aber am Leben sind, leben wir hinwiederum nicht. Und da willst du wissen, ob ich dich liebe? Sei nicht töricht, Walter, wir sind nicht einmal Freunde ...»

4

Hör, der Ventilator: Ein sich drehendes, wisperndes Rad: Er hat gesagt, du hast gesagt, sie haben gesagt, wir haben gesagt, immer im Kreis herum, langsam und schnell, während die Vergangenheit sich in endlosem Geschwätz wieder in Erinnerung bringt. Der alte Ventilator bricht das Schweigen: Der dritte August, der dritte, der dritte.

Am dritten August, es war ein Freitag, stand sein Name in der Zeitung, in der Klatschspalte von Winchell: «Walter Ranney, einflußreicher Reklamespezialist, und Rosa Cooper, Molkerei-Erbin, sagen ihren Freunden, daß sie anfangen sollen, Reis zu kaufen.» Walter selbst hatte dieses Gerücht dem Freund eines Freundes von Winchell zugetragen. Er zeigte die Notiz dem Verkäufer bei Whelan, wo er frühstückte. «Das bin ich», sagte er, «der Mann bin ich», und der Gesichtsausdruck des Jungen tat seiner Verdauung gut.

An jenem Morgen war es schon spät, als er ins Büro kam, und als er den Gang zwischen den Tischen entlangschritt, ging ihm eine leichte Unruhe unter den Stenotypistinnen voraus, die ihm wohltat. Aber kein Mensch sagte etwas. Gegen elf, nachdem er eine herrliche Stunde des Nichtstuns hinter sich gebracht hatte, ging er bei bester Laune hinunter in den Drugstore, um eine Tasse Kaffee zu trinken. Hier waren drei Männer aus dem Büro, Jackson, Ritter und Byrd. Als Walter hineinkam, stieß Jackson Byrd an, und Byrd stieß Ritter an, und alle drei drehten sich um. «Was du nicht sagst, einflußreicher Reklamespezialist?» sagte Jackson, ein Mann mit rötlicher Haut und frühzeitiger Glatze. Die beiden anderen lachten. Walter tat so, als hätte er nichts gehört, und verschwand schnell in einer Telefonzelle. «Hunde», sagte er und gab vor, eine Nummer zu wählen. Schließlich, als er eine ganze Weile gewartet hatte, bis sie fort waren, telefonierte er wirklich. «Hallo, Rosa, hab ich dich geweckt?»

«Nein.»

«Sag, hast du Winchell gesehen?»

«Ja.»

Walter lachte. «Kannst du dir denken, wo er das her hat?»

Keine Antwort.

«Was ist los? Du bist so komisch.»

«Wirklich?»

«Bist du ärgerlich?»

«Nur enttäuscht.»

«Warum?»

Stille. Und dann: «Das war schäbig, was du da getan hast, Walter, sehr schäbig.»

«Wovon sprichst du?»

«Leb wohl, Walter.»

Beim Fortgehen zahlte er die Tasse Kaffee, die er zu trinken vergessen hatte. In demselben Gebäude war ein Friseur. Er sagte, er wolle rasiert werden; nein – schneiden Sie mir die Haare; nein – maniküren bitte; und als er sich plötzlich im Spiegel entdeckte und sein Gesicht ihm entgegensah, fast so weiß wie der Frisierumhang, merkte er, daß er gar nicht wußte, was er wollte. Rosa hatte recht, er war schäbig. Er war immer bereit, seine Fehler einzusehen, denn wenn er sie zugab, war es, als ob er sie dadurch auslöschte. Er ging wieder hinauf, setzte sich an seinen Tisch, und er hatte das Gefühl, als ob er innerlich blute. Er wünschte sich sehnlichst, an Gott glauben zu können. Eine Taube stolzierte draußen am Fenstersims entlang. Eine Weile betrachtete er ihr glänzendes, sonnendurchflutetes Gefieder und die wippende Würde ihrer Bewegungen. Dann, ehe er selbst begriff, was er tat, hatte er den gläsernen Briefbeschwerer gefaßt und nach ihr geworfen. Sie stieg ruhig auf, und der Briefbeschwerer drehte sich, während er fiel, und sah aus wie ein riesengroßer Regentropfen: Vermutlich, dachte er, einem entfernten Schrei lauschend, vermutlich habe ich jemanden verletzt oder gar getötet? Aber es geschah nichts. Nur die Finger der Stenotypistinnen hämmerten, dann klopfte es: «He, Ranney, K. K. will Sie sprechen.»

«Es tut mir leid», sagte Mr. Kuhnhardt und spielte zerstreut mit seinem goldenen Füllfederhalter. «Und Sie können natürlich ein Empfehlungsschreiben von mir haben, Walter, jederzeit.»

Im Fahrstuhl stand Walter eingekeilt in eine feindliche Masse, die mit ihm in die Tiefe glitt. Margaret war da, sie trug ein blaues Band im Haar. Sie sah ihn an, und ihr Gesicht unterschied sich von den anderen, es war nicht so hohl und leer: Hier war noch ein bißchen Mitgefühl. Aber sie sah ihn an und sah auch durch ihn hindurch. Es ist alles nur ein Traum: Er durfte sich nicht gestatten, etwas anderes zu glauben; und doch, hier unter dem Arm trug er den Gegenbeweis für diesen Traum, einen Umschlag aus Manilahanf, in dem alle Sachen von seinem Tisch hineingestopft waren, die ihm gehörten. Als der Fahrstuhl seine Last in die Eingangshalle ausspie, wußte er, daß er mit Margaret sprechen mußte, sie fragen, ob sie ihm verzeihen könne, sie um Hilfe bitten.

Aber sie schlüpfte geschwind zu einem der Ausgänge, und er verlor sie in dieser feindlichen Umgebung aus den Augen. Ich liebe dich, sagte er und eilte ihr nach, ich liebe dich, sagte er und blieb doch stumm.

«Margaret! Margaret!»

Sie drehte sich um. Das blaue Band paßte zu ihren Augen. Diese Augen sahen ihn an, wurden sanft, beinahe freundlich. Oder war es Mitleid?

«Bitte», sagte er, «ich dachte, wir könnten zusammen etwas trinken, drüben bei Benny vielleicht. Wir sind doch immer gern bei Benny gewesen, erinnerst du dich?»

Sie schüttelte den Kopf. «Ich bin verabredet und komme schon zu spät.»

«Oh.»

«Ja, ich hab keine Zeit», sagte sie und fing an zu laufen. Er stand da und sah ihr nach, wie sie die Straße entlangrannte mit flatterndem Band, das im schwindenden Sommerlicht leuchtete. Und dann war sie fort.

Seine Ein-Zimmer-Wohnung in einem Haus ohne Fahrstuhl in der Nähe von Grammercy Park hätte eigentlich gelüftet und saubergemacht werden müssen, aber Walter goß sich einen Whisky ein, sagte: «Soll sich der Teufel drum kümmern», und streckte sich auf seiner Couch aus. Was nützte es alles? Es war ganz gleich, was man tat und wie sehr man sich bemühte, am Ende war alles gleich Null; jeder wurde jeden Tag und überall betrogen, wem war da ein Vorwurf zu machen. Aber es war schon merkwürdig; während er hier in dem dämmrig-grauen Zimmer lag und seinen Whisky schlürfte, fühlte er sich ruhig wie schon eine Ewigkeit nicht mehr. Es war wie damals, als er in Algebra versagt und sich danach so erlöst gefühlt hatte, so frei; es war seine Bestimmung, zu versagen, dies wurde ihm zur Gewißheit; und das, was gewiß ist, macht ruhig. Er wollte nun New York verlassen, eine Ferienreise machen; er hatte noch ein paar hundert Dollar, die würden bis zum Herbst reichen.

Und während er sich fragte, wohin er fahren solle, sah er plötzlich, als ob ein Film vor ihm abliefe, seidene Mützen, kirschrot und zitronengelb, und kleine Männer mit klugen Gesichtern, die lebhaft gepunktete Hemden trugen. Er schloß die Augen und war plötzlich fünf Jahre alt. Es war wunderbar, sich an die Freuden damals zu erinnern, die warmen Würstchen, das große Fernglas seines Vaters. Saratoga: Schatten verhüllten sein Gesicht, es wurde dunkel. Er knipste eine Lampe an, goß noch einen Whisky ein, ließ eine Rumbaplatte abspielen und fing an zu tanzen. Seine Schuhsohlen wisperten auf dem Teppich: Oft hatte er gedacht, mit ein bißchen Training hätte er vielleicht ein Turniertänzer werden können.

Gerade als die Musik zu Ende war, läutete das Telefon. Er stand regungslos da, hatte irgendwie Angst, sich zu melden, und das Lampenlicht, die Möbel, alles im Zimmer versank. Als er endlich dachte, daß es aufgehört hätte zu klingeln, fing es wieder an, noch lauter, schien es ihm, und eindringlicher. Er stolperte über eine Fußbank, hob den Hörer ab, ließ ihn sinken, nahm ihn wieder auf und sagte: «Ja?»

Ferngespräch: Ein Anruf aus irgendeiner Stadt in Pennsylvanien, den Namen verstand er nicht. Eine Weile knackte es im Apparat, dann kam eine kalte, geschlechtslose Stimme, die er nie zuvor gehört hatte. «Hallo, Walter!»

«Wer ist dort, bitte?»

Keine Antwort, nur ein tiefes regelmäßiges Atmen vom anderen Ende; die Verbindung war sehr gut, der andere schien direkt neben ihm zu stehen, die Lippen gegen sein Ohr gepreßt. «Ich mag solchen Unsinn nicht. Wer ist dort?»

«Oh, du kennst mich, Walter. Du kennst mich schon sehr lange.» Ein Klicken, und dann nichts mehr.

5

Es war Nacht, und es regnete, als der Zug in Saratoga ankam. Er hatte fast die ganze Nacht über geschlafen und in der heißen Feuchtigkeit des Abteils geschwitzt. Er hatte von einem alten Schloß geträumt, in dem nur alte Truthähne lebten. In einem anderen Traum kamen sein Vater vor, Kurt Kuhnhardt, irgendwer ohne Gesicht, Margaret und Rosa, Anna Stimson und eine merkwürdige dicke Dame mit Diamantenaugen. Er stand auf einer langen, ausgestorbenen Straße; außer einem langsam herannahenden Zug schwarzer Autos, die an Leichenwagen erinnerten, schien da nichts Lebendiges zu sein. Dennoch wußte er, daß aus jedem Fenster unsichtbare Augen ihn in seiner Nacktheit beobachteten, und er winkte wie wahnsinnig dem ersten Auto; es hielt an, und ein Mann, es war sein Vater, öffnete einladend die Tür. Papa, schrie er und stürzte vorwärts, da schlug die Tür wieder zu, zerquetschte ihm die Finger, und mit brüllendem Gelächter lehnte sich sein Vater zum Fenster hinaus und warf ihm einen riesengroßen Kranz aus Rosen zu. Im zweiten Auto war Margaret, im dritten die Dame mit den Diamentenaugen (war es nicht Fräulein Casey, seine alte Algebra-Lehrerin?), im vierten saß Mr. Kuhnhardt mit einem neuen Schützling, dem Geschöpf ohne Gesicht. Jede Tür öffnete sich, jede schloß sich wieder, alle lachten sie, alle warfen Rosen. Der feierliche Zug rollte ruhig die stille Straße hinunter. Und mit einem schrecklichen Schrei fiel Walter in den Berg von Rosen: Die Dornen rissen ihn blutig, und ein plötzlicher Regen, ein grauer Wolkenbruch, vernichtete die Blüten und spülte das fahle Blut fort, das auf die Blätter getropft war.

An dem fixierenden Blick der Frau, die ihm gegenübersaß, erkannte er, daß er im Traum geschrien hatte. Er lächelte sie blöde an, und es kam ihm vor, als ob sie verlegen fortsähe. Sie war verkrüppelt; an ihrem linken Fuß trug sie einen riesigen Schuh. Später, auf dem Bahnhof in Saratoga, half er ihr das Gepäck tragen, und sie nahmen zusammen ein Taxi; sie sprachen kein Wort miteinander: Jeder saß in seiner Ecke und sah in den Regen und die verschwommenen Lichter. Vor ein paar Stunden hatte er in New York seine ganzen Ersparnisse von der Bank abgehoben, die Tür seiner Wohnung verschlossen und keine Nachricht hinterlassen; außerdem, in dieser Stadt gab es keine Menschenseele, die ihn kannte. Das war ein gutes Gefühl.

Das Hotel war überfüllt. Abgesehen von der sich drängenden Menschenmenge, sagte ihm der Portier, tage hier ein Ärztekongreß. Nein, es tue ihm leid, aber er wisse nirgends ein Zimmer. Vielleicht morgen.

So machte Walter die Bar ausfindig. Wenn er schon die ganze Nacht aufbleiben mußte, warum sollte er dann nicht wenigstens trinken. Die Bar war sehr groß, sehr heiß und laut, sie leuchtete von den Farben grotesker Sommerkleidung: Da gab es Damen mit Silberfüchsen, die um sie herumbaumelten, kleine, zu kurz geratene Jockeys und blasse Männer mit lauten Stimmen, die billige Anzüge mit phantastischen Karos trugen. Doch nach ein paar Drinks schien der Lärm weit weg zu sein. Als er sich nun umschaute, sah er die Krüpplige. Sie war allein an einem Tisch, saß steif da und nippte an einem Pfefferminzlikör. Sie tauschten ein Lächeln aus. Er stand auf und ging zu ihr hinüber. «Es ist gar nicht so, als ob wir Fremde wären», sagte sie, als er sich setzte. «Sie sind wohl zu den Pferderennen hergekommen?»

«Nein», sagte er, «nur um mich zu erholen. Und Sie?»

Sie schürzte die Lippen. «Sicher haben Sie gesehen, daß ich einen Klumpfuß habe. O doch, tun Sie nicht so überrascht: Sie haben es bemerkt, man sieht es ja sofort. Schauen Sie», sagte sie und drehte ihren Strohhalm im Glas herum, «schauen Sie, mein Doktor wird auf diesem Kongreß einen Vortrag halten, er wird über mich und meinen Fuß sprechen, weil ich ein besonderer Fall bin. Ach, ich hab schreckliche Angst. Ich glaube, ich werde meinen Fuß vorzeigen müssen.»

Walter sagte, es tue ihm leid, sie aber antwortete, da wäre nichts, was einem leid tun könne, denn schließlich hätte sie ja dadurch ein paar Tage Ferien. «Sechs Jahre bin ich nicht mehr von zu Hause fortgekommen. Vor sechs Jahren war ich eine Woche im ‹*Berggasthof zum Bären*›.» Ihre Wangen waren gerötet, wie gefleckt, und ihre Augen, die zu dicht zusammen standen, waren lavendelfarben und brennend: Sie schienen nie zu blinzeln. Sie trug einen goldenen Ehering; es war reines Theater: Sicher fiel niemand darauf herein.

«Ich bin Hausangestellte», antwortete sie auf seine Frage. «Ich finde gar nichts dabei. Ich verdiene auf ehrliche Weise mein Brot und mache es gern. Die Leute, bei denen ich arbeite, haben das goldigste Kind, das ich kenne, es heißt Ronnie. Ich liebe ihn mehr als seine Mutter, und er mag mich auch lieber; er hat es mir selbst gesagt. Das ist eine. Die ist den ganzen Tag betrunken.» Ihr zuzuhören war deprimierend, aber Walter hatte plötzlich Angst, allein zu sein, er blieb, trank und sprach mit ihr, wie er früher mit Anna Stimson gesprochen hatte. «Pst», sagte sie an einer Stelle, als er zu laut geworden war und viele Leute zu ihnen herüberschauten. Walter sagte, zum Teufel mit ihnen, was gingen sie ihn an; es kam ihm vor, als wäre sein Gehirn aus Glas, und als hätte aller Whisky, den er bisher getrunken hatte, sich in einen Hammer verwandelt: er spürte, wie die Glassplitter in seinem Kopf klirrten. Alles erschien ihm verzerrt und verfälscht; die Krüpplige zum Beispiel schien nicht nur eine Person zu sein: Sie war Irving, seine Mutter, ein Mann namens Bonaparte, Margaret und noch andere: Mehr und Mehr kam er zu der Erkenntnis, daß alles Erlebte einen Kreis bildete, aus dem kein Augenblick isoliert oder vergessen werden konnte.

6

Die Bar wurde geschlossen. Sie ließen sich ihre Rechnungen getrennt geben, und während sie auf ihr Wechselgeld warteten, sprach keiner ein Wort. Als sie ihn mit ihren unbeweglichen lavendelfarbenen Augen ansah, schien sie sich völlig in der Hand zu haben, aber Walter spürte dennoch in ihr eine geheime Erregung. Als der Kellner zurückkam, teilten sie das Wechselgeld, und sie sagte: «Wenn Sie wollen, können Sie mit mir mitkommen.» Eine brennende Röte flog über ihr Gesicht. «Ich meine, weil Sie sagten, daß Sie nicht wüßten, wo Sie schlafen sollen ...»

Walter nahm ihre Hand: Ihr Lächeln war rührend scheu.

In einer Wolke von billigem Parfum kam sie aus dem Badezimmer, sie hatte nur einen durchsichtigen, fleischfarbenen Kimono an und das Monstrum von schwarzem Schuh. In diesem Augenblick begriff er, daß er es nicht würde tun können. Nie zuvor war er sich so jämmerlich vorgekommen: Das hätte nicht einmal Anna Stimson ihm je verziehen.

«Nicht herschauen», sagte sie, und ihre Stimme zitterte, «ich bin komisch daran, irgend jemand meinen Fuß zu zeigen.»

Er drehte sich zum Fenster, wo dichte Ulmenblätter im Regen rauschten und Blitze hell herüberleuchteten, die zu weit entfernt waren, als daß man den Donner hätte hören können.

«Fertig», sagte sie. Walter regte sich nicht.

«Fertig», wiederholte sie ängstlich. «Soll ich das Licht ausmachen? Ich meine, vielleicht wollen Sie sich lieber im Dunkeln ausziehen.»

Er trat an die Bettkante, beugte sich nieder und küßte ihre Wange.

«Ich weiß, daß Sie sehr lieb sind, aber...»

Das Telefon unterbrach ihn. Sie sah ihn stumm an. «Jesus Christus», sagte sie dann und hielt die Muschel mit der Hand zu, «ein Ferngespräch! Ich wette, es ist wegen Ronnie! Ich wette, er ist krank, oder – hallo – was? Ranney? Aber nein. Falsch ver...»

«Warten Sie», sagte Walter und nahm den Hörer. «Ich bin es selbst, hier ist Walter Ranney!»

«Hallo, Walter.»

Diese eintönige, geschlechtslose, weitentfernte Stimme war wie ein Schlag in die Magengrube. Das Zimmer schien zu schwanken, sich zu verzerren. Wie ein Schnurrbart standen Schweißperlen auf seiner Oberlippe. «Wer ist dort?» sagte er so langsam, daß die Worte gar nicht zusammenzuhängen schienen.

«Oh, du kennst mich, Walter. Du kennst mich schon sehr lange.» Dann Stille: Wer es auch immer war, er hatte eingehängt.

«Hm», sagte die Frau, «können Sie sich denken, woher die wissen, daß Sie in meinem Zimmer sind? Ich meine – sagen Sie, haben Sie eine schlechte Nachricht bekommen? Sie sehen so aus, als ob...»

Walter ließ sich auf sie fallen, klammerte sich an sie, preßte seine nasse Wange gegen die ihre. «Halt mich fest», sagte er und entdeckte, daß er noch weinen konnte. «Bitte, halt mich fest!»

«Armer kleiner Junge», sagte sie und tätschelte seinen Rücken. «Mein armer kleiner Junge: Wir sind schrecklich allein auf dieser Welt, ich weiß.» Und er schlief auf der Stelle in ihren Armen ein.

Aber seitdem hatte er nicht mehr geschlafen, und er konnte es auch jetzt nicht, nicht einmal, wenn er dem eintönigen Gesumme des Ventilators zuhörte; in seinem Kreisen hörte er Eisenbahnräder: Von Saratoga nach New York, von New York nach New Orleans. Und New Orleans hatte er nur gewählt, weil es eine Stadt war, in der er keinen Menschen kannte und sie war weit weg. Vier sich drehende Ventilatorenflügel, Räder und Stimmen, immer im Kreis herum; und nach allem, so wie er es jetzt sah, gab es bei diesem Spinnennetz aus Bosheit überhaupt kein Ende.

In den Rohren an den Wänden rauschte das Wasser hinunter, über ihm tappten Schritte, Schlüssel klapperten in der Halle, ein Nachrichtensprecher rasselte irgendwo seinen Text herunter, im nächsten Zimmer sagte ein kleines Mädchen: «Warum? Warum? WARUM?» Nur in seinem Zimmer war eine Spur von Stille. Bei dem Licht, das durch das Fenster in der Tür hereinfiel, sahen seine Füße aus wie abgeschlagene Steine: Seine glänzenden Fußnägel waren zehn kleine Spiegel, die alles grün widerspiegelten. Er setzte sich auf und trocknete sich mit einem Handtuch den Schweiß ab; mehr als alles andere ängstigte ihn jetzt die Hitze, denn an ihr erkannte er deutlich seine ganze Hilflosigkeit. Er warf das Handtuch durchs Zimmer, es landete auf einem Lampenschirm und schaukelte hin und her. In diesem Augenblick klingelte das Telefon. Und es klingelte. Es war so laut, daß er meinte, man müsse es im ganzen Hotel hören. Ein Heer von Leuten würde kommen und an seine Tür hämmern. So vergrub er sein Gesicht im Kopfkissen, hielt sich die Ohren zu und dachte: Denk an nichts, denk an den Wind!

(1947)

KINDERGEBURTSTAG

(Diese Geschichte ist Andrew Lyndon gewidmet)

Gestern nachmittag wurde Miss Bobbit vom Sechs-Uhr-Bus überfahren. Ich weiß nicht, was ich dazu sagen soll; denn obgleich sie erst zehn Jahre alt war, weiß ich, daß es keinen Menschen in unserer ganzen Stadt gibt, der sie je vergessen wird. Erstens war alles, was sie tat, ungewöhnlich, vom ersten Augenblick an, als wir sie sahen, und das war vor einem Jahr. Miss Bobbit und ihre Mutter kamen mit demselben Sechs-Uhr-Bus an, der von Mobile hier durchfährt. Mein Vetter Billy Bob hatte gerade Geburtstag, daher waren die meisten Kinder der Stadt bei uns zu Besuch. Wir tummelten uns auf der vorderen Veranda herum, aßen Tutti-Frutti und Schokoladenkuchen, als der Bus um die Todeskurve raste. Es war der Sommer, in dem es nie regnete; rötlichbraune Dürre herrschte weit und breit; wenn ein Auto vorbeifuhr, stand der aufgewirbelte Staub manchmal eine Stunde und länger in der unbewegten Luft. Tante El sagte, sie würde hinunter ans Meer ziehen, wenn nicht endlich die Straße gepflastert würde; aber das sagte sie schon so lange. Wir saßen also auf der Veranda, das Tutti-Frutti schmolz auf unseren Tellern, als plötzlich, gerade als wir uns wünschten, daß etwas geschähe, wirklich etwas geschah; aus dem roten Straßenstaub trat Miss Bobbit. Es war ein sehniges kleines Mädchen in einem gestärkten, zitronengelben, festlichen Kleid, das daherkam mit dem affektierten Gebaren einer Erwachsenen, eine Hand hatte sie in die Hüfte gestützt, in der anderen trug sie einen Regenschirm wie eine alte Jungfer. Ihre Mutter schleppte zwei Pappkoffer und ein Grammophon hinter ihr her. Es war eine hagere, ungepflegte Frau mit ruhigen Augen und einem hungrigen Lächeln.

Alle Kinder auf der Veranda waren ganz still geworden, und als ein Wespenschwarm summend aufflog, brachen die Mädchen nicht einmal in ihr übliches Geschrei aus. Ihre Aufmerksamkeit war zu sehr auf das Herannahen von Miss Bobbit und ihrer Mutter gerichtet, die inzwischen die Gartenpforte erreicht hatten.

«Verzeihung», rief Miss Bobbit mit einer Stimme, die zugleich seidenweich und kindlich war wie eine hübsche Schleife und makellos exakt wie die eines Filmstars oder einer pedantischen alten Lehrerin, «aber könnten wir bitte die Erwachsenen dieses Hauses sprechen?» Das richtete sich also an Tante El und, wenigstens bis zu einem gewissen Grad, auch an mich. Aber Billy Bob und all die anderen Jungen folgten uns nach an die Pforte, obgleich keiner von ihnen über dreizehn war. Ihren Gesichtern nach zu urteilen, hatten sie noch nie ein Mädchen gesehen. Allerdings sicher noch nie eins wie Miss Bobbit. Tante El sagte zum Beispiel: Hat man je von einem Kind gehört, das sich schminkt? Denn Miss Bobbits Lippen schimmerten orangefarben von einem Lippenstift, ihr Haar, das wie eine Perücke wirkte, bildete eine Masse rötlicher Locken, und die Augen waren offensichtlich mit einem Stift nachgezogen. Sie war von einer hageren Vornehmheit, war eine Dame, und was weit mehr ist, sie konnte einen mit männlicher Unerschrockenheit ansehen. «Ich bin Miss Lily Jane Bobbit, Miss Bobbit aus Memphis, Tennessee», sagte sie feierlich. Die Jungen blickten hinunter auf ihre Fußspitzen, die Mädchen auf der Veranda brachen in lautes Gekicher aus, von Cora McCall angeführt, der Billy Bob zu jener Zeit gerade den Hof machte. «Sie sind eben aus der Provinz», sagte Miss Bobbit mit verständnisvollem Lächeln und ließ ihren Schirm keck durch die Luft wirbeln. «Meine Mutter», und die einfache Frau erlaubte sich ein hastiges Nicken mit dem Kopf, um sich vorzustellen, «meine Mutter und ich haben hier Zimmer gemietet. Würden Sie bitte so freundlich sein und uns das Haus zeigen? Es gehört einer Mrs. Sawyer.» Ja, natürlich, sagte Tante El, das kann nur bei Mrs. Sawyer sein, gleich hier schräg gegenüber. Es ist die einzige Pension hier in der Gegend, ein altes, großes, dunkles Haus mit ungefähr zwei Dutzend Blitzableitern auf dem Dach: Mrs. Sawyer hat nämlich schreckliche Angst vor einem Gewitter.

Billy Bob verfärbte sich und sah aus wie ein rotbackiger Apfel, als er sagte: Bitte, *ma'am*, es ist doch so heiß heut und so weiter, ob sie sich nicht erst ein bißchen ausruhen und etwas Tutti-Frutti mit uns essen wollten? Und Tante El sagte: Ja, natürlich. Aber Miss Bobbit schüttelte den Kopf: «Tutti-Frutti macht zu dick, doch ich danke Ihnen herzlich.» Und sie machten sich auf, gingen quer über die Straße, wobei die Mutter ihr Gepäck halb am Boden dahinschleifte. Da drehte sich Miss Bobbit noch einmal mit ganz ernstem Gesicht um; das Sonnenblumengelb ihrer Augen trübte sich, und sie rollte sie leicht zur Seite, als ob sie versuche, sich an ein Gedicht zu erinnern. «Meine Mutter hat einen Sprachfehler, deshalb muß ich für sie reden», verkündete sie eilig und seufzte. «Meine Mutter ist eine sehr gute Schneiderin; sie hat für die beste Gesellschaft in kleinen und großen Städten genäht, einschließlich Memphis und Tallahassee. Zweifellos haben Sie das Kleid, das ich anhabe, bemerkt und bewundert. Jeden Stich hat meine Mutter mit der Hand genäht. Sie kann jedes Modell nacharbeiten, gerade kürzlich hat sie einen Preis von fünfundzwanzig Dollar im *Ladies' Home Journal* gewonnen. Meine Mutter kann auch häkeln, stricken und sticken. Wenn Sie irgend etwas zu nähen haben, kommen Sie bitte zu meiner Mutter. Empfehlen Sie uns auch Ihren Freunden und Ihrer Familie. Vielen Dank.» Dann hörte man nur noch ein Rascheln und Knistern, und fort war sie.

Cora McCall und die anderen Mädchen zupften nervös und mißtrauisch an ihren Haarschleifen, sie sahen völlig verwirrt aus und machten ganz dumme Gesichter. Ich bin Miss Bobbit, sagte Cora und verzerrte ihr Gesicht, um sie nachzumachen, was ihr aber schlecht gelang, und ich bin Prinzessin Elisabeth, daß ihr's nur wißt, hahaha. – Außerdem, so sagte sie – das Kleid war schäbig wie nur irgendwas, ich bekomme meine Kleider alle von Atlanta; ein Paar Schuhe habe ich sogar aus New York, und von meinem silbernen Türkisring will ich gar nicht reden, der ist aus Mexiko. Tante El meinte, sie sollten sich nicht so über ein Kind lustig machen, das fremd war in unserer Stadt, aber die Mädchen benahmen sich weiter wie wildgewordene Hexen, und ein paar Jungen, die albern genug waren und den Mädchen gefallen wollten, machten mit und sagten Dinge, bei denen Tante El rot wurde und erklärte, sie würde sie sofort alle nach Hause schicken und ihren Vätern sagen, daß sie Prügel verdient hätten. Aber sie konnte ihre Drohung nicht wahrmachen, denn Miss Bobbit selbst kam ihr dazwischen. Sie schlenderte über die Sawyersche Veranda und war in einer neuen und aufsehenerregenden Weise kostümiert.

Die älteren Jungen wie Billy Bob und Preacher Star, die ruhig geblieben waren, als die Mädchen sich über Miss Bobbit lustig gemacht hatten, und die mit düsteren und angestrengten Gesichtern das Haus beobachtet hatten, in dem sie verschwunden war, standen jetzt auf und gingen gemächlich zur Pforte hinunter. Cora McCall rümpfte die Nase und schob die Unterlippe vor, aber wir anderen gingen und setzten uns auf die Treppe. Miss Bobbit schenkte uns gar keine Beachtung. Der Sawyersche Garten liegt hinter Maulbeerbäumen verborgen, es wachsen dort Gras und wilde Rosen. Manchmal, wenn es geregnet hat, kommt der Duft der Rosen bis zu uns herüber; und in der Mitte des Gartens ist eine Sonnenuhr, die Mrs. Sawyer im Jahre 1912 dort hinbauen ließ zur Erinnerung an ihren Boston-Terrier Sunny, der starb, nachdem er einen Eimer mit Farbe ausgetrunken hatte. Miss Bobbit stolzierte mit dem Grammophon durch den Garten und stellte es auf die Sonnenuhr; sie zog es auf, ließ eine Platte abspielen, und man hörte den *Graf von Luxemburg*. Es war nun schon fast dunkel, die Stunde der Glühwürmchen, blau wie Milchglas, Vögel stießen wie Pfeile zusammen und stürzten sich in die schützende Tiefe der Bäume. Vor einem Gewitter scheinen Blätter und Blüten in einem eigenen Licht, in einer geheimnisvollen Farbe zu leuchten; und Miss Bobbit, die in ihrem kurzen weißen Röckchen aussah wie eine Puderquaste, schien mit den golden-glitzernden Bändern im Haar in die Dunkelheit ringsumher gesetzt zu sein, um dieses Leuchten zu entfalten. Sie hatte die Arme in weitem Bogen hoch über ihren Kopf gehoben, ihre Hände sahen aus wie müde Lilien, und sie stand auf Zehenspitzen aufrecht da. So verharrte sie eine lange Zeit, und Tante El sagte, das sei recht gekonnt. Dann fing sie an, sich zu drehen, rundherum ging es und immer wieder rundherum und rundherum, bis Tante El sagte, ihr sei schon ganz schwindlig vom bloßen Zuschauen. Sie hörte nur auf, wenn das Grammophon aufgezogen werden mußte; und als der Mond über den Dachfirst heruntergerollt kam und die letzte Glocke zum Abendessen geläutet hatte, als alle Kinder schon nach Hause gegangen waren und die schwarze Iris sich zu öffnen begann, drehte sich Miss Bobbit immer noch wie ein Kreisel in der Dunkelheit.

Danach sahen wir sie eine Zeitlang nicht wieder. Preacher Star kam jeden Morgen zu uns und blieb den ganzen Tag da bis zum Abendessen. Preacher ist ein spindeldürrer Bursche mit einem struppigen roten Haarschopf. Er hat elf Brüder und Schwestern, und sogar die fürchten sich vor ihm, denn er hat einen schrecklichen Charakter, und er ist weit und breit wegen seiner Eifersüchteleien und Gemeinheiten bekannt: Am 4. Juli des vergangenen Jahres verprügelte er Ollie Overton so, daß dessen Eltern ihn nach Pensacola ins Krankenhaus bringen mußten; und ein anderes Mal biß er einem Maulesel das halbe Ohr ab, kaute es und spuckte es dann auf den Boden. Als Billy Bob noch nicht so groß war wie heute, trieb Preacher auch mit ihm sein Unwesen. Er steckte ihm Kletten in den Kragen, rieb ihm Pfeffer in die Augen und zerriß seine Hausaufgaben. Aber jetzt sind sie die dicksten Freunde in der ganzen Stadt: Sie haben die gleiche Art zu reden, haben den gleichen Gang, und manchmal verschwinden sie zusammen ganze Tage lang. Niemand weiß, was sie treiben. Aber in dieser Zeit, in der Miss Bobbit nicht erschien, blieben sie in der Nähe des Hauses. Sie trieben sich im Garten herum und versuchten, mit einer Schleuder die Spatzen von den Telefonmasten zu schießen, und manchmal spielte Billy Bob auch auf seiner Hawaii-Gitarre. Dann sangen sie: *Schreib mir einen Brief, schick ihn mir per Post, schick ihn ins Gefängnis nach Birmingham.* Sie sangen so laut, daß Onkel Billy Bob, der hier Richter ist, Einspruch erhob und sagte, sie seien bis zum Rathaus zu hören. Nur Miss Bobbit hörte sie nicht; zumindest steckte sie nie ihren Kopf zur Tür heraus.

Dann kam Mrs. Sawyer eines Tages zu uns herüber, um sich eine Tasse Zucker zu borgen, und dabei bekamen wir eine Menge über ihre neuen Mieter zu hören: Wissen Sie, sagte sie und blinzelte mit ihren kükenhellen Augen, ihr Mann ist ein Verbrecher, puh, das Kind hat es mir selbst erzählt. Das hat nich für fünf Cent Schamgefühl, kein bißchen. Sagt, ihr Daddy sei der allerliebste Daddy, und niemand in ganz Tennessee könne so schön singen wie er ... Und ich sagte, wo ist er denn, Liebling? Und so ungeniert, wie man es sich nur vorstellen kann, antwortete sie, oh, er ist im Zuchthaus, und wir haben nichts mehr von ihm gehört. Sagen Sie bloß, läuft es einem da nich kalt den Rücken runter? Na, und ich denk mir, die Mama, die, denk ich, muß 'ne Ausländerin sein: Sagt nie ein Wort, und manchmal sieht es so aus, als ob sie gar nicht versteht, was man zu ihr sagt. Und wissen Sie, alles essen die roh. Ungekochte Eier, rohe Rüben und Karotten – und überhaupt kein Fleisch. Aus gesundheitlichen Gründen, sagt das Kind, pah! Dabei liegt sie schon seit letzten Dienstag mit Fieber fest im Bett.

Am selben Nachmittag ging Tante El hinaus, um ihre Rosen zu gießen, aber sie mußte feststellen, daß sie fort waren. Es waren ganz besondere Rosen, und sie hatte die Absicht gehabt, sie zur Blumenausstellung nach Mobile zu schicken, daher wurde sie natürlich ein bißchen hysterisch. Sie rief den Sheriff an und sagte: Hören Sie, Sheriff, Sie müssen sofort herkommen. Irgend jemand ist mit all meinen Lady Annes auf und davon, die ich seit dem Frühjahr mit so viel Liebe gehegt und gepflegt habe. Als das Auto des Sheriffs vor unserem Haus hielt, kamen alle Nachbarn ringsherum auf ihre Veranden, und Mrs. Sawyer, die auf ihrem Gesicht Schichten von Cold Cream hatte, so daß es ganz weiß war, kam im Trab über die Straße: Oh, verflixt, sagte sie, enttäuscht darüber, daß nicht mindestens jemand umgebracht worden war, oh, verflixt, sagte sie, die Rosen hat niemand gestohlen. Euer Billy Bob hat sie zu uns rübergebracht und für die kleine Bobbit abgegeben. Tante El sagte kein Wort. Sie ging nur ruhig zum Pfirsichbaum und schnitt sich einen Stecken ab. Ohhh, Billy Bob, sie zog die Straße entlang und rief seinen Namen, bis sie ihn unten bei der Garage von Speedy fand, wo er und Preacher zusahen, wie Speedy einen Motor auseinandernahm. Sie zog ihn einfach an den Haaren hoch, und während sie ihn grün und blau schlug, schleppte sie ihn nach Hause. Aber sie konnte ihn nicht dazu bringen, zu sagen, daß es ihm leid täte, und sie brachte ihn auch nicht zum Weinen. Und als sie ihn endlich losließ, rannte er hinters Haus in den Garten, kletterte in die Spitze eines Pekannußbaumes und schwor, daß er nie wieder runterkommen würde. Dann kam sein Vater nach

Hause, und es war Zeit zum Abendessen. Sein Vater stellte sich ans Fenster und rief: Mein Sohn, wir sind dir nicht mehr böse, so komm also herunter und iß dein Abendbrot. Aber Billy Bob rührte sich nicht. Tante El ging hin und lehnte sich an den Baum. Sie sprach mit einer Stimme, die so sanft war wie das erste Morgenlicht: Es tut mir leid, mein Sohn, sagte sie, ich wollte dich nicht so sehr schlagen. Ich hab ein feines Abendessen gemacht, Kartoffelsalat und gekochten Schinken und Sol-Eier. Geh weg, sagte Billy Bob, ich will kein Abendbrot, und ich haß dich wie den Teufel. Sein Vater sagte, er solle nicht so mit seiner Mutter reden, und sie fing an zu weinen. Sie stand da unter dem Baum, weinte und wischte sich mit ihrem Rock die Tränen ab. Ich haß dich nicht, mein Sohn ... wenn ich dich nicht liebhätte, würde ich dich nicht schlagen. Die Blätter des Pekannußbaumes fingen an zu rascheln, und Billy Bob glitt langsam zu Boden. Tante Els Finger strichen durch sein Haar, und sie zog ihn an sich. Ach, Ma, sagte er, ach, Ma.

Nach dem Abendessen kam Billy Bob und warf sich auf das Fußende meines Bettes. Er roch säuerlich-süß, wie das bei Jungen so ist, und er tat mir sehr leid, besonders weil er so gequält aussah. Seine Augen waren ganz klein vor Kummer. Das gehört sich doch so, daß man kranken Leuten Blumen schickt, sagte er selbstgerecht. Um diese Zeit hörten wir das Grammophon, eine beschwingte ferne Melodie; ein Nachtfalter flog durch das Fenster herein und schwebte so leicht durch die Luft wie die Musik. Aber es war schon dunkel, und man konnte nicht sehen, ob Miss Bobbit tanzte. Billy Bob krümmte sich auf meinem Bett, als ob er Schmerzen hätte, klappte zusammen wie ein großes Taschenmesser; aber sein Gesicht war plötzlich klar, und seine schmuddeligen Bubenaugen zuckten wie Kerzenlicht. Sie ist so drollig, flüsterte er, sie ist das drolligste Teufelchen, das ich je gesehen hab. Verflucht noch mal, was macht es mir schon aus, ich würd die Rosen von ganz China für sie pflücken.

Und Preacher wäre ebenfalls bereit gewesen, die Rosen von ganz China für sie zu pflücken. Er war genauso verrückt nach ihr wie Billy Bob. Aber Miss Bobbit beachtete sie gar nicht. Die einzige Verbindung, die wir mit ihr hatten, war ein Briefchen an Tante El, in dem sie ihr für die Blumen dankte. Tag für Tag saß sie auf der Veranda, immer war sie irgendwie aufgeputzt, oft stickte sie, manchmal drehte sie sich auch Lokken ins Wasser oder las im *Webster* – sie war zurückhaltend, aber immer freundlich; wenn man ihr guten Tag sagte, sagte auch sie guten Tag. Trotzdem schienen die Jungen nie den Mut aufzubringen, zu ihr hinüberzugehen und sich mit ihr zu unterhalten, und meistens übersah Miss Bobbit sie auch vollkommen, obgleich sie wie die Kater auf der Straße hin- und herstrichen und versuchten, ihre Aufmerksamkeit zu erregen. Sie machten Ringkämpfe, spielten Tarzan, vollführten die verrücktesten Kunststücke auf dem Fahrrad. Es war eine mühsame Angelegenheit. Aber auch eine ganze Menge Mädchen schlenderten zwei- oder dreimal in einer Stunde an dem Sawyerschen Haus vorbei, nur um Miss Bobbit zu sehen. Unter ihnen waren: Cora McCall, Mary Murphy Jones, Janice Ackermann. Aber Miss Bobbit zeigte auch für sie keinerlei Interesse. Cora sprach nicht mehr mit Billy Bob. Genauso war es mit Janice und Preacher. Janice schrieb Preacher tatsächlich einen Brief mit roter Tinte und auf einem Bogen mit Spitzenrand. Sie schrieb, daß er der gemeinste Mensch auf der ganzen Welt sei, daß sie ihre Freundschaft als aufgelöst betrachte und daß er das ausgestopfte Eichhörnchen, das er ihr geschenkt hatte, wiederhaben könne. Preacher sagte darauf, er wolle anständig sein, und hielt sie an, als sie das nächste Mal an unserem Haus vorbeikam, und er sagte, nun, also gut, sie könne das olle Eichhörnchen ruhig behalten, wenn ihr was dran läge. Als Janice daraufhin heulend davonrannte, begriff er nicht warum.

Eines Tages dann benahmen sich die Jungen noch verrückter als sonst. Billy Bob versank in der Khaki-Uniform seines Vaters aus dem Ersten Weltkrieg. Preacher lief mit nacktem Oberkörper herum und hatte sich mit einem alten Lippenstift von Tante El eine nackte Frau auf die Brust gemalt. Sie sahen aus wie zwei vollkommene Idioten, Miss Bobbit aber lehnte sich in ihrer Schaukel zurück und gähnte nur.

Es war um die Mittagszeit, und niemand war auf der Straße außer einem Negermädchen, das fett war wie ein Baby und eine Figur hatte wie ein Zuckerpflaume. Sie kam summend daher und trug einen Eimer mit Brombeeren. Die Jungen quälten sie wie lästige Mücken, faßten sich bei den

Händen und wollten sie nicht durchlassen, nicht, bis sie ein Lösegeld gezahlt hätte. Ich weiß nich, was für 'n Lösegeld, sagte sie, was für 'n Lösegeld meinen die Herren? Ein Rendezvous in der Scheune, sagte Preacher durch die Zähne. Ein tolles Rendezvous in der Scheune. Und mit ärgerlichem Achselzucken antwortete sie, daß sie keinen Wert auf ein Rendezvous in 'ner Scheune lege. Daraufhin kippte Billy Bob ihr den Eimer mit den Beeren aus, sie quiekte verzweifelt wie ein Schwein, und als sie sich dann vorbeugte und mit vergeblichen Gesten bemüht war, den Eimer zu retten, gab Preacher, der gemein sein kann wie der Teufel, ihr einen Fußtritt in das Hinterteil, daß sie hinfiel und wie Pudding zwischen den Beeren im Schmutz lag. Jetzt kam Miss Bobbit über die Straße gerast, ihr Finger wackelte hin und her wie der Pendel eines Metronoms; sie klatschte in die Hände wie eine Lehrerin, stampfte mit dem Fuß und sagte: «Es dürfte doch wohl bekannt sein, daß ein Gentleman dafür da ist, eine Lady zu beschützen. Glaubt ihr, daß sich ein Junge in Memphis, New York, London, Hollywood oder Paris so benehmen würde?» Die Jungen zogen sich zurück und schoben die Hände in die Hosentaschen. Miss Bobbit half dem Negermädchen wieder auf die Beine, sie klopfte sie ab, trocknete ihr die Tränen, hielt ihr ein Taschentuch hin und sagte, sie solle sich die Nase putzen. «Schöne Zustände», sagte sie, «schöne Zustände sind da, wenn eine Dame nicht einmal bei hellichtem Tag ihres Lebens sicher ist.»

Dann gingen sie beide zusammen zurück und setzten sich auf Mrs. Sawyers Veranda; und in dem ganzen nun folgenden Jahr sah man sie fast immer nur zusammen, Miss Bobbit und dieses Elefantenbaby, das Rosalba Cat hieß. Anfangs regte sich Mrs. Sawyer furchtbar darüber auf, daß Rosalba so oft in ihrem Haus war. Sie sagte zu Tante El, es gehe ihr gegen den Strich, daß da vor aller Augen immer ein Nigger auf ihrem Balkon herumlungere. Aber Miss Bobbit hatte so etwas wie eine magische Kraft, was sie auch immer tat, es geschah mit einer solchen Vollkommenheit, so unbeirrt und ernsthaft, daß man nichts anderes tun konnte, als ja dazu zu sagen. Die Kaufleute in der Stadt zum Beispiel grinsten anfangs immer, wenn sie *Miss* Bobbit zu ihr sagten; aber nach und nach war sie eben Miss Bobbit, und sie machten sogar eine kleine Verbeugung, wenn sie vorbeieilte und ihren Sonnenschirm durch die Luft wirbeln ließ. Miss Bobbit erzählte allen Leuten, Rosalba sei ihre Schwester, was Anlaß zu manchem Scherz gab; aber wie die meisten ihrer Einfälle schien auch dieser allmählich ganz natürlich, und bald lachten wir nicht mehr, wenn wir hörten, wie sie sich Schwester Rosalba und Schwester Bobbit nannten. Aber Schwester Rosalba und Schwester Bobbit taten die merkwürdigsten Dinge. Da war zum Beispiel die Geschichte mit den Hunden. Nun, es gibt viele Hunde in unserer Stadt, Schnauzer, Hühnerhunde und Bluthunde; sie streunen in müden Gruppen zu sechs bis zwölf durch die ausgestorbenen, mittäglich heißen Straßen und warten nur auf die Dunkelheit und auf den Mond. Dann aber kann man sie in seinen einsamen Stunden heulen hören: Jetzt stirbt gerade wer, irgend jemand ist tot. Miss Bobbit beklagte sich beim Sheriff: Sie sagte, daß manche von den Hunden sich gerade immer unter ihrem Fenster aufpflanzten und daß sie erstens einmal einen sehr leichten Schlaf habe; und was weit schlimmer sei, Schwester Rosalba habe gesagt, sie glaube gar nicht, daß da überhaupt Hunde seien, es seien eine Art Teufel. Der Sheriff tat natürlich nichts; und so nahm sie die Sache selbst in die Hand. Eines Morgens, nach einer besonders lauten Nacht, sah man sie, Rosalba zur Seite, durch die Stadt ziehen; Rosalba trug einen Blumenkorb voller Steine. Wo sie nur einen Hund fanden, blieben sie stehen, und Miss Bobbit schaute ihn sich ganz genau an. Manchmal schüttelte sie den Kopf, aber meistens sagte sie: «Ja, das ist einer, Schwester Rosalba», und Schweter Rosalba nahm dann in wildem Grimm einen Stein aus ihrem Korb und knallte ihn dem Hund zwischen die Augen.

Dann geschah das mit Mr. Henderson. Mr. Henderson bewohnte ein Hinterzimmer im Sawyerschen Haus; er war ein zähes kleines Männchen von fast siebzig und hatte früher in Oklahoma auf eigene Faust nach Öl gebohrt. Wie viele alte Männer war auch er nur davon besessen, ob sein Körper funktionierte. Außerdem trank er furchtbar. Einmal war er vierzehn Tage hindurch nur betrunken gewesen; immer wenn er Miss Bobbit oder Schwester Rosalba im Haus herumgehen hörte, stürzte er auf den obersten Treppenabsatz und brüllte zu Mrs. Sawyer hinunter, daß da Zwerge in den Mauern seien, die versuchten, an seine Toilettenpapierbestände zu kommen. Für fünfzehn Cent etwa haben sie mir schon gestohlen, sagte er. Als die beiden Mädchen eines Abends gerade unter einem Baum im Garten saßen, kam Mr. Henderson nur mit einem Nachthemd bekleidet auf sie losgestürzt. Wollt mir mein ganzes Toilettenpapier stehlen, was, schrie er. Ich werd's euch Zwergen schon zeigen... Man muß mir helfen! Diese Biester bringen es fertig und nehmen der ganzen Stadt bis aufs letzte Blatt alles weg. Es waren Billy Bob und Preacher, die Mr. Henderson packten und so lange festhielten, bis erwachsene Männer kamen und ihn fesselten. Miss Bobbit, die bewundernswert ruhig geblieben war, sagte den Männern, daß sie keinen richtigen Knoten machen könnten, und übernahm das selbst. Sie leistete so gute Arbeit, daß Mr. Henderson Hände und Füße abstarben und es einen Monat lang dauerte, bis er wieder gehen konnte.

Kurz darauf stattete Miss Bobbit uns einen Besuch ab. Sie kam am Sonntag, und ich war allein zu Hause, die anderen waren alle in der Kirche. «In der Kirche riecht es so aufdringlich», sagte sie und beugte sich mit korrekt gefalteten Händen etwas vor. «Sie müssen nicht denken, daß ich eine Heidin bin, Mr. C.; ich habe genug erfahren, um zu wissen, daß es einen Gott gibt und auch einen Teufel. Aber das ist nicht der richtige Weg, mit dem Teufel fertig zu werden, wenn man in die Kirche geht und sich anhört, was für eine sündige gemeine Kreatur er sei. Nein, man muß den Teufel ebenso lieben wie Jesus: Er ist stark und leistet einem gute Dienste, wenn er sieht, daß man ihm vertraut. Wie oft hat er mir zum Beispiel in der Ballettschule in Memphis geholfen... ich habe ihn immer angefleht, mir die Hauptrolle in unserer alljährlichen Aufführung zu geben. Das ist gesunder Menschenverstand: Sehen Sie, ich weiß doch, daß Jesus keine Beziehung zum Tanzen hat. Und auch kürzlich habe ich erst wieder den Teufel angerufen. Er ist der einzige, der mir helfen kann, aus dieser Stadt hinauszukommen. Ich wohne hier, aber leben tu ich hier eigentlich nicht. Ich sehne mich immer irgendwo anders hin, irgendwohin, wo alles Tanz ist, wo die Menschen auf der Straße tanzen und alles schön ist wie auf einem Kindergeburtstag. Mein lieber Papa sagte immer, daß ich im Himmel lebe. Aber hätte er ein bißchen mehr im Himmel gelebt, dann wäre er so reich geworden, wie er es sich immer gewünscht hat. Das Unglück mit meinem Papa war, daß nicht er den Teufel liebte, sondern daß er zuließ, daß der Teufel ihn liebte. Ich bin in dieser Beziehung sehr geschickt; ich weiß, daß das Nächstliegende oft das Beste ist. Das Nächstliegende für uns war, in diese Stadt zu ziehen; und weil ich hier meine Ausbildung nicht weitermachen kann, ist das Nächstliegende, ein bißchen was nebenbei zu verdienen. Und ich hab mir auch schon etwas gesucht. Ich habe die Generalvertretung für eine ganze Menge von Magazinen für diesen Bezirk übernommen, einschließlich *Reader's Digest, Popular Mechanics, Dime Detective* und *Child's Life*. Sie brauchen keine Angst zu haben, Mr. C., ich bin nicht gekommen, um Ihnen etwas anzubieten. Aber ich habe da eine Idee. Ich habe an diese beiden Jungen gedacht, die sich hier immer herumtreiben. Es ist mir eingefallen, daß sie ja schließlich schon beinahe richtige Männer sind. Glauben Sie nicht auch, daß sie ganz brauchbare Vertreter abgeben würden?»

Billy Bob und Preacher arbeiteten schwer für Miss Bobbit und auch für Schwester Rosalba. Schwester Rosalba vertrieb eine Reihe kosmetischer Artikel unter dem Namen ‹Tautropfen›, und es gehörte mit zu dem Job der Jungen, daß sie die bestellten Sachen zu Rosalbas Kundschaft brachten. Billy Bob war abends immer so müde, daß er kaum noch sein Essen hinunterbrachte. Tante El sagte, es sei eine Schande und ein Jammer, und als Billy Bob dann eines Tages mit einem richtigen Sonnenstich nach Hause kam, sagte sie, jetzt wäre aber Schluß und Billy Bob hätte bei Miss Bobbit aufzuhören. Billy Bob beschimpfte sie so, daß sein Vater ihn in sein Zimmer einsperren mußte; worauf er erklärte, er werde sich umbringen. Man brauche bloß Sirup über eine Portion Grünkohl zu gießen und das dann zu essen. Daran gehe man genauso sicher zugrunde, als wenn man sich erschieße, das hatte irgendein Koch ihm erzählt; und genau das tat er auch. Ich sterbe, jammerte er und wälzte sich in seinem Bett hin und her, ich sterbe, und niemand kümmert sich um mich.

Miss Bobbit kam herüber und sagte ihm, er solle sich beruhigen. «Dir fehlt nichts, mein Junge», sagte sie. «Du hast dir nichts weiter als den Magen verdorben.» Dann tat sie etwas, worüber Tante El entsetzt war: Sie schlug Billy Bobs

Bettdecke zurück und rieb ihn vom Kopf bis zu den Zehenspitzen mit Alkohol ab. Als Tante El ihr erklärte, sie fände, daß sich das für ein kleines Mädchen nicht gehöre, antwortete Miss Bobbit: «Ich weiß nicht, ob es sich gehört oder nicht, auf jeden Fall ist es sehr erfrischend.» Danach tat Tante El alles, was sie nur konnte, um Billy Bob davon abzubringen, weiter für Miss Bobbit zu arbeiten, aber sein Vater sagte, sie solle ihn in Ruhe lassen, er müsse sein eigenes Leben leben.

Mit Geld war Miss Bobbit sehr genau. Sie zahlte Billy Bob und Preacher die Provision immer richtig aus und ließ sich nie von ihnen in den Drugstore oder ins Kino einladen, was sie oft genug versuchten. «Ihr solltet euer Geld lieber sparen», sagte sie. «Vielleicht geht ihr mal auf ein College. Und keiner von euch ist begabt genug, ein Stipendium zu bekommen, nicht einmal ein Fußballstipendium.» Aber gerade ums Geld ging es, als Billy Bob und Preacher heftig aneinandergerieten; natürlich war es nicht der wirkliche Grund. In Wirklichkeit waren sie wegen Miss Bobbit aufeinander eifersüchtig. Eines Tages also sagte Preacher zu Miss Bobbit, und er hatte die Unverfrorenheit, es in Billy Bobs Gegenwart zu tun, sie solle ihre Rechnungen besser kontrollieren, denn ihm sei mehr als einmal der Verdacht gekommen, daß Billy Bob nicht *alles* Geld abliefere, das er einnahm. Das ist eine ganz gemeine Lüge, sagte Billy Bob, und mit einem sauberen linken Haken beförderte er Preacher von der Sawyerschen Veranda hinunter und sprang ihm nach auf ein Beet mit Kapuzinerkresse. Doch als es Preacher gelang, ihn zu packen, hatte Billy Bob keine Chance mehr. Preacher rieb ihm sogar Erde in die Augen. Während dies geschah, sah Mrs. Sawyer von einem der oberen Stockwerke zum Fenster hinaus und kreischte wie ein Adler, und Schwester Rosalba frohlockte: Bring ihn um! Bring ihn um! Bring ihn um! Ohne daß man wußte, wen sie nun eigentlich meinte. Nur Miss Bobbit schien zu wissen, was zu tun war. Sie drehte den Gartenschlauch auf, bespritzte die Jungen so, daß sie nichts mehr sehen konnten, und bereitete dem Kampf damit ein Ende. Keuchend kam Preacher hoch. Oh, Liebling, sagte er, und schüttelte sich wie ein nasser Hund, Liebling, du mußt jetzt entscheiden. «*Was* entscheiden?» fuhr Miss Bobbit ihn an. Oh, Liebling, japste Preacher, du kannst nicht wollen, daß wir beide uns gegenseitig umbringen. Du mußt entscheiden, wer wirklich dein Freund ist. «Freund, du meine Güte», sagte Miss Bobbit. «Ich habe was Besseres zu tun, als mich mit Kindern aus der Provinz abzugeben. Aus dir wird nie ein richtiger Geschäftsmann. Hör mir einmal gut zu, Preacher Star: Ich will keinen Freund, und wenn ich einen wollte, dann bestimmt nicht dich. Du stehst ja nicht einmal auf, wenn eine Dame ins Zimmer kommt.»

Preacher spuckte aus und ging stolz zu Billy Bob hinüber. Komm, sagte er, als wäre nichts geschehen, die hat ja kein Herz, die will weiter nichts, als zwei gute Freunde auseinanderbringen. Einen Augenblick lang sah es so aus, als ob Billy Bob sich wieder mit ihm versöhnen wolle: aber plötzlich besann er sich und zog sich mit einer unmißverständlichen Geste zurück. Eine volle Minute sahen die Jungen einander an, und alle Vertrautheit zwischen ihnen bekam einen häßlichen Anstrich: So haßt man nicht, wenn man nicht ebensosehr liebt. All das konnte man in Preachers Gesicht lesen. Aber es blieb ihm nichts anderes übrig, als fortzugehen. Ach ja, Preacher, an jenem Tag sahst du so verlassen aus, daß ich dich zum erstenmal richtig gern hatte, wie du da ausgemergelt und armselig und verloren ganz allein die Straße hinuntergingst.

Preacher und Billy Bob vertrugen sich nicht wieder; das kam nicht etwa daher, weil sie es nicht gewollt hätten, sondern sie schienen nicht den rechten Weg zu finden, ihre Freundschaft weiter fortzusetzen. Ganz loskommen konnten sie von dieser Freundschaft aber auch nicht: Jeder wußte immer, was der andere gerade tat; und als Preacher einen neuen Kameraden fand, lief Billy Bob tagelang niedergeschlagen herum, fing etwas an, ließ es wieder liegen, oder tat plötzlich irgend etwas ganz Verrücktes, so steckte er zum Beispiel mit Absicht einen Finger in den Ventilator. Abends blieb Preacher manchmal an unserer Pforte stehen und unterhielt sich mit Tante El. Ich glaube, er tat es nur, um Billy Bob zu quälen, aber er war weiterhin freundlich zu uns allen, und zu Weihnachten brachte er uns sogar eine riesengroße Büchse mit geschälten Erdnüssen. Er ließ auch ein Geschenk für Billy Bob da. Es stellte sich heraus, daß es ein Buch von Sherlock Holmes war; und auf dem ersten Blatt stand gekritzelt: «Freunde müssen fallen wie der Efeu von der Mauer.»

So was Kitschiges hat die Welt noch nich gesehn, sagte Billy Bob. Lieber Gott, is das 'n Esel! Dann aber ging er, obgleich es ein kalter Wintertag war, hinaus in den Garten, kletterte auf den Pekannußbaum und verkroch sich dort den ganzen Nachmittag über in den blauen Dezemberästen.

Aber meistens war er glücklich, denn Miss Bobbit war da, und sie war jetzt immer sehr nett zu ihm. Sie und Schwester Rosalba behandelten ihn wie einen Mann; was bedeutet, daß sie ihm erlaubten, alles für sie zu tun. Andererseits ließen sie ihn dafür beim Bridge gewinnen, sie zeigten es ihm nicht, wenn sie merkten, daß er schwindelte, und sie machten ihn nicht mutlos bei all seinen Bemühungen. Es war eine glückliche Zeit. Jedoch fing das Elend wieder an, als die Schule begann. Miss Bobbit weigerte sich, hinzugehen. «Das ist doch lächerlich», sagte sie, als eines Tages der Direktor, Mr. Copland, vorbeikam, um sich zu erkundigen. «Das ist doch wirklich lächerlich; ich kann lesen und schreiben, und es gibt Leute hier in der Stadt, die ganz gut wissen, daß ich auch mit Geld umgehen kann. Nein, Mr. Copland, überlegen Sie einen Augenblick, und Sie werden einsehen, daß wir beide dafür weder Zeit noch Kraft haben. Am Ende käme es nur darauf hinaus, wem die Nerven zuerst durchgehen würden, Ihnen oder mir. Und außerdem, was können Sie mir schon beibringen? Ja, wenn Sie etwas vom Tanzen verstünden, das wäre etwas anderes; aber unter diesen Umständen, Mr. Copland, ja, unter diesen Umständen ist es, glaube ich, am besten, wir vergessen die ganze Geschichte.» Mr. Copland war absolut bereit dazu. Aber die übrige Stadt war der Meinung, Miss Bobbit hätte Prügel verdient. Horace Deasly schrieb einen Artikel in der Zeitung mit der Überschrift: Eine tragische Situation. Seiner Meinung nach war es eine tragische Situation, wenn ein kleines Mädchen sich dem widersetzen konnte, was er mit gutem Grund die Verfassung der Vereinigten Staaten nannte. Der Artikel endete mit einer Frage: *Wird sie damit durchkommen?* Sie tat es; und ebenso Schwester Rosalba. Nur war die eine Farbige, und deshalb kümmerte sich kein Mensch um sie. Billy Bob war nicht so glücklich. Er mußte in die Schule, na schön. Aber er hätte ebensogut zu Hause bleiben können, wenn man bedenkt, was sie ihm nützte. In seinem ersten Zeugnis hatte er drei Sechser, ein Rekord besonderer Art. Aber er ist im Grunde ein gescheiter Bursche. Ich glaube, es lag nur daran, daß er die Stunden ohne Miss Bobbit nicht ertragen konnte; wenn er nicht bei ihr war, schien er nur halb wach zu sein. Und immer schlug er sich mit irgendwem herum; entweder hatte er ein blaues Auge, oder seine Lippen waren aufgeschlagen, oder er hinkte. Er sprach nie über diese Kämpfe, aber Miss Bobbit war klug genug, den Grund zu erkennen. «Du bist sehr lieb, ich weiß, ich weiß. Und ich schätze dich sehr, Billy Bob. Nur schlage dich meinetwegen nicht mit den Leuten herum. Natürlich reden sie gemeine Dinge über mich. Aber weißt du warum, Billy Bob? Das ist nur eine Art von Kompliment. Denn in ihrem tiefsten Inneren denken sie ja doch, daß ich einfach wunderbar bin.»

Und sie hatte recht; wenn man nicht bewundert wird, machen sich die Leute auch nicht die Mühe, über einen herzuziehen. Aber wir hatten keine Ahnung, wie wunderbar Miss Bobbit wirklich war, bis jener Mann auftauchte, der als Manny Fox bei uns bekannt wurde. Das gescheh Ende Februar. Das erste, was wir von Manny Fox sahen, war eine Serie lustiger Plakate, die überall in den Läden der Stadt hingen: Manny Fox zeigt die Schleiertänzerin ohne Schleier; und dann kleiner darunter: Außerdem ein sensationelles Amateurprogramm, ausgeführt von Ihren eigenen Nachbarn. Erster Preis: Richtige Probeaufnahmen in Hollywood. Und all das sollte am nächsten Donnerstag stattfinden. Die Eintrittskarten kosteten einen Dollar pro Person, was für die Leute hier eine Menge Geld bedeutet; aber Vorstellungen, in denen wir nacktes Fleisch zu sehen bekommen, gibt es nicht oft bei uns, und so rückte man allgemein mit dem Geld heraus und machte viel Aufhebens von der Sache. Die ganze Woche über führten die Cowboys im Drugstore schmutzige Reden, am meisten über die Schleiertänzerin ohne Schleier, die Mrs. Manny Fox war, wie sich herausstellte. Sie wohnten im Touristen-Camp, draußen an der Landstraße; aber den ganzen Tag über hielten sie sich in der Stadt auf und fuhren in einem alten Packard herum, auf dessen vier Türen mit Schablonen Manny Fox' voller Name gemalt war. Seine Frau war eine Rothaarige mit einem ausdruckslosen Gesicht und einer spitzen Zunge, sie hatte immer nasse Lippen und feuchte Augenlider; sie war in Wirklichkeit ziemlich groß, aber im Vergleich zu Manny Fox schien sie beinahe zerbrechlich, denn er war ein Bulle von einem Mann.

Im Billardsaal errichteten sie ihr Hauptquartier, jeden Nachmittag sah man sie hier Bier trinken und mit den Müßiggängern in der Stadt scherzen. Wie sich herausstellte, beschränkten sich die Geschäfte von Manny Fox nicht nur auf das Theater. Er hatte auch so etwas wie ein Büro für Arbeitsuchende: Langsam ließ er durchsickern, daß er jedem abenteuerliebenden Burschen für eine Gebühr von einhundertfünfzig Dollar einen erstklassigen Job verschaffen könne, als Arbeiter auf Obstdampfern, die von New Orleans nach Südamerika fuhren. Die Chance des Lebens nannte er es. Es gibt keine zwei Burschen hier in der Gegend, die auch nur fünf Dollar in der Hand haben; trotzdem gelang es einem guten Dutzend, dieses Geld aufzubringen. Ada Willingham nahm alles, was sie gespart hatte, um ihrem Mann einen Grabstein mit einem Engel zu kaufen, und gab es ihrem Sohn, und Acey Trumps Vater verkaufte seine Baumwollernte vom Feld weg.

Aber dann der Abend der Vorstellung! Es war ein Abend, an dem alles vergessen war: Der Gerichtsvollzieher und das schmutzige Geschirr in der Küche. Tante El sagte, man könnte denken, es ginge in die Oper, alle waren danach angezogen, aufgeputzt und wohlriechend. Das ‹*Odeon*› war seit dem Abend, an dem man das echte silberne Besteck hatte gewinnen können, nicht mehr so voll gewesen. Praktisch hatte jeder einen Angehörigen, der mitmachte, und so wurde allgemein gegen eine ziemliche Nervosität angekämpft. Miss Bobbit war die einzige Teilnehmerin, die wir wirklich gut kannten. Billy Bob konnte nicht stillsitzen; er ermahnte uns immer und immer wieder, bei keinem anderen zu klatschen als bei Miss Bobbit. Tante El sagte, das wäre unhöflich, worauf er Zustände bekam; und als sein Vater jedem von uns eine Tüte Popcorn kaufte, rührte er die seine nicht an, weil seine Hände davon fettig würden, und dann noch etwas, bitte, wir sollten ja keinen Krach machen und etwa unseres essen, wenn Miss Bobbit dran war. Die Nachricht, daß sie überhaupt mitmachen würde, hatte uns erst in der letzten Minute überrascht. Es war eigentlich ganz klar, denn es hatte Anzeichen genug gegeben, an denen wir es schon vorher hätten merken können; die Tatsache zum Beispiel, daß sie wer weiß wie viele Tage lang nicht aus dem Sawyerschen Haus gekommen war. Das Grammophon hatte bis in die Nacht hinein gespielt, ihr herumwirbelnder Schatten war auf den Fenstervorhängen zu sehen gewesen, und dann das geheimnisvolle, vielsagende Gesicht von Schwester Rosalba, wenn man sie fragte, wie es denn Schwester Bobbit ginge. Ihr Name stand also tatsächlich an zweiter Stelle auf dem Programm, aber es dauerte lange, bis sie endlich erschien. Zuerst kam Manny Fox, schmierig und schielend, und erzählte eine Reihe ganz bestimmter Witze, sich selbst immer Beifall klatschend, hahaha. Tante El sagte, wenn er noch einen solchen Witz erzählte, würde sie aufstehen und sofort nach Hause gehen: Er tat es, aber sie blieb. Elf Personen traten vor Miss Bobbit auf, einschließlich Eustacia Bernstein, die Filmschauspieler imitierte, so daß sie sich alle anhörten wie Eustacia; und dann war da noch ein ganz außergewöhnlicher Mann, Mr. Buster Riley, ein Hinterwäldler mit abstehenden Ohren, der auf einer Säge *Matilda tanzt Walzer* spielte. Bis zu diesem Augenblick war er der Schlager der Vorstellung; nicht daß es einen wesentlichen Unterschied darin gegeben hätte, wie die einzelnen aufgenommen wurden, denn allen wurde großzügig applaudiert. Nur Preacher Star machte eine Ausnahme. Er saß zwei Reihen vor uns und begrüßte jede neue Nummer mit lautem Gebrüll wie ein Esel. Tante El sagte, sie werde nie wieder ein Wort mit ihm sprechen. Miss Bobbit war die einzige, der er Beifall klatschte. Zweifellos stand ihr heute der Teufel bei, aber sie verdiente es auch. Sie kam heraus, wiegte sich in den Hüften, warf die Locken zurück und rollte die Augen. Man konnte mit Sicherheit sagen, daß es keine ihrer klassischen Nummern werden würde. Sie tappte auf Zehenspitzen über die Bühne, ihr himmelblaues Röckchen zu beiden Seiten graziös ein wenig hochhaltend. Das ist das Goldigste, was ich je gesehen habe, sagte Billy Bob und klatschte sich auf den Oberschenkel, und auch Tante El mußte zugeben, daß Miss Bobbit wirklich sehr süß aussah. Als sie anfing herumzuwirbeln, brachen die Zuschauer in spontanen Beifall aus; so tat sie es immer wieder, während sie «Schneller, schneller!» zu der armen Miss Adelaide hinüberzischte, die am Klavier ihr Bestes gab wie in der

Bibelstunde. «Ich bin in China geboren und wuchs auf in Japan ...» Wir hatten Miss Bobbit bisher nie singen hören, ihre Stimme war rauh wie Sandpapier. «... wenn du meine Pfirsiche nicht magst, geh von meiner Dose weg, oho, oho!» Tante El rang nach Luft; und sie tat es noch einmal, als Miss Bobbit zum Schluß mit einem Ruck ihren Rock hob und das mit blauen Spitzen verzierte Höschen sehen ließ. Dafür erntete sie all die Pfiffe, die sich die Burschen eigentlich für die Schleiertänzerin ohne Schleier aufgespart hatten, was aber gut war, wie sich später herausstellte, denn jene Dame erfüllte ihre Pflicht – nach der Melodie von *Einen Apfel für den Lehrer* und begleitet von Zurufen wie Schwindel, Schwindel – in einem Badeanzug. Aber die Zurschaustellung ihres Hinterteils war nicht Miss Bobbits endgültiger Triumph. Miss Adelaide begann mit unheilvollem Donner auf den tieferen Tasten, und in diesem Augenblick stürzte Schwester Rosalba mit einer brennenden Wunderkerze auf die Bühne und reichte sie Miss Bobbit, die gerade mitten in einem Spagat war, den sie auch tatsächlich fertigbrachte; und gerade in diesem Augenblick zerbarst die Wunderkerze in leuchtend rote, weiße und blaue Kugeln, und wir mußten uns alle von unseren Plätzen erheben, weil sie das *Sternenbanner* sang, so laut sie eben konnte. Tante El sagte hinterher, es sei das Großartigste gewesen, was sie je auf einer amerikanischen Bühne gesehen hätte.

Ja, sie verdiente wirklich die Probeaufnahmen in Hollywood, und da sie den Wettstreit gewann, sah es ganz danach aus. Manny Fox bestätigte es dann auch: Meine Liebe, sagte er, du hast wirklich das Zeug zu einem Star. Nur verschwand er am nächsten Tag aus der Stadt und ließ nichts zurück als liebenswürdige Versprechungen. Wartet die Post ab, meine Freunde, ihr werdet alle von mir hören. Das sagte er zu den Jungen, deren Geld er eingesteckt hatte, und das sagte er auch zu Miss Bobbit. Dreimal am Tag kommt die Post, und eine beträchtliche Gruppe von Menschen versammelte sich jedesmal vor dem Postamt, eine fröhliche Gruppe zunächst, die nach und nach aber immer trostloser wurde. Wie ihre Hände zitterten, wenn ein Brief in den Kasten fiel. Ein schreckliches Schweigen kam über sie, je mehr Tage vergingen. Jeder wußte, was der andere dachte, aber niemand wagte es auszusprechen, nicht einmal Miss Bobbit. Die Postbotin Patterson sagte es endlich frei heraus. Der Mann ist ein Betrüger, sagte sie, das hab ich mir von Anfang an gedacht, und wenn ich mir noch einen Tag länger eure Gesichter ansehen muß, schieß ich mich tot.

Miss Bobbit war es, die nach vierzehn Tagen endlich den Bann brach. Ihr Blick war so leer geworden, wie man es nie für möglich gehalten hätte. Aber eines Tages dann, als die letzte Post vorbei war, war ihr alter Auftrieb wieder da. «Okay, Jungen, jetzt zur Lynch-Justiz», sagte sie und nahm den ganzen Trupp mit zu sich nach Hause. Das war das erste Treffen des Manny-Fox-Henker-Clubs, einer Organisation, die in einer etwas geselligeren Form bis auf den heutigen Tag fortbesteht, obgleich Manny Fox schon lange festgenommen und, sozusagen, gehenkt worden ist. Das aber ist allein Miss Bobbits Verdienst. Innerhalb einer Woche hatte sie über dreihundert Beschreibungen von Manny Fox verfertigt und diese an die Sheriffs im ganzen Süden geschickt; sie schrieb auch Briefe an die Zeitungen aller bedeutenderen Städte und erregte damit großes Aufsehen. Ein Erfolg war, daß vier der betrogenen Jungen von der United Fruit Company einen gutbezahlten Job angeboten bekamen. Und als der Frühling zu Ende ging und Manny Fox bereits in Uphigh, Arkansas, eingesperrt war, wo er es mit demselben Trick versucht hatte, bekam Miss Bobbit von den Sunbeam-Girls von Amerika eine Auszeichnung für eine gute Tat. Aus irgendeinem Grund legte sie Wert darauf, daß die Welt erfuhr, daß sie keineswegs davon beeindruckt war. «Ich kann der Organisation nicht beipflichten», sagte sie. «Dieses laute Ins-Horn-Blasen! Es zeugt weder von einem guten Herzen noch ist es besonders weiblich. Und was ist denn schließlich eine gute Tat? Laßt euch nicht dumm machen, eine gute Tat ist etwas, was man tut, weil man sich etwas davon verspricht.» Es wäre beruhigend, wenn man berichten könnte, daß sie sich irrte und daß die verdiente Auszeichnung, die sie dann schließlich bekam, aus wirklicher Herzensgüte und Liebe verliehen wurde. Das war aber nicht der Fall. Vor ungefähr einer Woche erhielten die von dem Betrug betroffenen Jungen alle einen Scheck von Manny Fox in der Höhe ihres Verlustes, und mit starrköpfiger Entschlossenheit ging Miss Bobbit zu dem nächsten Treffen des Henker-Clubs, der jetzt nur noch ein Vorwand ist, um an jedem Donnerstag abend Bier zu trinken und zu pokern. «Schaut, Jungen», sagte sie geradeheraus, «keiner von euch hat damit gerechnet, daß er dieses Geld jemals wiedersieht, aber da ihr es jetzt habt, solltet ihr es in etwas Nützliches investieren – in mich zum Beispiel.» Ihr Vorschlag war, daß sie das Geld zusammenlegen sollten, um ihr die Fahrt nach Hollywood zu finanzieren; sie wollte ihnen dafür ihr Leben lang zehn Prozent ihrer Einnahmen geben. Und wenn sie dann ein Star geworden wäre, was bestimmt nicht lange dauern würde, würden sie alle reich werden. «Wenigstens», wie sie sagte, «für eure Begriffe hier.» Keiner von den Jungen hatte Lust dazu: Aber wenn Miss Bobbit einen ansah, was konnte man da schon machen.

Seit Montag regnet es wohltuend, und manchmal schien die Sonne ein wenig. In den Nächten aber war es dunkel und voller Unruhe, von den Blättern tropfte es, in den Kaminen stand das Wasser, man wälzte sich schlaflos hin und her. Billy Bob ist hellwach, seine Augen brennen, aber alles, was er tut, ist wie eingefroren, und seine Zunge ist steif wie ein Glokkenschwengel. Miss Bobbits Fortgehen ist nicht leicht für ihn. Weil sie mehr für ihn war als das. Als was? Als dreizehn Jahre alt zu sein und verrückt vor Liebe. Sie war ein Teil des Seltsamen, das in ihm war, wie der Pekannußbaum, oder daß er Bücher mochte, oder daß er die Menschen so dicht an sich heranließ, daß sie ihm weh tun konnten. Sie gehörte zu den Dingen, die er niemand zeigen konnte. Und in der Dunkelheit rieselte die Musik durch den Regen: Gibt es nicht Nächte, in denen man sie hört, gerade als ob sie Wirklichkeit wäre? Und Nachmittage, an denen sich die Schatten sofort verwischen, und sie kommt und sich über den Rasen breitet wie ein hübsches Seidenband? Sie lächelte Billy Bob an, sie hielt seine Hände und küßte ihn sogar. «Ich sterbe doch nicht», sagte sie. «Du wirst zu uns kommen, wir werden uns einen Berggipfel suchen und dort alle zusammen leben, du und ich und Schwester Rosalba.» Aber Billy Bob wußte, daß das nie geschehen würde, und als nun die Musik durch die Dunkelheit zu ihm herüberkam, vergrub er seinen Kopf im Kissen.

Allein, über dem gestrigen Tag liegt ein seltsames Lächeln, es ist der Tag, an dem sie uns verließ. Um die Mittagszeit kam die Sonne heraus und lockte alle Süßigkeit aus den Glyzinien. Tante Els gelbe Lady Annes blühten wieder, und sie tat etwas Wunderbares, sie erlaubte, daß Billy Bob sie pflückte und Miss Bobbit zum Abschied schenkte. Den ganzen Nachmittag über saß Miss Bobbit auf der Veranda, umgeben von Leuten, die stehenblieben, um ihr alles Gute zu wünschen. Sie sah aus, als ob sie zur Kommunion ginge, sie war ganz in Weiß und hatte einen weißen Sonnenschirm. Schwester Rosalba hatte ihr ein Taschentuch gegeben, aber sie mußte es sich wieder ausleihen, weil sie nicht aufhören konnte zu weinen. Ein kleines Mädchen brachte ein gebratenes Hühnchen, vermutlich sollte es für die Fahrt sein. Nur hatte sie vergessen, es vor dem Braten auszunehmen. Miss Bobbits Mutter sagte, das mache nichts, ein Hühnchen sei ein Hühnchen: Ein denkwürdiger Ausspruch, weil es das einzige Mal war, daß sie je eine Meinung äußerte. Nur etwas störte. Stundenlang trieb sich Preacher Star unten an der Ecke herum, manchmal stand er am Bordstein und spielte mit einem Geldstück, dann versteckte er sich wieder hinter einem Baum, als wolle er nicht, daß ihn irgend jemand sähe. Alle machte er nervös. Ungefähr zwanzig Minuten bevor der Bus eintraf, kam er dahergeschlendert und lehnte sich an unsere Pforte. Billy Bob war noch im Garten und pflückte die Rosen; sie hätten für ein großes Fest gereicht, und ihr Duft war lastend wie die Luft. Preacher sah so lange zu ihm hin, bis er den Kopf hob. Als sie einander ansahen, fing es wieder an zu regnen, es sprühte, ganz fein wie Gischt, und da war ein Regenbogen. Ohne ein Wort zu sagen, ging Preacher hinüber und machte sich daran, Billy Bob zu helfen, die Rosen in zwei riesengroße Sträuße aufzuteilen. Zusammen trugen sie sie dann bis an den Bordstein. Auf der anderen Straßenseite ging es zu wie in einem Wespennest. Aber als Miss Bobbit sie sah, die beiden Jungen, deren Gesichter hinter den Blumen verborgen waren und aussahen wie gelbe Monde, stürzte sie mit ausgebreiteten Armen die Treppe hinunter. Man konnte sehen, was geschehen mußte; wir schrien alle auf, unsere Stimmen fuhren wie Blitze durch den Regen, aber Miss Bobbit lief den Monden aus Rosen entgegen und schien uns nicht zu hören. Und da gescheh es, daß der Sechs-Uhr-Bus sie überfuhr.

(1948)

MASTER MISERY

Ihre hohen Absätze, die durch die marmorne Halle klapperten, ließen sie an das Geräusch von Eiswürfeln denken, die in einem Glas geschüttelt werden; und die Blumen, jene herbstlichen Chrysanthemen in der Vase beim Eingang, sie würden zerbrechen, in gefrorenen Staub zersplittern, wenn man sie berührte, dachte Sylvia; obgleich es in diesem Haus warm war, fast zu warm sogar, war es dennoch kalt, und Sylvia fröstelte, es war kalt wie die schneeweiße, aufgeschwemmte Öde im Gesicht der Sekretärin: Miss Mozart, die sich ganz weiß kleidete wie eine Krankenschwester. Vielleicht war sie es sogar; das könnte natürlich die Lösung sein. Mr. Revercomb, Sie sind wahnsinnig, und dies ist ihre Krankenschwester; sie dachte einen Augenblick darüber nach: und doch, nein. Nun brachte der Diener ihren Schal. Sie war von seiner Schönheit berührt. Er war schlank, so sanft, ein Neger mit fleckiger Haut und rötlichen, unbewegten Augen. Als er die Tür öffnete, erschien Miss Mozart, ihre gestärkte Tracht raschelte kalt in der Halle. «Wir hoffen, daß Sie wiederkommen werden», sagte sie und gab Sylvia einen verschlossenen Umschlag. «Mr. Revercomb war ganz außerordentlich zufrieden.»

Draußen fiel die Dämmerung wie in blauen Flocken herab, und Sylvia ging quer durch die Stadt, durch die Novemberstraßen, bis sie den einsamen oberen Teil der Fifth Avenue erreichte. Es fiel ihr ein, daß sie auch durch den Park nach Hause gehen könnte: Das war fast ein Aufbegehren, denn Henry und Estelle, die ewig auf ihre großstädtische Erfahrung pochten, hatten immer und immer wieder gesagt: «Du hast ja keine Ahnung, Sylvia, wie gefährlich es ist, nach Einbruch der Dunkelheit durch den Park zu gehen; schau, was Myrtle Calisher passiert ist. Wir sind hier nicht in Easton, Liebes.» Das war das zweite, das sie wieder und wieder sagten. Herrgott, sie war schon ganz krank davon. Aber wen kannte sie denn sonst schon noch in New York, außer ein paar Stenotypistinnen bei Snug Fare, einer Handelsgesellschaft für Unterwäsche, bei der sie arbeitete? Oh, es wäre ja alles gut, wenn sie nur nicht bei ihnen wohnen müßte, wenn sie sich irgendwo ein kleines eigenes Zimmer leisten könnte; denn in dieser Wohnung, in der man glaubte, vor lauter Chintz zu ersticken, hatte sie manchmal das Gefühl, sie würde eines Tages beide erwürgen. Warum war sie denn überhaupt nach New York gekommen? Aus welchem Grund sie auch immer gekommen sein mochte – es hatte sich in der Tat allmählich alles ein bißchen verwischt –, mit ein Hauptgrund, Easton zu verlassen, war bestimmt der gewesen, sich von Henry und Estelle zu befreien; oder, besser gesagt, von ihren Doppelgängern, wenn Estelle auch tatsächlich aus Easton stammte, einer Stadt nördlich von Cincinnati. Sie und Sylvia waren zusammen aufgewachsen. Das wirkliche Übel mit Henry und Estelle lag darin, daß sie so sehr miteinander verheiratet waren, daß es schon gar nicht mehr zu ertragen war. Schnucki-Putz und Butzili, und alles hatte einen Namen: Das Telefon hieß Klingel-Tillie, das Sofa Unsere Nelle, das Bett Großer Bär; ja, und dann das Getue mit den Seine-Ihre-Handtüchern, den Er-Sie-Kopfkissen. Es genügte, um einen verrückt zu machen. «Verrückt!» sagte sie laut, der stille Park verschluckte ihre Stimme. Jetzt fühlte sie sich wohl, sie hatte recht getan, hier entlangzugehen, wo der Wind durch die Blätter fegte und die Kreidezeichnungen der Kinder, rosa Vögel, blaue Pfeile und grüne Herzen, beim Schein der eben angezündeten kugelförmigen Lampen aufleuchteten. Aber plötzlich, wie ein Paar unanständiger Worte, erschienen zwei junge Männer auf dem Weg: Sie hatten picklige Gesichter, grinsten, glommen durch die Dämmerung wie drohende Funken, und als Sylvia an ihnen vorbeiging, glaubte sie, in Flammen zu stehen, so als wäre sie mit einem offenen Feuer in Berührung gekommen. Sie kehrten um und folgten ihr an einem verlassenen Spielplatz vorbei, einer von ihnen ließ einen Stock an einem Eisenzaun entlanghüpfen, der andere pfiff: Diese Geräusche um sie herum schwollen an wie das immer stärker werdende Dröhnen einer herannahenden Lokomotive, und als einer der Jungen lachend rief: «He, warum so eilig?» verzerrte sie den Mund, während sie nach Luft rang. Tu es nicht, redete sie sich zu bei dem Gedanken, einfach die Tasche hinzuwerfen und fortzulaufen. In diesem Augenblick aber trat ein Mann, der seinen Hund spazierenführte, aus einem Seitenweg, und sie folgte ihm auf den Fersen bis zum Ausgang. Würde das nicht eine Genugtuung für Henry und Estelle sein, würde es nicht heißen: Haben wir es dir nicht gesagt! wenn sie es ihnen erzählte? Aber was weit schlimmer war, Estelle würde es nach Hause schreiben, und in kurzer Zeit würde ganz Easton davon sprechen, daß sie im Central Park vergewaltigt worden war. Den Rest des Heimweges verbrachte sie damit, New York zu verachten: entsetzliche Anonymität; quietschende Wasserrohre, Licht die ganze Nacht hindurch; unaufhörliche Schritte; Untergrundbahn-Tunnel; numerierte Türen (3 C).

«Pst, Liebes», sagte Estelle, seitlich aus der Küche kommend, «Butzi macht seine Hausarbeit.» Natürlich, Henry, ein Jurastudent von der Columbia University, saß im Wohnzimmer über seinen Büchern, und Sylvia zog auf Estelles Bitte ihre Schuhe aus, bevor sie auf Zehenspitzen hindurchging. Als sie in ihrem Zimmer war, warf sie sich aufs Bett und legte die Hände über die Augen. War der heutige Tag Wirklichkeit gewesen? Miss Mozart und Mr. Revercomb, gab es sie wirklich in jenem großen Haus an der 78th Straße?

«So, Liebes, was war heute los?» Estelle war ohne zu klopfen hereingekommen.

Sylvia richtete sich auf und stützte sich auf ihre Ellbogen. «Nichts. Außer daß ich 97 Briefe getippt habe.»

«Worüber denn, Liebes?» fragte Estelle und nahm Sylvias Haarbürste.

«Zum Teufel, was stellst du dir so vor? Snug Fare, die Unterhose, die unseren führenden Männern der Industrie und Wissenschaft Sicherheit verleiht.»

«Mein Gott, Liebes, sei doch nicht so komisch. Manchmal weiß ich nicht, was mit dir los ist. Du bist so merkwürdig. Autsch! Warum kaufst du dir denn bloß keine neue Bürste. Diese hier ist schon ganz verfilzt mit lauter Haaren ...»

«Die meisten sind von dir.»

«Was hast du gesagt?»

«Nicht so wichtig.»

«Oh, ich dachte, du hättest etwas gesagt. Jedenfalls, wie ich schon sagte, ich wünschte mir, du müßtest nicht mehr in dieses Büro gehen und Tag für Tag, wenn du nach Hause kommst, so kaputt und schlechter Laune sein. Meiner Meinung nach, und ich habe das auch Butzi gerade gestern abend noch gesagt, und er gibt mir hundertprozentig recht, ich sagte: ‹Butzi, ich denke, Sylvia sollte heiraten: Ein Mädchen, das so nervös ist wie sie, braucht ein weniger anstrengendes Leben.› Und es gibt keinen Grund auf dieser Welt, warum du es nicht solltest. Ich meine, vielleicht bist du nicht hübsch im üblichen Sinn, aber du hast schöne Augen und siehst intelligent und zuverlässig aus. Tatsächlich bist du genau der Typ von Mädchen, das zu bekommen jeden berufstätigen Mann glücklich machen würde. Und ich könnte mir denken, daß du ... Sieh, was für ein anderer Mensch aus mir geworden ist, seit ich Henry geheiratet habe. Fühlst du dich nicht einsam, wenn du siehst, wie glücklich wir sind? Ich muß dir sagen, Liebes, nichts ist so, wie nachts im Arm eines Mannes zu liegen und ...»

«Estelle! Um Himmels willen!» Sylvia setzte sich kerzengerade in ihrem Bett auf, ihre Wangen brannten vor Empörung, als hätte sie Rouge aufgelegt. Aber einen Augenblick später biß sie sich auf die Lippen und senkte ihren Blick. «Es tut mir leid», sagte sie, «ich wollte nicht schreien. Nur, bitte, red nicht mehr so.»

«Ist schon gut», sagte Estelle und lächelte verlegen und verwirrt. Dann ging sie hin und gab Sylvia einen Kuß. «Ich versteh schon, Liebes. Es ist ja nur, weil du so völlig am Ende bist. Und ich wette, du hast auch noch nichts gegessen. Komm in die Küche, ich mach dir Rührei.»

Als Estelle ihr die Eier hinstellte, war Sylvia ganz beschämt; trotz allem, Estelle versuchte nett zu sein; und darum sagte sie, als wollte sie alles wiedergutmachen: «Es war doch etwas los heute.» Estelle setzte sich mit einer Tasse Kaffee ihr gegenüber, und Sylvia fing an: «Ich weiß nicht, wie ich es erzählen soll. Es ist so merkwürdig. Aber – na schön, zum Lunch war ich heute im Automaten, ich saß mit diesen drei Männern zusammen an einem Tisch. Ich hätte aber ebensogut unsichtbar sein können, weil sie über die intimsten Dinge sprachen. Einer von ihnen erzählte, daß seine Freundin ein Kind bekäme und er nicht wüßte, woher er das Geld nehmen sollte, um etwas dagegen zu tun. Ein anderer fragte ihn, warum er nicht irgend etwas verkaufe. Er antwortete, daß er nichts besäße, was er verkaufen könnte. Worauf der dritte (er hatte ein recht gutes Benehmen und sah gar nicht so aus, als ob er zu den anderen gehörte) sagte, daß es etwas gäbe, was er verkaufen könne: Träume. Sogar ich lachte, aber der Mann schüttelte den Kopf und sagte ernst: Nein, es sei vollkommen wahr, die Tante seiner Frau, Miss Mozart, arbeite bei einem reichen Herrn, der Träume kaufe, richtige Nacht-Träume von jedermann. Und er schrieb den Namen und die Adresse des Herrn auf und gab sie seinem Freund; der ließ sie aber einfach auf dem Tisch liegen. Das sei ihm zu verrückt, sagte er.»

«Mir auch», warf Estelle ein und tat ein bißchen moralisch.

«Ich weiß nicht», sagte Sylvia und zündete sich eine Zigarette an. «Es ging mir nicht aus dem Kopf. Der Name, der auf dem Zettel stand, lautete A. F. Revercomb und die Adresse East Seventyeighth Street. Ich sah ihn nur einen Moment flüchtig an, aber es war ... ich weiß nicht, ich schien es nicht vergessen zu können. Ich fing an, davon Kopfschmerzen zu bekommen. So ging ich vor der Zeit aus dem Büro fort ...»

Langsam und mit Nachdruck stellte Estelle ihre Kaffeetasse hin. «Hör mal, Liebes, du willst doch nicht sagen, daß du zu ihm gegangen bist, zu diesem Revercomb-Idioten?»

«Ich hatte nicht die Absicht», sagte Sylvia, plötzlich verwirrt. Sie erkannte jetzt, daß es ein Fehler gewesen war, den Versuch zu machen, darüber zu sprechen. Estelle hatte keine Phantasie, sie würde es niemals verstehen. So wurden ihre Augen ganz schmal, wie immer, wenn sie eine Lüge ersann. «Ich war wirklich nicht da», sagte sie obenhin. «Ich machte mich zwar auf den Weg, aber dann kam mir zum Bewußtsein, wie verrückt es war, und ich ging statt dessen spazieren.»

«Das war vernünftig», sagte Estelle, während sie das Geschirr ins Spülbecken stellte. «Stell dir vor, was alles hätte passieren können. Träume kaufen! Wer hat so etwas je gehört! Oh, Liebes, wir sind hier nicht in Easton.»

Bevor Sylvia zu Bett ging, nahm sie eine Schlaftablette, etwas, was sie selten tat, aber sie wußte, daß sie sonst nie zur

Ruhe kommen würde mit ihren erregten, purzelbaumschlagenden Gedanken; dann empfand sie auch eine seltsame Traurigkeit, sie hatte das Gefühl eines Verlustes, als ob sie das Opfer eines richtigen oder auch eines moralischen Diebstahls geworden wäre, als ob die jungen Männer, denen sie im Park begegnet war (hastig knipste sie das Licht an), tatsächlich ihre Tasche gestohlen hätten. Der Umschlag, den Miss Mozart ihr gegeben hatte: Er war in der Tasche, bis jetzt hatte sie ihn vergessen. Sie riß ihn auf. Es war ein blauer Briefbogen darin, in dem ein Geldschein lag; auf dem Bogen stand: Fünf Dollar, gezahlt für einen Traum. Und nun glaubte sie es; es war wahr, sie hatte Mr. Revercomb einen Traum verkauft. War das wirklich so einfach? Sie lachte ein wenig, als sie das Licht wieder auslöschte. Wenn sie nur zweimal in der Woche einen Traum verkaufte, man bedenke, was sie dann anfangen konnte: Ein Plätzchen irgendwo ganz für mich allein, dachte sie in Schlaf sinkend; Behagen flackerte über sie hin wie ein Feuerschein, und dann kam der Augenblick, in dem die Bilder undeutlich wurden wie aus einer Laterna magica, tief und tiefer. Seine Lippen, seine Arme kamen zu ihr herab, sie sah sie wie durch ein Fernrohr; angewidert stieß sie die Bettdecke zurück. Waren diese kalten Männerarme die Arme, von denen Estelle gesprochen hatte? Mr. Revercombs Lippen berührten leicht ihr Ohr, als er sich weit in ihren Schlaf neigte. Erzählen Sie mir? flüsterte er.

Eine Woche verging, ehe sie ihn wiedersah, an einem Sonntag nachmittag Anfang Dezember. Sie hatte die Wohnung in der Absicht verlassen, sich einen Film anzusehen, aber auf irgendeine Weise, als wäre es ohne ihr Wissen geschehen, fand sie sich in der Madison Avenue wieder, zwei Häuserblocks von Mr. Revercomb entfernt. Es war ein kalter Tag mit einem silbergrauen Himmel und einem Wind, der scharf und reißend war wie Stockrosen; in den weihnachtlich geschmückten Schaufenstern funkelten Eiszapfen in Bergen von glitzerndem Schnee: alles nur zu Sylvias Qual, denn sie haßte Feiertage, Zeiten, in denen man am einsamsten ist. In einem Fenster sah sie ein Schauspiel, das sie stehenbleiben ließ. Es war ein lebensgroßer künstlicher Nikolaus; während er sich auf den Leib schlug, schwankte er nach rückwärts und vorwärts in einer wahnsinnigen elektrischen Lustigkeit. Man konnte durch die dicke Glasscheibe sein quiekendes, rasendes Gelächter hören. Je länger sie zuschaute, desto teuflischer erschien er ihr, bis sie sich endlich mit Schaudern abwandte und ihren Weg in die Straße nahm, in der sich Mr. Revercombs Haus befand. Von außen war es ein gewöhnliches Stadthaus, vielleicht eine Kleinigkeit weniger gepflegt, weniger imposant als mancher andere, aber dennoch relativ großartig. Der winterwelke Efeu krümmte sich über die wie mit Blei übergossenen Fensterscheiben und kroch mit Polypenarmen über die Tür; zu beiden Seiten der Tür standen zwei kleine steinerne Löwen mit blinden, abgebröckelten Augen. Sylvia holte tief Luft, dann läutete sie. Mr. Revercombs bleicher, bezaubernder Neger erkannte sie mit höflichem Lächeln wieder.

Beim vorigen Besuch war sie in dem Zimmer, in dem sie darauf gewartet hatte, von Mr. Revercomb empfangen zu werden, allein gewesen. Dieses Mal waren noch andere Leute da, Frauen von verschiedenem Aussehen und ein übermäßig nervöser junger Mann mit Stechmücken-Augen. Wäre diese Gruppe das gewesen, wonach sie aussah, nämlich Patienten in dem Wartezimmer eines Arztes, dann hätte man ihn entweder für einen Mann gehalten, der gerade Vater werden sollte, oder für einen vom Veitstanz Besessenen. Sylvia saß neben ihm, und mit einer rasenden Geschwindigkeit zogen seine ruhelosen Augen sie förmlich aus: Aber was er auch immer sah, es interessierte ihn offenbar sehr wenig, und Sylvia war froh, als er sich wieder seinen fahrigen Bewegungen überließ. Nach und nach kam ihr zum Bewußtsein, welches Interesse die Versammelten an ihr zu nehmen schienen; bei dem trüben, dämmrigen Licht in dem mit Pflanzen überfüllten Raum waren ihre musternden Blicke härter als die Stühle, auf denen sie saßen; eine Frau war besonders unbarmherzig. Normalerweise hatte sie wohl ein ganz gewöhnlich liebenswürdiges und sanftes Gesicht, aber jetzt, da sie Sylvia anschaute, war es häßlich von Mißtrauen und Eifersucht. Als ob sie versuchte, irgendein Tier zu zähmen, das plötzlich mit bleckenden Zähnen hätte aufspringen können, so saß sie da und streichelte einen von Motten zerfressenen Pelzkragen; ihr Starren setzte seine Angriffe fort, bis der einem Erdbeben gleichende Schritt von Miss Mozart in der Halle zu hören war. Plötzlich, als wären es erschreckte Schüler, zerfiel die Gruppe wieder in einzelne Persönlichkeiten, die von ihren Stühlen aufsprangen. «Sie, Mr. Poker», sagte Miss Mozart wie anklagend, «Sie sind der Nächste!» Und Mr. Poker folgte ihr händeringend und mit nervös zuckenden Augen. In dem dämmrigen Raum ließen sich die Anwesenden wieder nieder wie Sonnenstäubchen.

Es fing dann an zu regnen; von den abtauenden Fenstern zitterten reflektierte Bilder auf den Wänden. Und Mr. Revercombs junger Diener, der langsam durch das Zimmer glitt, schürte das Feuer im Kamin und stellte Teegeschirr auf einen Tisch. Sylvia, die dem Feuer am nächsten saß, wurde schläfrig von der Wärme und dem Geräusch des Regens; ihr Kopf kippte zur Seite, sie schloß die Augen, schlief aber weder, noch war sie richtig wach. Eine lange Zeit zerkratzte nur das kristallene Ticken einer Uhr die polierte Stille in Mr. Revercombs Haus. Und dann gab es jäh einen ungeheuren Aufruhr in der Halle, der das Zimmer in eine Raserei von Lauten stürzte. Eine bullentiefe Stimme, ordinär wie schreiendes Rot, brüllte: «Oreilly aufhalten? Dieser Diener mit seiner Ballett-Figur, oder wer sonst noch?» Der Besitzer der Stimme, ein faßförmiger, ziegelroter kleiner Mann, bahnte sich seinen Weg bis zur Schwelle des Wartezimmers, wo er stehenblieb, von einem Fuß auf den anderen schwankend, er war betrunken. «Gut, gut, gut», sagte er und seine ginheisere Stimme kletterte die ganze Tonleiter herunter, «und all diese Damen vor mir? Aber Oreilly ist ein Gentleman, Oreilly wartet, bis er dran ist.»

«Nicht hier, hier nicht», sagte Miss Mozart, die sich von hinten an ihn herangeschlichen hatte, und packte ihn fest beim Kragen. Sein Gesicht wurde noch röter, und seine Augen quollen heraus: «Sie würgen mich ab», keuchte er, aber Miss Mozart, deren grünlichbleiche Hände stark waren wie Eichenwurzeln, zog seine Krawatte noch fester zusammen und wirbelte ihn zur Tür hin, die gleich darauf mit einem Knalleffekt zuschlug. Eine Teetasse schepperte, und trockene Dahlienblätter fielen herab. Die Dame mit dem Pelz schob sich ein Aspririn in den Mund. «Ekelhaft», sagte sie und alle anderen, außer Sylvia, lachten leise und bewundernd, als Miss Mozart vorüberschritt und sich die Hände abstäubte.

Es regnete in Strömen, als Sylvia Mr. Revercombs Haus

verließ. Sie sah sich in der verlassenen Straße nach einem Taxi um; es war jedoch keins da und auch kein Mensch; doch, einer war da, der betrunkene Mann, der den Aufruhr verursacht hatte. Wie ein einsames Großstadtkind lehnte er an einem parkenden Auto und ließ einen Gummiball auf- und niederspringen.

«Schau her, Kind», sagte er zu Sylvia, «schau her, eben hab ich diesen Ball gefunden. Glaubst du, daß das Glück bringt?» Sylvia lächelte ihn an; denn trotz seiner Prahlerei kam er ihr ziemlich harmlos vor, und irgend etwas hatte er in seinem Gesicht, eine grinsende Traurigkeit, die an einen ungeschminkten Clown erinnerte. Mit seinem Ball jonglierend, hüpfte er hinter ihr her, als sie in Richtung Madison Avenue vorausging. «Ich wette, ich habe mich dort wie ein Narr benommen», sagte er. «Wenn ich so etwas getan habe, möchte ich mich am liebsten hinsetzen und weinen.»

Das lange Stehen im Regen schien ihn beträchtlich ernüchtert zu haben. «Aber sie hätte mich nicht so würgen sollen; verdammt, sie ist zu grob. Ich kenn ein paar rohe Weiber: Meine Schwester Berenice konnte dem wildesten Bullen das Zeichen einbrennen; aber die hier, das ist die Schlimmste von allen. Merk dir, Oreillys Ehrenwort, sie wird noch auf dem elektrischen Stuhl landen», sagte er und schmatzte mit den Lippen. «Die haben gar keinen Grund, mich so zu behandeln. Es ist sowieso alles nur seine Schuld. Ich hatte von Anfang an schon nicht so schrecklich viel, aber er nahm mir noch das bißchen, und nun habe ich nichts mehr, *niente*, Kind, *niente*.»

«Das ist sehr schlimm», sagte Sylvia, obgleich sie nicht wußte, wofür sie Mitgefühl zeigte. «Sind Sie ein Clown, Mr. Oreilly?»

«War einer», sagte er.

Mittlerweile hatten sie die Allee erreicht, aber Sylvia schaute sich nicht einmal mehr nach einem Taxi um; sie wollte weiter so durch den Regen gehen mit dem Mann, der ein Clown gewesen war. «Als ich noch klein war, mochte ich nur Clown-Puppen», erzählte sie ihm. «In meinem Zimmer zu Haus sah es aus wie im Zirkus.»

«Ich bin auch noch anderes gewesen als ein Clown. Ich hab auch als Vertreter für eine Lebensversicherung gearbeitet.»

«Oh?» sagte Sylvia enttäuscht. «Und was machen Sie im Augenblick?»

Oreilly kicherte und warf seinen Ball besonders hoch; als er ihn wieder aufgefangen hatte, blieb sein Kopf schräg nach oben gewandt. «Ich seh mir den Himmel an», sagte er. «Dort wandre ich mit meinem Koffer durchs Blaue. Dort streicht man herum, wenn man sonst nirgendwohin gehen kann. Aber was tu ich auf diesem Planeten? Ich hab gestohlen, gebettelt und meine Träume verkauft – alles nur für Whisky. Ein Mann kann nicht durchs Blaue wandern ohne eine Flasche. Das bringt uns auf eine Frage: Was würdest du sagen, Baby, wenn ich mir einen Dollar von dir leihen würde?»

«Ich würde es nett finden», antwortete Sylvia und hielt inne, unsicher, was sie nun weiter sagen sollte. Sie schlenderten ganz langsam dahin, der strömende Regen schloß sie ein, und sie standen wie unter einem isolierenden Druck; es war, als ob sie mit einer Puppe aus ihrer Kinderzeit spazierenginge, einer lebensgroßen Puppe voller Zauber und besonderer Fähigkeiten; sie tastete nach seiner Hand und hielt sie fest: lieber Clown, der durchs Blaue wandert. «Aber ich hab keinen Dollar. Ich hab nur noch siebzig Cent.»

«Macht nichts», sagte Oreilly. «Aber ehrlich, ist das der Preis, den er neuerdings bezahlt?»

Sylvia wußte, wen er meinte. «Nein, nein – wirklich, ich hab ihm keinen Traum verkauft.» Sie machte nicht den Versuch, es zu erklären; sie verstand es selbst nicht. Der grauen Undurchsichtigkeit Mr. Revercombs gegenüber (er schien unfehlbar, genau wie eine Waage, war von Eau de Cologne umgeben, das nach Krankenhaus roch; seine flachen grauen Augen schienen wie Samen in die Anonymität seines Gesichts gepflanzt, das aussah, als wäre es mit stahltrüben Linsen versiegelt), ihm gegenübersitzend, konnte sie sich an keinen Traum mehr erinnern, und so erzählte sie von zwei Dieben, die sie durch einen Park verfolgt hatten, an den Schaukeln eines Spielplatzes vorbei.

«Halt, sagte er, machen wir Schluß, es gibt Träume und Träume, das ist kein richtiger, das ist einer, den Sie erfunden haben! Nun, was glauben Sie, woher er das wußte? Ich erzählte ihm dann einen anderen Traum; es handelte von ihm, er hielt mich in einer Nacht voller steigender Ballons und fallender Monde im Arm. Er sagte, er sei nicht interessiert an Träumen, in denen er selbst vorkommt.»

Miss Mozart, die die Träume mitstenografierte, wurde angewiesen, den nächsten zu rufen. «Ich glaube nicht, daß ich dort noch einmal hingehen werde», sagte sie.

«Du wirst», sagte Oreilly. «Sieh mich an, sogar ich geh wieder hin, und er hat schon seit langem mit mir Schluß gemacht, der Master Misery.»

«Master Misery? Warum nennen Sie ihn so?»

Sie hatten die Ecke erreicht, wo der wahnsinnige Nikolaus torkelte und brüllte. Sein Gelächter hallte in der regennassen, quietschenden Straße wider, und sein Schatten schwankte auf dem Pflaster in Regenbogenfarben hin und her. Oreilly wandte sich von dem Nikolaus ab, lächelte und sagte: «Ich nenne ihn Master Misery auf Grund dessen, was er ist. Master Misery. Du nennst ihn vielleicht nur irgendwie anders; jedenfalls ist es derselbe Bursche, und du mußt ihn kennen. Alle Mütter erzählen ihren Kindern von ihm: Er lebt in hohlen Bäumen, er kommt durch den Schornstein spät in der Nacht, lungert auf Friedhöfen herum, und man kann seine Schritte auf dem Speicher hören. Dieser Sohn einer Hündin, er ist ein Dieb und eine Gefahr: Er nimmt einem alles, was man hat, läßt einem nichts, nicht einmal die Träume. Ha!» Er schrie und lachte lauter als der Nikolaus.

«Weißt du nun, wer es ist?»

Sylvia nickte. «Ich weiß, wer er ist. Bei uns nannte man ihn irgendwie anders. Aber ich kann mich nicht mehr erinnern wie. Es ist schon so lange her.»

«Aber du erinnerst dich an ihn?»

«Ja, ich erinnere mich an ihn.»

«Dann nenn ihn Master Misery», sagte er und ging mit seinem Ball spielend ohne sie weiter. Seine Stimme schwebte allmählich nur noch wie eine Motte in der Luft: «Mas - ter Mis - er - y ...»

Es war schwer, Estelle anzusehen, weil sie vor einem Fenster stand, durch das die Sonne hereinschien, die Sylvias Augen weh tat, und die Scheiben klirrten im Wind, wovon ihr der Kopf schmerzte. Außerdem hielt Estelle eine Standpauke. Ihre näselnde Stimme klang, als sei ihre Kehle ein Abladeplatz für rostige Rasierklingen. «Ich wünschte, du könntest dich sehen», sagte sie. Oder hatte sie das schon vor einer ganzen Weile gesagt? Es war ja gleich. «Ich weiß nicht, was mit dir passiert ist: Ich wette, du wiegst keine hundert Pfund mehr, jeden Knochen und jede Ader kann man sehen, und dein Haar! Du siehst aus wie ein Pudel.»

Sylvia strich sich mit der Hand über die Stirn. «Wie spät ist es, Estelle?»

«Es ist vier», sagte sie, sich nur so lange unterbrechend, um auf die Uhr zu schauen. «Aber, wo ist deine Uhr?»

«Ich hab sie verkauft», sagte Sylvia, zu müde, um zu lügen. Darauf kam es auch schon nicht mehr an. Sie hatte so vieles verkauft einschließlich ihres Biberpelzmantels und der Abendtasche aus Netzgold.

Estelle schüttelte den Kopf. «Ich geb es auf, Liebes, ich geb es einfach auf. Und das war die Uhr, die deine Mutter dir zum Examen geschenkt hat. Es ist eine Schande», sagte sie und machte ein Geräusch mit dem Mund wie eine alte Jungfer, «schade und eine Schande. Ich werde nie verstehen, warum du von uns fortgegangen bist. Es ist natürlich deine Sache; nur, wie hast du uns verlassen können wegen dieses... dieses...?»

«Häßlichen Lochs», kam Sylvia ihr zu Hilfe, absichtlich diesen Ausdruck gebrauchend. Es war ein möbliertes Zimmer im Osten, zwischen Second und Third Avenue. Groß genug für eine Bettcouch und einen abgesplitterten alten Schreibtisch mit einem Spiegel, der aussah wie ein Auge, das den grauen Star hat; es hatte ein Fenster, das auf einen großen freien Platz hinausging (am Nachmittag konnte man hier die rauhen Stimmen wild umherlaufender Jungen hören), und in der Ferne stand wie ein Ausrufungszeichen am Himmel der schwarze Schornstein einer Fabrik. Dieser Schornstein kam häufig in ihren Träumen vor; er verfehlte nie, Miss Mozart in Bewegung zu bringen: «Phallisch, phallisch», murmelte sie dann jedesmal und sah von ihrem Stenogramm auf. Der Boden des Zimmers war ein Abfallhaufen, der aus angefangenen und nie zu Ende gelesenen Büchern bestand, aus alten Zeitungen, sogar Apfelsinenschalen lagen herum, Obstreste, Unterwäsche und eine ausgeschüttete Puderdose.

Estelle bahnte sich in diesem Durcheinander den Weg und

setzte sich auf die Couch. «Liebes, du kannst es nicht wissen, aber ich hab mich wahnsinnig um dich gesorgt. Ich meine, ich hab schon meinen Stolz und all das, und wenn du mich nicht magst, gut, okay; aber du hast kein Recht, so wegzubleiben und über einen Monat nichts von dir hören zu lassen. Heute sagte ich zu Butzi: ‹Butzi, ich hab das Gefühl, als ob etwas Schreckliches mit Sylvia passiert ist.› Du kannst dir vorstellen, wie mir war, als ich in deinem Büro anrief und man mir sagte, du hättest dort schon seit vier Wochen nicht mehr gearbeitet. Was ist geschehen? Bist du geflogen?»

«Ja, ich bin geflogen.» Sylvia fing an, sich aufzusetzen. «Bitte, Estelle – ich muß mich fertig machen; ich hab eine Verabredung.»

«Sei still. Du wirst nicht fortgehen, bis ich weiß, was mit dir los ist. Die Wirtin unten hat mir erzählt, daß man dich beim Schlafwandeln gefunden hat ...»

«Was denkst du dir dabei, mit ihr zu reden? Warum spionierst du mir nach?»

Estelles Augen zogen sich zusammen, als ob sie anfangen wollte zu weinen. Sie legte ihre Hand auf die Sylvias und streichelte sie sanft.

«Sag, Liebes, steckt ein Mann dahinter?»

«Ja, es steckt ein Mann dahinter», sagte Sylvia und war nahe daran, zu lachen.

«Du hättest vorher zu mir kommen sollen», seufzte Estelle. «Ich kenne die Männer. Deshalb brauchst du dich doch nicht zu schämen. Ein Mann kann in einer Weise mit einer Frau umgehen, daß sie alles sonst vergißt. Wenn Henry nicht der anständige, ehrliche zukünftige Rechtsanwalt wäre, der er ist, nun, ich würde ihn auch dann lieben und Dinge für ihn tun, von denen ich vorher, bevor ich wußte, was es bedeutet, mit einem Mann zu leben, gedacht habe, daß sie empörend und schrecklich seien. Aber, Liebes, dieser Mensch, mit dem du dich eingelassen hast, er nutzt dich aus.»

«Es ist keine solche Beziehung», sagte Sylvia, stand auf und machte ein Paar Strümpfe in dem Durcheinander ihrer Schreibtisch-Schubfächer ausfindig. «Es hat nicht das mindeste mit Liebe zu tun. Vergiß es. Wirklich, geh nach Haus und vergiß mich.»

Estelle sah sie prüfend an. «Ich hab Angst um dich, Sylvia;

ich hab wirklich Angst um dich.» Sylvia lachte und zog sich weiter an. «Erinnerst du dich, daß ich dir vor einiger Zeit sagte, du solltest heiraten?»

«Uuuh. Nun hör du mir einmal zu.» Sylvia drehte sich herum; in ihrem Mund steckte eine Reihe Haarklemmen; sie zog eine nach der anderen heraus, während sie weitersprach. «Du redest übers Heiraten, als ob es die einzig mögliche Lösung wäre; na schön, bis zu einem gewissen Grad geb ich dir recht. Sicher, ich möchte geliebt werden; wer zum Teufel möchte das nicht? Aber selbst wenn ich gewillt wäre, Kompromisse zu schließen, wo ist der Mann, den ich heiraten könnte? Glaub mir, er muß in ein Mannloch gefallen sein. Ich meine es ernst, wenn ich sage, daß es in New York keine Männer gibt – und selbst wenn es solche gäbe, wie trifft man sie? Jeder Mann, den ich bisher getroffen habe und der auch nur ein bißchen anziehend zu sein schien, war entweder schon verheiratet, zu arm, um zu heiraten, oder homosexuell. Und überhaupt ist dies hier keine Umgebung, in der man sich verlieben könnte; hier sollte man herkommen, wenn man vom Verliebtsein genug hat. Sicher, ich glaub schon, daß ich irgendwen heiraten könnte; aber will ich das? Will ich das denn?»

Estelle zuckte die Achseln. «Ja, was willst du denn überhaupt?»

«Mehr als mir zukommt.» Sie steckte die letzte Haarklammer an ihren Platz, dann strich sie sich die Augenbrauen vor dem Spiegel glatt. «Ich habe eine Verabredung, Estelle, und es ist jetzt Zeit, daß du gehst.»

«Ich kann so nicht von hier fortgehen», sagte Estelle, mit ihrer Hand hilflos durchs Zimmer weisend. «Sylvia, du warst von Kindheit an meine Freundin.»

«Das ist es gerade: Wir sind keine Kinder mehr; jedenfalls ich nicht. Nein, ich möchte, daß du nach Hause gehst, und ich möchte nicht, daß du jemals wieder hierherkommst. Ich möchte, daß du mich vergißt.»

Estelle fuhr sich mit dem Taschentuch über die Augen, und in der Zeit, die sie brauchte, um bis zur Tür zu kommen, weinte sie laut. Sylvia konnte sich keine Gewissensbisse leisten: Nachdem sie nun schon gemein gewesen war, blieb nichts anderes übrig, als noch gemeiner zu sein. «Geh», sagte sie, Estelle in das Treppenhaus folgend, «und schreib irgendeinen Blödsinn über mich nach Hause, wenn du willst!» Einen Klagelaut ausstoßend, der die anderen Mieter an ihre Türen trieb, floh Estelle die Treppe hinunter.

Danach ging Sylvia in ihr Zimmer zurück, sie lutschte ein Stück Zucker, um den bitteren Geschmack in ihrem Mund zu verlieren. Es war ein Rezept ihrer Großmutter gegen schlechte Laune. Dann kniete sie sich hin und zog unter dem Bett eine Zigarrenkiste hervor, die sie dort versteckt hielt. Wenn man die Kiste öffnete, hörte man die selbstgemachte, ein bißchen verworrene Melodie des Liedes: *Oh, wie haß ich es am Morgen aufzustehn.* Ihr Bruder hatte diese Spieldose selbst gebastelt und sie ihr zu ihrem vierzehnten Geburtstag geschenkt. Als sie den Zucker gegessen hatte, hatte sie an ihre Großmutter gedacht, als sie diese Melodie hörte, mußte sie an ihren Bruder denken; die Zimmer des Hauses, in dem sie gewohnt hatten, kreisten vor ihren Blicken, alles war dunkel, nur sie bewegte sich wie ein Licht in ihnen: die Treppen hinauf und hinunter, sie ging aus und ein, spürte die Süßigkeit des Frühlings, lila Schatten zogen durch die Luft und dann das Knarren einer Schaukel auf der Veranda. Alles vorbei, dachte sie und rief ihre Namen, und jetzt bin ich vollkommen allein. Die Musik war zu Ende. Aber in ihrem Kopf ging sie weiter; sie übertönte das Kindergeschrei auf dem freien Platz draußen. Und sie störte sie beim Lesen. Sie las in einem kleinen tagebuchartigen Heft, das sie in der Kiste versteckt hielt. In dieses Heft schrieb sie das Wesentliche ihrer Träume; sie waren jetzt endlos, und es war so schwer, sie zu behalten. Heute würde sie Mr. Revercomb von den drei blinden Kindern erzählen. Es würde ihm gefallen. Die Preise, die er zahlte, schwankten, und sie war überzeugt, daß dies mindestens ein Zehn-Dollar-Traum war. Die Melodie der Spieldose verfolgte sie die Treppe hinunter und durch die Straßen, und sie sehnte sich danach, sie zu vergessen.

In dem Laden, in dem der Nikolaus gewesen war, hatte man jetzt eine neue, ähnlich entnervende Auslage. Sogar wenn Sylvia es eilig hatte, um zu Mr. Revercomb zu kommen, wie im Augenblick, fühlte sie sich dennoch gezwungen, an diesem Fenster stehenzubleiben. Ein Mädchen aus Gips mit leuchtenden Glasaugen saß auf einem Fahrrad und trat in wahnsinnigem Tempo die Pedale; obgleich die Radspeichen zum

Schwindligwerden herumwirbelten, rührte sich das Rad natürlich nicht von der Stelle: Trotz all der Anstrengung kam das arme Mädchen nicht vom Fleck. Es war eine mitleiderregende menschliche Situation, und Sylvia konnte sie so haargenau auf sich selbst beziehen, daß sie jedesmal einen richtigen Schlag spürte. Die Spieldose marterte immer noch ihren Kopf: Die Melodie, ihr Bruder, das Haus, ein Ball der High School, das Haus, die Melodie! Konnte Mr. Revercomb sie nicht auch hören? Sein durchdringender Blick war voll verhaltenem Mißtrauen. Aber er schien mit ihrem Traum zufrieden, und als sie fortging, gab Miss Mozart ihr einen Umschlag mit zehn Dollar.

«Ich hab einen Zehn-Dollar-Traum gehabt», erzählte sie Oreilly, und Oreilly rieb sich die Hände, sagte: «Fein! Das ist mein Glück, Baby, du hättest vorher hier sein sollen, ich hab was Schreckliches getan. Ich ging in ein Spirituosen-Geschäft, ein Stückchen von hier weg, schnappte mir eine Liter-Flasche und rannte auf und davon.» Sylvia glaubte ihm nicht, bis er eine Flasche Bourbon aus seinem mit Sicherheitsnadeln zusammengehaltenen Mantel hervorholte, sie war schon halb leer. «Du wirst dich noch eines Tages ins Unglück bringen», sagte sie, «und was soll dann aus mir werden? Ich weiß nicht, was ich ohne dich tun soll.» Oreilly lachte und goß sich einen Schluck Whisky in ein Wasserglas. Sie saßen in einer die ganze Nacht hindurch geöffneten Selbstbedienungsgaststätte, einem riesigen, grellen Nahrungsmitteldepot, das mit blauen Spiegeln und rohen Wandgemälden belebt war. Obgleich Sylvia fand, daß es ein gräßliches Lokal war, trafen sie sich hier häufig zum Abendessen, aber selbst wenn sie es sich hätte leisten können, sie hätte nicht gewußt, wo sie sonst hätten hingehen sollen, denn sie boten zusammen einen merkwürdigen Anblick: ein junges Mädchen und ein torkelnder, angetrunkener Mann. Sogar hier starrten die Leute sie oft an; wenn jemand sie zu lange anschaute, richtete sich Oreilly mit Würde auf und sagte: «Hallo, Schatzi, kennen wir uns nicht? Arbeitest du immer noch in der Herren-Toilette?» Aber gewöhnlich ließ man sie in Ruhe, und manchmal saßen sie bis zwei oder drei Uhr morgens zusammen und sprachen miteinander.

«Es ist gut, daß die andern von Master Miserys Meute nicht wissen, daß er dir die zehn Dollar gegeben hat. Irgendeiner würde bestimmt sagen, du hättest den Traum gestohlen. Mir ist das mal passiert. Der Neid fraß sie schier auf. Nie hab ich so viel Gauner auf einem Haufen gesehen, sie waren schlimmer als Schauspieler oder Clowns oder Kaufleute. Eigentlich wahnsinnig, wenn man überlegt; man quält sich, ob man schlafen wird, ob man einen Traum haben wird, ob man sich an den Traum auch erinnern wird. Das geht immer im Kreis herum. Bekommt man ein paar Dollar, stürzt man sich in das nächste Schnapsgeschäft – oder zum nächsten Schlaftabletten-Automaten. Und ehe man sich umsieht, ist man in der Sch... gasse gelandet. Ja, Baby, weißt du, was das ist? Das ist eben das Leben!»

«Nein, Oreilly, so ist das nicht. Das hat überhaupt nichts mit Leben zu tun. Es ist eher wie Totsein. Mir ist, als ob man mir alles fortnähme, als ob ein Dieb mich bis aufs Hemd ausraubte. Oreilly, ich sag dir etwas, ich hab kein bißchen Ehrgeiz mehr, und früher hatte ich so viel. Ich versteh das nicht, und ich weiß nicht, was ich tun soll.»

Er grinste. «Und du sagst, das ist nicht wie das Leben? Wer versteht denn das Leben, und wer weiß schon, was er tun soll?»

«Bleib ernst», sagte sie. «Bleib ernst, tu den Whisky fort und iß deine Suppe, bevor sie eiskalt wird.» Sie zündete sich eine Zigarette an, der Rauch kam ihr in die Augen und verstärkte die Falten auf ihrer Stirn. «Wenn ich nur wüßte, was er mit den getippten und einsortierten Träumen will. Was macht er damit? Du hast recht, wenn du sagst, er ist der Master Misery... Er kann nicht nur einfach so ein Scharlatan sein; so sinnlos kann es nicht sein. Aber warum will er gerade Träume? Hilf mir, Oreilly, überleg doch, überleg doch mal: Was hat das zu bedeuten?»

Oreilly blinzelte mit einem Auge und goß sich noch ein Glas voll; sein clownhaft verzerrter Mund verhärtete sich und bekam einen Zug gelehrter Korrektheit. «Diese Frage ist eine Million Dollar wert, Kind. Warum fragst du nicht etwas Leichteres, wie man eine gewöhnliche Erkältung kuriert – zum Beispiel? Ja, Kind, was hat es zu bedeuten? Ich hab schon oft darüber nachgedacht. Ich hab darüber nachgedacht, wenn ich bei einer Frau lag, und mitten bei einer Partie Poker.» Er goß den Whisky die Kehle hinunter und schüttelte sich. «Nun, irgendein Laut kann einen Traum auslösen; der Lärm eines Autos, das nachts vorbeifährt, kann Hunderte von Schlafenden in die tiefsten Schichten ihres Selbst versenken. Es ist komisch, an das eine Auto zu denken, das durch die Dunkelheit rast und so viele Träume nach sich zieht. Das Geschlecht, ein plötzlicher Wechsel der Beleuchtung, eine unbequeme Lage, das alles sind kleine Schlüssel, die unser Inneres auch öffnen können. Aber zu den meisten Träumen kommt es, weil Furien in uns sind, die all die Türen aufsprengen. Ich glaube nicht an Jesus Christus, aber ich glaube an die menschliche Seele; und ich stell es mir so vor, Baby: In den Träumen äußert sich die Seele, sie enthalten die geheime Wahrheit über uns. Nun hat der Master Misery vielleicht keine Seele, und da borgt er sich nach und nach die deine, er stiehlt sie, wie er dir deine Puppen stehlen könnte oder den Hühnerflügel von deinem Teller. Hunderte von Seelen sind durch ihn hindurchgegangen und in einem Ordner gelandet.»

«Oreilly, sei ernst», sagte sie wieder und war ärgerlich, weil sie dachte, er mache nur Spaß. «Und schau, deine Suppe ist ...» jäh hielt sie inne, durch Oreillys eigenartigen Gesichtsausdruck erschreckt. Er sah zum Eingang. Drei Männer standen da, zwei Polizisten und einer in Zivil, er hatte einen Kittel an, wie ihn die Verkäufer tragen. Der Verkäufer zeigte auf ihren Tisch. Oreillys Augen kreisten durch den Raum mit der Verzweiflung eines Gefangenen; dann seufzte er, lehnte sich in seinem Stuhl zurück und goß sich großspurig noch ein Glas voll. «Guten Abend, meine Herren», sagte er, als die amtlichen Personen ihm gegenüberstanden, «wollen Sie ein Gläschen mit uns trinken?»

«Sie können ihn nicht einsperren», schrie Sylvia, «man kann doch einen Clown nicht einsperren!» Sie warf ihnen ihren Zehn-Dollar-Schein hin, aber die Polizisten nahmen von ihr keine Notiz, und so begann sie, mit den Fäusten auf den Tisch zu hämmern. Alle Gäste im Lokal starrten sie an, der Geschäftsführer kam angelaufen und rang die Hände. Die Polizei sagte, Oreilly solle aufstehen. «Gewiß», sagte Oreilly, «obgleich ich es empörend finde, daß Sie sich mit einem so geringfügigen Vergehen wie dem meinigen abgeben müssen, wo doch überall Meisterdiebe unterwegs sind. Zum Beispiel diese hübschen Mädchen», er trat jetzt zwischen die Beamten und zeigte auf Sylvia, «sie ist das jüngste Opfer eines Kapitalverbrechens: Armes Kind, man hat ihr die Seele gestohlen.»

Nach Oreillys Verhaftung verließ Sylvia zwei Tage lang nicht das Zimmer: Die Sonne schien ins Fenster, und es wurde wieder dunkel. Am dritten Tag gingen ihr die Zigaretten aus, und so wagte sie sich bis zum Delikatessengeschäft an der Ecke. Sie kaufte eine Packung Keks, eine Büchse Ölsardinen, eine Zeitung und Zigaretten. Während der ganzen Zeit hatte sie nichts gegessen, und das gab ihr ein wunderbar leichtes, belebendes Gefühl; aber das Treppensteigen und das erlösende Gefühl, die Tür geschlossen zu haben, hatten sie so erschöpft, daß sie nicht einmal ihr Bett machen konnte. Sie glitt zu Boden und rührte sich nicht, bis es wieder hell wurde. Hinterher dachte sie, sie hätte nur zwanzig Minuten so gelegen. Während sie das Radio so laut aufdrehte, wie es nur ging, zerrte sie einen Stuhl zum Fenster und breitete die Zeitung auf ihrem Schoß aus: LANA LEUGNET, RUSSLAND LEGT VETO EIN, DIE GRUBENARBEITER EINIGEN SICH: Von allem war dies das Traurigste, daß das Leben weiterging: Wer seinen Liebsten verläßt, für den sollte das Leben aufhören, und wenn man aus dieser Welt geht, sollte die Welt auch aufhören zu sein; aber das gab es nicht. Und die meisten Leute standen morgens nur auf, weil ihnen doch alles egal war. Aber wenn Mr. Revercomb schließlich Erfolg damit hatte, alle Träume aus den Köpfen der Menschen zu sammeln, vielleicht – der Gedanke entfiel ihr, wurde durch das Radio und die Zeitung vertrieben. Sinkende Temperaturen. Ein Schneesturm über Colorado, über dem ganzen Westen, er suchte all die kleinen Städte heim, machte jedes Licht gelb, verwischte alle Fußspuren, war auch hier schon; wie schnell er doch gekommen war, der Schneesturm: Die Dächer, der freie Platz, die ganze Gegend war in ein tiefes Weiß gehüllt, hüllte sich immer tiefer ein, wie in Schlaf. Sie sah in die Zeitung und schaute den Schnee an. Es mußte den ganzen Tag über geschneit haben. Es konnte nicht erst eben angefangen haben. Man hörte nichts vom Verkehr; in den wirbelnden Schneemassen tanzten die Kinder auf dem freien Platz um ein offenes Feuer; ein Auto war eingeschneit, ließ seine Scheinwerfer aufleuchten: Hilfe, Hilfe! Stumm wie ein kummervolles Herz. Sie zerbröckelte ein Keks und streute es auf das Fensterbrett: Wintervögel würden kommen und ihr Gesellschaft leisten. Sie ließ das Fenster für sie offen. Der Wind trieb Schneeflocken herein, die sich auf dem Boden auflösten wie Aprilscherz-Juwelen. Wir bringen: Das Leben kann schön sein. «Drehen Sie das Radio leiser!» Die Hexe aus den Wäldern pochte an ihre Tür: «Ja, Mrs. Halloran», sagte Sylvia und drehte das Radio ganz aus. Verschneites Schweigen, Schlafensstille, nur die am Feuer singenden Kinder waren in der Ferne zu hören; und das Zimmer war blau von Kälte, kälter als die Eiseskälte in den Märchen: Schlafe, mein Herz, zwischen den Iglu-Blumen aus Schnee. Mr. Revercomb, warum warten Sie vor der Tür? Ah, kommen Sie doch herein, draußen ist es so kalt.

Aber als sie aufwachte, fühlte sie sich warm und geborgen. Das Fenster war geschlossen, und die Arme eines Mannes umschlangen sie. Er sang ihr etwas vor, seine Stimme war sanft, aber voller Übermut: «Kirschbeeren-, Geldbeeren-, Glücksbeeren-Torte, doch die beste aller Torten ist die Liebesbeeren-Torte...»

«Oreilly, bist du – bist du es wirklich?»

Er drückte sie an sich. «Baby ist aufgewacht. Und wie fühlt es sich?»

«Ich dachte, ich wäre tot», sagte sie, und ein glückhaftes Gefühl stieg in ihr auf wie ein flügellahmer Vogel, der doch noch ein bißchen fliegen kann. Sie versuchte ihn zu umarmen, aber sie war zu schwach. «Ich liebe dich, Oreilly; du bist mein einziger Freund, und ich hatte solche Angst. Ich dachte, ich würde dich nie mehr wiedersehen.» Sie hielt inne und dachte nach. «Aber warum bist du nicht im Gefängnis?» Oreilly strahlte über das ganze Gesicht.

«Ich war überhaupt nicht im Gefängnis», sagte er geheimnisvoll. «Aber laß uns erst etwas essen. Ich hab heute morgen ein paar Sachen aus dem Delikatessengeschäft mitgebracht.»

Sie hatte plötzlich das Gefühl zu schweben. «Wie lange bist du schon hier?»

«Seit gestern», sagte er und machte sich mit dem Päckchen und Papiertellern zu schaffen. «Du selber hast mich hereingelassen.»

«Das ist unmöglich. Ich kann mich nicht daran erinnern.»

«Ich weiß», sagte er und ließ es dabei. «Hier, sei brav und trink deine Milch, ich erzähl dir auch eine ganz tolle Geschichte. Oh, die ist wirklich gut», versprach er ihr, und während er sich vergnügt auf die Schenkel klatschte, sah er noch mehr als bisher aus wie ein Clown. «Also, es ist, wie ich schon sagte, ich bin gar nicht im Gefängnis gewesen. Und zwar hatte ich Glück, denn als mich jene Burschen durch die Straßen zerrten, wer anders kam da angeschaukelt als das Gorilla-Weib: Du weißt schon, wen ich meine: Miss Mozart. ‹Hi›, sagte ich zu ihr, ‹unterwegs zum Friseur, wollen sich wohl rasieren lassen?› – ‹Es ist höchste Zeit, daß man Sie in Sicherheit bringt›, sagte sie und lächelte einen der Polizisten an. ‹Tun Sie Ihre Pflicht, Wachtmeister!› – ‹Oh›, sagte ich zu ihr, ‹er hat mich nicht verhaftet. Ich bin gerade auf dem Weg zum Polizeirevier, um dich anzuzeigen, du dreckiger Kommunist.› Du kannst dir vorstellen, was für ein Geschrei sie anstimmte, sie ging auf mich los, aber die Polizisten packten sie. Ich kann nicht sagen, daß ich sie nicht warnte: ‹Paßt auf, Jungens›, sagte ich, ‹die hat Haare auf der Brust.› Und sie setzte sich natürlich auch ganz schön zur Wehr. So ging ich dann also seelenruhig davon. Ich hab nie was davon gehalten, sich so hinzustellen und zuzuschauen bei einer Prügelei, wie es die Leute in dieser Stadt tun.»

Oreilly blieb übers Wochenende bei ihr. Es waren die schönsten Tage, die sie je mit einem Menschen verbracht hatte; erstens einmal hatte sie noch nie so viel gelacht, und dann hatte ihr noch keiner, gewiß keiner in ihrer Familie, so das Gefühl gegeben, geliebt zu werden. Oreilly war ein guter Koch, und er zauberte köstliche Gerichte auf dem kleinen elektrischen Kocher; einmal schöpfte er Schnee vom Fensterbrett und machte ein gefrorenes Dessert mit Erdbeergeschmack. Am Sonntag war sie schon kräftig genug, um zu tanzen. Sie drehten das Radio an und tanzten, bis sie atemlos und lachend auf die Knie sank. «Ich werde nie wieder Angst haben», sagte sie. «Ich weiß kaum noch, wovor ich mich gefürchtet habe.»

«Vor demselben, vor dem du dich immer wieder fürchten wirst», sagte Oreilly ruhig. «Das ist das Wesen des Master Misery: Niemand weiß, wer er ist – nicht einmal die Kinder, und die wissen doch meistens alles.»

Sylvia ging zum Fenster; in der Stadt war es weiß wie in

der Arktis, aber es hatte aufgehört zu schneien, und der Abendhimmel war klar wie Eis: Dort sah sie den ersten Stern über dem Fluß aufsteigen. «Ich seh den ersten Stern», sagte sie und legte zwei Finger übereinander.

«Und was wünschst du dir?»

«Ich wünsche mir, daß ich noch einen Stern sehe», sagte sie. «Das wünsche ich mir meistens.»

«Aber heute abend?»

Sie setzte sich auf den Fußboden und lehnte ihren Kopf an sein Knie. «Heute abend wünsch ich mir, daß ich meine Träume zurückbekommen könnte.»

«Wollen wir das nicht alle?» sagte Oreilly und strich ihr übers Haar. «Aber was würdest du dann tun? Ich meine, was würdest du tun, wenn du sie wiederhaben könntest?»

Sylvia war einen Augenblick still; als sie wieder sprach, waren ihre Augen ganz weit fort. «Ich würde nach Hause gehen», sagte sie langsam. «Und das ist ein schrecklicher Entschluß, weil es bedeuten würde, daß ich die meisten meiner andern Träume aufgeben müßte. Aber wenn Mr. Revercomb sie mir wiedergeben würde, dann würde ich morgen noch nach Hause gehen.»

Oreilly sagte nichts, ging zum Schrank und kam mit ihrem Mantel wieder. «Aber warum?» fragte sie, als er ihr hineinhalf. «Frag nicht», sagte er, «tu, was ich dir sage. Wir werden Mr. Revercomb einen Besuch abstatten, und du wirst ihn bitten, daß er dir deine Träume wiedergibt. Es ist eine Chance.»

Sylvia blieb an der Tür stehen. «Bitte, Oreilly, laß uns nicht gehen. Ich kann nicht, bitte, ich hab Angst.»

«Ich denke, du hast gesagt, du würdest nie wieder Angst haben.»

Aber als sie erst einmal auf der Straße waren, eilte er so schnell mit ihr gegen den Wind vorwärts, daß sie keine Zeit hatte, sich zu fürchten. Es war Sonntag, die Läden hatten geschlossen, und die Verkehrsampeln schienen nur für sie aufzuleuchten, denn in der tiefverschneiten Allee fuhr kein einziges Auto. Sylvia vergaß sogar, wohin sie gingen, und plapperte die nebensächlichsten Dinge vor sich hin: Rechts hier an der Ecke hatte sie einmal die Garbo gesehen, und dort drüben war die alte Frau überfahren worden. Mit einemmal blieb sie jedoch stehen, außer Atem und von der plötzlichen Vorstellung dessen, was ihr bevorstand, überwältigt. «Ich kann nicht, Oreilly», sagte sie und zog ihn zurück. «Was soll ich ihm sagen?»

«Mach es wie bei einem Geschäft», sagte Oreilly. «Sag ihm geradeheraus, daß du deine Träume wiederhaben willst, und wenn er sie dir gibt, wirst du ihm das ganze Geld zurückzahlen: in Raten natürlich. Es ist ganz einfach, Kind. Warum, zum Teufel, sollte er sie nicht zurückgeben können? Sie sind doch alle in einem Ordner.»

Diese Worte waren irgendwie überzeugend, und mit ihren verfrorenen Füßen einherstampfend, ging Sylvia mit einem gewissen Mut weiter. «Dieses Kind», sagte er. Sie trennten sich an der Third Avenue, denn Oreilly war der Meinung, daß Mr. Revercombs unmittelbare Nähe für ihn im Augenblick nicht gerade das Sicherste sei. Er drückte sich in eine Toreinfahrt, zündete ab und zu ein Streichholz an und sang laut: «Aber die beste aller Torten ist die Whiskybeeren-Torte!» Ein langer, dürrer Hund, der aussah wie ein Wolf, kam über die Mondstreifen unter der Hochbahn dahergetrottet, und auf der anderen Straßenseite sah man verschwommen die Gestalten von Männern, die sich um eine Bar herumdrängten: Der Gedanke, daß er sich dort vielleicht ein Glas Whisky erbetteln könnte, machte ihn ganz krank.

Gerade als er sich entschlossen hatte, etwas Derartiges zu versuchen, erschien Sylvia. Und sie lag in seinen Armen, bevor er überhaupt erkannte, daß sie es war. «Es kann nicht so schlimm sein, Liebling», sagte er sanft und drückte sie an sich, so zärtlich er nur konnte. «Wein nicht, Baby; es ist doch viel zu kalt zum Weinen: deine Haut springt dir ja ganz auf.» Als sie nach Worten rang, ging ihr Weinen in ein zitterndes, unnatürliches Lachen über. Die Luft war erfüllt von den Rauchschwaden ihres Gelächters. «Weißt du, was er gesagt hat?» keuchte sie. «Weißt du, was er gesagt hat, als ich um meine Träume bat?» Ihr Kopf fiel zurück, und ihr Gelächter erhob sich und wurde über die Straße getragen wie ein losgerissener grellfarbiger Papierdrachen. Oreilly packte sie schließlich bei den Schultern und schüttelte sie. «Er sagte – ich könne sie nicht wiederhaben, weil – weil er sie alle verbraucht habe.»

Dann war sie still, ihr Gesicht glättete sich zu einer ausdruckslosen Ruhe. Sie hakte Oreilly ein, und sie gingen zusammen die Straße hinunter; aber es war, als ob sie Freunde wären, die einen Bahnsteig entlangschreiten, einer auf des andern Zug wartend; und als sie zur Ecke kamen, räusperte er sich und sagte: «Ich glaube, es ist besser, wenn ich umkehre. Diese Stelle ist dazu ebenso geeignet wie jede andere.»

Sylvia hielt ihn am Ärmel fest. «Aber wohin willst du gehen, Oreilly?»

«Durchs Blaue wandern», sagte er und versuchte zu lächeln, was ihm aber nicht sehr gut gelang.

Sie öffnete ihren Geldbeutel. «Ein Mann kann nicht durchs Blaue wandern ohne eine Flasche», sagte sie, und während sie ihn auf die Wange küßte, ließ sie fünf Dollar in seine Tasche gleiten.

«Gott segne dich, Baby.»

Es war nicht wichtig, daß es ihr letztes Geld war, daß sie nun zu Fuß nach Hause gehen mußte, und allein. Die Schneehaufen waren wie weiße Wogen auf einem weißen Meer, und sie glitt auf ihnen dahin, vom Wind getragen und vom Schein des Mondes. Ich weiß nicht, was ich will, und vielleicht werde ich es nie wissen, aber mein einziger Wunsch an jeden Stern wird immer noch ein Stern sein; und wirklich, ich habe keine Angst, dachte sie. Zwei junge Männer kamen aus einer Bar und starrten sie an; vor einiger Zeit hatte sie in irgendeinem Park auch zwei junge Männer gesehen, es waren vielleicht dieselben. Wirklich, ich habe keine Angst, dachte sie, als sie ihre vom Schnee gedämpften Schritte hinter sich hörte; und schließlich war ihr ja nichts geblieben, was man hätte stehlen können.

(1948)

DIE DIAMANTEN-GITARRE

Dreißig Kilometer ist die nächste Stadt vom Gefangenenlager entfernt. Große Föhrenwälder stehen zwischen dem Lager und der Stadt, und in diesen Wäldern arbeiten die Gefangenen. Sie zapfen Harz ab zur Terpentingewinnung. Das Gefängnis selbst ist in einem Wald. Dort steht es am Ende einer roten, ausgefahrenen Straße, und Stacheldraht breitet sich über seine Mauern wie wilder Wein. Darin leben einhundertundneun weiße Männer, siebenundneunzig Neger und ein Chinese. Es gibt zwei Schlafhäuser – große grüne Holzgebäude mit Dächern aus Teerpappe. Die weißen Männer bewohnen eines, die Neger und der Chinese das andere. In jedem Schlafhaus ist ein großer, bauchiger Ofen, aber die Winter sind kalt hier, und zur Nacht, wenn die bereiften Föhren hin- und herschwingen und ein kaltes Licht vom Mond strahlt, liegen die Männer wach auf ihren eisernen Feldbetten, und die Glut des Feuers spielt in ihren Augen.

Diejenigen Männer, deren Betten dem Ofen am nächsten stehen, sind die bedeutenden – Männer, zu denen man aufschaut oder die man fürchtet. Mr. Schaeffer gehört zu ihnen. Mr. Schaeffer – denn so wird er genannt, als Zeichen besonderen Respekts – ist ein schmächtiger, langer Mann. Er hat rötliches, ergrauendes Haar, und sein Gesicht ist abgemagert, wirkt religiös. Kein Fleisch ist an ihm, man sieht, wie seine Knochen arbeiten, und seine Augen sind von armselig stumpfer Farbe. Er kann lesen und schreiben, und er kann eine Zahlenkolonne zusammenzählen. Wenn einer von den anderen Männern einen Brief erhält, bringt er ihn zu Mr. Schaeffer. Die meisten dieser Briefe sind traurig und klagend. Sehr oft improvisiert Mr. Schaeffer frohere Botschaften und liest nicht, was auf den Seiten steht. Im Schlafhaus gibt es zwei andere Männer, die lesen können. Und trotzdem bringt einer von ihnen seine Briefe zu Mr. Schaeffer, der ihm den Gefallen tut, nie die Wahrheit zu lesen. Mr. Schaeffer selbst bekommt keine Post, nicht einmal zu Weihnachten. Er scheint keine Freunde außerhalb des Gefängnisses zu haben, und tatsächlich hat er auch dort keine – das heißt, keinen besonderen Freund. Das war nicht immer so.

An einem Wintersonntag vor einigen Jahren saß Mr. Schaeffer auf den Stufen des Schlafhauses und schnitzte eine Puppe. Er ist ganz geschickt darin. Seine Puppen werden in einzelnen Teilen geschnitzt und dann mit Stückchen von Sprungfederdraht zusammengesetzt. Die Arme und Beine bewegen sich, der Kopf rollt. Wenn er ungefähr ein Dutzend dieser Puppen fertig hat, nimmt sie der Lagerkommandant in die Stadt mit, und dort werden sie in einem gewöhnlichen Laden verkauft. Auf diese Art verdient Mr. Schaeffer Geld für Süßigkeiten und Tabak.

Als er an diesem Sonntag dasaß und die Finger für eine kleine Hand schnitzte, fuhr ein Lastwagen auf den Gefängnishof. Ein junger Bursche, mit Handschellen an den Kommandanten gefesselt, kletterte aus dem Lastwagen und stand da, in die blasse Wintersonne blinzelnd. Mr. Schaeffer warf nur einen Blick auf ihn. Er war damals ein Mann von fünfzig Jahren, und siebzehn davon hatte er im Lager verbracht. Die Ankunft eines neuen Gefangenen konnte ihn nicht aufregen. Sonntag ist ein freier Tag im Lager, und andere Männer, die sich auf dem Hof langweilten, scharten sich um den Lastwagen. Nachher blieben Pick Axe und Goober stehen, um mit Mr. Schaeffer zu sprechen.

Pick Axe sagte: «Er ist ein Ausländer, der Neue. Von Kuba. Aber mit hellem Haar.»

«Ein Messerstecher, sagt der Captain», berichtete Goober, der selber ein Messerstecher war. «Hat einen Matrosen in Mobile gestochen.»

«Zwei Matrosen», sagte Pick Axe. «Aber nur ein Kaffeehausstreit. Er hat die zwei Burschen nicht verletzt.»

«Einem Mann das Ohr abschneiden? Das nennst du, ihn

nicht verletzten? Dafür kriegt er zwei Jahre, sagt der Captain.»

Pick Axe sagte: «Er hat eine Gitarre, ganz mit Edelsteinen besetzt.»

Es wurde zu dunkel zum Arbeiten. Mr. Schaeffer paßte die Teile seiner Puppe zusammen und setzte sie, ihre kleinen Hände haltend, auf seine Knie. Er rollte eine Zigarette. Die Föhren waren blau im Licht der untergehenden Sonne, und der Rauch seiner Zigarette blieb in der kalten, dämmernden Luft stehen. Er sah den Captain über den Hof kommen. Der neue Gefangene, ein blonder Junge, folgte mit einem Schritt Abstand. Er trug eine Gitarre, die mit gläsernen Diamanten besetzt war, die wie Sterne funkelten, und seine neue Uniform war zu weit für ihn. Sie schaute wie ein Allerseelengewand aus.

«Da ist jemand für Sie, Schaeffer», sagte der Kommandant, als er bei den Stufen des Schlafhauses stehenblieb. Der Captain war kein harter Mann. Gelegentlich lud er Mr. Schaeffer in sein Büro ein, und sie sprachen miteinander über Dinge, die sie in der Zeitung gelesen hatten. «Tico Feo», sagte er, als wäre es der Name eines Vogels oder eines Liedes, «das ist Mr. Schaeffer. Wenn du dich an ihn hältst, wirst du's recht machen.»

Mr. Schaeffer sah zu dem Jungen auf und lächelte. Er lächelte ihn länger an, als er es wollte, denn der Junge hatte Augen wie ein Stückchen Himmel – blau wie der Winterabend –, und sein Haar war so golden wie die Zähne des Captains. Er hatte ein zu Späßen aufgelegtes Gesicht, behende und klug; und wie er ihn so anschaute, dachte Mr. Schaeffer an Festtage und gute Zeiten.

«Ist wie meine kleine Schwester», sagte Tico Feo und berührte Mr. Schaeffers Puppe. Seine Stimme mit ihrem kubanischen Akzent war weich und süß wie eine Banane. «Sie auch sitzen auf mein Knie.» Mr. Schaeffer war plötzlich schüchtern. Er verbeugte sich vor dem Captain und ging davon in den Schatten des Hofes. Da stand er und flüsterte die Namen der Abendsterne, wie sie über ihm am Himmel erblühten. Die Sterne waren seine Freude, aber heute trösteten sie ihn nicht. Sie erinnerten ihn nicht daran, daß, was uns hier auf Erden geschieht, im unendlichen Glanz der Ewigkeit verloren ist.

Während er sie anschaute – die Sterne –, dachte er an die edelsteinbesetzte Gitarre und ihren weltlichen Glanz. Man konnte von Mr. Schaeffer sagen, daß er in seinem Leben nur eine wirklich schlechte Tat begangen hatte: Er hatte einen Menschen getötet. Die Umstände dieser Handlung sind ohne Bedeutung, ausgenommen die Feststellung, daß dieser Mensch zu sterben verdiente und daß Mr. Schaeffer dafür zu neunundneunzig Jahren und einem Tag verurteilt wurde. Lange Zeit – tatsächlich viele Jahre lang – hatte er nicht daran gedacht, wie es war, ehe er in dieses Lager kam. Die Erinnerung an jene Zeit war wie ein Haus, in dem niemand lebt und wo die Möbel vermodern. Aber heute abend war es, als hätte man in all den düsteren, toten Räumen Lampen angezündet. Dieses Geschehen hatte begonnen, als er Tico Feo mit seiner prächtigen Gitarre durch die Dämmerung kommen sah. Bis zu diesem Augenblick war er nicht einsam gewesen. Nun, da er seine Einsamkeit erkannte, fühlte er sich lebendig werden. Er hatte nicht lebendig sein wollen. Lebendig sein hieß, sich an braune Flüsse erinnern, wo Fische schwammen, und an Sonnenlicht auf dem Haar einer Frau. Mr. Schaeffer ließ den Kopf hängen. Der Glanz der Sterne hatte seine Augen tränen lassen.

Das Schlafhaus ist für gewöhnlich ein unfreundlicher Ort, mit dem schalen Geruch nach Männern und kahl im Licht zweier schirmloser elektrischer Birnen. Aber mit dem Kommen Tico Feos war es, als ob sich ein tropischer Einbruch in dem kalten Raum ereignet hätte, denn als Mr. Schaeffer von seiner Sternbetrachtung zurückkehrte, fand er eine wilde, grelle Szene vor. Tico Feo saß mit gekreuzten Beinen auf einem Feldbett, zupfte mit langen, beweglichen Fingern an seiner Gitarre und sang ein Lied, das so fröhlich klang wie klimpernde Münzen. Obwohl es ein spanisches Lied war, versuchten einige Männer, es mit ihm zu singen, und Pick Axe und Goober tanzten miteinander. Charlie und Wink tanzten auch, aber jeder für sich. Es war schön, die Männer lachen zu hören, und als Tico Feo schließlich seine Gitarre beiseite legte, gehörte Mr. Schaeffer zu denen, die ihn beglückwünschten.

«Du verdienst eine so schöne Gitarre», sagte er.

«Ist Diamanten-Gitarre», sagte Tico Feo und strich mit der Hand über ihre Pracht. «Einmal ich hatte eine mit Rubinen. Aber die ist gestohlen. In Havanna meinen Schwester arbeiten in, wie sagt man, wo Gitarren machen. So ich haben diese.»

Mr. Schaeffer fragte ihn, ob er viele Schwestern habe, und Tico Feo hielt grinsend vier Finger in die Höhe. Dann sagte er, während sich seine blauen Augen begierig verengten: «Bitte, Mister, du geben mir Puppe für meine zwei kleine Schwestern.»

Am nächsten Abend brachte ihm Mr. Schaeffer die Puppen. Danach war er Tico Feos bester Freund, und sie waren immer zusammen. Stets nahmen sie Rücksicht aufeinander.

Tico Feo war achtzehn Jahre alt und hatte zwei Jahre auf einem Frachter im Karibischen Meer gearbeitet. Als Kind war er bei Nonnen zur Schule gegangen, und er trug ein goldenes Kreuz um den Hals. Er hatte auch einen Rosenkranz. Den Rosenkranz hob er in einem grünen Seidentuch auf, das noch drei andere Schätze barg: Eine Flasche Toilettenwasser Soir de Paris, einen Taschenspiegel und eine Weltkarte von Rand McNally. Das und die Gitarre waren seine einzigen Besitztümer, und er erlaubte niemandem, sie anzurühren. Vielleicht schätzte er seine Landkarte am höchsten. Spätabends, ehe das Licht abgedreht wurde, pflegte er seine Karte auseinanderzufalten und Mr. Schaeffer die Orte zu zeigen, an denen er gewesen war – Galveston, Miami, New Orleans, Mobile, Kuba, Haiti, Jamaika, Puerto Rico, die Virgin-Inseln –, und die Orte, die er noch sehen wollte. Er wollte fast überallhin gehen, besonders nach Madrid, besonders an den Nordpol! Das entzückte und erschreckte Mr. Schaeffer zugleich. Es tat ihm weh, an Tico Feo auf See und an fernen Orten zu denken. Manchmal schaute er seinen Freund abwehrend an und dachte: Du bist nur ein fauler Träumer.

Es ist wahr, Tico Feo war ein fauler Bursche. Nach jenem ersten Abend mußte man ihn selbst dazu drängen, auf seiner Gitarre zu spielen. Bei Tagesanbruch, wenn die Wache kam, um die Männer aufzuwecken, was sie dadurch tat, daß sie mit einem Hammer auf den Ofen schlug, pflegte Tico Feo wie ein Kind zu wimmern. Manchmal gab er vor, krank zu sein, stöhnte und rieb sich den Magen; aber damit kam er niemals durch, denn der Captain schickte ihn mit den übrigen Männern zur Arbeit. Er und Mr. Schaeffer wurden zu einem Straßenbau-Trupp gesteckt. Es war harte Arbeit, im gefrorenen Lehm zu graben und Säcke voll zerbrochener Steine zu tragen. Die Wache mußte Tico Feo fortwährend anschreien, denn er verbrachte die meiste Zeit damit, sich auf die Geräte zu stützen.

Jeden Mittag, wenn die Essens-Eimer herumgereicht wurden, saßen die beiden Freunde zusammen. Es gab ein paar gute Dinge in Mr. Schaeffers Eimer, da er sich Äpfel und Zuckerwerk aus der Stadt leisten konnte. Es machte ihm Freude, diese Sachen seinem Freund zu geben, denn sein Freund genoß sie so, und er dachte: Du bist im Wachsen; es wird noch lange dauern, bis du ein erwachsener Mann bist.

Nicht alle Männer liebten Tico Feo. Weil sie eifersüchtig waren oder aus undurchsichtigeren Gründen, erzählten sie einige häßliche Geschichten über ihn. Tico Feo selbst schien nichts davon zu merken. Wenn die Männer sich um ihn scharten und er auf seiner Gitarre spielte und seine Lieder sang, sah man, daß er sich geliebt glaubte. Die meisten Männer liebten ihn auch. Sie warteten und verließen sich auf die Stunde zwischen Abendessen und Licht-aus. «Tico, spiel auf deinem Kasten», pflegten sie zu sagen. Sie bemerkten gar nicht, daß die Traurigkeit nachher immer tiefer war als je zuvor. Der Schlaf übersprang sie wie ein Kaninchen, und ihre Augen ruhten nachdenklich auf dem Feuerschein, der hinter dem Ofenrost glomm. Mr. Schaeffer war der einzige, der ihr unruhiges Gefühl verstand, denn auch er fühlte es. Es war eben, daß sein Freund die braunen Flüsse wiederbelebt hatte, wo Fische schwammen, und die Frauen mit dem Sonnenlicht auf ihrem Haar.

Bald billigte man Tico Feo die Ehre zu, ein Bett nahe beim Ofen und zunächst Mr. Schaeffer zu haben. Mr. Schaeffer hatte immer gewußt, daß sein Freund ein furchtbarer Lügner war. Er horchte nicht auf die Wahrheit in Tico Feos Geschichten von Abenteuern, Eroberungen und Begegnungen mit berühmten Leuten. Er fand vielmehr Vergnügen an ihnen als reinen Geschichten, wie man sie in einem Unterhaltungsblatt lesen mochte, und es erwärmte sein Herz, die heiße Stimme seines Freundes im Dunkeln flüstern zu hören.

Sie waren wie Liebende, ausgenommen, daß sie ihre Körper nicht vereinigten und auch nicht daran dachten, es zu tun, obwohl solche Dinge im Lager nicht unbekannt waren. Von allen Jahreszeiten ist der Frühling die überwältigendste: Halme durchstoßen die winterharte Erdkruste, junge Blätter sprießen aus alten, abgestorbenen Zweigen und der eingeschlafene Wind fährt durch all das neugeborene Grün. Und so war es auch mit Mr. Schaeffer, ein Aufbrechen, ein Biegen von Muskeln, die steif geworden waren.

Es war später Januar. Die Freunde saßen auf den Stufen des Schlafhauses, jeder mit einer Zigarette in der Hand. Ein Mond, so dünn und gelb wie ein Stück Zitronenschale, bog sich über ihnen, und in seinem Licht glitzerten Streifen von Bodenfrost wie silberne Schneckenspuren. Viele Tage lang hatte sich Tico Feo in sich selbst zurückgezogen – schweigsam, wie ein Räuber, der im Schatten wartet. Es nützte nichts, ihm zu sagen: «Tico, spiel auf deinem Kasten.»

Da schaute er einen nur mit sanften, wie betäubten Augen an.

«Erzähl eine Geschichte», sagte Mr. Schaeffer, der sich nervös und hilflos fühlte, wenn er seinen Freund nicht erreichen konnte. «Erzähl, wie es war, als du zu dem Rennen in Miami gingst.»

«Ich niemals gehen zu keinem Rennen», sagte Tico Feo und gab damit zu, daß seine wildeste Geschichte, in der es sich um Hunderte von Dollar handelte und um ein Zusammentreffen mit Bing Crosby, eine Lüge war. Es schien ihm nichts daran zu liegen. Er brachte einen Kamm zum Vorschein und zog ihn verdrießlich durch sein Haar. Vor ein paar Tagen war dieser Kamm die Ursache eines hitzigen Streites gewesen. Einer der Männer, Wink, behauptete, daß Tico Feo ihm den Kamm gestohlen habe, worauf der Beschuldigte dadurch antwortete, daß er ihm ins Gesicht spuckte. Sie hatten miteinander gerungen, bis Mr. Schaeffer und ein anderer Mann sie trennten. «Ist mein Kamm. Sag ihm!» hatte Tico Feo von Mr. Schaeffer verlangt. Aber Mr. Schaeffer hatte mit ruhiger Festigkeit gesagt, nein, es sei nicht der Kamm seines Freundes – eine Antwort, die alle, die es anging, zu entwaffnen schien. «Ah», sagte Wink, «wenn er ihn so sehr will, mag ihn dieser Sohn einer Hündin behalten.» Und später hatte Tico Feo mit verwundeter, unsicherer Stimme gesagt, «Ich dachte, du warst mein Freund.» Ich bin es, hatte Mr. Schaeffer gedacht, aber er sagte nichts.

«Ich nicht gehen zu keinem Rennen, und was ich sagte über die Witwe ist auch nicht wahr.» Er zog an seiner Zigarette, bis sie wütend glühte, und schaute Mr. Schaeffer abschätzend an.

«Sagen, du haben Geld, Mister?»

«Vielleicht zwanzig Dollar», sagte Mr. Schaeffer zögernd, besorgt, wohin das führte.

«Nicht so gut, zwanzig Dollar», sagte Tico, aber ohne Enttäuschung. «Nix wichtig, wir uns durcharbeiten. In Mobile hab ich meinem Freund Frederico. Er wird uns in ein Boot setzen. Es wird keine Unannehmlichkeiten geben», und es war, als ob er sagte, daß es kälter geworden sei.

Mr. Schaeffers Herz zog sich zusammen. Er konnte nicht sprechen.

«Niemand hier kann rennen zu fangen Tico. Er rennen am schnellsten.»

«Gewehre rennen schneller», sagte Mr. Schaeffer mit fast unhörbarer Stimme. «Ich bin zu alt», sagte er, und das Wissen um sein Alter schüttelte ihn innerlich bis zur Übelkeit.

Tico Feo hörte nicht zu. «Dann die Welt. Die Welt, *el mundo*, mein Freund.» Er stand auf und bebte wie ein junges Pferd; alles schien auf ihn zuzuströmen – der Mond, das Rufen der Eulen. Sein Atem ging schnell und wurde in der Luft zu Dampf. «Sollten wir nach Madrid gehen? Vielleicht jemand mich lehren Stierkampf. Denkst du, Mister?»

Mr. Schaeffer hörte auch nicht zu. «Ich bin zu alt», sagte er. «Ich bin zu verwünscht alt.»

In den nächsten paar Wochen lief ihm Tico Feo nach – die Welt, *el mundo*, mein Freund; und er wollte sich verbergen. Er pflegte sich in der Toilette einzuschließen und seinen Kopf zu halten. Und dennoch – er war aufgeregt, gequält. Wie, wenn es wahr werden könnte, das Rennen mit Tico durch die Wälder und zum Meer? Und er sah sich selbst in einem Boot, er, der nie das Meer gesehen hatte, dessen ganzes Leben im Lande wurzelte. Während dieser Zeit starb einer der Gefangenen, und im Hof konnte man hören, wie der Sarg gemacht wurde. Als die einzelnen Nägel eingehämmert wurden, dachte Mr. Schaeffer, der ist für mich, es ist meiner.

Tico Feo selbst war nie besser aufgelegt. Er schlenderte umher mit der schnippischen Anmut eines Tänzers und hatte für jeden einen Scherz. Im Schlafhaus zupften seine Finger nach dem Abendessen an der Gitarre wie Feuerwerksschwärmer. Er lehrte die Männer *olé* zu schreien, und einige von ihnen warfen die Kappen in die Luft.

Als die Arbeit auf der Straße beendet war, wurden Mr. Schaeffer und Tico Feo wieder zurück in den Wald geschickt. Am St. Valentins-Tag aßen sie ihr Mittagessen unter einer Föhre. Mr. Schaeffer hatte ein Dutzend Orangen aus der Stadt bestellt, und er schälte sie langsam, so daß die Schalen eine Spirale bildeten. Die saftigeren Schnitze gab er seinem Freund, der stolz darauf war, wie weit er die Kerne spucken konnte – gute drei Meter. Es war ein schöner, kalter Tag, Flecke von Sonnenlicht schwebten über ihnen wie Schmetterlinge, und Mr. Schaeffer, der gern an den Bäumen arbeitete, fühlte sich matt und glücklich. Da sagte Tico Feo: «Der da, er nicht könnte fangen eine Fliege mit seinem Mund.» Er meinte Armstrong, einen derbgesichtigen Mann, der dasaß, das Gewehr zwischen den Beinen aufgestützt. Er war der jüngste der Wachmannschaft und neu im Lager.

«Ich weiß nicht», sagte Mr. Schaeffer. Er hatte Armstrong beobachtet und bemerkt, daß der neue Wächter, wie viele Leute, die zugleich schwer und eitel sind, sich mit gleitender Leichtigkeit bewegte. «Er könnte dich zum Narren halten.»

«Ich halte ihn vielleicht zum Narren», sagte Tico Feo und spuckte einen Orangenkern in Armstrongs Richtung. Der Wächter blickte ihn finster an und blies auf seiner Pfeife. Es war das Signal, daß die Arbeit wieder anfing.

Einmal während des Nachmittags kamen die beiden Freunde wieder zusammen; das heißt, sie nagelten Harzeimer an Bäume, die nebeneinanderstanden. In einiger Entfernung unter ihnen sprudelte ein seichter Bach durch den Wald. «In Wasser kein Geruch», sagte Tico Feo nachdrücklich, als erinnere er sich an etwas, das er gehört hatte. «Wir laufen in Wasser; wenn es dunkel wird, wir klettern auf Baum. Ja, Mister?»

Mr. Schaeffer hämmerte weiter, aber seine Hand zitterte, und er traf mit dem Hammer seinen Daumen. Er schaute sich ganz betäubt nach seinem Freund um. Sein Gesicht zeigte keinen Widerschein des Schmerzes, und er steckte den Daumen nicht in den Mund, wie man es wohl gewöhnlich tut.

Tico Feos blaue Augen schienen, wie Seifenblasen, immer größer zu werden, und als er mit einer Stimme wie der ruhige Lufthauch in den Föhrenwipfeln sagte, «Morgen», sah Mr. Schaeffer nichts anderes mehr als diese Augen.

«Morgen, Mister?»

«Morgen», sagte Mr. Schaeffer.

Das erste Morgenlicht fiel auf die Wände des Schlafhauses, und Mr. Schaeffer, der wenig geruht hatte, wußte, daß auch Tico wach war. Mit den schläfrigen Augen eines Krokodils beobachtete er die Bewegungen seines Freundes auf dem nächsten Feldbett. Tico Feo knüpfte das Seidentuch auf, das seine Schätze enthielt. Zuerst nahm er den Taschenspiegel heraus. Dessen quallenartig unsicheres Licht zitterte auf seinem Gesicht. Eine Weile bewunderte er sich selbst voller Entzükken und kämmte und glättete sein Haar, als bereite er sich darauf vor, zu einer Gesellschaft zu gehen. Dann hängte er sich den Rosenkranz um den Hals. Das Parfum öffnete er nicht, auch nicht die Weltkarte. Zuletzt stimmte er seine Gitarre. Während die anderen Männer sich anzogen, saß er da auf dem Rand seines Feldbettes und stimmte die Gitarre. Es war sonderbar, denn er muß gewußt haben, daß er sie nie wieder spielen würde.

Vogelrufe begleiteten die Männer durch die dunstigen Morgenwälder. Sie marschierten im Gänsemarsch, fünfzehn Männer in einer Gruppe, und ein Wächter am Ende jeder Reihe. Mr. Schaeffer schwitzte, als ob es ein heißer Tag wäre, und er konnte nicht Schritt halten mit seinem Freund, der vorausging, mit den Fingern schnalzte und den Vögeln etwas vorpfiff.

Ein Signal war ausgemacht worden. Tico Feo sollte rufen ‹Austreten› und tun, als ob er hinter einen Baum ginge. Aber Mr. Schaeffer wußte nicht, wann es geschehen würde.

Der Wächter Armstrong blies auf seiner Pfeife, und seine Männer fielen aus der Reihe und stellten sich auf ihre verschiedenen Plätze. Mr. Schaeffer, der, so gut er konnte, an seine Arbeit ging, achtete darauf, immer einen Standort zu haben, wo er sowohl auf Tico Feo als auch auf den Wächter ein Auge haben konnte. Armstrong saß auf einem Baumstumpf, ein Stück Kautabak machte sein Gesicht schief, und sein Gewehr zeigte aufwärts zur Sonne. Er hatte die verschmitzten Augen eines Falschspielers; man konnte nicht sagen, wohin er wirklich schaute.

Einmal gab ein anderer Mann das Signal. Obwohl Mr. Schaeffer sofort erkannt hatte, daß es nicht dic Stimme seines Freundes war, hatte die Panik ihm die Kehle wie mit einem Strick zugeschnürt. Als der Morgen sich hinzog, war ein solches Dröhnen in seinen Ohren, daß er füchtete, er würde das Signal nicht hören, wenn es käme.

Die Sonne erkletterte den Zenit. Er ist nur ein fauler Träumer. Es wird nie geschehen, dachte Mr. Schaeffer, und einen Moment wagte er es zu glauben. Aber «Erst essen wir», sagte Tico Feo mit praktischem Sinn, als sie ihre Essens-Eimer am Ufer oberhalb des Baches absetzten. Sie aßen schweigend, beinahe, als ob einer dem anderen grollte, aber schließlich fühlte Mr. Schaeffer die Hand seines Freundes mit sanften Druck auf seiner eigenen.

«Mr. Armstrong, austreten ...»

Nahe dem Bach hatte Mr. Schaeffer einen süßen Gummibaum gesehen, und er dachte, es würde nun bald Frühling sein und der süße Gummi gerade recht zum Kauen. Ein scharfer Stein riß seine Handfläche auf, als er vom schlüpfrigen Ufer ins Wasser glitt. Er richtete sich auf und begann zu laufen; seine Beine waren lang, er hielt sich fast auf gleicher Höhe mit Tico Feo, und eisiges Wasser sprudelte um sie. Vor- und rückwärts durch die Wälder dröhnten die Rufe der Männer, hohl wie Stimmen in einer Höhle, drei Schüsse folgten, alle zu hoch, als ob die Wächter auf eine Schar Gänse schössen.

Mr. Schaeffer sah den Klotz nicht, der quer über den Bach lag. Er dachte, er liefe noch, und seine Beine schlugen um sich, er war wie eine Schildkröte, die hilflos auf dem Rücken lag.

Während er er sich da abmühte, schien es ihm, als ob das Gesicht seines Freundes, das über ihm schwebte, ein Teil des Winterhimmels sei – es war so fern, richtend! Nur einen Augenblick schwebte es da, wie ein Kolibri, und doch hatte er in dieser Zeit erkannt, daß Tico Feo gar nicht gewünscht hatte, daß er es fertigbrächte, niemals geglaubt hatte, daß er es würde, und er erinnerte sich daran, daß er einmal gedacht hatte, es werde noch lange Zeit dauern, bis sein Freund ein erwachsener Mann sein würde. Als sie ihn fanden, lag er noch im knöcheltiefen Wasser, als ob es ein Sommernachmittag wäre und er müßig im Fluß schwämme.

Seither sind drei Winter vergangen, und von jedem sagte man, er sei der kälteste, der längste. Die zwei letzten Regenmonate wuschen tiefere Furchen in den Lehmweg, der zum Lager führt, und es ist schwerer als je dahinzukommen und schwerer wegzukommen. Zwei Scheinwerfer sind zusätzlich an den Mauern angebracht worden, und dort brennen sie durch die Nacht wie die Augen einer riesigen Eule. Sonst hat es keine großen Änderungen gegeben. Mr. Schaeffer, zum Beispiel, schaut noch ziemlich gleich aus, außer daß seine Haare weißer geworden sind und daß er infolge des gebrochenen Knöchels hinkt. Der Captain selbst hatte gesagt, Mr. Schaeffer habe sich den Knöchel beim Versuch, Tico Feo zu fangen, gebrochen. Es gab sogar ein Bild von Mr. Schaeffer in der Zeitung mit der Unterschrift: *Versuchte die Flucht zu verhindern.* Damals war er tief gedemütigt, nicht weil er wußte, daß die anderen Männer lachten, sondern beim Gedanken daran, daß Tico Feo es sehen könnte. Aber er schnitt es jedenfalls aus der Zeitung aus und hebt es in einem Umschlag auf, zusammen mit mehreren Ausschnitten, die seinen Freund betreffen: ein lediges Frauenzimmer berichtete den Behörden, er habe ihr Haus betreten und sie geküßt, zweimal wurde berichtet, daß er in der Umgebung von Mobile gesehen worden sei, schließlich glaubte man, daß er das Land verlassen habe.

Niemand hat jedenfalls Mr. Schaeffers Anspruch auf die Gitarre bestritten. Vor einigen Monaten wurde ein neuer Gefangener in das Schlafhaus eingewiesen. Es hieß, er sei ein guter Spieler, und Mr. Schaeffer wurde überredet, ihm die Gitarre zu leihen. Aber alle Melodien des Mannes kamen falsch heraus, denn es war, als ob Tico Feo, als er damals am letzten Morgen seine Gitarre stimmte, einen Fluch auf sie gelegt hätte. Nun liegt sie unter Mr. Schaeffers Feldbett, und ihre gläsernen Diamanten werden gelb; in der Nacht sucht seine Hand sie manchmal, und seine Finger streichen über die Saiten: dann – die Welt.

(1950)

DAS BLUMENHAUS

Ottilie hätte eigentlich das glücklichste Mädchen in Port-au-Prince sein müssen. Das sagte auch Baby zu ihr: «Denk doch nur an all das Gute, das du hast.» – «Was denn?» sagte Ottilie, denn sie war eitel, und Komplimente waren ihr noch lieber als Fleisch oder Parfum. «Zum Beispiel wie du aussiehst», sagte Baby. «Du hast eine wunderschöne helle Haut, sogar fast blaue Augen, und so ein hübsches, reizendes Gesicht – kein Mädchen, das auf die Straße geht, hat treuere Kunden, und jeder einzelne von ihnen ist bereit, dir so viel Bier zu kaufen, wie du nur trinken kannst.» Ottilie gab zu, daß es wahr sei, und fuhr fort, ihre Schätze zusammenzuzählen: «Ich habe fünf Seidenkleider und ein Paar grüne Satinschuhe; ich habe drei Goldzähne, die dreißigtausend Francs wert sind, und vielleicht schenkt mir Mr. Jamison oder ein anderer noch ein Armband. Aber, Baby», seufzte sie und konnte nicht sagen, warum sie so unzufrieden war.

Baby war ihre beste Freundin; sie hatte noch eine Freundin: Rosita. Baby war rund und kam angerollt wie ein Rad; auf einigen ihrer dicken Finger hatten falsche Ringe grüne Reifen hinterlassen, ihre Zähne waren dunkel wie verbrannte Baumstümpfe, und wenn sie lachte, konnte man sie noch auf der See draußen hören, zumindest behaupteten das die Matrosen. Rosita, die andere Freundin, war größer als die meisten Männer und auch stärker. Am Abend, wenn sie die Kunden erwartete, trippelte sie geziert herum und lispelte mit einer einfältigen Kinderstimme, aber tagsüber machte sie lange, ausgreifende Schritte und sprach in einem militärischen Bariton. Beide Freundinnen von Ottilie kamen aus der Dominikanischen Republik und hielten diese Tatsache für Grund genug, sich über die Eingeborenen dieses dunkleren Landes ein wenig erhaben zu fühlen. Es machte ihnen nichts aus, daß Ottilie eine Eingeborene war. «Du hast Köpfchen», sagte Baby zu ihr, und tatsächlich war Klugheit das einzige, wofür Baby schwärmte. Ottilie hatte oft Angst, daß ihre Freundinnen entdecken würden, daß sie weder lesen noch schreiben konnte.

Das Haus, in dem sie lebten und arbeiteten, war wackelig, so schmal wie ein Turm und mit zierlichen Balkonen bedeckt, die mit Bougainvillea bewachsen waren. Obwohl außen kein Schild angebracht war, wurde es die Champs-Élysées genannt. Die Besitzerin, eine altjüngferliche, gebrechlich aussehende Kranke, regierte von einem oben gelegenen Zimmer aus, wo sie sich einschloß, in einem Schaukelstuhl schaukelte und zehn bis zwanzig Coca-Cola am Tag trank. Insgesamt hatte sie acht Damen, die für sie arbeiteten; Ottilie ausgenommen, war keine unter dreißig. Am Abend, wenn sich die Damen auf der Veranda versammelten, wo sie plauderten und mit Papierfächern wedelten, die wie trunkene Falter in der Luft flatterten, sah Ottilie aus wie ein entzückendes, verträumtes Kind inmitten älterer, häßlicherer Schwestern.

Ihre Mutter war tot, ihr Vater, ein Pflanzer, war nach Frankreich zurückgekehrt, und sie war in den Bergen von einer derben Bauernfamilie aufgezogen worden. Jeder der Söhne hatte mit ihr in sehr jungen Jahren an irgendeinem grünen, schattigen Platz geschlafen. Vor drei Jahren, als sie vierzehn gewesen, war sie zum erstenmal zum Markt nach Port-au-Prince heruntergekommen. Die Reise dauerte zwei Tage und eine Nacht, und sie war zu Fuß gegangen und hatte einen zehn Pfund schweren Sack Getreide getragen. Um die Last zu verringern, hatte sie ein wenig Getreide herausfließen lassen, und dann noch ein wenig, und als sie den Markt erreicht hatte, war fast keines mehr übrig gewesen. Ottilie hatte geweint, weil sie daran dachte, wie zornig die Familie sein würde, wenn sie ohne das Geld für das Getreide heimkäme, aber ihre Tränen flossen nicht lange: ein so lustiger, netter Mann half ihr sie zu trocknen. Er kaufte ihr eine Schnitte Kokosnuß und brachte sie zu seiner Kusine, der Besitzerin der Champs-Élysées. Ottilie konnte ihr Glück gar nicht fassen; die Musik aus dem Spielautomaten, die Satinschuhe und die scherzenden Männer waren so neu und wunderbar wie die elektrische Glühbirne in ihrem Zimmer, die ein- und auszuknipsen sie nicht müde wurde. Bald wurde von allen Straßenmädchen über sie am meisten gesprochen, und die Besitzerin konnte für sie den doppelten Preis verlangen, und Ottilie wurde eitel. Sie konnte sich stundenlang vor einem Spiegel drehen. Selten nur dachte sie an die Berge; und doch war nach drei Jahren immer noch viel von den Bergen in ihr: immer noch schien der Bergwind um sie zu wehen, und ihre harten, hohen Hüften waren nicht weich geworden, ebensowenig wie ihre Fußsohlen, die so rauh waren wie die Haut einer Eidechse.

Wenn ihre Freundinnen von der Liebe und von Männern, die sie geliebt hatten, sprachen, wurde Ottilie verdrießlich. «Was hat man für ein Gefühl, wenn man liebt?» fragte sie. «Ah», sagte Rosita mit einem Blick, als vergingen ihr die Sinne, «man hat ein Gefühl, als sei einem Pfeffer aufs Herz gestreut worden, als schwämmen in den Adern winzige Fische.» Ottilie schüttelte den Kopf; wenn Rosita die Wahrheit sagte, dann hatte sie noch nie geliebt, denn sie hatte noch bei keinem der Männer, die in das Haus kamen, ein solches Gefühl gehabt.

Sie machte sich darüber so viele Gedanken, daß sie zuletzt zu einem *houngan* ging, der in den Hügeln oberhalb der Stadt wohnte. Im Gegensatz zu ihren Freundinnen hängte Ottilie keine christlichen Bilder an die Wände ihres Zimmers; sie glaubte nicht an Gott, sondern an viele Götter: Götter der Nahrung, des Lichtes, des Todes, des Verderbens. Der Houngan stand mit diesen Göttern in Verbindung; er verwahrte ihre Geheimnisse auf seinem Altar, konnte im Klappern eines Kürbisses ihre Stimmen hören, konnte ihre Kraft in einem Trank austeilen. Im Namen der Götter gab er ihr folgende Botschaft: «Du mußt eine wilde Biene fangen», sagte er, «und sie in deiner geschlossenen Hand halten ... wenn die Biene nicht sticht, dann weißt du, daß du die Liebe gefunden hast.»

Auf dem Heimweg dachte sie an Mr. Jamison. Er war ein Mann über fünfzig, ein Amerikaner, der mit irgendeinem technischen Projekt zu tun hatte. Die goldenen Armbänder, die an ihren Handgelenken klimperten, waren Geschenke von ihm, und als Ottilie an einem Zaun vorbeiging, der mit Geißblatt bewachsen war, fragte sie sich, ob sie nicht vielleicht doch Mr. Jamison liebe. Schwarze Bienen hingen am Geißblatt. Mit einer mutigen Handbewegung fing sie eine, die gerade schlummerte. Ihr Stich war wie ein Schlag, der sie in die Knie zwang; und da kniete sie und weinte, bis es schwer war zu sagen, ob die Biene sie in die Hand oder in die Augen gestochen hatte.

Es war März und ging schon auf den Karneval zu. Im Champs-Élysées nähten die Damen an ihren Kostümen; Ottilies Hände waren müßig, denn sie hatte beschlossen, überhaupt kein Kostüm zu tragen. An turbulenten Wochenenden, wenn die Trommeln zum aufgehenden Mond emporklangen, saß sie an ihrem Fenster und sah zerstreut den kleinen Gruppen von Sängern zu, die die Straße entlangtanzten und trommelten; sie horchte auf das Pfeifen und das Lachen und hatte keine Lust mitzumachen. «Man könnte meinen, du seist tausend Jahre alt», sagte Baby, und Rosita sagte: «Ottilie, warum kommst du nicht mit uns zu den Hahnenkämpfen?»

Sie sprach nicht von einem gewöhnlichen Hahnenkampf. Aus allen Teilen der Insel waren Teilnehmer eingetroffen und hatten ihre wildesten Vögel mitgebracht. Ottilie fand, sie könne eigentlich mitgehen, und schraubte ein Paar Perlen an ihre Ohren. Als sie hinkamen, war der Wettkampf bereits im Gange; in einem großen Zelt schluchzte und brüllte eine riesige Menschenmenge, während sich eine zweite Menge, diejenigen, die nicht hineinkommen konnten, draußen drängte. Für die Damen vom Champs-Élysées war es kein Problem hineinzukommen: ein befreundeter Polizist bahnte ihnen den Weg und machte für sie einen Platz auf einer Bank am Ring frei. Die Leute vom Lande, die um sie herum saßen, schienen verlegen zu sein, daß sie in so vornehme Gesellschaft geraten waren. Sie warfen scheue Blicke auf Babys lackierte Fingernägel, auf die kristallbesetzten Kämme in Rositas Haar und auf Ottilies schimmernde Perlenohrringe. Die Kämpfe waren jedoch spannend, und bald waren die Damen vergessen; Baby ärgerte sich darüber und ließ ihre Blicke auf der Suche nach Augen, die in ihre Richtung blickten, umherschweifen. Plötzlich stieß sie Ottilie an. «Ottilie», sagte sie, «du hast einen Bewunderer. Siehst du den Jungen da drüben, er starrt dich an, als wärst du etwas Kühles zu trinken.»

Zuerst dachte sie, er müsse ein Bekannter sein, weil er sie ansah, als sollte sie ihn wiedererkennen; aber wie konnte sie ihn denn kennen, wenn sie noch niemals jemanden gekannt hatte, der so schön war, der so lange Beine und kleine Ohren hatte? Sie konnte sehen, daß er aus den Bergen kam, sie sah es an seinem Strohhut und dem verschossenen Blau seines groben Hemdes. Seine Haut war braungelb, glänzend wie eine Zitrone und glatt wie ein Guavenblatt, und die Haltung seines Kopfes war so stolz wie der schwarze und scharlachrote Vogel, den er in den Händen hielt. Ottilie war es gewohnt, die Männer frech anzulächeln; aber jetzt war ihr Lächeln bruchstückhaft, er hing an ihren Lippen wie Kuchenkrümel.

Schließlich kam eine Pause. Die Arena wurde frei gemacht, und alle, die konnten, drängten sich hinauf, um zu tanzen und zu stampfen, während ein Orchester aus Trommeln und Saiteninstrumenten Karnevalslieder spielte. In diesem Augenblick näherte sich der junge Mann Ottilie; sie lachte, als sie sah, wie sein Vogel wie ein Papagei auf seiner Schulter hockte. «Verschwind», sagte Baby, die empört war, daß ein Bauer Ottilie zum Tanzen aufforderte, und Rosita erhob sich drohend, um sich zwischen den jungen Mann und ihre Freundin zu stellen. Er lächelte nur und sagte: «Bitte, gnädige Frau, ich möchte gerne mit Ihrer Tochter sprechen.» Ottilie fühlte, wie sie hochgehoben wurde, fühlte, wie sich ihre Hüften im Takt der Musik an seine Hüften schmiegten, und es machte ihr gar nichts aus. Sie ließ sich von ihm in das dichteste Gedränge der Tanzenden führen. Rosita sagte: «Hast du das gehört, er dachte, ich sei ihre Mutter?» Und Baby tröstete sie und sagte finster: «Was kann man denn schließlich von ihnen erwarten? Sie sind doch nur Eingeborene, alle beide. Wenn sie zurückkommen, tun wir einfach so, als würden wir sie nicht kennen.»

Ottilie kam aber nicht zu ihren Freundinnen zurück. Royal, so hieß der junge Mann, Royal Bonaparte, wie er ihr sagte, hatte nicht tanzen wollen. «Wir müssen an einen stillen Platz gehen», sagte er, «nimm meine Hand, und ich führe dich.» Sie fand ihn seltsam, hatte bei ihm aber kein fremdes Gefühl, denn in ihr waren immer noch die Berge, und er kam aus den Bergen. Während der schillernde Vogel auf seiner Schulter schwankte, verließen sie Hand in Hand das Zelt und wanderten langsam die weiße Straße entlang, dann über einen weichen Weg, wo Sonnenvögel durch die grünen, schräggeneigten Akazienbäume flatterten.

«Ich bin traurig», sagte er und sah dabei nicht traurig aus. «In meinem Dorf ist Juno ein Champion, aber die Vögel hier sind stark und häßlich, und wenn ich ihn kämpfen ließe, hätte ich nur einen toten Juno. So werde ich ihn nach Hause nehmen und sagen, er habe gewonnen. Ottilie, willst du eine Prise nehmen?»

Sie schnupfte genießerisch. Schnupftabak erinnerte sie an ihre Kindheit, und obwohl diese Jahre schlimm gewesen waren, berührte sie doch das Heimweh mit seinem weitreichenden Zauberstab. «Royal», sagte sie, «bleib einen Augenblick stehen, ich möchte meine Schuhe ausziehen.»

Royal selbst hatte keine Schuhe; seine goldfarbenen Füße waren schlank und zierlich, und die Spuren, die sie hinterließen, waren wie die Fährte eines grazilen Tieres. Er sagte: «Wie kommt es, daß ich dich hier finde, ausgerechnet hier, wo nichts gut ist, wo der Rum schlecht ist und die Leute Diebe sind? Wieso finde ich dich hier, Ottilie?»

«Weil ich leben muß, so wie du, und hier ist ein Platz für mich. Ich arbeite in einem – oh, einer Art Hotel.»

«Wir haben unser eigenes Land», sagte er. «Den ganzen Hang eines Berges, und am Gipfel dieses Berges ist mein kühles Haus. Ottilie, willst du kommen und darinnen sitzen?»

«Verrückt», neckte ihn Ottilie, «verrückt», und sie lief zwischen den Bäumen, und er lief ihr nach und streckte die Arme aus, als hielte er ein Netz. Der Vogel Juno breitete seine Flügel aus, krähte und flog auf die Erde. Kratzige Blätter und pelziges Moos kitzelten Ottilies Fußsohlen, als sie sich durch die Schatten schlängelte; plötzlich ließ sie sich mit einem Dorn in der Ferse in ein Dickicht aus Regenbogenfarn fallen. Sie zuckte, als Royal den Dorn herauszog; er küßte die Stelle, an der er gewesen war, seine Lippen wanderten zu ihren Händen, ihrem Hals, und es war, als wäre sie zwischen schwebenden Blättern. Sie atmete seinen Duft ein, den dunklen, sauberen Duft, der an Wurzeln erinnerte, an Wurzeln von Geranien, von mächtigen Bäumen.

«Jetzt ist es genug», bat sie, obwohl sie nicht das Gefühl hatte, als sei es wirklich genug: es war nur, daß nach einer Stunde mit ihm ihr Herz am Zerspringen war. Er war daraufhin still. Sein Kopf, dessen Haar sie kitzelte, ruhte über ihrem Herzen, und sie sagte «Schhhh» zu den Schnaken, die um seine schlafenden Augen schwärmten, und «Psst» zu Juno, der herumstolzierte und zum Himmel emporkrähte.

Während sie dalag, sah Ottilie ihre alten Feinde, die Bienen. Still und im Gänsemarsch wie Ameisen krochen die Bienen in einen abgebrochenen Baumstumpf, der nicht weit von ihr entfernt war, hinein und heraus. Sie löste sich aus Royals Armen und ebnete einen Platz auf dem Boden für seinen Kopf. Ihre Hand zitterte, als sie sie den Bienen in den Weg legte, aber die erste, die daherkam, purzelte auf ihre Handfläche, und als sie die Finger schloß, machte sie keine Anstalten, ihr weh zu tun. Sie zählte bis zehn, um sicherzugehen, dann öffnete sie die Hand, und die Biene stieg mit einem freudigen Gesang in Spiralen in die Luft.

Die Besitzerin gab Baby und Rosita einen guten Rat: «Laßt sie in Ruhe, laßt sie gehen, in ein paar Wochen kommt sie schon wieder.» Die Besitzerin sprach in der Ruhe nach dem Sturm, nach der Niederlage: um Ottilie zu halten, hatte sie ihr das beste Zimmer im Haus, einen neuen Goldzahn, eine Kodak, einen Ventilator angeboten, aber Ottilie hatte nicht geschwankt, sie hatte einfach weiter ihre Sachen in einen Karton gepackt. Baby versuchte ihr zu helfen, aber sie weinte so sehr, daß Ottilie sie daran hindern mußte: es mußte doch Unglück bringen, wenn diese vielen Tränen auf die Ausstattung einer Braut fielen. Und zu Rosita sagte sie: «Rosita, du solltest dich für mich freuen, statt dazustehen und die Hände zu ringen.»

Schon zwei Tage nach dem Hahnenkampf schulterte Royal Ottilies Karton und führte sie in der Abenddämmerung den Bergen entgegen. Als es bekannt wurde, daß sie nicht mehr im Champs-Élysées war, gingen viele Kunden zu einer anderen Firma; andere, die zwar dem alten Lokal treu blieben, beklagten sich über die Düsterheit der Atmosphäre. An einigen Abenden war kaum jemand da, um den Damen ein Bier zu kaufen. Allmählich fühlte man, daß Ottilie doch nicht zurückkommen würde; nach sechs Monaten sagte die Besitzerin: «Sie muß tot sein.»

Royals Haus war wie ein Blumenhaus; Glyzinien bedeckten das Dach, ein Vorhang aus Wein beschattete die Fenster, Lilien blühten an der Tür. Aus dem Fenster konnte man das ferne, schwache Schimmern des Meeres sehen, da das Haus hoch oben auf einem Berg stand; hier brannte die Sonne heiß, aber die Schatten waren kühl. Innen war das Haus immer dunkel und kühl, und an den Wänden raschelten aufgeklebte rosa und grüne Zeitungen. Es gab nur einen einzigen Raum; er enthielt einen Ofen, einen wackeligen Spiegel auf einem Marmortisch und ein Messingbett, das groß genug war für drei dicke Männer.

Aber Ottilie schlief nicht in diesem großartigen Bett. Sie durfte nicht einmal darauf sitzen, denn es gehörte Royals Großmutter, Old Bonaparte. Sie war ein eingefallenes, verhutzeltes Wesen, hatte O-Beine wie ein Zwerg und war kahl wie ein Bussard und wurde auf Meilen im Umkreis als Zauberin gefürchtet. Viele hatten Angst, ihren Schatten auf sich fallen zu lassen; selbst Royal war vor ihr auf der Hut, und er stotterte, als er ihr sagte, daß er eine Frau nach Hause gebracht habe. Die alte Frau winkte Ottilie zu sich heran und zwickte sie boshaft hier und dort, und dann sagte sie zu ihrem Enkel, daß seine Braut zu mager sei: «Sie wird im ersten Wochenbett sterben.»

Jede Nacht wartete das junge Paar mit der Liebe, bis sie glaubten, daß Old Bonaparte eingeschlafen war. Manchmal, wenn Ottilie auf dem vom Mond beschienenen Strohsack ausgestreckt lag, auf dem sie schliefen, war sie sicher, daß Old Bonaparte wach war und sie beobachtete. Einmal sah sie ein klebriges, vom Sternenlicht erhelltes Auge in der Dunkelheit leuchten. Es hatte keinen Sinn, sich bei Royal zu beklagen, er lachte nur: Was machte es denn schon aus, wenn eine alte Frau, die so viel vom Leben gesehen hatte, noch ein wenig mehr sehen wollte?

Da sie Royal liebte, ließ Ottilie diese Dinge nicht an sich herankommen und versuchte, sich über Old Bonaparte nicht zu ärgern. Lange Zeit war sie glücklich; sie vermißte weder ihre Freundinnen noch das Leben in Port-au-Prince; trotzdem hielt sie ihre Andenken an jene Tage gut in Ordnung. Mit einem Nähkörbchen, das ihr Baby als Hochzeitsgeschenk gegeben hatte, flickte sie die Seidenkleider und die grünen Seidenstrümpfe, die sie jetzt niemals trug, denn wo hätte sie sie tragen sollen. Nur Männer versammelten sich im Café bei den Hahnenkämpfen. Wenn die Frauen zusammenkommen wollten, trafen sie sich am Bach bei der Wäsche. Aber Ottilie war zu beschäftigt, um sich einsam zu fühlen. Bei Tagesanbruch sammelte sie Eukalyptusblätter, um Feuer zu machen und ihre Mahlzeiten zu kochen; Hühner mußten gefüttert, eine Ziege gemolken werden, Old Bonaparte jammerte um Aufmerksamkeit. Drei- oder viermal am Tage füllte sie einen Eimer mit Trinkwasser und trug ihn dahin, wo Royal in den Zuckerrohrfeldern eineinhalb Kilometer unterhalb des Hauses arbeitete. Es machte ihr nichts aus, daß er bei diesen Besuchen barsch zu ihr war, sie wußte, daß er sich nur vor den anderen Männern aufspielte, die in den Feldern arbeiteten und sie angrinsten wie aufgeschnittene Wassermelonen. Aber am Abend, wenn sie ihn zu Hause hatte, zog sie ihn an den Ohren und schmollte, weil er sie wie einen Hund behandelte, bis er sie in der Dunkelheit des Hofes, wo die Leuchtkäfer leuchteten, festhielt und ihr etwas ins Ohr flüsterte, so daß sie lächeln mußte.

Sie waren ungefähr fünf Monate verheiratet, als Royal begann, alles zu tun, was er vor der Hochzeit getan hatte. Andere Männer gingen auch am Abend ins Café und blieben ganze Sonntage bei den Hahnenkämpfen – er konnte nicht verstehen, warum sich Ottilie darüber aufregte. Aber sie sagte, er habe kein Recht, sich so zu benehmen, und daß er sie nicht mit diesem boshaften alten Weib allein lassen würde, wenn er sie liebte. «Ich liebe dich», sagte er, «aber ein Mann muß auch sein Vergnügen haben.» Es gab Nächte, in denen er seinem Vergnügen nachging, bis der Mond hoch am Himmel stand; sie wußte nie, wann er nach Hause kommen würde, und sie lag auf ihrer Matratze und kränkte sich und bildete sich ein, daß sie nicht schlafen könne, wenn sie nicht seine Arme um sich fühlte.

Aber die wirkliche Qual war Old Bonaparte. Sie war nahe daran, Ottilie zur Verzweiflung zu bringen. Wenn Ottilie kochte, kam bestimmt das schreckliche alte Weib zum Ofen und schnüffelte herum, und wenn sie das nicht mochte, was es zum Essen gab, nahm sie einen Mundvoll und spuckte es auf den Fußboden. Jeden Schmutz und jede Unordnung, die sie sich ausdenken konnte, machte sie: sie machte ins Bett, bestand darauf, die Ziege ins Zimmer zu nehmen, und was sie auch immer anfaßte, war bald verschüttet oder zerbrochen, und Royal gegenüber klagte sie, daß eine Frau, die für ihren Mann das Haus nicht in Ordnung halten könne, nichts tauge. Sie war den ganzen Tag auf den Beinen, und ihre roten, unbarmherzigen Augen waren selten geschlossen. Aber das Schlimmste, das, was Ottilie schließlich dazu brachte, ihr zu drohen, sie werde sie umbringen, war ihre Gewohnheit, plötzlich heranzuschleichen und sie so heftig zu kneifen, daß man die Abdrücke ihrer Fingernägel sehen konnte. «Wenn du das noch ein einziges Mal machst, wenn du dich noch einmal unterstehst, nehme ich dieses Messer und schneide dir das Herz heraus!» Old Bonaparte wußte, daß es Ottilie ernst meinte, und obwohl sie das Kneifen ließ, dachte sie sich andere Scherze aus: Zum Beispiel ließ sie es sich angelegen sein, kreuz und quer über einen bestimmten Teil des Hofes zu gehen und so zu tun, als wisse sie nicht, daß Ottilie dort einen kleinen Garten gepflanzt hatte.

Eines Tages geschahen zwei außergewöhnliche Dinge. Ein Knabe kam aus dem Dorf und brachte einen Brief für Ottilie; im Champs-Élysées hatte sie von Zeit zu Zeit Postkarten von Matrosen und anderen reisenden Männern bekommen, die mit ihr angenehme Stunden verbracht hatten, aber das war der erste Brief, den sie jemals erhalten hatte. Da sie ihn nicht lesen konnte, war ihr erster Gedanke, ihn zu zerreißen. Es war sinnlos, ihn herumliegen zu lassen, so daß er sie verfolgen konnte. Natürlich bestand die Möglichkeit, daß sie eines Tages lesen lernen würde; und so ging sie, um ihn in ihrem Nähkörbchen zu verstecken.

Als sie das Nähkörbchen öffnete, machte sie eine unheimliche Entdeckung: wie ein grausiges Wollknäuel lag da der abgeschnittene Kopf einer gelben Katze. So war also das elende alte Weib auf neue Streiche aus! Sie will mich verhexen, dachte Ottilie, die sich nicht im geringsten fürchtete. Sie nahm den Kopf vorsichtig an einem Ohr heraus und trug ihn zum Ofen, wo sie ihn in einen Topf mit siedendem Wasser warf. Zu

Mittag sog Old Bonaparte an ihren Zähnen und bemerkte, daß die Suppe, die Ottilie für sie gemacht hatte, erstaunlich gut schmecke.

Am nächsten Morgen fand sie gerade rechtzeitig für das Mittagessen eine kleine grüne Schlange, die sich in ihrem Körbchen schlängelte. Sie hackte sie so fein wie Sand und streute sie über eine Portion Schmorfleisch. Jeden Tag wurde ihre Phantasie auf die Probe gestellt: es gab Spinnen zu backen, eine Eidechse zu braten, die Brust eines Bussards zu kochen. Old Bonaparte aß von allem mehrere Portionen. Mit einem rastlosen Glitzern verfolgten ihre Augen Ottilie, während sie auf irgendein Zeichen wartete, daß der Zauber zu wirken begänne. «Du siehst nicht gut aus, Ottilie», sagte sie und mischte ein wenig Sirup in den Essig ihrer Stimme. «Du ißt eine Ameise; warum nimmst du dir nicht einen Teller von dieser guten Suppe?

«Weil ich keinen Bussard in der Suppe mag», antwortete Ottilie ruhig, «oder Spinnen in meinem Brot, Schlangen im Schmorfleisch: ich habe keinen Appetit auf solche Dinge.»

Old Bonaparte verstand; mit schwellenden Adern und gelähmter, kraftloser Zunge erhob sie sich zitternd und fiel dann über den Tisch. Vor Einbruch der Nacht war sie tot.

Royal ließ Klageleute kommen. Sie kamen aus dem Dorf und von den benachbarten Bergen, und sie belagerten das Haus, indem sie heulten wie Hunde um Mitternacht. Alte Frauen schlugen mit den Köpfen gegen die Wände, stöhnende Männer warfen sich zu Boden: es war die Kunst des Schmerzes, und diejenigen, die den Kummer am besten spielten, wurden sehr bewundert. Nach dem Begräbnis gingen alle fort und waren befriedigt, weil sie gute Arbeit geleistet hatten.

Jetzt gehörte das Haus Ottilie. Ohne das Herumschnüffeln und den Schmutz von Old Bonaparte, den sie hatte wegräumen müssen, hatte sie mehr freie Zeit, aber sie wußte nichts damit anzufangen. Sie rekelte sich auf dem großen Messingbett, sie trödelte vor dem Spiegel herum. Die Eintönigkeit brummte in ihrem Kopf, und um ihr Fliegengebrumm zu vertreiben, sang sie die Lieder, die sie aus dem Musikautomaten im Champs-Élysées gelernt hatte. Wenn sie in der Dämmerung auf Royal wartete, erinnerte sie sich, daß zu dieser Stunde ihre Freundinnen in Port-au-Prince auf der Veranda plauderten und warteten, daß ein Wagen umkehrte; aber wenn sie sah, wie Royal gemächlich den Pfad heraufkam und sein Zuckerrohrmesser wie ein Halbmond an seiner Seite baumelte, vergaß sie solche Gedanken und lief ihm mit zufriedenem Herzen entgegen.

Eines Nachts, als sie halb eingeschlafen waren, fühlte Ottilie plötzlich, daß noch jemand im Zimmer war. Dann sah sie am Fußende des Bettes ein Auge leuchten, das sie beobachtete, so wie sie es schon früher gesehen hatte. Jetzt wußte sie, was sie schon seit einiger Zeit vermutete: daß Old Bonaparte tot, aber nicht fort war. Als sie einmal allein im Haus gewesen war, hatte sie ein Lachen gehört, und ein anderes Mal hatte sie draußen im Hof gesehen, wie die Ziege jemanden anstarrte, der gar nicht da war, und wie sie mit den Ohren zuckte, so wie sie es immer getan hatte, wenn sie die alte Frau am Kopf kraulte.

«Hör auf, mit dem Bett zu schaukeln», sagte Royal, und Ottilie zeigte mit einem Finger auf das Auge und fragte ihn flüsternd, ob er es nicht sehen könne. Als er antwortete, daß sie träume, faßte sie nach dem Auge und schrie auf, als sie ins Leere griff. Royal zündete eine Lampe an; er hielt Ottilie fest auf seinem Schoß und streichelte ihr Haar, während sie ihm von den Entdeckungen in ihrem Nähkörbchen erzählte, und was sie damit getan hatte. War es böse, was sie getan hatte? Royal wußte es nicht, er konnte es nicht entscheiden, aber er meinte, sie müsse bestraft werden; und warum? Weil es die alte Frau so wollte, weil sie sonst Ottilie niemals in Ruhe lassen würde: das war so mit Gespenstern.

Und so holte Royal am nächsten Morgen ein Seil und schlug vor, Ottilie an einen Baum im Hof zu binden. Da sollte sie bis zur Dunkelheit ohne Essen und Trinken bleiben, und jeder, der vorüberging, würde sehen, daß sie in Schande sei.

Aber Ottilie kroch unter das Bett und weigerte sich, hervorzukommen. «Ich laufe davon», jammerte sie. «Royal, wenn du versuchst, mich an diesen alten Baum anzubinden, laufe ich dir davon.»

«Dann müßte ich gehen und dich holen», sagte Royal, «und das wäre nur um so schlimmer für dich.»

Er packte sie am Fußgelenk und zog sie kreischend unter dem Bett hervor. Den ganzen Weg in den Hof hinaus hielt sie sich an Gegenständen fest, an der Tür, einer Rebe, am Bart der Ziege, aber keines dieser Dinge wollte sie festhalten, und Royal wurde nicht daran gehindert, sie an den Baum zu binden. Er machte drei Knoten in das Seil und ging fort zur Arbeit, indem er an seiner Hand sog, in die sie ihn gebissen hatte. Sie schrie ihm alle Schimpfnamen nach, die sie jemals gehört hatte, bis er hinter dem Berg verschwand. Die Ziege, Juno und die Hühner versammelten sich, um sie in ihrer Demütigung anzustarren; Ottilie ließ sich zu Boden fallen und streckte ihnen die Zunge heraus.

Ottilie schlief beinahe, und daher hielt sie es für einen Traum, als in Begleitung eines Kindes aus dem Dorf Baby und Rosita, die unsicher auf hohen Absätzen wackelten und phantasievolle Schirme trugen, den Weg heraufwankten und ihren Namen riefen. Da sie Menschen in einem Traum waren, würden sie wahrscheinlich nicht erstaunt sein, sie an einen Baum gebunden zu finden.

«Mein Gott, bist du verrückt?» kreischte Baby und hielt sich in einiger Entfernung, als fürchte sie, daß dies tatsächlich der Fall sein müsse. «Sag etwas, Ottilie!»

Blinzelnd und kichernd sagte Ottilie: «Ich freue mich so, euch wiederzusehen, Rosita, bitte binde mich los, damit ich euch beide umarmen kann.»

«Das also macht dieses Scheusal mit dir», sagte Rosita und riß an dem Seil. «Na warte, wenn ich ihn sehe, dich zu schlagen und dich wie einen Hund im Hof anzubinden.»

«O nein», sagte Ottilie, «Royal schlägt mich nie. Ich werde bloß heute bestraft.»

«Du hast nicht auf uns hören wollen», sagte Baby. «Und jetzt siehst du, was du davon hast. Dieser Mann hat sich für eine ganze Menge zu rechtfertigen», fügte sie hinzu und schwang ihren Schirm.

Ottilie umarmte und küßte ihre Freundinnen. «Ist es nicht ein hübsches Haus?» sagte sie und führte sie darauf zu. «Es ist, als hätte man einen Wagen voll Blumen gepflückt und ein Haus darauf gebaut: so meine ich wenigstens. Kommt aus der Sonne und laßt uns hineingehen. Drinnen ist es kühl, und es riecht so gut.»

Rosita rümpfte die Nase, als ob das, was sie roch, gar nicht gut sei, und erklärte mit ihrer brunnentiefen Stimme, daß es gewiß besser sei, wenn sie aus der Sonne gingen, da sie anscheinend Ottilies Kopf verwirrte.

«Es ist ein Glück, daß wir gekommen sind», sagte Baby und suchte in einer riesigen Handtasche herum. «Und das hast du Mr. Jamison zu verdanken. Madame sagte, du seiest tot, und als du unseren Brief nicht beantwortet hast, dachten wir, das müsse wohl so sein, aber Mr. Jamison, der reizendste Mann, den du je finden wirst, mietete einen Wagen für mich und Rosita, deine liebsten, besten Freundinnen, damit wir herauffühend herausfänden, was mit unserer Ottilie geschehen ist. Ottilie, ich habe hier in meiner Handtasche eine Flasche Rum, so hole uns ein Glas, und wir wollen eine Runde trinken.»

Die eleganten, ausländischen Manieren und der auffallende Putz der Stadtdamen hatten ihren Führer, einen kleinen Jungen, dessen neugierige schwarze Augen im Fenster schwebten, berauscht. Auch Ottilie war beeindruckt, denn schon lange hatte sie keine bemalten Lippen mehr gesehen oder Parfum gerochen, und während Baby den Rum einschenkte, holte sie ihre Satinschuhe und ihre Perlenohrringe hervor. «Himmel», sagte Rosita, als sich Ottilie fertig hergerichtet hatte, «es gibt keinen einzigen Mann, der dir nicht ein ganzes Fäßchen Bier kaufen würde; wenn man sich das vorstellt, so ein wunderbares Wesen wie du leidet fern von denen, die dich lieben.»

«Ich habe nicht so sehr gelitten», sagte Ottilie. «Nur manchmal.» – «Sei jetzt still», sagte Baby, «du brauchst noch nicht darüber zu sprechen. Es ist jetzt ohnehin alles vorbei. Hier, Liebling, laß mich dein Glas nochmals füllen. Ein Hoch auf die alten Zeiten und auf die zukünftigen! Heute abend wird Mr. Jamison für alle Champagner kaufen: Madame gibt ihn ihm zum halben Preis.»

«Oh», sagte Ottilie und beneidete ihre Freundinnen. Sie wollte wissen, was man von ihr sprach. Erinnerte man sich an sie?

«Ottilie, du hast keine Ahnung», sagte Baby, «Männer», die wir noch nie gesehen haben, sind gekommen und haben gefragt, wo Ottilie ist, weil sie weit weg in Havanna und Miami von dir gehört haben. Und was Mr. Jamison betrifft, so schaut er uns andere Mädchen nicht einmal an, er kommt nur und sitzt auf der Veranda und trinkt so für sich allein.»

«Ja», sagte Ottilie wehmütig, «er war immer reizend zu mir, Mr. Jamison.»

Schließlich neigte sich die Sonne, und die Flasche Rum war dreiviertel leer. Ein kurzer Regenschauer hatte einen Augenblick lang die Berge getränkt, die jetzt durch die Fenster wie Libellenflügel schimmerten, und eine Brise, die mit dem Duft von Blumen nach dem Regen beladen war, streifte durch das Zimmer und raschelte mit den grünen und rosa Papieren an den Wänden. Es waren viele Geschichten erzählt worden, einige davon waren lustig, andere traurig; es war wie das Plaudern an den Abenden im Champs-Élysées, und Ottilie war glücklich, wieder dazuzugehören. «Aber es wird schon spät», sagte Baby, «und wir haben versprochen, vor Mitternacht zurück zu sein. Ottilie, können wir dir packen helfen?»

Obwohl es Ottilie nicht bewußt geworden war, daß ihre Freundinnen erwarteten, sie werde mit ihnen kommen, bewirkte doch der Rum, der sich in ihr regte, daß es ihr natürlich erschien, und mit einem Lächeln dachte sie: Ich habe ihm gesagt, daß ich davonlaufe. «Nur», sagte sie laut, «hätte ich nicht einmal eine Woche, um mich zu amüsieren. Royal wird sofort hinunterkommen und mich holen.»

Beide Freundinnen lachten darüber. «Du bist so dumm», sagte Baby. «Ich möchte diesen Royal sehen, wenn einige von unseren Männern mit ihm fertig sind.»

«Ich möchte es keinem raten, Royal etwas zu tun», sagte Ottilie. «Außerdem würde er noch zorniger sein, wenn wir zurückkommen.» Baby sagte: «Aber Ottilie, du würdest doch nicht mehr mit ihm hierher zurückkommen.»

Ottilie kicherte und schaute sich im Zimmer um, als sähe sie etwas, was für die anderen unsichtbar war. «Aber natürlich würde ich zurückkommen», sagte sie.

Baby rollte mit den Augen und zog einen Fächer hervor, den sie ruckweise vor ihrem Gesicht hin- und herbewegte. «Das ist das Verrückteste, was ich je gehört habe», sagte sie mit harten Lippen. «Ist das nicht das Verrückteste, was du je gehört hast, Rosita?» – «Das ist nur, weil Ottilie so viel durchgemacht hat», sagte Rosita. «Komm, Liebling, leg dich aufs Bett, während wir deine Sachen packen.»

Ottilie schaute zu, wie sie anfingen, ihre Sachen auf einen Haufen zusammenzulegen. Sie schoben ihre Kämme und

Haarnadeln zusammen und rollten ihre Seidenstrümpfe auf. Sie zog ihre hübschen Kleider aus, als wolle sie etwas noch Hübscheres anziehen, aber statt dessen schlüpfte sie wieder in ihr altes Kleid; und dann legte sie ruhig, als wolle sie ihren Freundinnen helfen, alles wieder an seinen Platz zurück. Baby stampfte mit dem Fuß, als sie sah, was los war.

«Hör zu», sagte Ottilie. «Wenn du und Rosita meine Freundinnen seid, dann tut bitte das, was ich euch sage, bindet mich im Hof wieder so an, wie ihr mich gefunden habt. So wird mich niemals eine Biene stechen.»

«Sternhagelvoll besoffen», sagte Baby; aber Rosita sagte, sie solle den Mund halten. «Ich glaube», sagte Rosita seufzend, «ich glaube, Ottilie liebt ihn.» Wenn sie Royal zurückhaben wollte, würde Ottilie mit ihm gehen, und da dies eben so war, könnten sie ebensogut nach Hause gehen und sagen, daß Madame recht habe und Ottilie tot sei. «Ja», sagte Ottilie. Die Dramatik dieser Darstellung gefiel ihr. «Sagt, daß ich tot bin.»

Und so gingen sie in den Hof hinaus; dort sagte Baby mit wogender Brust und Augen, die so rund waren wie der Mond, der am Tag über den Himmel eilte, daß sie nichts damit zu tun haben wolle, Ottilie an den Baum zu binden, so daß Rosita es allein tun mußte. Beim Abschied weinte Ottilie am meisten, obwohl sie froh war, daß sie gingen, denn sie wußte, daß sie nicht mehr an sie denken würde, sobald sie fort waren. Während sie auf ihren hohen Absätzen die Mulden im Weg hinunterschwankten, wandten sie sich um, um zu winken, aber Ottilie konnte nicht zurückwinken, und so vergaß sie sie, fast noch ehe sie ihren Blicken entschwunden waren.

Während sie Eukalyptusblätter kaute, um ihren Atem zu reinigen, fühlte sie, wie die Kühle der Abenddämmerung die Luft durchdrang. Der Mond wurde gelb, und Vögel, die im Baum ihre Nester hatten, segelten in seine Dunkelheit. Plötzlich, als sie Royal auf dem Weg hörte, warf sie ihre Beine auseinander, ließ ihren Kopf zurückfallen und die Augen weit in ihre Höhlen hinabrollen. Aus einiger Entfernung würde es aussehen, als habe sie ein gewaltsames, klägliches Ende gefunden. Und während sie hörte, wie sich Royals Schritte zum Laufen beschleunigten, dachte sie glücklich: Das wird ihm einen schönen Schrecken einjagen. *(1951)*

FRÜHSTÜCK BEI TIFFANY

Immer zieht es mich dorthin, wo ich einmal gelebt habe, zu den Häusern, der Gegend. Da ist zum Beispiel das Sandsteinhaus in den East Seventies, in dem ich zu Anfang des Krieges meine erste New Yorker Wohnung hatte: ein Zimmer, vollgestellt mit Gerümpel. Die kratzigen Plüschbezüge des Sofas und der Sessel waren von jenem gewissen Rot, das einen an heiße Tage in Zügen denken läßt. Die Stuckwände hatten ungefähr die Farbe von Kautabaksaft. Überall – sogar im Badezimmer – hingen Stahlstiche, auf denen römische Ruinen, übersät mit altersbraunen Stockflecken, zu sehen waren. Das einzige Fenster ging auf die Feuertreppe hinaus. Dennoch hoben sich meine Lebensgeister, sooft ich den Schlüssel zu dieser Wohnung in meiner Tasche fühlte. Trotz aller Trübseligkeit war es ein Heim, mein erstes Heim, und meine Bücher waren da und Becher voller Bleistifte zum Anspitzen – alles, was ich meiner Meinung nach brauchte, um zu dem Schriftsteller zu werden, der ich sein wollte.

Niemals ist mir in jenen Tagen der Gedanke gekommen, über Holly Golightly zu schreiben, hätte nicht ein Gespräch mit Joe Bell all meine Erinnerungen an sie wieder aufleben lassen.

Auch Holly Golightly war damals Mieterin in dem alten Sandsteinhaus; sie hatte die Wohnung unter mir. Was Joe Bell angeht, so gehörte ihm eine kleine Bar gleich um die Ecke in der Lexington Avenue; sie gehört ihm noch. Sowohl Holly wie ich gingen sechs- oder siebenmal am Tage dorthin, nicht um etwas zu trinken, jedenfalls nicht immer, sondern zum Telefonieren. In der Kriegszeit war es fast unmöglich, einen privaten Telefonanschluß zu bekommen. Joe Bell war auch gern bereit, Botschaften auszurichten, was im Fall Holly keine geringe Gefälligkeit bedeutete, denn für sie kamen entsetzlich viele Anrufe.

Das alles liegt weit zurück, und bis zur letzten Wochen hatte ich mit Joe Bell jahrelang kein privates Wort gesprochen. Zwar war die Verbindung nie ganz abgerissen, und wenn ich in der Nähe zu tun hatte, ging ich wohl auch zu ihm hinein, aber Freunde waren wir eigentlich nur insofern gewesen, als wir beide mit Holly Golightly befreundet waren. Joe Bell ist nicht sehr umgänglich, wie er selber zugibt. Er meint, es käme daher, daß er Junggeselle ist und Magensäure hat. Jeder, der ihn kennt, wird bestätigen, daß es schwer ist, sich mit ihm zu unterhalten. Und unmöglich, wenn man nicht seine Interessen teilt. Er schwärmt vor allem für Holly, aber auch für Eishokkey, Vorstehhunde, *Our Gal Sunday*, eine Sendereihe des Werbefunks, die er sich seit fünfzehn Jahren anhört, sowie für Musik von Gilbert und Sullivan – mit einem der beiden ist er angeblich verwandt, ich weiß aber nicht mehr, mit welchem.

Als nun am späten Nachmittag des vergangenen Dienstag das Telefon klingelte und eine Stimme sagte: «Hier Joe Bell», da wußte ich, daß es sich um Holly handeln mußte. Er sagte es nicht, sondern fragte nur: «Können Sie gleich mal rüberkommen? Es ist wichtig.» Seine quäkende, froschähnliche Stimme klang aufgeregt.

Im strömenden Oktoberregen nahm ich ein Taxi, und unterwegs war ich schon fast sicher, Holly würde da sein, ich würde sie wiedersehen. Aber in der Bar war niemand außer dem Eigentümer. Im Vergleich zu den meisten Lokalen der Lexington Avenue ist bei Joe Bell wenig Betrieb. Da gibt es weder Neonbeleuchtung noch einen Fernsehapparat. Zwei alte Spiegel reflektieren das Wetter von der Straße draußen, und in einer Nische hinter der Theke, umgeben von den Fotos vieler Eishockeystars, steht immer eine große Vase mit frischen Blumen, die Joe Bell hausfraulich sorgsam arrangiert. Damit war er auch beschäftigt, als ich hereinkam.

«Wissen Sie», sagte er, während er eine Gladiole in die Vase steckte, «natürlich habe ich Sie nicht gern hergebeten, aber ich wollte unbedingt Ihre Meinung hören. Es ist zu sonderbar. Etwas Sonderbares ist passiert.»

«Haben Sie von Holly gehört?»

Er fingerte an einem Blatt herum, als wüßte er nicht recht, was er antworten sollte. Der kleine Mann hat unter dem prächtigen Schopf weißer Haare ein knochiges Gesicht mit fliehendem Kinn – ein Gesicht, das besser zu einem wesentlich größeren Menschen passen würde; seine Haut, die stets sonnenverbrannt wirkt, wurde jetzt noch roter. «Von ihr gehört? Das kann ich eigentlich nicht sagen. Das heißt, ich weiß nicht. Deswegen möchte ich ja Ihre Meinung hören. Aber zuerst mache ich Ihnen einen Drink. Was Neues. Nennt sich Weißer Engel.» Er mixte zu gleichen Teilen Wodka und Gin – ohne Wermut. Während ich das Ergebnis trank, stand Joe Bell hinter mir, lutschte eine Magenpille und überdachte anscheinend, was er mir erzählen wollte. Dann: «Erinnern Sie sich an einen gewissen Mr. I. Y. Yunioshi? Einen Herrn aus Japan?»

«Aus Kalifornien», verbesserte ich, denn ich erinnerte mich genau an Mr. Yunioshi. Er ist Fotograf bei irgendeiner Bildzeitschrift, und als ich ihn kennenlernte, bewohnte er das Atelier im Dachgeschoß des Sandsteinhauses.

«Bringen Sie mich nicht durcheinander. Ich frage ja nur, ob Sie wissen, wen ich meine. Okay. Und wer kommt gestern abend hier angetanzt? Ebenderselbe Mr. I. Y. Yunioshi. Ich hatte ihn seit langem nicht mehr gesehen – seit über zwei Jahren, glaube ich. Und was meinen Sie, wo er in diesen zwei Jahren gewesen ist?»

«Afrika.»

Joe Bell hörte mit der Pillenlutscherei auf, seine Augen wurden schmal. «Nanu, woher wissen Sie das?»

«Hab's bei Winchell gelesen.» Und das stimmte: Ich hatte es aus der Gesellschaftsklatschspalte.

Er ließ seine Registrierkasse aufspringen und entnahm ihr einen festen braunen Umschlag. «Na, haben Sie das hier etwa auch schon bei Winchell gelesen?»

In dem Umschlag waren drei Fotografien, die alle, wenn auch aus verschiedener Sicht aufgenommen, denselben Mann zeigten: Einen hochgewachsenen, feingliedrigen Neger im Baumwollkattunrock, der mit einem zaghaften und dennoch eitlen Lächeln auf seinen Händen eine eigenartige Holzskulptur darbot, den überlangen Kopf eines Mädchens. Glattes und kurzes Haar wie das eines Jungen, sanfte, sehr große Holzaugen, schräg gestellt in dem spitz zulaufenden Gesicht, breiter Mund, stark betont, dem Mund eines Clowns nicht unähnlich. Auf den ersten Blick schien es nur eine von vielen primitiven Schnitzereien zu sein; schaute man aber genauer hin, dann war es das Ebenbild von Holly Golightly, soweit ein dunkles, regloses Ding ihr überhaupt gleichen konnte.

«Nun, was sagen Sie dazu?» fragte Joe Bell und schien befriedigt über meine Verwirrung.

«Sieht so aus wie sie.»

«Ich sage Ihnen, mein Junge –» und er schlug mit der Hand auf die Theke – «das ist sie. So sicher wie ich ein Mann bin, der Hosen tragen kann. Der kleine Japs wußte es sofort, als er sie sah.»

«Er hat sie gesehen? In Afrika?»

«Nun ja – den Kopf da. Aber das kommt aufs gleiche raus. Lesen Sie mal die Angaben.» Er drehte eine der Fotografien herum. Auf der Rückseite stand: Holzschnitzarbeit, Südlicher Stamm, Tococul, Ostafrika. Weihnachten 1956.

Er sagte: «Nun hören Sie sich an, was mir der Japs erzählt hat.» Und dies war die Geschichte: Am Weihnachtstag war Mr. Yunioshi mit seiner Kamera durch Tococul gekommen, ein höchst uninteressantes Dorf irgendwo in Ostafrika, nichts als ein paar Lehmhütten mit Affen in den Höfen und Bussarden auf den Dächern. Er hatte schon beschlossen, weiterzuziehen, als sein Blick auf einen Neger fiel, der in einer Türöffnung hockte und Affen in einen Spazierstock schnitzte. Mr. Yunioshi war beeindruckt und wollte mehr von seinen Arbeiten sehen. Worauf ihm der geschnitzte Mädchenkopf gezeigt wurde. Er glaubte zu träumen, wie er Joe Bell erzählte. Doch als er ein Kaufangebot machte, umfaßte der Neger seinen Geschlechtsteil mit der Hand (offenbar eine beteuernde Geste, wie wenn man bei uns die Hand aufs Herz legt) und sagte nein. Ein Pfund Salz und zehn Dollar, eine Armbanduhr und zwei Pfund Salz und zwanzig Dollar – nichts konnte ihn umstimmen. Mr. Yunioshi wollte unter allen Umständen herausfinden, wie die Schnitzerei entstanden war. Es kostete ihn sein Salz und seine Uhr, und schließlich wurde ihm im Eingeborenendialekt, in Pidgin-Englisch und in Zeichensprache mitgeteilt, was sich ereignet hatte. Danach waren anscheinend im Frühjahr jenes Jahres drei berittene Weiße aus dem Busch gekommen. Eine junge Frau und zwei Männer. Die Männer, beide fiebernd und mit entzündeten Augen, wurden für die nächsten Wochen in einer abseits gelegenen Hütte isoliert, während die junge Frau, die alsbald eine Neigung zu dem Holzschnitzer gefaßt hatte, mit ihm die Schlafmatte teilte.

«Diesem Teil der Geschichte schenke ich keinen Glauben», sagte Joe Bell angeekelt. «Ich weiß, sie hatte ihre Eigenarten, aber ich glaube nicht, daß sie es auch nur annähernd so weit treiben würde.»

«Und dann?»

«Nichts.» Er hob die Schultern. «Nach einer Weile verschwand sie, wie sie gekommen war. Ritt auf dem Pferd davon.»

«Allein oder mit den beiden Männern?»

Joe Bells Lider zuckten. «Mit den beiden Männern, nehme ich an. Der Japs hat natürlich überall nach ihr gefragt. Aber niemand sonst hat sie gesehen.» Dann war es, als fühlte er meine Enttäuschung auf sich übergreifen und setzte sich dagegen zur Wehr. «Eines müssen Sie zugeben, es ist die einzige *konkrete* Nachricht seit –» er zählte an den Fingern ab, sie reichten nicht aus – «seit ich weiß nicht wieviel Jahren. Ich hoffe nur eines: daß sie reich ist, hoffe ich. Sie muß reich sein. Nur wenn man reich ist, kann man so in Afrika rumbummeln.»

«Wahrscheinlich ist sie nie in Afrika gewesen», sagte ich und glaubte es, obgleich ich sie mir dort vorstellen konnte; es hätte zu ihr gepaßt, dorthin zu reisen. Und der geschnitzte Kopf – ich schaute wieder auf die Fotos.

«Wenn Sie so viel wissen – wo ist sie dann?»

«Tot. Oder in der Irrenanstalt. Oder verheiratet. Ich nehme an, sie hat geheiratet und ist ruhiger geworden, und vielleicht lebt sie sogar hier in der Stadt.»

Er dachte einen Augenblick nach. «Nein», meinte er dann und schüttelte den Kopf. «Ich will Ihnen auch sagen warum. Wenn sie hier in der Stadt lebte, hätte ich sie gesehen. Nehmen Sie einen Mann, der gern spazierengeht, einen Mann wie mich, einen Mann, der seit elf, zwölf Jahren durch die Straßen läuft und in all diesen Jahren nach jemandem ausschaut, und niemals ist sie es – spricht das nicht dagegen, daß sie hier ist? Teile von ihr sehe ich immerzu, einen flachen kleinen Hintern, irgendein mageres Mädchen, das kerzengerade und eilig über die Straße läuft ...» Er stockte, als hätte er gemerkt, wie scharf ich ihn musterte. «Sie denken, ich bin übergeschnappt, stimmt's?»

«Ach, es ist nur ... Ich habe nicht gewußt, daß Sie sie liebten. So sehr, meine ich.»

Gleich darauf bedauerte ich, das gesagt zu haben; es brachte ihn aus der Fassung. Mit einem raschen Griff nahm er die Fotos und schob sie in den Umschlag zurück. Ich blickte auf meine Uhr. Ich hatte nichts weiter vor, aber ich hielt es für besser, zu gehen.

«Warten Sie», sagte er und packte mich am Handgelenk. «Natürlich habe ich sie geliebt. Aber es war nicht so, daß ich was von ihr wollte.» Ohne ein Lächeln fügte er hinzu: «Nicht etwa, daß ich an diese Seite der Angelegenheit nicht dächte. Sogar in meinem Alter, und am 10. Januar werde ich siebenundsechzig. Es ist sonderbar, aber je älter ich werde, desto mehr beschäftigen sich meine Gedanken mit dieser Seite der Dinge. Ich glaube, so viel habe ich nicht mal dran gedacht, als ich ein junger Kerl war. Wie besessen bin ich davon. Wenn man älter wird, ist's eben nicht mehr so einfach, den Gedanken zur Tat werden zu lassen, und das mag der Grund sein, weswegen es sich einem im Kopf festsetzt und zur Last wird. Wenn ich in der Zeitung von einem alten Mann lese, der sich schamlos aufgeführt hat, dann weiß ich, daß es bei ihm von dieser Last kommt. Aber –» er füllte ein Meßglas mit Whisky und trank es auf einen Zug leer – «ich werde mich niemals schamlos aufführen. Und ich schwöre, daß ich bei Holly nicht eine Sekunde daran gedacht habe. Man kann einen Menschen auch ohne das lieben. Man hält sich von ihm fern, und doch ist er einem nah.»

Zwei Männer betraten das Lokal, und ich nahm die Gelegenheit wahr, um zu gehen. Joe Bell folgte mir zur Tür. Wieder packte er mein Handgelenk. «Glauben Sie es?

«Daß Sie nichts von ihr wollten?»

«Ich meine das mit Afrika.»

In jenem Augenblick konnte ich mich gar nicht an die Geschichte erinnern, ich sah nur das Bild vor mir, wie Holly auf einem Pferd davonritt. «Nun», antwortete ich, «so oder so, jedenfalls ist sie verschwunden.»

«Ja», sagte er und hielt mir die Tür auf. «Einfach verschwunden.»

Draußen regnete es nicht mehr, nur ein leichter Dunst lag noch in der Luft, und so bog ich an der Ecke in die Straße ein, in der das Sandsteinhaus steht. Diese Straße ist von Bäumen gesäumt, die im Sommer kühle Schattenmuster auf das Pflaster malen; jetzt aber waren die Blätter welk und fast alle abgefallen, und der Regen hatte sie glitschig gemacht, und sie rutschten einem unter den Füßen weg. Das Sandsteinhaus liegt mitten in einem Block, nicht weit von einer Kirche, wo eine melancholische Turmuhr die Stunden schlägt. Es ist inzwischen ansehnlicher geworden; ein prächtiges schwarzes Portal hat die alte Tür mit dem Mattglas ersetzt, und die Fenster haben vornehme graue Läden bekommen. Von den Leuten, die ich kannte, wohnt niemand mehr dort, ausgenommen Madame Sapphia Spanella, eine robuste Koloratursängerin, die jeden Nachmittag im Central Park Rollschuh lief. Ich weiß, daß sie noch da ist, weil ich die Vortreppe hinaufging und mir die Briefkästen ansah. Einer dieser Briefkästen war es gewesen, der mich zuerst auf Holly Golightly aufmerksam werden ließ.

Ich wohnte etwa eine Woche in dem Haus, da fiel mir auf, daß der Briefkasten für das Appartement Nr. 2 ein merkwürdiges Namenschild hatte. In dem Schlitz steckte eine im Stil exklusiver Firmen gedruckte Visitenkarte, auf der es hieß: MISS HOLIDAY GOLIGHTLY, und darunter, in der Ecke: AUF REISEN. Es hakte sich in mir fest wie eine Melodie: Miss Holiday Golightly. Auf Reisen.

Eines Nachts – zwölf Uhr war längst vorüber – wachte ich davon auf, daß Mr. Yunioshi mit lautem Gezeter von der Treppe herunterrief. Da er im Dachgeschoß wohnte, schallte seine Stimme durch das ganze Haus, aufgebracht und streng. «Miss Golightly! Ich mussen protestieren!»

Die Stimme, die vom Fuß der Treppe zurücktönte, klang

jung, naiv und belustigt. «Ach, Herzchen, es tut mir so leid. Ich hab den verdammten Schlüssel verloren.»

«Sie können nicht immer meine Klingel drücken. Sie mussen bitte, bitte sich selber eine Schlüssel machen lassen.»

«Aber ich verlier sie doch alle.»

«Ich arbeiten, ich brauchen Schlaf», schrie Mr. Yunioshi. «Aber immer Sie drücken meine Klingel ...»

«Nicht böse sein, liebster Kleiner, ich will's bestimmt nicht wieder tun. Und wenn Sie versprechen, nicht böse zu sein –» die Stimme kam näher, das Mädchen stieg die Treppe hinauf – «dann lasse ich Sie vielleicht die Aufnahmen machen, von denen wir mal sprachen.»

Inzwischen hatte ich mein Bett verlassen und die Tür einen Spalt geöffnet. Ich konnte Mr. Yunioshis Schweigen hören – hören, weil es von einem vernehmbaren Wechsel des Atemrhythmus begleitet war.

«Wann?» fragte er.

Das Mädchen lachte. «Irgendwann», sagte sie und zog das Wort melodisch in die Länge.

«Jederzeit», sagte er und schloß seine Tür.

Ich trat ins Treppenhaus hinaus und beugte mich über das Geländer, gerade so weit, daß ich sehen konnte, ohne gesehen zu werden. Sie war noch auf den Stufen. Nun erreichte sie den Absatz, und die buntgemischten Farben ihres kurzgeschnittenen Haars, lohfarbene Büschel, Strähnen von Weißblond und Gelb, leuchteten im Treppenlicht auf. Es war ein warmer Abend, fast schon Sommer, und sie trug ein schmales, schlichtes schwarzes Kleid, schwarze Sandaletten und eine kurze Perlenkette. Ungeachtet ihrer schicken Magerkeit hatte sie etwas Gesundes, das an Haferflockenfrühstück, an Kernseife und Zitronen denken ließ. Ein kräftiges Rosa überschattete ihre Wangen. Der Mund war breit, und sie hatte eine Stubsnase. Die dunklen Gläser einer Sonnenbrille löschten ihre Augen aus. Es war ein Gesicht, das die Kindheit hinter sich gelassen hatte, aber noch nicht in die Bezirke des Fraulichen gehörte. Ich schätzte sie auf irgendwo zwischen sechzehn und dreißig; wie sich später herausstellte, fehlten noch zwei Monate bis zu ihrem neunzehnten Geburtstag.

Sie war nicht allein. Hinter ihr ging ein Mann. Die Art, wie er seine fette Hand auf ihre Hüfte gelegt hatte, wirkte irgendwie unsauber – nicht unmoralisch, sondern unästhetisch. Er war kurz und breit, höhensonnengebräunt und pomadisiert, und er trug einen stark wattierten Nadelstreifen-Anzug mit einer im Knopfloch welkenden roten Nelke. Oben angekommen, kramte das Mädchen in ihrer Handtasche nach einem Schlüssel, ohne sich darum zu kümmern, daß die dicken Lippen des Mannes ihr Nackendekolleté abtasteten. Endlich fand sie den Schlüssel, schloß die Tür auf, drehte sich zu ihrem Begleiter um und sagte freundlich: «Tausend Dank, Herzchen – es war goldig, daß Sie mich nach Hause gebracht haben.

«He, Baby!» rief er, als sie ihm die Tür vor der Nase zuschlagen wollte.

«Ja, Harry?»

«Harry war der andere. Ich bin Sid. Sid Arbuck. Sie mögen mich doch.»

«Ich bete Sie an, Mr. Arbuck. Aber jetzt gute Nacht, Mr. Arbuck.»

Mr. Arbuck starrte ungläubig, als die Tür fest ins Schloß fiel. «He, Baby, lassen Sie mich rein, Baby! Sie mögen mich doch, Baby. Mich mag jede. Habe ich nicht die Rechnung übernommen? Für fünf Leute, Freunde von Ihnen, die ich noch nie gesehen hatte! Gibt mir das nicht ein Recht darauf, daß Sie mich mögen? Sie mögen mich doch, Baby.»

Er klopfte leise, dann lauter an die Tür; schließlich ging er mit gekrümmtem Rücken und gesenktem Kopf einige Schritte rückwärts, als beabsichtige er, loszurasen und die Tür einfach einzurennen. Aber statt dessen machte er kehrt, stürmte die Treppe hinunter und schlug dabei mit der Faust gegen die Wand. Gerade als er unten war, öffnete sich die Wohnungstür des Mädchens, und sie steckte den Kopf heraus.

«Oh, Mr. Arbuck ...»

Er drehte sich um, ein Lächeln der Erleichterung überglänzte ölig sein Gesicht: Sie hatte also nur Spaß gemacht.

«Das nächste Mal, wenn ein Mädchen etwas Kleingeld haben will zum Händewaschen», rief sie, und es war keineswegs spaßig gemeint, «dann denken Sie an meinen Rat, Herzchen: Geben Sie ihr nicht zwanzig Cent!»

Sie hielt das Mr. Yunioshi gegebene Versprechen; jedenfalls nehme ich an, daß sie nicht mehr auf seine Klingel drückte, denn in den nächsten Tagen begann sie bei mir zu läuten, manchmal um zwei Uhr morgens, um drei, um vier – sie hatte keine Hemmungen, mich zu jeder beliebigen Stunde aus dem Bett zu klingeln, damit ich den Drücker betätigte, der die Haustür aufspringen ließ. Da ich nur wenige Freunde hatte und keinen, der nachts zu mir gekommen wäre, wußte ich immer, daß sie es war. Die ersten paar Male ging ich noch an die Tür, halb in Erwartung schlechter Nachrichten, eines Telegramms, und dann rief Miss Golightly jedesmal herauf: «Entschuldigung, Herzchen – ich hab meinen Schlüssel vergessen.»

Offiziell hatten wir einander nie kennengelernt. Natürlich begegneten wir uns oft im Treppenhaus oder auf der Straße, aber sie schien mich nicht richtig zu bemerken. Sie trug stets ihre dunkle Brille, und sie war stets tadellos angezogen; ihr guter Geschmack verriet sich in der Schlichtheit ihrer Kleidung, deren glanzloses Blau oder Grau ihr selbst um so mehr Glanz verlieh. Man hätte sie für ein Fotomodell, vielleicht auch für eine junge Schauspielerin halten können, wäre es nicht offensichtlich gewesen, daß sie bei ihrer Tageseinteilung für keines von beidem Zeit hatte.

Hin und wieder lief sie mir außerhalb unseres Stadtviertels über den Weg. Einmal nahm mich ein durchreisender Verwandter mit ins *‹21›*, und dort, an einem der besten Tische, umgeben von vier Männern – keiner der vier war Mr. Arbuck, doch hätte man jeden einzelnen ohne weiteres gegen ihn austauschen können –, dort saß Miss Golightly und kämmte sich lässig in aller Öffentlichkeit die Haare. Ihr Gesichtsausdruck, ein unbewußtes Gähnen, setzte meiner Begeisterung, in einem so todschicken Lokal zu dinieren, einen Dämpfer auf. An einem anderen Abend, mitten im Sommer, trieb mich die Hitze meines Zimmers aus dem Haus. Ich spazierte die Third Avenue hinunter zur 51st Street, wo ein Antiquitätenhändler einen Gegenstand im Schaufenster hatte, den ich oft bewundernd betrachtete: einen Vogelkäfigpalast, eine Moschee mit Minaretten und Bambusräumen, die sich danach sehnten, von redseligen Papageien bevölkert zu werden. Aber der Preis war 350 Dollar. Auf dem Heimweg bemerkte ich eine Ansammlung von Taxichauffeuren vor P. J. Clarks Bar, offenbar angelockt von einer selig heiteren Gruppe whiskyäugiger australischer Offiziere, die mit kräftigen Baritonstimmen *Waltzing Matilda* sangen und dabei abwechselnd ein Mädchen herumwirbelten. Das Mädchen – Miss Golightly, wie nicht anders zu erwarten – wehte von Arm zu Arm, leicht wie ein seidener Schal.

Während Miss Golightly weiterhin von mir nichts anderes wußte, als daß ich ein bequemer Türöffner war, hatte ich im Laufe des Sommers Gelegenheit, mich hinreichend über ihr Privatleben zu informieren. Durch Beobachtung des Abfallkorbes vor ihrer Tür fand ich heraus, daß ihre Lektüre im allgemeinen aus billigen Magazinen, Reiseprospekten und Horoskopen bestand, daß sie eine Spezialsorte Zigaretten mit dem Namen Picayune rauchte, daß sie sich von Quark und Zwieback ernährte, daß sie für die Buntscheckigkeit ihrer Haare selbst verantwortlich war. Aus der gleichen Quelle wurde ersichtlich, daß sie Feldpostbriefe in rauhen Mengen bekam. Sie waren stets in Streifen gerissen, wie Lesezeichen. Mitunter griff ich mir im Vorbeigehen so ein Lesezeichen heraus. *Nicht vergessen* und *vermissen* und *Regen* und *bitte schreiben* und *verdammt* und *gottverdammt* waren die Worte, die neben *einsam* und *Liebe* am häufigsten auf diesen Fetzen wiederkehrten.

Außerdem hatte sie eine Katze und spielte Gitarre. An Tagen, an denen die Sonne kräftig schien, wusch sie sich gern das Haar, und während es trocknete, saß sie mit ihrer Katze, einem rotgetigerten Kater, draußen auf der Feuertreppe und zupfte an der Gitarre. Sobald ich die Musik hörte, stand ich auf und stellte mich still an mein Fenster. Sie spielte sehr gut, und manchmal sang sie auch. Sang mit der heiseren, brüchigen Stimme eines heranwachsenden Knaben. Sie kannte alle Schlager aus den großen Shows von Cole Porter und Kurt Weill; besonders gern mochte sie die Songs aus *Oklahoma*, die in jenem Sommer neu und überall zu hören waren. Aber manchmal spielte sie auch Lieder, bei denen man sich unwillkürlich fragte, wo sie sie wohl gelernt hatte und wo sie überhaupt herstammte. Rauhzarte Wanderlieder, deren Worte nach Nadelwäldern oder Prärien schmeckten. Eines ging so: *Will niemals schlafen, Tod nicht erleiden, will nur so hinziehn über die Himmelsweiden*; und das schien ihr am besten zu gefallen, denn sie sang es oft noch, wenn die Sonne, die ihr Haar getrocknet hatte, längst untergegangen war und erleuchtete Fenster in der Dämmerung standen.

Aber miteinander bekannt wurden wir erst im September, an einem Abend, den die ersten Kräuselwellen herbstlicher Kühle durchliefen. Ich war aus dem Kino nach Hause gekommen und zu Bett gegangen – mit einem Whisky als Schlaftrunk und dem neuesten Simenon. Das ist für mich der Inbegriff von Gemütlichkeit, und deswegen wunderte ich mich über ein Gefühl des Unbehagens, das ständig zunahm, bis mir mein Herzschlag in den Ohren dröhnte. Es war ein Gefühl, von dem ich gelesen, über das ich geschrieben, das ich jedoch nie zuvor selbst erlebt hatte. Das Gefühl, beobachtet zu werden. Daß jemand im Zimmer war. Dann ein unvermitteltes Klopfen am Fenster, etwas schemenhaft Graues hinter der Scheibe – ich verschüttete meinen Whisky. Es dauerte eine Weile, bis ich mich aufraffen konnte, das Fenster zu öffnen und Miss Golightly nach ihren Wünschen zu fragen.

«Ich hab den denkbar widerlichsten Menschen unten bei mir», sagte sie, von der Feuertreppe in mein Zimmer tretend. «Das heißt, er ist so goldig, wenn er nicht betrunken ist, aber sowie er anfängt, *vino* hinter die Binde zu gießen – o Gott, *quel* Scheusal! Wenn es etwas gibt, was ich hasse, dann sind es Männer, die beißen.» Sie ließ den grauen Flanellmorgenrock von ihrer Schulter gleiten, um mir vor Augen zu führen, was daraus wird, wenn ein Mann beißt. Der Morgenrock war alles, was sie anhatte. «Es tut mir leid, wenn ich Sie erschreckt habe. Aber als das Scheusal so lästig wurde, bin ich einfach durchs Fenster getürmt. Ich glaube, er denkt, ich bin im Bad – na, von mir aus soll er denken, was er will, zum Teufel mit ihm, er wird schon müde werden, er wird schon einschlafen, mein Gott, nötig hat er's, acht Martinis vorm Essen und so viel Wein, daß ein Elefant darin baden könnte. Hören Sie, wenn Sie wollen, schmeißen Sie mich ruhig raus. Ich weiß, es ist eine Frechheit von mir, einfach hier aufzukreuzen. Aber da draußen auf der Feuertreppe war es verdammt kalt. Und Sie sahen so gemütlich aus. Genau wie mein Bruder Fred. Zu Hause schliefen wir zu viert in einem Bett, und er war der einzige, an den ich mich in kalten Nächten ankuscheln durfte. Übrigens, haben Sie was dagegen, wenn ich Sie Fred nenne?» Sie stand jetzt mitten im Zimmer und schaute mich prüfend an. Ich hatte sie noch nie ohne die dunklen Gläser gesehen, und nun wurde mir klar, daß es sich um eine ärztlich verordnete Brille handelte, denn ohne sie kniff sie die Lider angestrengt zusammen wie ein Uhrmacher. Sie hatte große Augen, ein wenig blau, ein wenig grün, braun gesprenkelt – verschiedenfarbig wie ihr Haar; und wie ihr Haar strahlten sie lebendige Wärme aus. «Sie halten mich bestimmt für höchst unverschämt. Oder für *très fou*. Oder für sonst was.»

«Keineswegs.»

Sie schien enttäuscht. «Doch, bestimmt. Das tut jeder. Mir macht das nichts aus. Es ist ganz nützlich.»

Sie setzte sich auf einen der wackligen roten Plüschsessel, zog die Beine an und blickte im Zimmer umher, wobei sie die Lider noch stärker zusammenkniff. «Wie können Sie's hier bloß aushalten? Das ist ja eine Schreckenskammer.»

«Ach, man gewöhnt sich an alles», sagte ich, ärgerlich über mich selbst, denn in Wirklichkeit war ich sehr stolz auf meine Wohnung.

«Ich nicht. Ich werde mich nie an irgendwas gewöhnen. Wer das tut, der kann ebensogut tot sein.» Wieder blickte sie sich mißbilligend im Zimmer um. «Was *machen* Sie denn hier den ganzen Tag?»

Ich deutete auf einem mit Büchern und Papieren bedeckten Tisch. «Schreiben.»

«Ich dachte immer, Schriftsteller wären uralt. Allerdings, Saroyan ist nicht alt. Den habe ich mal auf einer Party kennengelernt, und er ist tatsächlich gar nicht alt. Wirklich», sagte sie nachdenklich, «wenn er sich besser rasieren würde... Übrigens, ist Hemingway eigentlich alt?»

«So zwischen vierzig und fünfzig, würde ich sagen.»

«Nicht schlecht. Mich regen keine Männer auf, die nicht mindestens zweiundvierzig sind. Ich kenne eine idiotische Person, die mir dauernd erzählt, ich müßte zu so einem Hirnputzer gehen; sie sagt, ich hätte einen Vaterkomplex. Was natürlich *merde* ist. Ich habe mich ganz einfach darauf trainiert, ältere Männer zu mögen, und das war der beste Einfall, den ich je hatte. Wie alt ist W. Somerset Maugham?»

«Ich weiß nicht genau. In den Sechzigern denke ich.»

«Nicht schlecht. Mit einem Schriftsteller bin ich noch nie

ins Bett gegangen. Nein, halt – kennen Sie Benny Shacklett?» Sie runzelte die Stirn, als ich den Kopf schüttelte. «Komisch. Er hat massenhaft Sachen fürs Radio geschrieben. Aber *quel* Ekel. Sagen Sie, sind Sie ein richtiger Schriftsteller?»

«Kommt darauf an, was Sie unter richtig verstehen.»

«Na, Herzchen, ich meine, ob irgendwer kauft, was Sie schreiben.»

«Noch nicht.»

«Ich werde Ihnen helfen», sagte sie. «Das kann ich nämlich. Denken Sie bloß, wie viele Leute ich kenne, die Leute kennen. Ich werde Ihnen helfen, weil Sie aussehen wie mein Bruder Fred. Nur kleiner. Zuletzt habe ich ihn gesehen, als ich vierzehn war – damals ging ich nämlich von zu Hause fort –, und da war er schon sechs Fuß und zwei Zoll groß. Meine anderen Brüder waren mehr Ihr Format. Kümmerlinge. Daß Fred so groß wurde, kam von der Erdnußbutter. Alle fanden, er sei verrückt, sich derart mit Erdnußbutter vollzustopfen; für ihn gab es nichts auf der Welt als Pferde und Erdnußbutter. Aber er war nicht verrückt, nur goldig und ein bißchen unklar im Kopf und entsetzlich langsam; er saß schon drei Jahre in der achten Klasse, als ich von zu Hause weglief. Armer Fred. Ich hoffe nur, daß sie bei der Army großzügig sind mit der Erdnußbutter. Wobei mir einfällt, daß ich vor Hunger umkomme.»

Ich deutete auf eine Schale mit Äpfeln und fragte, wie und warum sie so jung schon ihr Elternhaus verlassen habe. Sie sah mich mit leerem Blick an und rieb sich die Nase, als kitzle sie dort etwas – eine Geste, die ich, nach häufiger Wiederholung, als Signal dafür erkennen lernte, daß man zu weit gegangen war. Wie viele Menschen mit der kühnen Vorliebe, aus freien Stücken vertrauliche Geständnisse zu machen, wurde sie bei allem, was auf eine direkte Frage, auf ein Festlegenwollen hinauslief, sofort zurückhaltend. Sie biß in einen Apfel und sagte: «Erzählen Sie mir etwas, was Sie geschrieben haben. Die Handlung, meine ich.»

«Da fängt's schon mit den Schwierigkeiten an. Es sind keine Geschichten, die man erzählen könnte.»

«Zu unanständig?»

«Vielleicht gebe ich Ihnen mal eine zu lesen.»

«Whisky und Äpfel passen gut zusammen. Machen Sie mir

einen Drink zurecht, Herzchen. Dann können Sie mir selber eine vorlesen.»

Sehr wenige Autoren, und schon gar nicht die unveröffentlichten, können der Aufforderung widerstehen, aus ihren Werken vorzulesen. Ich machte uns beiden einen Drink, setzte mich Holly gegenüber und begann zu lesen. Eine Mischung aus Lampenfieber und Enthusiasmus ließ meine Stimme leicht beben – es war eine neue Geschichte, ich hatte sie erst tags zuvor beendet, so daß sich das unvermeidliche Gefühl der Unzulänglichkeit noch nicht hatte entwickeln können. Es ging um zwei Frauen, die gemeinsam ein Haus bewohnen, Lehrerinnen, von denen die eine, als sich die andere verlobte, durch anonyme Briefe eine Skandalgeschichte verbreitet und damit die Heirat verhindert. Ich las, und jedesmal, wenn ich verstohlen zu Holly hinüberblickte, krampfte sich mein Herz zusammen. Sie zappelte herum. Sie zerzupfte die Zigarettenreste im Aschenbecher, sie starrte auf ihre Fingernägel, als sehne sie sich nach einer Nagelfeile. Schlimmer noch: Als ich glaubte, ihr Interesse sei endlich erwacht, mußte ich feststellen, daß in Wirklichkeit ein verräterischer Reif über ihren Augen lag, als überlege sie, ob sie sich die Schuhe kaufen sollte, die sie in irgendeinem Schaufenster gesehen hatte.

«Ist das der Schluß?» fragte sie und wurde wieder wach. Sie suchte krampfhaft nach einer passenden Bemerkung. «Schwule Mädchen kann ich an sich ganz gut leiden. Angst hab ich vor denen noch nie gehabt. Aber Geschichten über Schwule langweilen mich zum Gotterbarmen. Ich kann mich einfach nicht in sie reinversetzen. Ja, was ist denn, Herzchen?» sagte sie, als sie mein betroffenes Gesicht sah. «Um was handelt es sich denn sonst, wenn nicht um zwei, die andersrum sind?»

Es war ein Fehler gewesen, ihr diese Geschichte vorzulesen, und ich hatte keine Lust, es dadurch noch schlimmer zu machen, daß ich sie ihr erklärte. Die gleiche Eitelkeit, die mich in diese Lage gebracht hatte, zwang mich jetzt, Holly als Wichtigtuerin ohne Gefühl und Verstand herabzusetzen.

«Nebenbei gesagt», fuhr sie fort, «kennen Sie zufällig ein paar nette Lesbierinnen? Ich suche nämlich eine Zimmergenossin. Nein, Sie brauchen gar nicht zu lachen. Ich bin so unordentlich, ich kann mir einfach keine Aufwartung leisten, und

Lesbierinnen sind sehr häuslich, sie reißen sich geradezu darum, alle Arbeit zu machen, nie braucht man sich ums Fegen oder Abtauen oder Wäschezählen zu kümmern. In Hollywood wohnte ich mit einer zusammen, die in Wildwestfilmen spielte und der einsame Jäger genannt wurde. Aber alles, was recht ist, im Haushalt war sie brauchbarer als jeder Mann. Natürlich mußten die Leute denken, ich selber wäre auch so 'n bißchen andersrum. Bin ich natürlich auch. Jeder ist das – ein bißchen. Na und? Das hat noch nie einen Mann abgeschreckt, im Gegenteil, es scheint sie anzustacheln. Man sieht's ja am einsamen Jäger: zweimal verheiratet. Gewöhnlich heiraten solche nur einmal, bloß wegen des Namens. Scheint irgendwie das Prestige zu erhöhen, wenn man sich Mrs. Soundso nennen kann. Nein – das ist doch nicht wahr!» Sie starrte den Wekker auf dem Tisch an. «Es *kann* nicht halb fünf sein!»

Das Fenster wurde langsam graublau. Eine Sonnenaufgangsbrise bewegte die Vorhänge.

«Was ist heute?»

«Donnerstag.»

«Donnerstag.» Sie stand auf. «Mein Gott», sagte sie und sank mit einem Stöhnen in den Sessel zurück. «Es ist zu grauenhaft.»

Ich war zu müde, um neugierig zu sein. Ich legte mich aufs Bett und schloß die Augen. Dennoch drängte sich mir unwiderstehlich die Frage auf: «Was ist denn am Donnerstag so grauenhaft?»

«Nichts. Nur daß ich mich nie erinnern kann, wann es soweit ist. Donnerstags muß ich nämlich den Achtuhrfünfundvierzig kriegen. Die sind da so genau mit den Besuchszeiten, und wenn man um zehn kommt, darf man gerade noch eine Stunde bleiben, weil die armen Kerle um elf Mittag essen. Stellen Sie sich vor: Mittagessen um elf! Man *kann* auch um zwei kommen, und das möchte ich viel lieber, aber er hat es so gern, wenn ich morgens komme, er sagt, das möbelt ihn für den Rest des Tages auf. Ich *muß* jetzt wach bleiben», sagte sie und kniff sich in die Wangen, bis sie rosig überhaucht waren. «Zum Schlafen ist keine Zeit mehr, ich würde schwindsüchtig aussehen, ich würde zusammensacken wie eine Mietskaserne, und das wäre nicht anständig – ein Mädchen kann nicht grün im Gesicht nach Sing-Sing gehen.»

«Nein, das wäre wohl nicht angebracht.» Der Ärger auf sie, den ich wegen meiner Story empfunden hatte, verebbte. Ich war wieder ganz in ihrem Bann.

«Alle Besucher geben sich Mühe, so gut wie möglich auszusehen, und es ist sehr rührend, sehr süß, wie sich die Frauen ihre hübschesten Sachen anziehen, ich meine auch die alten und die wirklich armen, sie machen die goldigsten Anstrengungen, nett auszusehen und nett zu riechen, und ich hab sie richtig lieb deswegen. Und ich liebe auch die Kinder, besonders die farbigen. Ich meine die Kinder, die mit den Frauen kommen. Es müßte eigentlich traurig sein, die Kinder dort zu sehen, aber es ist kein bißchen traurig. Sie haben große Schleifen im Haar und blitzblank geputzte Schuhe, man denkt immer, gleich müßte es Eiskrem geben; und manchmal ist es im Besuchszimmer wirklich wie bei einer Party. Jedenfalls nicht so wie im Kino – Sie wissen, dieses schauderhafte Geflüster durch ein Gitter. Gitter gibt es überhaupt nicht, nur so eine Art Ladentisch ist zwischen denen und uns, und die Kinder können darauf stehen und umarmt werden; und wenn man einem einen Kuß geben will, braucht man sich bloß rüberzubeugen. Am besten gefällt mir, daß sie alle so glücklich sind, einander zu sehen. Sie haben die Woche über soviel Gesprächsstoff gesammelt, da kann gar kein Trübsinn aufkommen, sie lachen unentwegt und halten sich die Hände. Hinterher», sagte sie, «ist es anders. Ich sehe sie im Zug. Sie sitzen still und stumm da und blicken auf den vorüberziehenden Fluß.» Sie zog eine Haarsträhne zum Mundwinkel und knabberte nachdenklich darauf herum. «Aber Sie sind müde. Schlafen Sie doch.»

«Bitte. Es interessiert mich.»

«Das weiß ich. Deswegen will ich ja, daß Sie schlafen. Denn wenn ich jetzt weiterrede, erzähle ich Ihnen von Sally. Und ich bin nicht sicher, ob das ganz korrekt wäre.» Sie kaute still auf ihrem Haar. «*Gesagt* hat mir nie jemand, daß ich es keinem erzählen dürfte. Nicht ausdrücklich. Und es ist schon ulkig. Vielleicht können Sie's in einer Geschichte verwenden, natürlich mit anderen Namen und so. Hören Sie zu, Fred», sagte sie und nahm sich noch einen Apfel, «Hand aufs Herz und den Ellbogen küssen ...»

Schlangenmenschen können vielleicht ihren Ellbogen küssen; bei mir mußte sie sich mit dem Versuch zufriedengeben.

«Also», sagte sie, nachdem sie in den Apfel gebissen hatte, «möglicherweise haben sie sogar von ihm in der Zeitung gelesen. Er heißt Sally Tomato, und ich spreche besser Jiddisch als er Englisch, aber er ist ein geliebter alter Mann, schrecklich fromm. Er würde wie ein Mönch aussehen, wenn er nicht die Goldzähne hätte; er sagt, er betet jeden Abend für mich. Gehabt habe ich natürlich nie was mit ihm, schon deswegen, weil ich ihn gar nicht kannte, bevor er ins Gefängnis kam. Aber jetzt liebe ich ihn sehr, schließlich besuche ich ihn seit sieben Monaten jeden Donnerstag, und ich glaube, ich würde auch hingehen, wenn er mich nicht bezahlte. Der ist matschig», sagte sie und warf den Rest des Apfels zielsicher aus dem Fenster. «Übrigens, vom Sehen kannte ich Sally doch schon. Er kam immer zu Joe Bell, in die Bar um die Ecke, aber er hat nie mit jemand geredet, stand bloß rum wie einer, der im Gasthaus wohnt. Aber wenn ich so zurückdenke, finde ich's doch komisch, wie genau er mich beobachtet haben muß, denn gleich nachdem sie ihn eingebuchtet hatten (Jo Bell zeigte mir sein Bild in der Zeitung. Schwarze Hand, Mafia, all dieser Hokuspokus – aber sie gaben ihm fünf Jahre), da kam dieses Telegramm von einem Anwalt. Ich sollte mich sofort mit ihm in Verbindung setzen, hieß es darin. Wegen einer für mich vorteilhaften Nachricht.»

«Wahrscheinlich dachten Sie, jemand hätte Ihnen eine Million hinterlassen.»

«Ach wo. Ich dachte, Bergdorf wollte auf diese Art versuchen, die letzte Kleiderrechnung zu kassieren. Aber ich riskierte es und ging zu dem Anwalt (*wenn* er überhaupt ein Anwalt ist, was ich bezweifle, denn anscheinend hat er gar kein Büro, nur einen Telefondienst, und immer verabredet er sich mit einem im Lokal – deswegen ist er wohl auch so fett, er kann zehn Hamburger essen, dazu zwei Schüsseln Mixes Pickles und hinterher eine ganze Zitronenmeringetorte). Er fragte mich, ob ich nicht Lust hätte, einen einsamen alten Mann ein bißchen aufzuheitern und dafür hundert Dollar in der Woche zu kassieren. Ich sagte, hören Sie mal, Herzchen, da haben Sie die falsche Miss Golightly erwischt, ich bin keine Krankenschwester, die sich nebenher auf gewisse Tricks versteht. Vom Honorar war ich auch nicht beeindruckt, soviel kriegt man ja schon zusammen mit Pudern-Gehen: Jeder Gent, der ein bißchen Lebensart hat, wird einem fünfzig geben, wenn man mal ‹für Damen› gehen möchte, und ich frage auch immer nach Fahrgeld, das macht noch mal fünfzig. Aber dann erzählte er mir, sein Klient sei Sally Tomato. Er sagte, der liebe alte Sally hätte mich schon immer *à la distance* bewundert, und ob es nicht eine gute Tat wäre, wenn ich ihn einmal in der Woche besuchte. Na, da konnte ich nicht nein sagen – es war zu romantisch.»

«Ich weiß nicht, irgendwas stimmt da nicht.»

Sie lächelte. «Glauben Sie, ich schwindle?»

«Ich wundere mich nur ... Die können doch nicht erlauben, daß irgend jemand einfach einen Gefangenen besucht.»

«Tun sie ja auch nicht. Sie stellen sich sogar furchtbar an und fallen einem mit ihrem Gefrage auf die Nerven. Aber ich gelte als seine Nichte.»

«Und so einfach ist das? Für eine Stunde Unterhaltung gibt er Ihnen hundert Dollar?»

«Er nicht, der Anwalt. Mr. O'Shaughnessy schickt sie mir in bar, sobald ich den Wetterbericht übermittelt habe.»

«Ich fürchte, Sie können da in Teufels Küche kommen», sagte ich und knipste die Lampe aus, die jetzt nicht mehr nötig war. Morgenlicht füllte das Zimmer, und auf der Feuertreppe gurrten Tauben.

«Wieso?» fragte sie ernsthaft.

«Soviel ich weiß, gibt es da in den Gesetzbüchern irgend etwas über falsche Angaben zur Person. Schließlich sind Sie doch nicht seine Nichte. Und was ist das mit diesem Wetterbericht?»

Sie unterdrückte ein Gähnen. «Ach, gar nichts weiter. Nur Botschaften, die ich bei dem Telefondienst hinterlasse, damit Mr. O'Shaughnessy auch weiß, daß ich wirklich dort gewesen bin. Sally sagt mir, was ich bestellen soll, so was wie ‹ein Hurrikan zieht über Kuba hinweg› oder ‹in Palermo schneit es›. Machen Sie sich nur keine Sorgen, Herzchen», sagte sie und kam an mein Bett, «ich bin es schon lange gewohnt, auf mich selber aufzupassen.» Die Strahlen der Morgensonne schienen sich in ihr zu brechen; als sie mir die Bettdecke bis zum Kinn hochzog, wirkte sie wie ein durchsichtiges Kind. Sie legte sich neben mich. «Stört Sie das? Ich möchte mich nur einen Moment ausruhen. Reden wir also kein Wort mehr. Schlafen Sie.»

Ich tat wenigstens so, indem ich mich zwang, tief und gleichmäßig zu atmen. Die Uhr der benachbarten Kirche schlug die halbe und dann die volle Stunde. Es war sechs, als sie die Hand auf meinen Arm legte, sehr zart, sehr vorsichtig, um mich nicht zu wecken. «Armer Fred», flüsterte sie, und ich dachte, sie spräche zu mir, aber sie meinte mich nicht. «Wo bist du, Fred? Weil es so kalt ist. Der Wind bringt Schnee.» Ihre Wange schmiegte sich an meine Schulter, warm und feucht.

«Warum weinen Sie?»

Sie fuhr zurück, setzte sich auf. «Himmeldonnerwetter», sagte sie und ging auf das Fenster und die Feuertreppe zu, «wenn ich etwas nicht ausstehen kann, dann sind's Schnüffler.»

Am nächsten Tag, Freitag, fand ich beim Nachhausekommen vor meiner Tür einen Geschenkkorb voll ausgesuchter Delikatessen – mit ihrer Karte: MISS HOLIDAY GOLIGHTLY. AUF REISEN, und auf der Rückseite stand in einer seltsam mühseligen Kinderhandschrift: «Alles Gute, liebster Fred. Tausendmal Entschuldigung für gestern abend. Sie waren absolut ein Engel. *Mille tendresses* – Holly. PS: Werde Sie nicht wieder stören.» Ich erwiderte «Bitte doch» und hängte den Zettel an ihre Tür, zusammen mit dem einzigen Geschenk, das ich mir leisten konnte: ein Veilchensträußchen vom Straßenhändler. Allem Anschein nach hatte sie es jedoch ernst gemeint, denn ich sah und hörte nichts mehr von ihr und konnte nur annehmen, daß sie so weit gegangen war, sich einen Haustürschlüssel zu besorgen. Jedenfalls klingelte sie nicht mehr bei mir. Mir fehlte das, und nach einigen Tagen begann ich ihr gegenüber eine ganz unbegründete Gekränktheit zu empfinden, als würde ich von meinem besten Freund vernachlässigt. Eine beunruhigende Einsamkeit kam in mein Leben, aber sie rief kein Verlangen nach einem Zusammensein mit älteren Freunden hervor – sie erschienen mir jetzt schal wie eine salzfreie, zuckerlose Diät. Am Mittwoch mußte ich ununterbrochen an Holly denken, an Sing-Sing und Sally Tomato, an eine Welt, in der Männer fünfzig Dollar rausrückten, wenn ein Mädchen mal zur Toilette wollte, so daß ich einfach nicht arbeiten konnte. Am Abend steckte ich eine Nachricht in ihren

Briefkasten: «Morgen ist Donnerstag.» Der nächste Morgen belohnte mich mit einem zweiten Kärtchen in Kinderkrakelschrift: «Tausend Dank, daß Sie mich erinnert haben. Können Sie heute abend gegen sechs auf einen Drink runterkommen?»

Ich wartete bis zehn nach sechs und zwang mich dann, noch weitere fünf Minuten vergehen zu lassen.

Ein seltsamer Mensch öffnete mir die Tür. Er roch nach Zigarre und Eau de Cologne. Seine Schuhe hatten überhöhte Absätze. Ohne diese zusätzlichen Zoll hätte man ihn für einen Liliputaner halten können. Sein kahler, mit Sommersprossen gesprenkelter Kopf war zwergenhaft groß, und er hatte spitze, koboldartige Ohren. Die Augen, unbeteiligt und leicht vorstehend, glichen denen eines Pekinesen. Haarbüschel sprossen aus seinen Ohren, seiner Nase; die Wangen waren grau vom nachmittäglichen Bartwuchs, und sein Händedruck hatte etwas beinahe Pelziges.

«Die Kleine duscht gerade», sagte er und deutete mit der Zigarre in die Richtung, aus der von nebenan Wasserrauschen zu hören war. Das Zimmer, in dem wir standen (standen, weil es keine Sitzgelegenheiten gab), sah ganz so aus, als sei es eben erst bezogen worden; man erwartete geradezu, frische Farbe zu riechen. Das Mobiliar bestand aus Koffern und unausgepackten Kisten. Die Kisten wurden als Tische benutzt; die eine diente als Abstellplatz für alles, was man für einen Martini brauchte, und auf einer anderen befanden sich eine Lampe, ein Koffergrammophon, Hollys roter Kater und eine Vase mit gelben Rosen. Bücherregale, die eine ganze Wand einnahmen, protzten mit einem halben Fach voll Literatur. Ich erwärmte mich sofort für diesen Raum, er sah so angenehm provisorisch aus.

Der Mann räusperte sich. «Werden Sie erwartet?»

Offenbar fand er mein Nicken nicht recht überzeugend. Seine kalten Augen operierten an mir herum, machten saubere Probeschnitte. «Hier kommen ’ne Menge Leute her, die nicht erwartet werden. Kennen Sie die Kleine schon lange?»

«Nicht sehr.»

«Sie kennen die Kleine also noch nicht sehr lange?»

«Ich wohne oben.»

Die Antwort schien ihm als Erklärung zu genügen und ihn milder zu stimmen. «Ist Ihre Wohnung genauso geschnitten?»

«Sie ist viel kleiner.»

Er schnippte die Asche auf den Fußboden. «Eine Rumpelkammer ist das hier. Einfach unglaublich. Aber die Kleine versteht ja auch nicht zu leben, wenn sie den Kies dazu hat.» Er sprach abgehackt, mit metallischer Stimme – es klang wie ein Fernschreiber. «Also», sagte er, «was meinen Sie: Ist sie eine oder ist sie keine?»

«Eine was?»

«Eine Schwindlerin.»

«Dafür hätte ich sie nie gehalten.»

«Sie irren sich. Die Kleine ist eine Schwindlerin. Andererseits aber haben Sie recht, sie ist keine Schwindlerin, weil das bei ihr alles echt ist. Sie *glaubt* den Blödsinn, den sie glaubt. Man kann sie nicht davon abbringen. Ich habe es unter Tränen versucht. Benny Polan, der überall hoch angesehen ist, Benny Polan hat es auch versucht. Benny hatte sich in den Kopf gesetzt, sie zu heiraten, sie ging nicht darauf ein. Benny schickte sie zu Hirnputzern und gab bestimmte Tausende dafür aus. Sogar dieser berühmte – ich meine den, der nur Deutsch spricht – Junge, sogar der mußte kapitulieren. Man kann sie ihr nicht ausreden, diese –» er hob die Faust, als wollte er etwas Ungreifbares zerschmettern – «diese Ideen. Versuchen Sie's mal. Bringen Sie sie dazu, Ihnen etwas von dem Zeug zu erzählen, das sie glaubt. Wissen Sie», sagte er, «ich mag die Kleine ja gern. Jeder mag sie, das heißt, es gibt auch 'ne Menge, die sie nicht mögen. Also ich kann die Kleine wirklich gut leiden. Weil ich empfindsam bin, darum. Man muß empfindsam sein, ein bißchen was von einem Dichter haben, um sie schätzen zu können. Aber ich will Ihnen mal die Wahrheit sagen. Sie können sich noch und noch um ihretwillen den Kopf zerbrechen, und sie wird Ihnen Pferdemist auf einer Schüssel retour geben. Um nur ein Beispiel zu nennen: Was für ein Typ ist sie, wenn man sie sich heute so ansieht? Haargenau der Typ des Mädchens, von dem man eines Tages liest, daß es sich mit Seconal aus der Welt geschafft hat. Ich hab's oft erlebt, daß meine Finger und Zehen nicht zum Aufzählen reichen – und diese Mädchen, die waren noch nicht mal verrückt. Sie ist verrückt.»

«Aber jung. Und sie hat noch einen großen Teil ihrer Jugend vor sich.»

«Wenn Sie damit Zukunft meinen, sind Sie wieder im Irrtum. Sehen Sie, vor ein paar Jahren, drüben in Kalifornien, da hätte es anders kommen können. Da hatte sie was, was für sie sprach, da war man an ihr interessiert, da hätte sie Karriere machen können. Aber wenn man so eine Sache schleißen läßt, dann ist's aus und vorbei. Fragen Sie Luise Rainer. Und die Rainer war ein Star. Sicher, Holly war kein Star; sie ist nie aus der Statisterie rausgekommen. Aber das war vor *The Story of Dr. Wassell.* Damit hätte sie wirklich Karriere machen können. Ich weiß es, weil ich nämlich derjenige war, der ihr den Rippenstoß gab.» Er deutete mit der Zigarre auf sich selbst. «O. J. Berman.»

Er erwartete Erkennen, und warum sollte ich ihm den Gefallen nicht tun? Mir machte es nichts aus, obgleich ich nie von O. J. Berman gehört hatte. Wie sich herausstellte, war er Agent in Hollywood.

«Ich habe sie als erster gesehen. Draußen in Santa Anita. Jeden Tag lungerte sie da in der Gegend rum. Ich war an ihr interessiert – beruflich. Ich finde raus, daß sie die Reguläre von irgend so 'nem Kerl ist, daß sie mit ihm zusammen lebt. Ich laß ihm sagen, er soll Schluß mit ihr machen, wenn er nicht die Jungens von der Sitte auf den Hals kriegen will – die Kleine war nämlich erst fünfzehn. Aber Stil hatte sie – alles okay, so was kommt an. Auch wenn sie 'ne Brille mit dicken Gläsern trägt – auch wenn sie so spricht, daß man nicht weiß, ob sie aus dem Bergland stammt oder aus Oklahoma oder sonstwoher. Und ich weiß es bis heute nicht. Ich vermute auch, das wird kein Mensch jemals erfahren. Sie ist eine so gottverdammte Schwindlerin, daß sie es wahrscheinlich selbst nicht mehr weiß. Jedenfalls haben wir ein Jahr gebraucht, um ihr diesen Dialekt auszutreiben. Wie wir's geschafft haben? Wir ließen ihr Französischunterricht geben, und als sie erst mal den französischen Tonfall raushatte, da konnte sie auch bald den englischen imitieren. Wir modelten sie zurecht nach dem Typ der Margaret Sullivan, aber sie konnte auch noch mit ein paar Besonderheiten aufwarten, kurz und gut, oben, bei den Bossen, wurde man auf sie aufmerksam, und was soll ich Ihnen sagen: Benny Polan, hochangesehener Bursche, Benny will sie heiraten. Kann ein Agent mehr verlangen? Und dann – päng – *The Story of Dr. Wassell.* Den Film gesehen? Cecil B. DeMille. Gary Cooper. Mein Gott, ich reiß mir sämtliche Beine aus, alles ist arrangiert – sie wollen Probeaufnahmen von ihr für die Rolle von Dr. Wassells Krankenschwester machen. *Eine* seiner Krankenschwestern, schön – aber immerhin. Plötzlich – päng – klingelt bei mir das Telefon.» Er griff nach einem imaginären Telefonhörer und hielt ihn ans Ohr. «Sie sagt, hier ist Holly, ich sage, Süße, du klingst so weit weg, sie sagt, ich bin in New York, ich sage, was zum Teufel machst du in New York, wenn heute Sonntag ist und du morgen Probeaufnahmen hast? Sie sagt, ich bin in New York, weil ich noch nie in New York gewesen bin. Ich sage, jetzt setz aber deinen Hintern in ein Flugzeug und komm zurück. Nein, sagt sie, das tu ich nicht. Ich sage, worauf willst du raus, Puppe? Sie sagt, man muß *wollen,* daß etwas gut wird, und ich will's ja gar nicht. Schön, sage ich, was zum Teufel willst du denn nun, und sie sagt, wenn ich das rausgefunden habe, kriegst du's als erster zu wissen. Verstehen Sie jetzt, was ich meine: Pferdemist auf einer Schüssel.»

Der rote Kater sprang von der Kiste und rieb sich an seinem Bein. Er hob das Tier mit der Schuhspitze hoch und schleuderte es fort. Das war ekelhaft von ihm, aber er nahm die Katze anscheinend gar nicht zur Kenntnis, sondern nur seine Gereiztheit.

«Das hier sollte sie wollen?» rief er und breitete die Arme aus. «Ungeladene Gäste in rauhen Mengen? Von Trinkgeldern leben? Mit Taugenichtsen rumziehen? Vielleicht will sie sogar Rusty Trawler heiraten? Soll man ihr etwa dafür eine Medaille anstecken?»

Er starrte mich lauernd an.

«Tut mir leid, den kenne ich nicht.»

«Sie kennen Rusty Trawler nicht? Dann können Sie aber nicht viel über die Kleine wissen. Schade», sagte er, und seine Zunge schnalzte in seinem dicken Kopf. «Ich hoffte, Sie hätten vielleicht Einfluß auf sie. Könnten was geradebiegen bei der Kleinen, bevor es zu spät ist.»

«Wenn ich Sie recht verstanden habe, ist es das doch bereits.»

Er blies einen Rauchring in die Luft und ließ ihn verwehen,

bevor er lächelte; das Lächeln veränderte sein Gesicht, zauberte Sanftmut auf seine Züge. «Ich könnte noch mal was in Gang bringen. Wie ich schon sagte –» diesmal klang es echt – «ich mag die Kleine wirklich gern.»

«Was verbreitest du da für Skandalgeschichten, O. J.?» Holly kam hereingeplatscht, notdürftig in ein Badetuch gehüllt, und ihre Füße hinterließen nasse Spuren auf dem Boden.

«Nur das übliche. Daß du einen Klaps hast.»

«Das weiß Fred schon.»

«Aber du nicht.»

«Bitte eine angezündete Zigarette, Herzchen», sagte sie, während sie die Badekappe herunterriß und ihr Haar schüttelte. «Nein, nicht von dir, O. J. Du sabberst immer so gräßlich du mit deinen Negerlippen.»

Sie packte den Kater und schwang ihn auf ihre Schulter. Da hockte er nun wie ein Vogel auf der Stange, seine Pfoten verwirrten ihr Haar, als sei es Strickgarn, aber trotz seiner liebenswürdigen Possen war und blieb er ein mürrisches Tier mit einer Halsabschneidervisage, das eine Auge klebrig blind, das andere boshaft funkelnd.

«O. J. sabbert so gräßlich», sagte sie zu mir und nahm die Zigarette, die ich ihr angezündet hatte, «aber er kennt eine Unmenge Telefonnummern. Wie ist David O. Selznicks Nummer, O. J.?»

«Hör schon auf.»

«Das ist kein Spaß, Herzchen. Ich möchte, daß du ihn anrufst und ihm sagst, was für ein Genie Fred ist. Er hat eine Masse wunderbarer Geschichten geschrieben. Sie brauchen gar nicht rot zu werden, Fred, es ist ja nicht so, daß Sie sich ein Genie genannt haben, sondern ich hab's getan. Na, O. J., was wirst du tun, um Fred reich zu machen?»

«Wie wäre es, wenn du mich das mit Fred besprechen ließest?»

«Vergiß nicht», sagte sie im Hinausgehen, «ich bin seine Agentin. Noch was: Wenn ich rufe, komm rüber und zieh mir den Reißverschluß hoch. Und wenn jemand klopft, mach die Tür auf.»

Es klopfte fast pausenlos. Innerhalb der nächsten Viertelstunde wurde die Wohnung zum Schauplatz einer Herrengesellschaft. Mehrere Gäste waren in Uniform – ich registrierte zwei Marineoffiziere und einen Oberst von der Air Force –, aber sie wurden an Zahl von grauhaarigen Zivilisten übertroffen, die über das Einberufungsalter hinaus waren. Bis auf die entschwundene Jugend hatten die Leute nichts miteinander gemein, sie waren offensichtlich Fremde unter Fremden, und jeder von ihnen hatte beim Eintreten nur mühsam die Bestürzung verbergen können, daß er nicht der einzige Gast war. Mein Verdacht, die Gastgeberin habe ihre Einladungen auf einer Bummeltour durch Nachtlokale aller Art freigebig verstreut, entsprach wahrscheinlich den Tatsachen. Nach dem anfänglichen Stirnrunzeln unterhielten sich die Herren jedoch widerspruchslos miteinander, vor allem O. J. Berman, der sich die neue Gesellschaft begierig zunutze machte, um einem Gespräch über meine Hollywood-Zukunft auszuweichen. Ich wurde allein bei den Regalen zurückgelassen; mehr als die Hälfte der Bücher handelten von Pferden, der Rest von Baseball. Interesse an *Wie erkenne ich die Qualitäten eines Pferdes* vorschützend, nahm ich die Gelegenheit wahr, Hollys Freunde in aller Ruhe zu betrachten.

Einer von ihnen fiel mir besonders auf. Es war ein ältliches Kind, das sein Babyfett noch nicht verloren hatte, wenn es auch irgendeinem begabten Schneider nahezu gelungen war, sein dickes, zum Verprügeln einladendes Hinterteil zu tarnen. Nirgends an diesem Körper war auch nur eine Andeutung von Knochen; das Gesicht, eine runde Null, ausgefüllt mit niedlichen Miniaturzügen, hatte etwas Unverbrauchtes, Jungfräuliches – es war, als sei er unmittelbar nach der Geburt zu einem glatthäutigen Luftballon aufgequollen. Sein Mund, obgleich bereit zum Aufbrausen und zu mißmutigem Schelten, war ein verwöhntes Kinderschnutchen. Aber es war nicht seine Erscheinung, die ihn aus der Menge heraushob; konservierte Babies sind nicht allzu selten. Es war eher sein Benehmen, denn er tat, als sei dies seine Party – wie ein tatkräftiger Oktopus mixte er Martinis, machte Leute miteinander bekannt und bediente das Grammophon. Genaugenommen wurde ihm seine Betriebsamkeit von der Gastgeberin aufgezwungen: «Rusty, würdest du wohl ...», «Rusty, könntest du bitte ...» Wenn er in sie verliebt war, so wußte er jedenfalls seine Eifersucht zu bezähmen. Einen eifersüchtigen Menschen mußte es maßlos aufregen, zu beobachten, wie sie sich zwischen ihren Gästen bewegte, in der einen Hand die Katze, die andere jedoch frei, um hier eine Krawatte zu richten, dort ein Fädchen von einem Revers zu zupfen; der Fliegeroberst trug einen Orden, der liebevoll poliert wurde.

Der Name des dicklichen Mannes war Rutherford (Rusty) Trawler. Im Jahre 1908 hatte er beide Eltern verloren – der Vater fiel einem Anarchisten zum Opfer, die Mutter überlebte den Schock nicht –, und durch dieses doppelte Unglück wurde Rusty zur Waise, zum Millionär und zu einer Berühmtheit, alles im zarten Alter von fünf Jahren. Seither war seine Geschichte ein beliebtes Thema der Sonntagsbeilagen, eine Folgeerscheinung, die Sturmesstärke erlangte, als Rusty, damals noch ein Schuljunge, seinen Paten-Vormund wegen widernatürlicher Unzucht anzeigte. Später sicherten ihm wiederholte Heirat und Scheidung einen Platz an der Illustriertensonne. Seine erste Frau hatte sich selbst und ihre Abfindungssumme zu einem Rivalen von Father Divine getragen. Über die zweite Frau war nichts Näheres bekannt, aber die dritte hatte ihn im Staat New York vor Gericht gebracht und eine Mappe voll stichhaltigen Beweismaterials vorgelegt. Er selbst ließ sich von der vierten Mrs. Trawler scheiden und stützte seine Klage in erster Linie darauf, daß die Frau auf seiner Jacht eine Meuterei angezettelt hatte, welche darin gipfelte, daß man ihn nördlich von Haiti auf den Dry Tortugas aussetzte. Seither lebte er als Junggeselle, doch hatte er anscheinend vor dem Krieg um Unity Mitford angehalten; jedenfalls hieß es, er habe ihr telegrafisch angeboten, sie zu heiraten, falls Hitler es nicht täte.

Die war angeblich der Grund dafür, daß Winchell ihn in seiner Gesellschaftsklatschspalte stets als Nazi bezeichnete – dies und die Tatsache, daß er an Massenversammlungen in Yorkville teilnahm.

Das alles wurde mir nicht erzählt. Ich las es im *Baseball-Führer*, einem anderen Buch aus Hollys Bibliothek, das sie als Zettelkasten zu benutzen schien: zwischen den Seiten steckten Artikel aus Sonntagsbeilagen und Ausschnitte mit Gesellschaftsnachrichten. *Rusty Trawler und Holly Golightly bei der Premiere von Fast eine Venus.* Holly tauchte hinter mir auf, gerade als ich las: *Miss Holiday Golightly, Tochter der*

Bostoner Golightlys, macht dem vierundzwanzigkarätigen Rusty Trawler jeden Tag zum Feiertag.

«Bewundern Sie meine Beliebtheit bei der Presse oder sind Sie ein Baseball-Fanatiker?» fragte sie und rückte die dunkle Brille zurecht, während sie mir über die Schulter schaute.

Ich fragte: «Wie lautete denn diese Woche der Wetterbericht?»

Sie blinzelte mir zu, doch es war kein verschmitztes, sondern ein warnendes Blinzeln. «Auf Pferde bin ich verrückt, aber ich hasse Baseball», sagte sie, und in ihrer Stimme schwang ein Unterton mit, der mir zu vergessen befahl, daß sie jemals Sally Tomato erwähnt hatte. «Ich hasse es schon, wenn sie's im Radio übertragen, aber ich muß ja zuhören, weil es zu meiner Bildung gehört. Es gibt so wenig, worüber man sich mit Männern unterhalten kann. Wenn ein Mann für Baseball nichts übrig hat, muß er Pferde lieben, und wenn er keines von beiden mag, bin ich ohnehin in Schwierigkeiten – dann macht er sich auch nichts aus Mädchen. Und wie kommen Sie mit O. J. zurecht?»

«Wir haben uns im gegenseitigen Einverständnis getrennt.»

«Er ist eine Gelegenheit, glauben Sie mir.»

«Ich glaube es Ihnen. Allerdings fürchte ich, ich habe nichts zu bieten, was für ihn eine Gelegenheit wäre.»

Sie ließ nicht locker. «Gehen sie zu ihm rüber und geben Sie ihm das Gefühl, daß er kein bißchen komisch aussieht. Er kann Ihnen wirklich helfen.»

«Ich hörte, Sie selbst haben keinen großen Wert darauf gelegt.» Sie sah mich verständnislos an, bis ich sagte: «*The Story of Dr. Wassell.*»

«Immer noch die alte Leier?» Sie warf einen zärtlichen Blick zu Berman hinüber. «Aber in einem hat er recht: Ich sollte mich schuldig fühlen. Nicht weil sie mir die Rolle gegeben hätten oder weil ich gut gewesen wäre – sie hätten nicht und ich wäre nicht. Schuldig müßte ich mich deswegen fühlen, weil ich ihn weiter Luftschlösser bauen ließ, als ich schon längst nicht mehr daran dachte. Ich wollte nur Zeit herausschlagen, um an meiner Persönlichkeit noch ein paar Verbesserungen vorzunehmen – ich wußte verdammt genau, daß ich nie ein Filmstar werden würde. Das ist allzu schwierig und für einen intelligenten Menschen ziemlich heikel. Meine Komplexe werden nun mal nicht von Minderwertigkeitsgefühlen bestimmt, und wenn es auch heißt, zu einem Filmstar gehöre ein dickes, fettes Ego, so ist es in Wirklichkeit doch grundlegend wichtig, überhaupt kein Ego zu haben. Ich will nicht sagen, daß ich etwas dagegen hätte, reich und berühmt zu sein. Das liegt sogar ganz auf meiner Linie, und eines Tages werde ich mir Mühe geben, daß ich's schaffe, aber wenn es soweit ist, hätte ich gern mein Ego noch an mir dranhängen. Ich möchte immer ich selber bleiben, auch dann, wenn ich eines schönen Morgens in einem Himmelbett bei Tiffany aufwache und man mir das Frühstück serviert. Sie haben ja gar nichts zu trinken», sagte sie, meine leeren Hände bemerkend. «Rusty! Würdest du wohl meinem Freund einen Drink bringen?»

Sie hielt noch immer den Kater im Arm. «Armes Vieh», sagte sie und kraulte ihn, «armes Vieh ohne Namen. Es ist ein bißchen unpraktisch, daß er keinen Namen hat. Aber ich habe kein Recht, ihm einen zu geben – er muß warten, bis er jemanden wirklich gehört. Wir beide haben uns nur eines Tages am Fluß getroffen und sind zusammengeblieben, aber keiner von uns gehört zu dem anderen – er ist unabhängig, und ich bin's auch. Ich möchte nichts besitzen, bevor ich nicht den Ort gefunden habe, wo ich und mein Besitz zueinander gehören. Bisher weiß ich noch nicht recht, wo das sein könnte. Aber ich weiß, wie es da aussehen müßte.» Sie lächelte und ließ den Kater auf den Boden fallen. «Genau wie bei Tiffany», sagte sie. «Nicht daß ich mir was aus Schmuck mache. Brillanten, nun ja. Aber es ist geschmacklos, Brillanten zu tragen, bevor man vierzig ist, und selbst dann ist es noch riskant. Richtig gut sehen sie nur bei ganz alten Damen aus. Bei Maria Uspenskaja. Runzeln und Knochen, weißes Haar und Brillanten – ich kann's kaum erwarten. Aber daran liegt es nicht, daß ich so verrückt auf Tiffany bin. Sagen Sie, kennen Sie auch solche Tage, wo einen das rote Grausen packt?»

«So was wie die blaue Melancholie?»

«Nein», antwortete sie langsam, «nein, die überkommt einen, weil man dick wird oder weil es zu lange regnet. Da ist man traurig, das ist alles. Aber das rote Grausen ist scheußlich. Man fürchtet sich und schwitzt wie in der Hölle, hat aber keine Ahnung, wovor man sich fürchtet. Man fühlt, daß etwas Schlimmes geschehen wird, nur weiß man nicht was. Haben Sie das schon mal gehabt?»

«Ziemlich oft. Manche nennen es einfach: Lebensangst.»

«Na schön: Lebensangst. Aber was tun Sie dagegen?»

«Trinken hilft, finde ich.»

«Das habe ich versucht. Und mit Aspirin habe ich's auch versucht. Rusty meint, ich solle Marihuana rauchen, und ich habe es auch eine Zeitlang getan, aber davon fange ich bloß an zu kichern. Am meisten hilft mir, wie ich herausgefunden habe, wenn ich mir ein Taxi nehme und zu Tiffany fahre. Das beruhigt mich sofort – die Stille, meine ich, und all diese Pracht. Bei Tiffany kann einem nichts einfach wirklich Schlimmes passieren, nicht mit den reizenden Verkäufern da in ihren feinen Anzügen und mit dem herrlichen Geruch nach Silber und Krokodillederbrieftaschen. Wenn ich im wirklichen Leben einen Ort fände, der so auf mich wirkt wie Tiffany, würde ich mir ein paar Möbel kaufen und dem Kater einen Namen geben. Ich habe gedacht, nach dem Krieg könnten Fred und ich vielleicht ...» Sie schob die Brille nach oben, und ihre Augen mit den verschiedenen Farben, den Grautönen und dem darübergewischten Blau und Grün, blickten jetzt mühelos ins Weite. «Ich bin mal in Mexiko gewesen. Ein wunderbares Land für Pferdezucht. Da war ein Ort, dicht am Meer ... Fred versteht sich auf Pferde.»

Rusty Trawler kam mit einem Martini; er reichte ihn mir, ohne mich anzusehen. «Ich habe Hunger», verkündete er, und seine Stimme, zurückgeblieben wie alles andere an ihm, brachte ein enervierendes Kindergequäke zustande, das offenbar ein Vorwurf für Holly sein sollte. «Es ist halb acht, und ich habe Hunger. Du weißt, was der Doktor gesagt hat.»

«Ja, Rusty, ich weiß, was der Doktor gesagt hat.»

«Also dann mach hier Schluß und laß uns gehen.»

«Ich möchte, daß du dich benimmst, Rusty.» Sie sprach sanft, aber energisch, im Ton einer Lehrerin, die mit Strafe droht, und ein seltsames Aufwallen von Freude und Dankbarkeit rötete sein Gesicht.

«Du liebst mich nicht», beklagte er sich, als seien sie allein.

«Ungezogenheiten liebt niemand.»

Wieder hatte sie genau das gesagt, was er zu hören wünschte; es schien ihn gleichzeitig aufzuregen und zu beruhigen.

Dennoch machte er weiter, als sei dies ein Ritual: «Liebst du mich?»

Sie tätschelte ihn. «Kümmere dich um deine Haushaltspflichten, Rusty. Und wenn ich soweit bin, gehen wir essen, wohin du willst.»

«Chinatown?»

«Aber denk nicht, daß du süßsaure Rippchen bekommst. Du weißt, was der Doktor gesagt hat.»

Während er zufrieden davonwatschelte, um sich wieder seinen Pflichten zu widmen, konnte ich der Versuchung nicht widerstehen, sie daran zu erinnern, daß sie seine Frage nicht beantwortet hatte. «Lieben Sie ihn tatsächlich?»

«Ich sagte Ihnen ja, man kann sich dazu bringen, jeden Menschen zu lieben. Außerdem hat er eine gräßliche Kindheit gehabt.»

«Wenn sie so gräßlich war, warum klammert er sich dann an ihr fest?»

«Strengen Sie mal Ihren Kopf an. Begreifen Sie denn nicht, daß sich Rusty in Windeln sicherer fühlt als in einem Damenrock? Eine andere Wahl hat er nämlich nicht. Aber darin ist er sehr empfindlich. Er hat mich mit einem Brotmesser totstechen wollen, als ich ihn aufforderte, endlich erwachsen zu werden und der Sache ins Gesicht zu sehen, sich häuslich niederzulassen und mit irgendeinem netten, väterlichen Lastwagenfahrer trautes Heim zu spielen. Jetzt habe ich ihn auf dem Hals, aber das ist nicht schlimm, denn er ist harmlos, und Mädchen sind für ihn buchstäblich nichts anderes als Puppen.»

«Gott sei Dank.»

«Na, wenn die meisten Männer so wären, würde ich Gott wohl kaum danken.»

«Ich meinte: Gott sei Dank, daß Sie Mr. Trawler nicht heiraten werden.»

Sie zog eine Braue hoch. «Übrigens behaupte ich keineswegs, nicht zu wissen, daß er reich ist. Sogar Land in Mexiko kostet etwas. Und jetzt –» sie bedeutete mir voranzugehen – «jetzt wollen wir uns mal O. J. schnappen.»

Ich blieb stehen und zerbrach mir den Kopf, wie ich einen Aufschub erlangen kännte. Dann fiel mir etwas ein. «Was bedeutet *Auf Reisen*?»

«Auf meiner Visitenkarte?» fragte sie. «Finden Sie das komisch?»

«Nicht komisch. Nur aufreizend.»

Sie zuckte die Achseln. «Wie soll ich denn wissen, wo ich morgen leben werde? Da habe ich eben gesagt, sie sollten *Auf Reisen* draufsetzen. Außerdem war es sowieso Geldverschwendung, diese Karten zu bestellen. Aber ich hatte das Gefühl, ich wär's ihnen schuldig, auch mal irgendwas zu kaufen. Die Karten sind von Tiffany.» Sie griff nach meinem Martini, den ich nicht angerührt hatte, leerte das Glas in zwei großen Schlucken und nahm meine Hand. «So, und jetzt keine Ausflüchte mehr. Ich will, daß Sie mit O. J. Freundschaft schließen.»

Aber es wurde nichts daraus. Eine junge Frau kam zur Tür hereingestürmt, eine Bö von Schals und klingelndem Gold. «H-H-Holly», rief sie und drohte mit dem Zeigefinger, «du elender G-G-Geizkragen! Mußt du d-d-dir all diese z-z-zauberhaften Männer unter den Nagel reißen?»

Sie war mindestens sechs Fuß groß und überragte die meisten männlichen Gäste. Sämtliche Herren strafften sofort den Rücken, zogen den Bauch ein und wetteiferten darin, die schwankende Höhe dieses Mädchen zu erreichen.

«Was machst du denn hier?» fragte Holly, und ihre Lippen waren straff gespannt wie eine Saite.

«G-g-gar nichts, Süße. Ich war oben, hab mit Yunioshi gearbeitet. Weihnachtsb-b-bilder für den *Ba-Ba-Basaar*. Bist du mir böse, Süße?» Sie verstreute ein Lächeln über die Runde. «Ihr J-J-Jungens seid doch nicht böse, daß ich hier so hereingep-p-platzt bin?»

Rusty Trawler kicherte. Er drückte ihren Arm, als wollte er die Muskeln befühlen, und fragte, ob sie einen Drink brauchen könne.

«Sicher kann ich», sagte sie. «Geben Sie mir B-B-Bourbon.»

«Bourbon ist alle», erklärte Holly. Worauf sich der Fliegeroberst erbot, eine Flasche zu besorgen.

«Ach, w-w-wozu soviel Umstände? Ich bin auch glücklich mit Salmiakgeist. Holly, Liebchen –» sagte sie und schob sie leicht beiseite – «kümmere dich nicht um mich. Ich mache mich schon selber bekannt.» Sie beugte sich zu O. J. Berman hinab, der – wie viele zu kurz geratene Männer in Gegenwart hochgewachsener Frauen – einen sehnsüchtig verschleierten Blick bekommen. «Ich bin Mag W-W-Wildwood aus Wildw-w-wood, Arkansas. Lauter Berge dort.»

Es sah aus, als vollführe Berman in dem Bemühen, seine Rivalen auszuschalten, einen hüpfenden Tanz. Trotzdem mußte er das Mädchen einer Quadrille-Gruppe überlassen, die sich an ihren gestotterten Witzeleien ebenso gütlich tat wie Tauben an Maiskörnern. Es war ein begreiflicher Erfolg, ein Triumph der Häßlichkeit, die oft verführerischer ist als vollendete Schönheit, und sei es auch nur um des Paradoxes willen. In diesem Fall war statt der meist ängstlich befolgten Methode, durch guten Geschmack und ausgeklügelte Kleidung das bestmögliche Resultat zu erzielen, der Trick angewandt worden, Unvollkommenheiten hervorzuheben; sie benutzte sie als Schmuck, indem sie sich tapfer zu ihnen bekannte: Absätze, die sie noch größer erscheinen ließen und die so hoch waren, daß ihre Knöchel wackelten; ein schmales, enganliegendes Kleid, dessen Oberteil keinen Zweifel darüber bestehen ließ, daß sie ohne weiteres in einer Badehose an den Strand hätte gehen können; straff zurückgekämmtes Haar, das die skelettartige Magerkeit ihres Fotomodellgesichts noch betonte. Sogar das Stottern – sicherlich echt, aber doch wohl etwas forciert – war vorteilhaft verwertet worden. Es war geradezu das Meisterstück, dieses Stottern: Es ließ die Banalitäten, die sie von sich gab, irgendwie originell erscheinen, und darüber hinaus appellierte es – trotz Mags Länge, trotz ihres selbstbewußten Auftretens – bei ihren männlichen Zuhörern an den Beschützerinstinkt. So mußte beispielsweise Berman auf den Rücken geklopft werden, weil sie rief: «W-W-Wer kann mir sagen, w-w-wo die T-T-Toilette ist?» Schon im nächsten Augenblick aber bot er ihr galant den Arm, um sie zu führen.

«Das wird nicht nötig sein», meinte Holly. «Sie ist schon öfter hier gewesen. Sie weiß, wo es ist.» Holly war mit dem Ausleeren der Aschenbecher beschäftigt, und nachdem Mag Wildwood das Zimmer verlassen hatte, kippte sie erst noch einen weiteren aus, bevor sie mit einem Seufzer sagte: «Es ist doch wirklich sehr traurig.» Sie wartete, lange genug, um die Anzahl der fragenden Mienen zu berechnen – es genügte. «Und so unbegreiflich. Man sollte meinen, es müßte sich irgendwie bemerkbar machen. Aber weiß der Himmel, sie sieht ganz gesund aus. Und – nun ja: *sauber*. Das finde ich so außergewöhnlich. Würdet ihr», fragte sie, ohne sich an eine bestimmte Person zu wenden, «würdet ihr nicht auch sagen, daß sie sauber *aussieht*?»

Jemand hustete, einige schluckten. Ein Marineoffizier, der Mag Wildwoods Glas hielt, stellte es hastig ab.

«Na ja», fügte Holly hinzu, «ich höre, viele Mädchen aus dem Süden haben den gleichen Kummer.» Ein leichter Schauer überlief sie, und dann ging sie, um neue Eiswürfel aus der Küche zu holen.

Mag Wildwood konnte nicht begreifen, weshalb sie bei ihrer Rückkehr plötzlich so kühl behandelt wurde; die Gespräche, die sie hier und dort begann, waren wie frisches Holz, sie qualmten, wollten aber nicht aufflammen. Und was noch unverzeihlicher war: die Leute gingen, ohne nach ihrer Telefonnummer zu fragen. Der Oberst von der Air Force ergriff die Flucht, während sie ihm den Rücken drehte, und das gab ihr den Rest – er hatte sie zum Essen eingeladen. Auf einmal war sie betrunken. Und da sich Gin auf kunstvolle Tricks ähnlich auswirkt wie Tränen auf Wimperntusche, war sie plötzlich ganz und gar nicht mehr attraktiv. Sie ließ ihre Wut an jeden einzelnen aus. Sie nannte ihre Gastgeberin eine heruntergekommene Hollywood-Komparsin. Sie forderte einen Mann in den Fünfzigern zu einem Boxkampf auf. Sie teilte Berman mit, Hitler habe ganz recht. Sie entzückte Rusty Trawler, indem sie ihn mit steifem Arm in eine Ecke manövrierte. «Wissen Sie, was ich jetzt mit Ihnen mache?» sagte sie vollkommen stotterfrei. «Ich bringe Sie rüber zum Zoo und verfüttere Sie an den Yak.» Rusty machte einen durchaus willigen Eindruck, doch sie enttäuschte ihn: sie setzte sich auf den Boden und summte eine Melodie vor sich hin.

«Du bist eine Nervensäge. Steh auf», sagte Holly, während sie ihre Handschuhe anzog. Die letzten Partygäste standen schon wartend an der Tür, und als sich die Nervensäge nicht rührte, warf Holly mir einen flehenden Blick zu. «Wollen Sie ein Engel sein, Fred, ja? Packen Sie sie in ein Taxi. Sie wohnt im *‹Winslow›*.»

«Stimmt nicht. Wohne im *‹Barbizon›*. Telefon Regent 4–5700. Verlangen Sie Mag Wildwood.»

«Sie *sind* ein Engel, Fred.»

Und fort waren sie. Die Aussicht, eine Amazone in ein Taxi verfrachten zu müssen, war so bedrückend, daß ich gar nicht dazu kam, mich zu ärgern. Zum Glück löste Mag selbst das Problem. Sie erhob sich aus eigener Kraft, starrte taumelnd, aber würdevoll auf mich herab, sagte: «Gehen wir ins ‹*Stork*› Luftballons fangen», und stürzte dann der Länge nach zu Boden wie eine gefällte Eiche. Mein erster Gedanke war, einen Arzt zu holen. Eine Untersuchung ergab jedoch, daß Puls und Atmung völlig normal waren. Sie schlief ganz einfach. Nachdem ich ein Kissen gefunden und ihr unter den Kopf geschoben hatte, überließ ich sie der wohlverdienten Ruhe.

Am folgenden Nachmittag stieß ich auf der Treppe mit Holly zusammen. «Sie!» sagte sie und hastete mit einem Päckchen von der Apotheke in der Hand an mir vorbei. «Da oben liegt sie – am Rande einer Lungenentzündung. Einen Mordskater hat sie auch. Und das rote Grausen obendrein.» Ich entnahm diesen Worten, daß Mag Wildwood noch bei ihr war, doch gab sie mir keine Gelegenheit, ihrem überraschenden Mitleid auf den Grund zu gehen. Über das Wochenende wurde die Sache noch rätselhafter. Da war zunächst der Südamerikaner, der bei mir klopfte – versehentlich, denn er wollte zu Miss Wildwood. Erst nach einiger Zeit gelang es mir, seinen Irrtum zu berichtigen, da er meine Aussprache ebenso unverständlich fand wie ich die seine. Aber als wir es schließlich geschafft hatten, war ich von ihm entzückt. Er war sozusagen mit Sorgfalt zusammengefügt, sein brauner Kopf und die Stierkämpfergestalt hatten die Unverfälschtheit, die Vollkommenheit eines makellosen Naturprodukts, eines Apfels etwa oder einer Orange. Das schmückende Beiwerk bestand aus einem englischen Anzug, einem herben Eau de Cologne und – noch weniger südamerikanisch – einem schüchternen Benehmen. Das zweite Ereignis des Tages hing ebenfalls mit ihm zusammen. Es war gegen Abend, und ich sah ihn, als ich zum Essen ging. Er kam in einem Taxi angefahren, und der Chauffeur half ihm, eine Menge Koffer ins Haus zu schleppen. Daran konnte ich nun kauen – am Sonntag waren meine Kiefer schon ziemlich müde.

Dann wurde das Bild gleichzeitig dunkler und heller.

Der Sonntag war ein Altweibersommertag, die Sonne schien kräftig, mein Fenster stand offen, und ich hörte Stimmen auf der Feuertreppe. Holly und Mag hatten es sich auf einer Decke bequem gemacht; zwischen ihnen lag der Kater. Die frischgewaschenen Haare der beiden Mädchen hingen strähnig herunter. Holly war damit beschäftigt, ihre Zehennägel zu lakkieren, und Mag strickte an einem Pullover.

«Wenn du mich fragst», sagte Mag gerade, «ich finde, du hast G-G-Glück. Eines jedenfalls spricht für Rusty. Er ist Amerikaner.»

«Wie wunderbar für ihn.»

«Süße! Wir haben Krieg.»

«Und wenn der vorbei ist, habt ihr mich zum letztenmal gesehen.»

«Also, ich denke da anders. Ich bin stolz auf mein Land. Alle M-M-Männer in meiner Familie waren tapfere Soldaten. Es gibt ein Standbild von Großpapa Wildwood, mitten auf dem Marktplatz in Wildwood.»

«Fred ist Soldat», sagte Holly. «Aber ich bezweifle, daß man ihm jemals ein Denkmal setzen wird. Vielleicht doch. Je blöder, desto tapferer, heißt es ja. Und er ist ziemlich blöde.»

«Fred? Ist das der Bursche von oben? Ich wußte gar nicht, daß er Soldat ist. Aber aussehen tut er wirklich blöde.»

«Sehnsüchtig. Nicht blöde. Er möchte schrecklich gern in sich drin sein und nach draußen schauen – jeder, der die Nase gegen eine Scheibe preßt, läuft Gefahr, blöde auszusehen. Übrigens ist das ein anderer Fred. Fred ist mein Bruder.»

«Du nennst dein eigen F-F-Fleisch und B-B-Blut blöde?»

«Wenn er's ist, dann ist er's.»

«Du, das ist aber geschmacklos, so etwas zu sagen. Ein Junge, der für dich und mich und uns alle kämpft.»

«Was ist das – ein Aufruf, Kriegsanleihe zu zeichnen?»

«Ich möchte dir nur meinen Standpunkt klarmachen. Ich verstehe Spaß, aber im Grunde bin ich eine ernsthafte P-P-Person. Stolz darauf, Amerikanerin zu sein. Deshalb tut mir das mit José so leid.» Sie ließ ihre Stricknadeln sinken. «Du findest doch auch, daß er schrecklich gut aussieht, nicht wahr?»

Holly sagte «Hm» und fuhr mit dem Nagellackpinsel über die Barthaare des Katers.

«Wenn ich mich nur an den G-G-Gedanken gewöhnen

könnte, einen Brasilianer zu heiraten. Und dann selber B-B-Brasilianerin zu sein. So ein Abgrund, über den man rüber muß. Sechstausend Meilen und nicht einmal die Sprache verstehen ...»

«Geh zu Berlitz.»

«Warum um alles in der Welt sollten die P-P-Portugiesisch lehren? Als ob das irgendwer spräche. Nein, meine einzige Chance ist, daß ich José überreden kann, die Politik zu vergessen und Amerikaner zu werden. Ist doch absolut albern, wenn ein Mann davon träumt, P-P-Präsident von Brasilien zu werden.» Sie seufzte und griff nach ihrem Strickzeug. «Ich muß wahnsinnig verliebt sein. Du hast uns ja zusammen gesehen. Würdest du sagen, daß ich wahnsinnig verliebt bin?»

«Hmm. Beißt er?»

Mag ließ eine Masche fallen. «Beißen? Wen?»

«Dich. Im Bett.»

«O nein. *Müßte* er das tun?» Und sie fügte mißbilligend hinzu: «Aber er lacht.»

«Gut. Das ist die richtige Einstellung. Ich finde es wunderbar, wenn ein Mann die Komik der Sache sieht; die meisten bestehen nur aus Keuchen und Schnaufen.»

Mag zog ihre Beschwerde zurück; sie betrachtete diesen Kommentar wohl als Schmeichelei, die auf sie zurückfiel. «Ja, da hast du recht.»

«Okay. Er beißt nicht. Er lacht. Was noch?»

Mag nahm die gefallene Masche auf und strickte weiter, rechts, links, links.

«Ich fragte ...»

«Ich hab's gehört. Und ich würde es dir auch gern erzählen. Aber es ist so schwierig, sich daran zu erinnern. Ich d-d-denke nicht immerzu an solche Sachen. Wie du es zu tun scheinst. Bei mir verfliegt das wie ein T-T-Traum. Und bestimmt ist das das Normale.»

«Es mag normal sein, Herzchen, aber ich bin lieber natürlich.» Holly, die inzwischen auch den Rest des Katerbartes rot anmalte, hielt in ihrer Tätigkeit inne. «Hör zu. Wenn du dich nicht erinnern kannst, laß doch mal das Licht brennen.»

«Bitte, versteh mich, Holly. Ich bin ein sehr, sehr, sehr konventioneller Mensch.»

«Ach Quatsch. Deswegen kannst du dir doch den Kerl, den du liebst, mal richtig ansehen. Männer sind was Hübsches – jedenfalls viele von ihnen. José ist es, und wenn du ihn nicht einmal ansehen willst, kann ich nur sagen, daß er einen Teller ziemlich kalte Makkaroni bekommt.»

«Nicht so laut, b-b-bitte.»

«Du kannst unmöglich in ihn verliebt sein. So. Ist deine Frage damit beantwortet?»

«Nein. Weil er k-k-keine k-k-kalten Makkaroni bekommt. Ich bin ein warmherziger Mensch. Warmherzigkeit ist die Grundlage meines Charakters.»

«Okay. Du hast ein warmes Herz. Aber wenn ich als Mann auf dem Weg ins Bett wäre, würde ich lieber eine Wärmflasche mitnehmen. Das ist wenigstens was Handfestes.»

«Du wirst von José keine Klagen hören», sagte Mag selbstzufrieden, und ihre Stricknadeln blinkten im Sonnenschein. «Ich liebe ihn nämlich *sehr*. Ist dir klar, daß ich ihm zehn Paar Socken in knapp drei Monaten gestrickt habe? Und das hier ist der zweite Pullover.» Sie dehnte die Strickerei und warf sie beiseite. «Ach, so ein Unsinn! Pullover in Brasilien. Ich sollte lieber T-T-Tropenhelme machen.»

Holly streckte sich aus und gähnte. «Irgendwann werden die ja auch Winter haben.»

«Im Winter regnet es, so viel weiß ich. Hitze. Regen. D-D-Dschungel.»

«Hitze. Dschungel. Das könnte mir gefallen.»

«Du würdest besser dorthin passen als ich.»

«Ja», sagte Holly mit einer Schläfrigkeit, die nicht echt war. «Viel besser als du.»

Am Montag, als ich hinunterging, um die Frühpost zu holen, war auf der Karte an Hollys Briefkasten ein Name hinzugefügt – Miss Golightly und Miss Wildwood befanden sich jetzt gemeinsam auf Reisen. Diese Veränderung hätte mein Interesse wohl länger gefesselt, wäre da nicht jener Brief in meinem Kasten gewesen. Er kam von der Redaktion einer kleinen Universitätszeitschrift, an die ich eine meiner Stories geschickt hatte. Die Leute schrieben mir, daß sie die Erzählung gut fänden und sie gern bringen würden, nur bäten sie um Verständnis, daß sie leider kein Honorar zahlen könnten. Sie bringen – das hieß *drucken.* Ich übertreibe nicht, wenn ich sage, daß mir vor Aufregung schwindlig wurde. Ich mußte es jemandem erzählen. Immer zwei Stufen auf einmal nehmend, raste ich nach oben und bummerte an Hollys Tür.

Ich traute meiner Stimme nicht zu, die Neuigkeit zu berichten; als Holly verschlafen blinzelnd die Tür öffnete, hielt ich ihr wortlos den Brief hin. Mir schien, sie hätte Zeit gehabt, sechzig Seiten zu lesen, bevor sie mir das Schreiben zurückgab. «Ich an Ihrer Stelle würde das nicht erlauben. Nicht, wenn sie nichts dafür zahlen», sagte sie gähnend. Wahrscheinlich verriet ihr mein Gesicht, daß sie im Irrtum war, daß ich keinen Rat von ihr wollte, sondern Glückwünsche – ihr Mund wechselte vom Gähnen zum Lächeln. «Ach so. Das ist ja wunderbar. Kommen Sie doch herein», sagte sie. «Ich koche uns Kaffee, und dann feiern wir. Oder nein – ich ziehe mich rasch an und lade Sie irgendwo zum Lunch ein.»

Ihr Schlafzimmer war dem Wohnzimmer durchaus ebenbürtig: die gleiche Zeltlager-Atmosphäre, Kisten und Koffer gepackt und fertig zur Abreise wie die Habseligkeiten eines Verbrechers, dem das Gesetz auf den Fersen ist. Während es aber im Wohnzimmer keine konventionellen Möbel gab, konnte das Schlafzimmer mit einem Bett prunken, noch dazu mit einem hocheleganten Doppelbett: helles Holz, mit wattierter Seide bespannt.

Sie ließ die Tür zum Bad offen und unterhielt sich von dorther mit mir; das anhaltende Geplätscher und Gebürste machte vieles, was sie sagte, unverständlich, aber das Wesentliche bekam ich immerhin mit: Ich wüßte wohl schon, daß Mag Wildwood zu ihr gezogen sei. Ungeheuer praktisch, nicht wahr? Wenn man schon mit einem Mädchen zusammenziehe und es sei keine Schwule, dann sei das Zweitbeste eine *komplette* Idiotin wie Mag, weil man so einer die Miete aufhalsen und das Wäschezählen übertragen könne.

Man konnte sehen, daß Holly Wäscheprobleme hatte; das Zimmer war mit Wäschestücken übersät wie die Turnhalle einer Mädchenschule.

«Und stellen Sie sich vor, sie ist als Fotomodell sehr erfolgreich. Kaum zu glauben, wie? Aber sehr günstig –» sie kam aus dem Badezimmer, humpelnd, weil sie im Gehen ein

Strumpfband festmachte – «denn auf diese Weise habe ich sie tagsüber nicht dauernd auf dem Hals. Und mit Männern wird's auch nicht allzuviel Unannehmlichkeiten geben. Sie ist verlobt. Netter Kerl übrigens. Allerdings besteht da ein winziger Größenunterschied – er reicht ihr ungefähr bis zur Schulter. Wo zum Teufel...» Sie lag auf den Knien und tastete unter dem Bett herum. Als sie gefunden hatte, wonach sie suchte – ein Paar Eidechsenschuhe –, mußte sie noch eine Bluse suchen, einen Gürtel, und es war erstaunlich, wie sie es fertigbrachte, aus diesem Durcheinander tadellos gekleidet hervorzugehen: gepflegt, elegant, gelassen, als hätten Kleopatras Dienerinnen ihr aufgewartet. «Also wirklich», sagte sie und streichelte mein Kinn, «ich bin froh, daß die Ihre Story genommen haben. Wirklich.»

Jener Montag im Oktober 1943. Ein herrlicher Tag, heiter und beschwingt wie ein Vogel. Zuerst tranken wir Manhattans bei Joe Bell, der natürlich auch von meinem Glück erfuhr und daraufhin Champagnercocktails ausgab. Später spazierten wir zur Fifth Avenue, wo eine Parade stattfand. Die wehenden Fahnen, das Gestampfe der Militärmusik und der Soldatenfüße schienen nichts mit dem Krieg zu tun zu haben, sondern eher Bestandteile einer mir zu Ehren arrangierten Festveranstaltung zu sein.

Wir aßen in einer Cafeteria im Park. Danach liefen wir unter Umgehung des Zoos (Holly sagte, sie könne es nicht ertragen, irgend etwas in einem Käfig zu sehen) kichernd, lachend und singend die Wege entlang, auf das alte, hölzerne Bootshaus zu, das jetzt nicht mehr da ist. Auf dem See schwammen Blätter, am Ufer hatte ein Parkwärter ein großes Feuer aus Laub angezündet, und der Rauch, der wie ein Indianersignal aufstieg, war der einzige Schmutzfleck in der zitternden Luft. Der April hat mir nie viel bedeutet, für mich ist der Herbst die Jahreszeit des Beginns; Frühling; und so war mir auch jetzt zumute, als ich mit Holly auf dem Geländer der Bootshausveranda saß. Ich dachte an die Zukunft und sprach von der Vergangenheit. Holly wollte nämlich etwas über meine Kindheit hören. Sie erzählte auch von der ihren, aber ihr Bericht ging am Wesentlichen vorbei, war vage, schauplatzlos, eine impressionistische Darstellung, wenn auch die

Impression, die sie mir vermittelte, das Gegenteil von dem war, was man erwartet hätte, denn in Hollys Bericht wimmelte es nur so von sommerlichen Badeausflügen, von Weihnachtsbäumen, von reizenden Vettern und Kusinen und Kindergesellschaften – kurzum ein Leben, in einer Weise glücklich, wie sie selbst es nicht war, und bestimmt kein Milieu, aus dem ein Kind flüchtet.

Oder, fragte ich, stimmte es etwa gar nicht, daß sie als Vierzehnjährige von zu Hause weggegangen war? Sie rieb sich die Nase. «Doch, das stimmt. Aber alles andere nicht. Wirklich, Herzchen, Sie haben eine solche Tragödie aus Ihrer Kindheit gemacht, daß ich das Gefühl hatte, ich könnte Sie doch nicht übertrumpfen.»

Sie hopste vom Geländer herunter. «Aber mir fällt gerade etwas ein: Ich sollte Fred etwas Erdnußbutter schicken.» Den Rest des Nachmittags verbrachten wir damit, widerstrebende Lebensmittelhändler zu überreden, daß sie Erdnußbutter herausrückten, eine Mangelware in Kriegszeiten; es dämmerte schon, als wir ein halbes Dutzend Büchsen zusammen hatten. Die letzte trieben wir in einem Delikatessenladen in der Third Avenue auf, nicht weit von dem Antiquitätengeschäft mit dem palastartigen Vogelkäfig im Schaufenster, den ich Holly bei der Gelegenheit zeigte. Ihr gefiel diese Ausgeburt einer absonderlichen Phantasie. «Aber trotzdem, es ist ein Käfig.»

Als wir bei Woolworth vorbeikamen, packte sie mich am Arm. «Stehlen wir doch mal was», sagte sie und zog mich in den Laden, wo ich mich sofort von Blicken durchbohrt fühlte, als stünden wir bereits in Verdacht. «Los. Nicht feige sein.» Sie steuerte auf einen Tisch zu, der hoch mit Pappkürbissen und Halloween-Masken beladen war. Die Verkäuferin war einer Schar Nonnen beim Aufprobieren von Masken behilflich. Holly suchte sich eine Maske aus und setzte sie auf, wählte eine zweite und band sie mir um; dann nahm sie meine Hand, und wir gingen davon. So einfach war das. Draußen rannten wir ein Stückchen, teils um es dramatischer zu machen, teils aber auch, weil erfolgreiches Stehlen, wie ich herausfand, die Lebensgeister hebt. Ich erkundigte mich, ob sie schon oft gestohlen habe. «Früher viel», sagte sie. «Es blieb mir ja gar nichts anderes übrig. Wenn ich etwas haben wollte, meine ich.

Jetzt tue ich es nur noch ab und zu, gewissermaßen, um in Übung zu bleiben.»

Wir behielten die Masken auf, bis wir zu Hause waren.

In meiner Erinnerung habe ich viele solche unbeschwerten Tage mit Holly verbracht, und es stimmt, daß wir einander zeitweise sehr oft sahen, aber alles in allem täuscht mich meine Erinnerung. Ich fand nämlich gegen Ende des Monats eine Stellung – was gibt es da noch zu sagen? Je weniger, desto besser, außer, daß dieser Job notwendig war und mich täglich von neun bis fünf in Anspruch nahm. So daß sich Hollys Stundenplan und der meine erheblich voneinander unterschieden.

Wenn es nicht Donnerstag war, ihr Sing-Sing-Tag, oder wenn sie nicht zum Reiten in den Park gegangen war, was sie gelegentlich tat, stand Holly oft gerade erst auf, wenn ich nach Hause kam. Manchmal schaute ich bei ihr herein und teilte ihren ‹Morgenkaffee› mit ihr, während sie sich für den Abend anzog. Sie war täglich zum Ausgehen verabredet, nicht immer mit Rusty Trawler, aber meistens, und gewöhnlich schlossen sich ihnen Mag Wildwood und der gut aussehende Brasilianer an, der José Ybarra-Jaeger hieß – seine Mutter war eine Deutsche. Sie bildeten ein recht unharmonisches Quartett, und das lag hauptsächlich an Ybarra-Jaeger, der in ihrer Gesellschaft so deplaciert wirkte wie eine Geige in einer Jazzband. Er war intelligent, er war präsentabel, er schien ernstlich mit seiner Arbeit verbunden, die irgend etwas mit der Regierung zu tun hatte, irgendwie wichtig war und ihn einige Tage in der Woche nach Washington entführte. Wie konnte er es nur überleben, Abend für Abend in *‹La Rue›* oder *‹El Morocco›* dem Wildwood-G-G-Geschwätz zuzuhören und in Rustys Kinderpopogesicht zu blicken? Vielleicht war er – wie die meisten von uns in einem fremden Land – unfähig, die Menschen einzuordnen, den richtigen Rahmen für sie zu finden, wie er es in der Heimat getan hätte; alle Amerikaner mußten daher nach den gleichen Gesichtspunkten beurteilt werden, und auf dieser Basis erschienen ihm einige Gefährten als erträgliche Beispiele für Lokalkolorit und Nationalcharakter. Das würde manches erklären; Hollys Entschlossenheit erklärt den Rest.

Eines Spätnachmittags, als ich auf einen Fifth Avenue-Bus wartete, bemerkte ich ein Mädchen, das auf der anderen Straßenseite aus einem Taxi stieg und die Stufen zur Bibliothek in der 42nd Street hinauflief. Sie war schon durch die Tür, bevor ich sie erkannte, was durchaus verzeihlich war, denn Holly und Bibliotheken ließen sich nicht leicht in Zusammenhang bringen. Die Neugier bewog mich, ebenfalls zwischen den Löwen hindurchzugehen. Unterwegs überlegte ich, was besser wäre: Sollte ich gestehen, daß ich ihr gefolgt war, oder unsere Begegnung dem Zufall in die Schuhe schieben? Am Ende tat ich keines von beiden, sondern nahm heimlich im Lesesaal Platz, einige Tische von Holly entfernt. Sie saß hinter ihren dunklen Gläsern und einem Wall von Büchern, die sie sich bei der Ausgabe geholt hatte. Hastig blätterte sie ein Buch nach dem anderen durch, hin und wieder über einer Seite verweilend, stets mit gerunzelter Stirn, als sei der Text in Spiegelschrift gedruckt. Sie hielt einen Bleistift schreibbereit in der Hand, aber nichts schien ihr Interesse zu fesseln, obgleich sie manchmal, offenbar nur aus Pflichtbewußtsein, eifrig zu kritzeln begann. Während ich sie beobachtete, kam mir ein Mädchen in den Sinn, das ich in der Schule gekannt hatte, eine Streberseele, Mildred Grossman. Mildred – strähniges Haar und fleckige Brillengläser, tintenbeschmierte Finger, die Frösche sezierten und Kaffee zu Streikposten brachten, ausdruckslose Augen, die sich den Sternen zuwandten, um deren Gewicht abzuschätzen. Obwohl Mildred und Holly einander so unähnlich waren wie Erde und Luft, nahmen sie in meinem Kopf die Gestalt siamesischer Zwillinge an, und der Gedankenfaden, der sie zusammengenäht hatte, war dieser: Die durchschnittliche Persönlichkeit bildet sich von Zeit zu Zeit um, alle paar Jahre werden auch unsere Körper von Grund auf überholt – ob wünschenswert oder nicht, es ist naturbedingt, daß wir uns verändern. Schön, aber hier waren zwei, auf die das nicht zutraf. Das war es, was Mildred Grossman und Holly Golightly gemein hatten: Sie würden sich immer gleichbleiben, weil ihr Charakter allzu früh geprägt worden war. Die eine hatte sich als topplastige Realistin aufgetakelt, die andere als schiefe Romantikerin. Ich stellte sie mir in einem Restaurant der Zukunft vor, wo Mildred noch immer den Nährwert des Menus berechnete, während sich Holly noch imner voller Gier auf jedes Gericht stürzte. Es würde niemals anders sein. Sie würden durch ihr Leben wandern und hinaus aus ihm, immer mit dem gleichen entschlossenen Schritt und ohne weiter Notiz zu nehmen von den steil abfallenden Klippen. Diese tiefgründigen Betrachtungen ließen mich vergessen, wo ich war; ich kam zu mir, erschrocken, mich im Halbdunkel der Bibliothek zu finden, und von neuem überrascht, Holly hier zu sehen. Es war sieben Uhr vorüber, sie zog ihre Lippen nach und fügte dem, was sie als korrekte Kleidung für eine Bibliothek erachtet hatte, ein paar Accessoires – Schal und Ohrringe – hinzu, die ihr für den Besuch des ‹*Colony*› angemessen erschienen. Als sie fort war, ging ich zu ihrem Tisch hinüber, auf dem sie die Bücher liegen gelassen hatte. Es war genau das, was ich erwartet hatte. *Im Flugzeug über dem Süden. Unbekanntes Brasilien. Politisches Denken in Südamerika.* Und so weiter.

Am Weihnachtsabend gaben sie und Mag eine Party. Holly bat mich, früher zu kommen und den Baum schmücken zu helfen. Ich weiß heute noch nicht, wie sie diesen Baum in die Wohnung manövriert hatten. Die obersten Zweige waren gegen die Decke gepreßt, die unteren reichten von Wand zu Wand; ich wurde unwillkürlich an die Monstertanne auf dem Rockefeller Place erinnert. Übrigens hätte es auch eines Rokkefellers bedurft, um den Schmuck des Baumes zu finanzieren, denn er sog Kugeln und Lametta in sich ein wie schmelzenden Schnee. Holly erbot sich, bei Woolworth ein paar Ballons zu stehlen; sie tat es, und daraufhin bekam der Baum ein verhältnismäßig dekoratives Aussehen. Wir stießen auf unser Werk an, und Holly sagte: «Gehen Sie mal ins Schlafzimmer. Da ist ein Geschenk für Sie.»

Ich hatte auch etwas für sie in der Tasche – ein winziges Päckchen, das noch zusammenzuschrumpfen schien, als ich auf dem Bett den prächtigen Vogelkäfig sah, groß, breit und mit rotem Band umwunden.

«Holly! Das ist ja fürchterlich!»

«Ganz meine Ansicht, aber ich dachte, Sie wünschten sich das Ding.»

«Das Geld! Dreihundertfünfzig Dollar!»

Sie zuckte die Achseln. «Ach, da bin ich ein paarmal

öfter ‹für Damen› gegangen. Nur eines müssen Sie mir versprechen. Versprechen Sie mir, nie etwas Lebendes hineinzusetzen.»

Ich machte Miene, sie zu küssen, aber sie streckte die Hand aus und tippte auf die Wölbung an meiner Tasche. «Her damit», sagte sie.

«Leider ist es nicht viel», und das war es auch nicht. Eine Christophorus-Medaille. Aber wenigstens von Tiffany.

Holly zeichnete sich nicht gerade dadurch aus, daß sie ihre Sachen zusammenhielt, und sicher hat sie die Medaille längst verloren, sie in einem Koffer oder einer Nachttischschublade im Hotel vergessen. Ich aber besitze den Vogelkäfig noch immer. Ich habe ihn mit nach New Orleans geschleppt, nach Nantucket, durch ganz Europa, Marokko und Westindien. Trotzdem denke ich nur selten daran, daß es Holly war, die ihn mir schenkte, weil ich diese Tatsache von einem bestimmten Tag an aus meinem Gedächtnis zu streichen wünschte. Wir hatten nämlich eine heftige Auseinandersetzung, und zu den Objekten, die im Auge unseres Hurrikans herumwirbelten, gehörten der Vogelkäfig und O. J. Berman und meine Story in der Universitätszeitschrift, von der ich Holly ein Exemplar verehrt hatte.

Irgendwann im Februar war Holly mit Rusty, Mag und José Ybarra-Jaeger auf Winterurlaub gefahren. Den Streit hatten wir kurz nach ihrer Rückkehr. Sie war braun wie Jod, ihr Haar geisterhaft sonnengebleicht, und sie hatte eine herrliche Zeit verlebt. «Also, zuerst waren wir in Key West, und Rusty kriegte eine Wut auf ein paar Matrosen oder sie auf ihn, jedenfalls wird er für den Rest seines Lebens ein Stützkorsett tragen müssen. Die liebe Mag landete ebenfalls im Krankenhaus. Hochgradiger Sonnenbrand. Abscheulich – sie bestand nur noch aus Blasen und Citronellabalsam. José und ich konnten den Geruch einfach nicht ertragen, und deshalb ließen wir die beiden im Krankenhaus und fuhren nach Havanna. Er sagt ja, ich soll warten, bis ich Rio gesehen habe, aber für mein Gefühl ist Havanna einfach nicht zu schlagen. Wir hatten einen unwiderstehlichen Führer, größtenteils Neger und der Rest Chinese, und obgleich ich weder auf die einen noch die anderen sonderlich fliege, war die Kombination ganz schön eindrucksvoll. Ich ließ ihn also beim Essen unter dem

Tisch mit mir füßeln, weil ich ihn offengestanden alles andere als alltäglich fand; dann aber nahm er uns eines Abends in einen schrecklich obszönen Film mit, und was denken Sie, wer sich da auf der Leinwand produziert? *Er.* Als wir nach Key West zurückkamen, war Mag natürlich fest davon überzeugt, daß ich die ganze Zeit mit José geschlafen hatte. Rusty glaubte es auch, aber dem ist das egal, er möchte dann nur die Einzelheiten hören. Jedenfalls war die Lage reichlich gespannt, bis ich mich mit Mag unter vier Augen aussprach.»

Wir waren im vorderen Zimmer. Der riesige Weihnachtsbaum, braun geworden und ohne Geruch, seine Ballons verschrumpelt wie die Zitzen einer alten Kuh, machte sich noch immer breit, obgleich es schon beinahe März war. Das Zimmer war inzwischen mit einem erkennbaren Möbelstück ausgestattet worden, mit einem Feldbett, auf dem Holly jetzt unter einer Höhensonne lag, um ihre tropische Bräune zu bewahren.

«Und haben Sie Mag überzeugt?»

«Das ich nicht mit José geschlafen habe? O ja. Ich habe ihr einfach erzählt – aber natürlich in einem Ton, daß es wie ein abgerungenes Geständnis klang – also ich hab ihr einfach erzählt, ich sei lesbisch.»

«Das *kann* sie doch nicht geglaubt haben.»

«Und ob sie's geglaubt hat! Was meinen Sie wohl, warum sie sich dieses Feldbett gekauft hat? Alles, was recht ist: in Schockbehandlung bin ich ganz große Klasse. Seien Sie mal ein Engel, Herzchen, und reiben Sie mir den Rücken mit Öl ein.» Während ich ihr diesen Dienst leistete, sagte sie: «O. J. Berman ist zur Zeit in der Stadt, und passen Sie auf, ich habe ihm die Zeitschrift mit Ihrer Story gegeben. Er war ziemlich beeindruckt. Vielleicht, meint er, lohnt es sich doch, Ihnen zu helfen. Aber Sie sind auf dem falschen Dampfer, sagte er. Neger und Kinder – wen interessiert denn das?»

«Mr. Berman nicht, wie ich vermute.»

«Und da kann ich ihm nur recht geben. Ich habe die Geschichte zweimal gelesen. Gören und Nigger. Zitterndes Laub. *Beschreibung*. Da ist kein Schwung drin.»

Meine Hand, die das Öl auf Hollys Haut verrieb, schien ihr eigenes Temperament zu haben – sie verlangte danach, hochzufliegen und klatschend auf ihr Hinterteil zu fallen. «Nennen Sie mir ein Beispiel», sagte sie ruhig. «Etwas, was Schwung hat. Ihrer Meinung nach.»

«*Wuthering Heights*», antwortete sie, ohne zu zögern.

Ich lief ernstlich Gefahr, die Kontrolle über meine Hand zu verlieren. «Aber das ist unvernünftig. Sie sprechen von dem Werk eines Genies.»

«Das ist es, nicht wahr? Die süße, wilde Cathy. Mein Gott, ich habe Rotz und Blasen geheult. Auch dann noch, als ich's schon wer weiß wie oft gesehen hatte.»

«Oh», sagte ich mit vernehmbarer Erleichterung, mit einem niederträchtig ansteigenden Tonfall, «oh, Sie meinen den *Film.*»

Ihre Muskeln verhärteten sich, meine Hand schien über einen von der Sonne gewärmten Stein zu gleiten. «Jeder Mensch muß sich irgendwem überlegen fühlen», sagte sie. «Aber im allgemeinen ist es üblich, einen kleinen Beweis zu liefern, bevor man sich das herausnimmt.»

«Ich vergleiche mich ja nicht mit Ihnen. Oder mit Berman. Also kann ich mich auch nicht überlegen fühlen. Wir wollen nur nicht das gleiche.»

«Wollen Sie denn kein Geld verdienen?»

«So weit habe ich noch gar nicht geplant.»

«Genauso klingen Ihre Geschichten auch. Als hätten Sie sie geschrieben, ohne den Schluß zu kennen. Na, ich kann Ihnen nur raten: Verdienen Sie lieber Geld. Sie haben eine kostspielige Phantasie. Nicht viele Leute werden Ihnen Vogelkäfige kaufen.»

«Es tut mir leid.»

«Leid wird's Ihnen tun, wenn Sie mich hauen. Vor einer Minute haben Sie das gewollt – ich konnte es in Ihrer Hand spüren. Und jetzt möchten Sie's auch.»

Ja, ich hätte nichts lieber getan; meine Hand, mein Herz zitterten, während ich die Ölflasche zuschraubte. «O nein, das würde mir bestimmt nicht leid tun. Ich bedaure nur eines: daß Sie Ihr Geld an mich verschwendet haben. Schließlich ist Rusty Trawler keine angenehme Verdienstquelle.»

Sie setzte sich auf, das Licht der Höhensonne übergoß ihr Gesicht, ihre nackten Brüste mit kaltem Blau. «Es dürfte etwa vier Sekunden dauern, von hier zur Tür zu gehen. Ich gebe Ihnen zwei.»

Ich ging unverzüglich nach oben, holte den Vogelkäfig und stellte ihn vor ihre Tür. Damit war die Sache erledigt. Zumindest bildete ich mir das ein, bis ich am nächsten Morgen, als ich zur Arbeit ging, den Käfig auf einer Abfalltonne am Bürgersteig auf die Müllabfuhr warten sah. Ziemlich verlegen rettete ich ihn und trug ihn zurück in mein Zimmer, eine Kapitulation, die nichts an meinem Entschluß änderte, Holly Golightly ein für allemal aus meinem Leben zu streichen. In meinen Augen war sie ‹eine schamlose Exhibitionistin›, ‹eine Zeitverschwendung›, ‹absolutes Talmi› – jemand, der für mich nicht mehr existierte.

Und ich hielt mich an meinen Vorsatz. Lange Zeit. Auf der Treppe gingen wir mit gesenkten Augen aneinander vorbei. Wenn sie Joe Bells Lokal betrat, entfernte ich mich. Eines Tages ließ Madame Sapphia Spanella, die Koloratursängerin und begeisterte Rollschuhläuferin, die im Erdgeschoß wohnte, bei den übrigen Mietern des Sandsteinhauses den Antrag zirkulieren, der Hauswirt möge Miss Golightly hinauswerfen, weil sie, wie Madame Spanella sich ausdrückte, moralisch nicht einwandfrei sei und als Veranstalterin nächtlicher Orgien die Sicherheit und Gesundheit ihrer Nachbarn gefährde. Obgleich ich meine Unterschrift verweigerte, hielt ich insgeheim Madame Spanellas Beschwerde für berechtigt. Aber sie kam mit ihrem Antrag nicht durch, und als der April sich dem Mai näherte, hallten die warmen, fensteroffenen Frühlingsnächte von Party-Geräuschen wider, von Martini-Gelächter und Grammophonmusik, die aus dem Appartement Nr. 2 quollen.

Es war nichts Neues, daß sich verdächtige Gestalten unter Hollys Besuchern befanden, ganz im Gegenteil, aber einmal, im späten Frühling, als ich die Vortreppe des Sandsteinhauses hinaufstieg, bemerkte ich einen höchst auffallenden Menschen, der ihren Briefkasten musterte. Ein Mann um die Fünfzig mit einem harten, wettergegerbten Gesicht und melancholischen grauen Augen. Er trug einen alten, schweißfleckigen grauen Hut, und der billige fahlblaue Sommeranzug schlotterte ihm um den mageren Leib. Anscheinend hatte er nicht die Absicht, bei Holly zu klingeln. Langsam, als lese er Blindenschrift, ließ er immer wieder einen Finger über die erhabenen Buchstaben ihres Namens gleiten.

Abends, als ich zum Essen ging, sah ich den Mann wieder.

Er stand auf der anderen Straßenseite, an einen Baum gelehnt, und starrte zu Hollys Fenster hinauf. Düstere Befürchtungen überstürzten sich in meinem Kopf. War er ein Detektiv? Oder irgendein Agent der Unterwelt, der mit Sally Tomato, ihrem Sing-Sing-Freund, zusammenhing? Meine weicheren Gefühle für Holly erwachten zu neuem Leben; es war nur fair, das Kriegsbeil vorübergehend zu begraben, um Holly zu warnen und ihr zu sagen, daß sie beobachtet wurde. Als ich die Straße entlangging, in Richtung auf das Lokal an der Ecke 79th Street und Madison Avenue, konnte ich spüren, wie sich die Aufmerksamkeit des Mannes auf mich konzentrierte. Er folgte mir; ich wußte es, ohne daß ich den Kopf zu wenden brauchte. Denn ich hörte ihn pfeifen. Nicht irgendeine Melodie, sondern jene klagende Prärie-Weise, die Holly manchmal auf ihrer Gitarre spielte: *Will niemals schlafen, Tod nicht erleiden, will nur so hinziehn über die Himmelsweiden.* Er pfiff, als wir die Park Avenue überquerten, er pfiff auch, als wir die Madison Avenue hinaufgingen. Einmal mußten wir warten, weil eine Verkehrsampel Rot zeigte, und da beobachtete ich aus dem Augenwinkel, wie er sich bückte, um einen Spitz mit schütterem Fell zu streicheln. «Einen prächtigen Hund haben Sie», sagte er mir heiserer Stimme zu dem Besitzer. Sein Akzent wies ihn als Südstaatler aus.

Das Lokal war leer. Trotzdem setzte er sich neben mich an die lange Theke. Er roch nach Tabak und Schweiß. Den Kaffee, den er bestellt hatte, rührte er nicht an. Statt dessen kaute er auf einem Zahnstocher herum und musterte mich in dem Spiegel, der uns gegenüber an der Wand hing.

«Verzeihung», sagte ich schließlich in den Spiegel hinein, «aber was wollen Sie?»

Die Frage brachte ihn nicht in Verlegenheit, offensichtlich war er sogar erleichtert, daß ich sie gestellt hatte. «Sohn», sagte er, «was ich nötig habe, ist ein Freund.»

Er förderte eine Brieftasche zutage. Sie war rissig wie seine gegerbten Hände und zerfiel fast in Stücke, genau wie die brüchige, eingerissene, verschwommene Fotografie, die er mir reichte. Sieben Personen waren auf dem Bild. Sie standen in einer Gruppe auf der windschiefen Veranda eines Holzhauses, und alle waren Kinder, bis auf einen Mann, der den Arm um die Taille eines pummeligen, blonden Mädchens gelegt hatte. Die Kleine schirmte ihre Augen mit der Hand gegen die Sonne ab.

«Das bin ich», erklärte er und deutete auf den Mann. «Das ist sie...» Er tippte auf das pummelige Mädchen. «Und der hier –» er zeigte auf eine strohblonde Bohnenstange – «das ist ihr Bruder Fred.»

Ich blickte noch einmal auf ‹sie› – ja, jetzt entdeckte ich in dem blinzelnden, pausbäckigen Kind eine vage Ähnlichkeit mit Holly. Im gleichen Augenblick wurde mir klar, wer der Mann sein mußte.

«Sie sind Hollys Vater.»

Seine Lider zuckten, er sah mich mit gerunzelter Stirn an. «Ihr Name ist nicht Holly. Sie hieß Lulamae Barnes. Hieß so», sagte er und schob den Zahnstocher in den anderen Mundwinkel, «bis sie mich heiratete. Ich bin ihr Mann. Doktor Golightly. Ich bin Pferdedoktor, Vieharzt. Und nebenbei auch Farmer. In der Nähe von Tulip, Texas. Warum lachen Sie, Sohn?»

Es war kein richtiges Lachen, es waren die Nerven. Ich trank etwas Wasser und verschluckte mich; er klopfte mir den Rücken. «Da gibt's nichts zu lachen, Sohn. Ich bin ein Mann, der am Ende seiner Kraft ist. Fünf Jahre lang habe ich nach meiner Frau gesucht. Als ich den Brief von Fred kriegte, in dem er schrieb, wo sie ist, habe ich mir sofort ein Billet für den Greyhound-Expreß gekauft. Lulamae gehört nach Hause zu ihrem Mann und ihren Kindern.»

«Kindern?»

«Die da sind ihre Kinder», sagte er laut, fast schreiend. Er zeigte auf die vier jungen Gesichter, zwei barfüßige Mädchen und zwei Jungen in Overalls. Nun, das war klar: der Mann war übergeschnappt.

«Aber Holly kann doch nicht die Mutter von diesen Kindern sein. Die sind ja älter als sie.»

«Sohn», sagte er geduldig, «ich habe ja nicht behauptet, daß es ihre leiblichen Kinder sind. Die richtige, wunderbare Mutter, 'ne wunderbare Frau, Gott hab sie selig, die ist am 4. Juli 1936, also am Unabhängigkeitstag, verschieden. Im Jahr der großen Dürre. Als ich Lulamae heiratete, das war im Dezember 1938, da war sie noch nicht mal vierzehn. Im allgemeinen wird sich ein Mensch, der knapp vierzehn ist, über sich selbst nicht so recht im klaren sein. Aber die Lulamae, die war eine außergewöhnliche Person. Die wußte haargenau, was sie tat, als sie einwilligte, meine Frau zu werden und die Mutter von meinen Kindern. Und als sie dann weggelaufen ist, da hat sie uns glatt das Herz gebrochen.» Er trank einen Schluck von seinem kalten Kaffee und blickte mich mit forschendem Ernst an. «Sie zweifeln doch nicht etwa an meinen Worten, Sohn? Glauben Sie, daß ich die Wahrheit sage?»

Ich glaubte ihm alles. Etwas so Unwahrscheinliches mußte einfach wahr sein; außerdem stimmte es genau mit O. J. Bermans Beschreibung jener Holly überein, die er in Kalifornien kennengelernt hatte: «Man weiß nicht, ob sie aus dem Bergland stammt oder aus Oklahoma oder sonstwoher.» Wie hätte Berman auch erraten sollen, daß sie eine Mädchenfrau aus Tulip, Texas, war?

«Glatt das Herz gebrochen hat sie uns, als sie einfach weglief», wiederholte der Pferdedoktor. «Sie hatte keinen Grund dazu. Die Hausarbeit wurde von ihren Töchtern gemacht, und Lulamae konnte tun, was sie wollte – vor dem Spiegel stehen, sich die Haare waschen, rumtrödeln. Unsere eigenen Kühe, unser eigener Garten, Hühner, Schweine – Sohn, die Frau ist richtig fett geworden. Und der Bruder hat sich zum Riesen ausgewachsen. Kann Ihnen sagen, die beiden sahen anders aus, als sie zu uns kamen. Nellie war's, meine Älteste, die sie ins Haus brachte. Die kam eines Morgens zu mir und sagte: ‹Papa, ich hab da zwei Landstreicher in der Küche eingeschlossen. Ich hab sie erwischt, wie sie draußen Milch und Puteneier stibitzten.› Das waren also Lulamae und Fred. Nie im Leben haben Sie so was Jammervolles gesehen. Die Rippen stachen ihnen durch die Haut, ihre Beine waren so dünn, daß sie kaum stehen konnten, und die Zähne wackelten, daß sie nicht mal Brei kauen konnten. Und das war ihre Geschichte: Die Mutter starb an Tbc, der Vater auch, und all die Kinder, eine ganze Hucke voll, die wurden hier und dort bei armseligen Leuten untergebracht. Lulamae und ihr Bruder kamen zu armseligen, nichtsnutzigen Leuten, die etwa hundert Meilen östlich von Tulip wohnten. Sie hatte allen Grund, aus jenem Haus davonzulaufen. Sie hatte keinen, meines zu verlassen. Es war ihr Heim.» Er stützte die Ellbogen auf die Theke, preßte die Fingerspitzen auf seine geschlossenen Augen und seufzte. «Sie wurde rund und kräftig, eine richtige hübsche Frau. Und lebhaft dazu. Geschwätzig wie eine Elster. Machte zu allem, was passierte, kluge Bemerkungen – besser als das Radio. Und ich laufe auf einmal los und pflücke ihr Blumen. Zähme eine Krähe und bringe ihr bei, Lulamae zu sagen. Und dem Mädchen zeige ich, wie man Gitarre spielt. Ich brauchte sie bloß anzusehen, da hatte ich schon Tränen in den Augen. Als ich ihr den Antrag machte, hab ich geheult wie ein kleines Kind. Sie sagte: ‹Warum weinst du denn, Doc? Klar werden wir heiraten. Ich bin noch nie verheiratet gewesen.› Na, da mußte ich lachen und sie umarmen und an mich drücken. *Noch nie verheiratet gewesen!*» Er kicherte leise und kaute auf seinem Zahnstocher. «Sagen Sie bloß nicht, die Frau wär unglücklich gewesen», fuhr er herausfordernd fort. «Wir beteten sie doch alle an. Sie brauchte keinen Finger zu rühren, außer um Kuchen zu essen. Oder um ihr Haar zu kämmen und sich Zeitschriften zu bestellen. Wir müssen wohl für mindestens hundert Dollar solche Magazine ins Haus gekriegt haben. Wenn Sie mich fragen – davon ist es gekommen. All diese angeberischen Bilder, all diese verlogenen Geschichten, die haben sie dazu getrieben, die Straße entlangzuwandern. Jeden Tag ein Stück weiter – eine Meile, und dann kam sie nach Hause. Zwei Meilen, und dann kam sie nach Hause. Eines Tages ging sie dann einfach weiter.» Wieder bedeckte er die Augen mit den Händen; er atmete unregelmäßig. «Die Krähe, die ich ihr geschenkt hatte, verwilderte und flog davon. Den ganzen Sommer konnte man sie hören. Im Hof. Im Garten. Im Wald. Den ganzen Sommer rief der verdammte Vogel: Lulamae, Lulamae.»

Zusammengesunken saß er da und starrte schweigend vor sich hin, als lauschte er den längst verklungenen Sommerlauten. Ich nahm unsere Bons und stand auf. Während ich an der Kasse bezahlte, trat er zu mir. Zusammen verließen wir das Lokal und gingen hinüber zur Park Avenue. Der Abend war kühl, eine frische Brise bewegte die eleganten Markisen. Das Schweigen zwischen uns dauerte an, bis ich sagte: «Und was war mit ihrem Bruder? Ging der auch fort?»

«Nein», antwortete er und räusperte sich. «Fred blieb bei

uns, bis sie ihn zur Army holten. Ein prächtiger Bursche. Versteht was von Pferden. Er hatte keine Ahnung, was in Lulamae gefahren war und weshalb sie ihren Bruder, ihren Mann und die Kinder verließ. Als er bei der Army war, bekam er Nachricht von ihr. Neulich schrieb er mir ihre Adresse. Jetzt bin ich hier, um sie zu holen. Ich weiß, sie bereut, was sie getan hat. Ich weiß, sie möchte nach Hause.» Er schien von mir eine Bestätigung zu erwarten. Ich sagte ihm, er werde Holly – oder Lulamae – wahrscheinlich etwas verändert finden. «Hören Sie, Sohn», sagte er, als wir das Sandsteinhaus betraten, «ich habe Ihnen gesagt, daß ich einen Freund brauche. Ich möchte sie nämlich nicht überraschen. Ihr keinen Schreck einjagen. Drum bin ich nicht raufgegangen. Seien Sie mein Freund – bringen Sie ihr bei, daß ich da bin.»

Die Aussicht, Mrs. Golightly ihrem Ehemann zuzuführen, bedeutete für mich eine gewisse Genugtuung. Ich schaute zu ihren erleuchteten Fenstern hinauf und hoffte, daß auch ihre Freunde dort oben wären, denn ich versprach mir noch mehr Genugtuung von dem Anblick, wie sie den Texasmann mit Mag, Rusty und José bekannt machte. Dann aber, als ich Doc Golightlys stolze, ernste Augen und seinen durchgeschwitzten Hut sah, schämte ich mich meiner Schadenfreude. Er folgte mir bis ins Haus und blieb an der Treppe stehen, wo er warten wollte. Hastig bürstete er sich die Ärmel ab und zog den Knoten seiner Krawatte fester. «Sehe ich ordentlich aus?» flüsterte er.

Holly war allein. Sie öffnete sofort die Tür; anscheinend hatte sie gerade fortgehen wollen. Weißseidene Pumps und Parfumwolken kündeten von Gala-Absichten. «Na, Schafskopf», sagte sie und schlug mich spielerisch mit ihrem Abendtäschchen. «Ich bin in Eile und hab jetzt keine Zeit, mich zu versöhnen. Aber morgen rauchen wir die Friedenspfeife, okay?»

«Ja, Lulamae. Das heißt, falls Sie morgen noch da sind.»

Sie nahm die dunkle Brille ab und sah mich blinzelnd an. Es war, als seien ihre Augen zerbrochene Prismen; die blauen, grauen und grünen Tupfen wirkten wie schimmernde Splitter. «Das hat *er* Ihnen erzählt», sagte sie leise und mit bebender Stimme. «O bitte, wo ist er?» Sie lief an mir vorbei ins Treppenhaus. «Fred!» rief sie hinunter. «Fred! Wo bist du, Liebling!»

Ich hörte, wie Doc Golightlys Schritte die Treppe heraufkamen. Dann wurde sein Kopf über dem Geländer sichtbar. Holly wich vor ihm zurück, nicht als sei sie erschrocken, sondern eher, als zöge sie sich in das Schneckenhaus ihrer Enttäuschung zurück. Nun stand er vor ihr, verlegen und schüchtern. «Ach Gott, Lulamae», begann er und stockte, denn Holly sah ihn mit leerem Blick an, als erinnere sie sich nicht mehr an ihn. «He, Süße», sagte er, «kriegst du hier nichts zu essen? Du bist ja klapperdürr. Wie damals, als ich dich kennenlernte. Nur noch Augen.»

Holly berührte sein Gesicht, ihre Finger ertasteten die Realität seines Kinns, seiner Bartstoppeln. «Hallo, Doc», sagte sie sanft und küßte ihn auf die Wange. «Hallo, Doc», wiederholte sie glücklich, als er sie mit einem rippenzerquetschenden Griff in die Luft hob. Lautes, erleichtertes Lachen schüttelte ihn. «Mein Gott, Lulamae. Du lieber Himmel ...»

Die beiden merkten nicht, daß ich mich an ihnen vorbeidrückte und hinauf in mein Zimmer ging. Ebensowenig achteten sie auf Madame Sapphia Spanella, die ihre Tür aufriß und wütend kreischte: «Ruhe da oben! Unerhört ist das! Sucht euch einen anderen Platz für eure Hurerei!»

«Scheiden lassen? Natürlich habe ich mich nie von ihm scheiden lassen. Du großer Gott, ich war ja erst vierzehn. Das *kann* nicht gültig gewesen sein.» Holly klopfte an ihr leeres Martiniglas. «Noch zwei, mein sehr geliebter Mr. Bell.»

Joe Bell, in dessen Bar wir saßen, nahm die Bestellung widerwillig entgegen. «Sie fangen heute aber reichlich früh an», murrte er, eine Magenpille lutschend. Auf der dunklen Mahagoni-Uhr hinter der Theke war es noch nicht Mittag, und er hatte uns bereits drei Runden gebracht.

«Heute ist Sonntag, Mr. Bell. Sonntags gehen alle Uhren nach. Außerdem bin ich noch gar nicht im Bett gewesen», erklärte sie ihm. Und zu mir gewandt: «Jedenfalls nicht zum Schlafen.» Sie wurde rot und blickte verlegen zur Seite. Zum erstenmal, seit ich sie kannte, schien sie zu glauben, daß sie sich rechtfertigen müsse. «Na ja, es ging doch nicht anders. Doc liebt mich nämlich. Und ich liebe ihn. In Ihren Augen mag er alt sein und schäbig aussehen. Aber Sie haben keine Ahnung, wie rührend er ist, wieviel Vertrauen er Vögeln und Kindern und all solchen schwachen Geschöpfen einflößt. Wenn jemand gut zu einem gewesen ist, dann schuldet man ihm eine Menge. Ich habe Doc immer in mein Gebet eingeschlossen. Bitte lassen Sie das dreckige Grinsen», fuhr sie mich an und drückte ihre Zigarette aus. «Ich vergesse *nie* zu beten.»

«Ich grinse nicht dreckig. Ich lächle. Sie sind eine erstaunliche Person.»

«Das mag sein», sagte sie, und ihr Gesicht, blaß und übernächtig im morgendlichen Licht, strahlte auf. Sie strich ihr verwuscheltes Haar glatt, und die verschiedenen Farben schimmerten wie eine Shampoo-Reklame. «Ich muß gräßlich aussehen. Na ja, wen wundert's? Wir sind den Rest der Nacht in einem Busbahnhof herumgelaufen. Bis zur allerletzten Minute dachte Doc, ich würde mit ihm kommen. Obwohl ich ihm immer wieder sagte: ‹Doc, ich bin nicht mehr vierzehn, und ich bin nicht mehr Lulamae.› Aber das Schreckliche ist (und das wurde mir klar, als wir da auf dem Bahnhof standen): Ich bin es doch. Ich stibitze noch immer Puteneier und renne durch Gestrüpp. Nur daß ich jetzt sage, ich habe das rote Grausen.»

Joe Bell setzte voller Verachtung die Martinis vor uns hin.

«Verlieren Sie niemals Ihr Herz an wilde, ungezähmte Geschöpfe, Mr. Bell», riet ihm Holly. «Das war Docs Fehler. Immer brachte er so etwas mit nach Hause. Einen Habicht mit geknicktem Flügel. Einmal einen ausgewachsenen Luchs mit einem gebrochenen Bein. Aber man soll sein Herz nicht an solche wilden Geschöpfe verlieren – je mehr man sie liebt, desto stärker werden sie. Und wenn sie stark genug sind, laufen sie davon. In die Wälder. Oder sie fliegen auf einen Baum. Dann auf einen höheren Baum. Dann in den Himmel. So wird's enden, Mr. Bell, wenn Sie Ihr Herz an ein wildes Geschöpf verlieren. Zum Schluß stehen Sie da und schauen hinauf in den Himmel.»

«Sie ist betrunken», belehrte mich Joe Bell.

«Ein bißchen», gab Holly zu. «Aber Doc wußte, was ich meinte. Ich hab es ihm sehr vorsichtig erklärt, und es war etwas, was er begreifen konnte. Wir haben einander die Hände geschüttelt und uns umarmt, und er hat mir Glück gewünscht.» Sie blickte auf die Uhr. «Jetzt muß er schon in den Blauen Bergen sein.»

«Wovon redet sie eigentlich?» fragte mich Joe Bell.

Holly hob ihr Glas. «Wir wollen dem Doc auch Glück wünschen», sagte sie und stieß mit mir an. «Viel Glück – und glaub mir, geliebter Doc, es ist besser, in den Himmel zu schauen, als dort zu leben. So leer ist es da oben, so unbestimmt. Nichts als eine Gegend, in der es donnert und in die hinein Dinge verschwinden.»

TRAWLER ZUM FÜNFTENMAL VERHEIRATET! Ich saß in der Untergrundbahn und fuhr durch Brooklyn, als ich diese Schlagzeile sah. Die Zeitung, die mir die Neuigkeit entgegenposaunte, gehörte einem anderen Fahrgast. Vom Text konnte ich nur ein Bruchstück erkennen: *Rutherford (Rusty) Trawler, Millionär und Playboy, dem man des öfteren Nazi-Sympathien nachgesagt hat, entführte und heiratete gestern die reizvolle …* Mir lag gar nichts daran, den Rest des Berichts zu lesen. Holly hatte ihn geheiratet – na schön. Ich wünschte, ich läge unter den Rädern des Zuges. Aber das hatte ich auch schon gewünscht, bevor ich die Überschrift entdeckte. Aus mehreren Gründen. Ich hatte Holly nicht mehr gesehen – oder jedenfalls nicht mehr gesprochen – seit unserem trunkenen Sonntag in Joe Bells Bar. In der Zwischenzeit war ich meinerseits vom roten Grausen befallen worden. Erstens hatte ich meinen Job verloren – verdientermaßen und wegen eines amüsanten Vergehens, über das zu berichten hier allzu weit führen würde. Zweitens bezeigte die Army ein unangenehmes Interesse an meiner Person, und da ich gerade erst dem Reglement einer Kleinstadt entronnen war, verzweifelte ich bei dem Gedanken, daß mein Leben nun einer anderen strengen Disziplin unterworfen sein sollte. Die Ungewißheit, ob man mich einberufen würde oder nicht, und der Mangel an Berufserfahrung erschwerten es mir, eine neue Stellung zu finden. Das war's, weswegen ich mit der Untergrundbahn durch Brooklyn fuhr: Ich kam von einer entmutigenden Besprechung mit dem Chefredakteur der inzwischen eingegangenen Zeitung *PM*. Dies alles und dazu die Stadthitze des Sommers zerrte ganz erheblich an meinen Nerven. Ich meinte es also mindestens zur Hälfte ernst mit dem Wunsch, unter den Rädern des Zuges zu liegen. Die Schlagzeile bestärkte mich noch in meinem Verlangen. Wenn Holly diesen ‹absurden Embryo› heiraten konnte, dann sollte die Heerschar des Unrechts, das die Welt regierte, von mir aus auch über mich hinwegmarschieren. Oder – und diese Frage liegt auf der Hand – wurde meine Empörung auch ein wenig dadurch hervorgerufen, daß ich in Holly verliebt war? Ein wenig. Denn ich war in sie verliebt. Genauso wie ich früher einmal in die ältliche Negerköchin meiner Mutter verliebt gewesen war und in den Briefträger, der mir erlaubte, ihn auf seinen Runden zu begleiten, und in eine ganze Familie namens McKendrick. Auch diese Art von Liebe erzeugt Eifersucht.

Als ich ausstieg, kaufte ich eine Zeitung, las das Ende des Satzes und entdeckte, daß es sich bei Rustys Braut um *die reizvolle Titelblatt-Schönheit aus den Bergen von Arkansas, Miss Margaret Thatcher Fitzhue Wildwood,* handelte. Mag! Vor Erleichterung wurden meine Beine so schlapp, daß ich mir für den Rest des Heimwegs ein Taxi nahm.

Madame Sapphia Spanella kam mir im Treppenhaus händeringend und mit wild funkelnden Augen entgegen. «Schnell», rief sie mir zu, «holen Sie die Polizei! Sie bringt jemand um! Oder jemand bringt sie um!»

Es klang, als wüteten Tiger in Hollys Wohnung. Anhaltendes Krachen, Poltern und Fallen, splitterndes Glas, umkippende Möbel. Aber man hörte keine streitenden Stimmen, und das ließ diesen Aufruhr irgendwie unwirklich erscheinen. «Laufen Sie», drängte Madame Spanella mit schriller Stimme. «Sagen Sie der Polizei: ein Mord!»

Ich lief, aber nur hinauf zu Hollys Tür. Ich hämmerte dagegen – mit dem Ergebnis, daß der Lärm nachließ und dann gänzlich verstummte. Aber mein Flehen, mich einzulassen, blieb unbeantwortet, und meine Bemühungen, die Tür einzurennen, gipfelten lediglich in einer zerschundenen Schulter. Dann hörte ich, wie Madame Spanella im Erdgeschoß wieder jemandem befahl, die Polizei zu holen. «Halten Sie den Mund», wurde sie angeschnauzt. «Gehen Sie mir aus dem Weg.»

Es war José Ybarra-Jaeger. Nicht mehr der elegante brasilianische Diplomat, sondern ein verschwitzer, erschrockener Mann. Er rief auch mir zu, ich solle ihm aus dem Weg gehen, und öffnete die Tür mit seinem Schlüssel. «Bitte, Dr. Goldman», sagte er und forderte den Mann, der ihn begleitete, zum Eintreten auf.

Da mich niemand hinderte, folgte ich den beiden in die Wohnung, die fürchterlich aussah. Endlich war der Christbaum abgeschmückt worden, und zwar sehr unsanft. Die braunen, vertrockneten Zweige lagen über einem Durcheinander von zerrissenen Büchern, zerschmetterten Lampen und zerbrochenen Schallplatten. Sogar der Inhalt des Eisschranks war über den Raum verstreut. Rohe Eier glitschten die Wände hinunter, und inmitten der Trümmer leckte Hollys namenloser Kater seelenruhig die verschüttete Milch auf.

Im Schlafzimmer strömten Parfumpfützen einen Geruch aus, der mich nach Luft schnappen ließ. Ich trat auf Hollys dunkle Brille, die auf dem Boden lag, die Gläser bereits zersplittert, das Gestell durchgebrochen.

Vielleicht war dies der Grund, daß Holly, eine reglose Gestalt auf dem Bett, José aus so blinden Augen anstarrte und den Doktor nicht zu sehen schien, der ihr den Puls fühlte und beruhigend murmelte: «Sie sind müde, junge Frau, sehr, sehr müde. Sie möchten gern schlafen, nicht wahr? Schlafen.»

Holly rieb sich die Stirn, und da sie eine Schnittwunde am Finger hatte, blieb ein verschmierter Blutstreifen zurück. «Schlafen», sagte sie und wimmerte wie ein erschöpftes, überanstrengtes Kind. «Er war der einzige, bei dem ich mich ankuscheln durfte in kalten Nächten. Ich weiß einen Ort in Mexiko. Mit Pferden. Am Meer.»

«Mit Pferden am Meer», summte der Doktor einschläfernd und holte eine Injektionsspritze aus seiner schwarzen Tasche.

José wandte das Gesicht ab, er konnte den Anblick der Nadel nicht ertragen. «Ihre Krankheit ist nur Trauer?» erkundigte er sich, und sein mühsames Englisch verlieh der Frage unbeabsichtigte Ironie. «Sie trauert nur?»

«Na, hat kein bißchen weh getan, nicht wahr?» sagte der Doktor selbstzufrieden, während er den Arm mit einem Wattebausch betupfte.

Sie kam so weit zu sich, daß sie den Doktor zur Kenntnis nahm. «Alles tut weh. Wo ist meine Brille?» Aber sie brauchte sie nicht, denn schon fielen ihr die Augen zu.

«Das ist nur Trauer?» beharrte José.

«Bitte, mein Herr –» der Doktor war kurz angebunden – «würden Sie mich jetzt mit der Patientin allein lassen?»

José zog sich ins Wohnzimmer zurück, wo er seinen Zorn an der spionierenden, auf Zehenspitzen umherschleichenden Madame Spanella ausließ. «Rühren Sie mich nicht an! Ich rufe die Polizei», drohte sie, als er sie mit portugiesischen Flüchen zur Tür trieb.

Seine Miene ließ darauf schließen, daß er erwog, auch mich hinauszuwerfen. Statt dessen lud er mich zu einem Drink ein. Die einzige unzerbrochene Flasche, die wir finden konnten, enthielt herben Wermut. «Ich habe eine Sorge», vertraute er mir an. «Ich habe eine Sorge, daß dies einen Skandal verursachen möchte. Hollys Kaputtschlagen, meine ich. Ihr Benehmen wie eine Verrückte. Ich darf keinen Skandal in der Öffentlichkeit haben. Es ist zu prekär – mein Name, mein Beruf.»

Er hörte mit sichtlicher Freude, daß ich einen ‹Skandal› für unwahrscheinlich hielt; das eigene Besitztum zu zerstören war meiner Meinung nach reine Privatsache.

«Es handelt sich ja nur um Trauer», wiederholte er mit Nachdruck. «Als traurige Nachricht kam, wirft sie zuerst das Glas, aus dem sie trank. Die Flasche. Diese Bücher. Eine Lampe. Dann kriege ich Angst. Ich eile, einen Doktor zu holen.»

«Aber warum?» wollte ich wissen. «Warum regt sie sich wegen Rusty so furchtbar auf? Wenn ich sie wäre, würde ich feiern.»

«Rusty?»

Ich hatte noch immer die Zeitung in der Hand und zeigte ihm die Schlagzeile.

«Ach, *das.*» Er grinste verächtlich. «Rusty und Mag, sie tun uns einen großen Gefallen. Wir lachen über sie – weil sie denken, sie brechen uns das Herz, wenn wir doch die ganze Zeit nur wünschen, daß sie weglaufen möchten. Ich versichere Ihnen, wir haben gelacht, bis traurige Nachricht kam.» Sein Blick glitt über das Durcheinander auf dem Fußboden; dann hob er einen gelben Papierball auf. «Dies», sagte er.

Es war ein Telegramm aus Tulip, Texas: NACHRICHT ERHALTEN DASS FRED IM KAMPF GEFALLEN STOP DEIN MANN UND

Kinder trauern mit Dir über gemeinsamen Verlust stop Brief folgt Gruss Doc.

Holly erwähnte ihren Bruder nie wieder – bis auf ein einziges Mal. Sie hörte auch auf, mich Fred zu nennen. Den Juni, den Juli, all die warmen Monate verbrachte sie wie ein Tier, das sich zum Winterschlaf verkrochen hat und nicht weiß, daß der Frühling gekommen und vergangen ist. Ihr Haar dunkelte nach, sie nahm zu. Sie wurde nachlässig in ihrer Kleidung – wenn sie zum Kaufmann lief, trug sie einen Regenmantel und nichts darunter. José zog zu ihr, auf dem Briefkastenschild wurde Mag Wildwoods Name durch den seinen ersetzt. Trotzdem war Holly viel allein, denn José fuhr jede Woche für drei Tage nach Washington. In seiner Abwesenheit gab sie keine Parties und ging selten aus dem Haus. Nur donnerstags machte sie nach wie vor ihren allwöchentlichen Ausflug nach Ossining.

Damit will ich jedoch nicht sagen, daß sie das Interesse am Leben verloren hätte. Im Gegenteil, sie schien zufriedener und glücklicher zu sein als je zuvor. Eine plötzlich einsetzende Holly-unähnliche Begeisterung für Hauswirtschaft führte zu allerlei Holly-unähnlichen Einkäufen: Bei einer Parke-Bernet-Auktion erwarb sie einen Jagdgobelin mit einem sich zur Wehr setzenden Hirsch und aus der Hinterlassenschaft von William Randolph Hearst zwei düstere, steiflehnige gotische Stühle; sie kaufte die komplette *Modern Library*, Stöße von klassischen Schallplatten, ungezählte Reproduktionen aus dem Metropolitan Museum (darunter auch die Skulptur einer chinesischen Katze, die ihr eigener Kater haßte, anfauchte und schließlich zerbrach), einen Mixer und einen Dampfkochtopf und eine Bibliothek von Kochbüchern. Sie verbrachte wild herumwirtschaftend lange Hausfrauennachmittage in ihrer glutheißen winzigen Küche. «José sagt, ich koche besser als die im ‹*Colony*›. Komisch, wer hätte gedacht, daß ich eine so große natürliche Begabung dafür habe. Vor einem Monat konnte ich nicht mal Rühreier machen.» Genaugenommen konnte sie es noch immer nicht. Einfache Gerichte – ein Steak, ein vernünftiger Salat – überstiegen ihre Fähigkeiten. Statt dessen komponierte sie für José und gelegentlich für mich extravagante Suppen (mit Cognac abgeschmeckte Schildkrötenkonsommee in Avocado-Schalen), neronische Leckerbissen (gebratener Fasan, mit Granatäpfeln und Kakipflaumen gefüllt) und andere zweifelhafte Neuerungen (Huhn auf Safranreis mit Schokoladensoße – «ein klassisches Gericht aus Ostindien, mein Lieber!»). Was Süßspeisen betraf, so konnte sich ihre Phantasie nicht frei entfalten, denn Zucker und Sahne waren ja rationiert – trotzdem brachte sie einmal etwas zustande, was Tabak-Tapioka hieß. Ich will es lieber nicht beschreiben.

Auch von ihrem Bemühen, Portugiesisch zu lernen, will ich nur so viel sagen, daß es eine harte Prüfung war, für mich ebenso ermüdend wie für sie, denn wann immer ich sie besuchte, drehten sich pausenlos Linguaphonplatten auf ihrem Apparat. Fast jeder Satz, den sie sprach, begann jetzt mit den Worten: «Wenn wir erst verheiratet sind ...» oder «Wenn wir nach Rio gehen ...» Dabei hatte José nie gesagt, er wolle sie heiraten. Sie gab das zu. «Aber schließlich weiß er, daß ich ein Kind erwarte. Ja, tatsächlich, Herzchen. Seit sechs Wochen. Ich begreife gar nicht, warum Sie das so überrascht. Mich hat's überhaupt nicht gewundert. Nicht *un peu.* Ich bin selig. Ich möchte mindestens neun haben. Ein paar werden bestimmt ganz dunkel sein – José hat einen Schuß *le nègre,* das haben Sie wohl schon gemerkt. Mir kann's nur recht sein – gibt es etwas Entzückenderes als ein kaffeebraunes Baby mit hübschen, strahlenden grünen Augen? Ich wollte – bitte lachen Sie nicht – ich wollte wirklich, ich wäre für ihn noch Jungfrau gewesen, für José. Nicht daß ich's mit allen und jedem getrieben hätte, wie manche behaupten – übrigens kann ich den Leuten keine Vorwürfe machen, wenn sie so reden, schließlich habe ich selbst immer ganz furchtbar angegeben. Neulich habe ich nachts mal nachgerechnet, und denken Sie, in Wirklichkeit habe ich nicht mehr als elf Liebhaber gehabt – nicht gerechnet, was gewesen ist, bevor ich dreizehn war, denn das zählt doch nicht. Elf. Macht mich das etwa zur Hure? Sehen Sie sich Mag Wildwood an. Oder Honey Tucker. Oder Rose Ellen Ward. Die haben so oft ‹Bäumchen wechsle dich› gespielt, daß sie sich nicht mehr zurechtfinden. Natürlich habe ich gar nichts gegen Huren. Mir gefällt nur eines nicht: manche mögen eine anständige Zunge haben, aber sie alle haben keinen inneren Anstand. Ich meine, man kann nicht mit einem Kerl bumsen und sein Geld nehmen, ohne daß man sich wenigstens einzureden *versucht,* man wäre in ihn verliebt. Daran habe ich mich immer gehalten. Sogar bei Benny Shacklett und all diesen Widerlingen. Ich habe mich sozusagen selber hypnotisiert, so lange, bis mir schien, daß ihre pure Ekelhaftigkeit einen gewissen Reiz hätte. Wirklich, außer Doc, wenn Sie Doc überhaupt mitrechnen wollen, ist José meine erste nicht ekelhafte Liebesgeschichte. Allerdings ist er für mich auch nicht der Inbegriff des absolut Perfekten. Er schwindelt manchmal, und er macht sich Sorgen, was die Leute wohl denken, und er badet etwa fünfzigmal am Tag – dabei müssen Männer doch *ein bißchen* riechen. Nein, so ganz mein Liebhaber-Ideal ist er nicht. Dazu ist er zu zimperlich, zu vorsichtig. Er dreht sich immer um, wenn er sich auszieht, und er macht zuviel Geräusche beim Essen, und ich mag ihn nicht rennen sehen, weil er irgendwie komisch wirkt, wenn er rennt. Wenn ich die Wahl hätte unter allem, was da lebt, wenn ich einfach mit den Finger schnippen und sagen könnte: Komm her, du, da würde ich mir José nicht aussuchen. Nehru, der wäre schon eher mein Fall. Wendell Willkie. Und die Garbo – die würde ich sofort nehmen. Warum nicht? Jeder Mensch müßte Mann oder Frau heiraten dürfen – passen Sie auf, wenn Sie zu mir kämen und sagten, Sie wollten's mit 'nem Albatros treiben, ich würde Ihre Gefühle respektieren. Nein, im Ernst. Liebe sollte in jeder Form erlaubt sein. Ich bin ganz und gar dafür, besonders seit ich ziemlich genau weiß, was Liebe ist. Denn ich liebe José – ich würde sogar das Rauchen aufgeben, wenn er's verlangte. Er ist so nett, er kann mir das rote Grausen weglachen, allerdings habe ich das gar nicht mehr oft, und selbst dann ist es nicht so schlimm, daß ich Seconal schlucken oder mich zu Tiffany hinschleppen muß – ich bringe seinen Anzug zur Reinigung oder koche ihm was Gutes, und schon fühle ich mich prima, einfach großartig. Und denken Sie, ich habe meine Horoskope weggeschmissen. Ich muß wohl einen Dollar für jeden gottverdammten Stern in dem gottverdammten Planetarium ausgegeben haben. Es ist langweilig, aber die Antwort ist, daß einem Gutes nur dann geschieht, wenn man selber gut ist. Gut? Na, vielleicht sollte ich lieber anständig sagen. Womit ich nicht die gesetzlich vorgeschriebene Anständigkeit meine – ich würde ein Grab plündern, würde die Fünfundzwanzig-Cent-Stücke von den Augen eines Toten stehlen, um mir von dem Geld einen vergnügten Tag zu machen –, nein, ich meine die Anständigkeit vor mir selber. Alles kann man sein, bloß kein Feigling, kein Angeber, kein rührseliger Schwindler, keine Hure. Lieber möchte ich Krebs haben als keinen inneren Anstand. Das ist nicht etwa Frömmelei. Einfach praktische Vernunft. Krebs bringt einen *vielleicht* ins Grab, aber das andere ganz sicher. Ach, lassen wir das – geben Sie mir meine Gitarre, Herzchen, und ich werde Ihnen eine *fada* im perfektesten Portugiesisch vorsingen.»

Diese letzten Wochen, Ausklang des Sommers und Beginn eines neuen Herbstes, verschwimmen in meiner Erinnerung, vielleicht weil unser Verständnis füreinander jene beglückende Tiefe erreicht hatte, da zwei Menschen sich häufiger im Schweigen als durch Worte mitteilen: Eine liebevolle Stille ersetzt die Spannungen, das unablässige Geplauder und Herumgejage, alles, was die auffälligeren und – oberflächlich betrachtet – dramatischeren Aspekte einer Freundschaft hervorbringt. Wenn *er* nicht in der Stadt war (ich hatte eine heftige Abneigung gegen *ihn* entwickelt und vermied es nach Möglichkeit, seinen Namen auszusprechen), verbrachten wir häufig ganze Abende miteinander, in deren Verlauf wir keine hundert Worte wechselten; einmal gingen wir zu Fuß nach Chinatown, aßen *chow-mein,* kauften ein paar Papierlaternen und stibitzten eine Schachtel Räucherstäbchen. Dann schlenderten wir über die Brooklyn Bridge, und dort auf der Brücke, als wir die seewärts fahrenden Schiffe zwischen den Klippen der erleuchteten Wolkenkratzer hindurchgleiten sahen, sagte sie: «Irgendwann, in vielen, vielen Jahren, wird eines dieser Schiffe mich zurückbringen, mich und meine neun brasilianischen Bälger. Weil, nun ja, weil sie dies einfach sehen *müssen,* diese Lichter, den Fluß – ich liebe New York, auch wenn es nicht mein ist, jedenfalls nicht in der Weise, wie man irgend etwas – einen Baum, eine Straße, ein Haus – sein eigen nennt, weil es zu einem gehört.» Und ich sagte: «Hören Sie auf», weil ich mich so schrecklich beiseite geschoben fühlte – ein Schlepper im Trockendock, während sie, glitzernder Seefahrer mit festem Bestimmungsort, in einem

Wirbel von Sirenengeheul und Konfettiwolken aus dem Hafen dampfte.

So ziehen die Tage, diese letzten Tage in meiner Erinnerung dahin: verschwommen, herbstlich, einander gleich wie Blätter – bis zu einem Tag, der anders war als irgendeiner, den ich je erlebte.

Zufällig fiel er auf den 30. September, meinen Geburtstag, eine Tatsache, die keinen Einfluß auf die Ereignisse hatte, es sei denn, daß ich in Erwartung geldlichen Gedenkens von seiten meiner Familie dem Morgenbesuch des Briefträgers ungeduldig entgegensah. Ja, ich ging sogar hinunter, um ihn vor dem Haus zu erwarten. Hätte ich dort nicht herumgestanden, so wäre ich nicht von Holly zu einem Ritt im Park aufgefordert worden, und sie hätte keine Gelegenheit gehabt, mir das Leben zu retten.

«Kommen Sie mit», sagte sie, als sie mich sah, «wir wollen drüben im Park die Pferde bewegen.» Sie trug eine Lederjacke, Bluejeans und Tennisschuhe. Sie schlug sich auf den Bauch, um seine Flachheit zu demonstrieren. «Denken Sie nicht etwa, daß ich's darauf anlege, den Stammhalter zu verlieren. Aber da ist ein Pferd, meine geliebte alte Mabel Minerva – ich muß unbedingt Abschied von Mabel Minerva nehmen.»

«Abschied?»

«Wir reisen Samstag in einer Woche. José hat schon die Flugkarten gekauft.» Wie in Trance ließ ich mich von ihr an den Straßenrand führen. «In Miami steigen wir um. Dann geht's über das Meer. Über die Anden. Taxi!»

Über die Anden. Als wir durch den Central Park fuhren, war mir, als flöge auch ich, glitte einsam dahin über Schneegipfel und gefährliche Schluchten.

«Aber das ist doch unmöglich. Und wozu überhaupt? Wozu? Nein, Sie *dürfen* nicht davonlaufen und alle im Stich lassen.»

«Ach, wer soll mich schon vermissen? Ich habe keine Freunde.»

«O doch. Ich werde Sie vermissen. Und Joe Bell auch. Und – ach, Tausende. Sally. Der arme Mr. Tomato.»

«Ich mochte den alten Sally immer so gern», sagte sie mit einem Seufzer. «Wissen Sie, daß ich ihn seit einem Monat nicht mehr gesehen habe? Als ich ihm erzählte, daß ich fortgehen würde, war er einfach goldig. Tatsächlich –» sie zog die Brauen zusammen – «er fand es großartig, daß ich ins Ausland gehe. Er meinte, das sei die allerbeste Lösung. Weil es früher oder später Schwierigkeiten geben könnte: Wenn sie herausfänden, daß ich gar nicht seine Nichte bin. Der fette Anwalt, dieser Mr. O'Shaughnessy, schickte mir fünfhundert Dollar. Bar. Als Hochzeitsgeschenk von Sally.»

Ich wollte unfreundlich sein. «Sie können auch auf ein Geschenk von mir rechnen. Wenn und falls die Hochzeit stattfindet.»

Sie lachte. «Keine Angst, er wird mich schon heiraten. In der Kirche. Und im Beisein der ganzen Familie. Deswegen lassen wir uns ja erst in Rio trauen.»

«Weiß er, daß Sie bereits verheiratet sind?»

«Was ist denn mit Ihnen los? Wollen Sie uns den Tag verderben? So ein schöner Tag – lassen Sie doch die alte Geschichte.»

«Aber es ist durchaus möglich ...»

«Es ist *nicht* möglich. Ich habe Ihnen erklärt, daß die Heirat gesetzlich nicht gültig war. Wo gibt's denn so was?» Sie rieb sich die Nase und blickte mich von der Seite an. «Kein Wort darüber zu einer lebenden Seele, Herzchen, sonst hänge ich Sie an den Zehen auf und schlachte Sie ab wie ein Schwein.»

Die Stallungen – ich glaube, inzwischen haben sie Fernsehstudios weichen müssen – befanden sich in der West 66th Street. Holly wählte für mich eine alte, schwarz-weiße Stute mit Senkrücken. «Die können Sie ruhig nehmen, sie ist sicherer als eine Wiege.» Eine solche Garantie war in meinem Fall notwendig, denn Zehn-Cent-Ponyritte auf den Rummelplätzen meiner Kindheit waren alles, was ich an reiterlicher Erfahrung aufzuweisen hatte. Holly half, mich in den Sattel zu hieven, und bestieg dann ihr eigenes Pferd, ein silberweißes Tier, das die Führung übernahm, als wir durch den Verkehr des Central Park West trotteten und dann in einen Reitweg einbogen, auf dem die welken Blätter vom Wind herumgewirbelt wurden.

«Sehen Sie?» rief Holly. «Ist doch herrlich, nicht wahr?»

Und auf einmal war es herrlich. Auf einmal, als ich die verschiedenen Farben von Hollys Haar im rotgoldenen Laubschimmer aufleuchten sah, liebte ich sie genug, um mich zu vergessen, mein Selbstmitleid, meine Verzweiflungsanfälle, und zufrieden zu sein, daß ihr etwas geschehen sollte, was sie als Glück empfand. Sehr ruhig begannen die Pferde zu traben, Windwogen spritzten uns entgegen, klatschten uns ins Gesicht, wir tauchten in Sonnen- und Schattentümpel ein und wieder aus ihnen auf, und Freude, Begeisterung, Glückseligkeit durchströmten mich wie ein belebendes Elixier. Das war in der einen Minute. Die nächste brachte Farce in scheußlicher Maske.

Unversehens, wie Wilde bei einem Überfall im Dschungel, sprangen fünf, sechs Negerjungen aus dem Gebüsch am Wegrand. Johlend und fluchend warfen sie Steine, schlugen mit Ruten auf die Pferde ein.

Meine schwarz-weiße Stute bäumte sich auf, wieherte, machte ein paar unsichere Schritte wie ein Seiltänzer und preschte dann in einem derartigen Tempo den Weg hinunter, daß meine Füße aus den Steigbügeln rutschten und ich kaum noch Halt hatte. Ihre Hufe schlugen Funken aus dem Kies. Der Himmel lag schief. Bäume, ein Teich mit Spielzeugsegelbooten von kleinen Jungen, Denkmäler glitten vorüber. Kindermädchen kamen angelaufen, um ihre Schutzbefohlenen vor dem drohenden Unheil zu retten; Spaziergänger, Nichtstuer und alle, die sonst noch in der Nähe waren, brüllten: «Zügel anziehen!» und «Brr, mein Junge, brr!» und «Abspringen!» Erst später erinnerte ich mich an dieses Geschrei; im Augenblick vernahm ich nur das Cowboygeklapper des Pferdes, auf dem Holly hinter mir her galoppierte, ohne mich jemals einzuholen, und dazwischen hörte ich ihre ermutigenden Zurufe. Weiter ging es und weiter: quer durch den Park und hinaus auf die Fifth Avenue, wo wir uns wie die wilde Jagd in den mittäglichen Verkehr stürzten. Bremsen kreischten, Busse schwankten, aber uns hielt nichts auf. Vorüber am Duke Palais, am Frick Museum, vorüber am Hotel *‹Pierre›*, am Hotel *‹Plaza›*. Allmählich gewann Holly an Boden, überdies hatte sich ein berittener Polizist der Jagd angeschlossen. Meine durchgegangene Stute zwischen sich nehmend, vollführten die Pferde der beiden eine Zangenbewegung und brachten damit die Schwarz-weiße zu dampfendem Halt. Und da endlich fiel ich herunter. Fiel herunter, rappelte mich auf und stand da, ohne recht zu wissen, wo ich war. Eine Menschenmenge sammelte sich um uns. Der Polizist schimpfte und schrieb irgend etwas in ein Buch. Als er damit fertig war, wurde er sehr menschlich, grinste und sagte, er werde dafür sorgen, daß man unsere Pferde in den Stall zurückbrächte. Holly verfrachtete mich in ein Taxi. «Herzchen, wie fühlen Sie sich?»

«Großartig.»

Ihre Finger legten sich um mein Handgelenk. «Sie haben ja gar keinen Puls.»

«Dann muß ich tot sein.»

«Nein, Schafskopf, das ist kein Spaß. Sehen Sie mich an.»

Das war gar nicht so leicht, denn ich sah nicht eine, sondern mehrere Hollys, ein Trio schweißbedeckter Gesichter, so blaß vor Besorgnis, daß ich gerührt und verlegen war. «Ehrlich, ich spüre gar nichts. Ich schäme mich bloß.»

«Bitte, sind Sie auch ganz sicher? Sagen Sie mir die Wahrheit. Sie hätten sich den Hals brechen können.»

«Hab's aber nicht getan. Und ich danke Ihnen, Holly. Weil Sie mir das Leben gerettet haben. Sie sind wunderbar. Einzig. Ich liebe Sie.»

«Idiot.» Sie küßte mich auf die Wange. Plötzlich waren da vier Hollys, und ich fiel in Ohnmacht.

Am Abend brachten das *Journal-American* in seiner Spätausgabe und sowohl die *Daily News* als auch der *Daily Mirror* in ihren ersten Morgenausgaben große Fotos von Holly auf der Titelseite. Diese Publicity hatte jedoch nichts mit durchgegangenen Pferden zu tun. Es handelte sich um etwas ganz anderes, wie die Schlagzeilen verrieten: PARTYGIRL IN RAUSCHGIFTSKANDAL VERWICKELT (*Journal-American*), SCHAUSPIELERIN WEGEN RAUSCHGIFTSCHMUGGEL VERHAFTET (*Daily News*), SCHMUGGLERRING GESPRENGT, STARLET ALS HELFERSHELFERIN (*Daily Mirror*).

Das eindrucksvollste aller Bilder erschien in den *News*: Holly beim Betreten des Polizeireviers, eingekeilt zwischen zwei muskulösen Kriminalbeamten, einem männlichen und einem weiblichen. Aus dieser Sicht deutete sogar ihre Kleidung (sie trug noch immer die Reitsachen, Lederjacke und Bluejeans) auf die verkommene Gangsterbraut hin – ein Eindruck, den die dunkle Brille, das zerzauste Haar und eine zwischen verkniffenen Lippen hängende Picayune-Zigarette nicht gerade abschwächten.

Die Unterschrift lautete:

Die zwanzigjährige Holly Golightly, bezauberndes Starlet und Partygirl, bekennt sich als Schlüsselfigur eines internationalen Rauschgiftringes, der in Verbindung mit Gangster Salvatore (Sally) Tomato steht. Hier wird sie von den Detektivinspektoren Patrick Connor und Sheilah Fezzonetti (l. und r.) zum Polizeirevier in der 67th Street gebracht. Bericht siehe S. 3.

Der Bericht mit dem eingefügten Foto eines Mannes namens Oliver (Pater) O'Shaughnessy, der sein Gesicht hinter einem Filzhut verbarg, ging über drei Spalten. Hier die wichtigsten Absätze:

Angehörige der Lebewelt waren fassungslos, als heute die reizende Holly Golightly (20) verhaftet wurde, ein Hollywood-Starlet und weitbekannt in mondänen New Yorker Kreisen. Um die gleiche Zeit, zwei Uhr mittags, faßte die Polizei Oliver O'Shaughnessy (52), wohnhaft Hotel ‹Seabord›, West 49th Street, als er ein Speiselokal in der Madison Avenue verließ. Staatsanwalt Frank L. Donovan hat die beiden im Verdacht, eine wichtige Rolle in einem internationalen Rauschgiftring zu spielen. Chef dieser Schmugglerbande ist der berüchtigte Mafia-Führer Salvatore (Sally) Tomato, der wegen einer politischen Bestechungsaffäre zu fünf Jahren Zuchthaus verurteilt wurde und seine Strafe zur Zeit in Sing-Sing absitzt … O'Shaughnessy, ein exkommunizierter Priester, in Verbrecherkreisen als ‹Pater› oder ‹il Padre› bekannt, hat zahlreiche Gefängnisstrafen hinter sich. Zum erstenmal wurde er 1934 eingesperrt, und zwar für zwei Jahre, weil er auf Rhode Island eine Klinik für Geisteskranke betrieben hatte, «Die Mönchsklause», die sich als Schwindelunternehmen erwies. Die nicht vorbestrafte Miss Golightly wurde in ihrem East Side-Luxusappartement verhaftet … Obgleich bisher noch keine offizielle Verlautbarung vorliegt, wurde aus zuverlässiger Quelle bekannt, daß die blonde, bildhübsche Schauspielerin, bis vor kurzem ständige Begleiterin des Multimillionärs Rutherford Trawler, als ‹Verbindungsmann› zwischen dem eingesperrten Tomato und seinem Stellvertreter O'Shaughnessy fungiert hat … Als angebliche Verwandte

Tomatos soll Miss Golightly ihn allwöchentlich in Sing-Sing besucht und bei diesen Gelegenheiten von ihm verschlüsselte Botschaften erhalten haben, die sie O'Shaughnessy übermittelte. Dank dieser Verbindung gelang es Tomato, der 1874 in Cefalù auf Sizilien geboren sein soll, die Kontrolle über seinen weltweiten Rauschgiftkonzern zu behalten, dessen Zweigstellen sich in Mexiko, Kuba, Sizilien, Tanger, Teheran und Dakar befinden. Bisher hat es der Staatsanwalt jedoch abgelehnt, sich zu diesen Behauptungen zu äußern oder sie gar zu bestätigen ... Ein Hinweis hatte zahlreiche Reporter veranlaßt, sich vor dem Revier in der East 67th Street einzufinden, als das angeklagte Paar zum Verhör gebracht wurde. O'Shaughnessy, ein stämmiger, rothaariger Mann, verweigerte jede Auskunft und trat einem Kameramann in die Leistengegend. Miss Golightly, grazil und bildhübsch trotz ihres Straßenjungenaufzugs (Jeans und Lederjacke), wirkte verhältnismäßig unbekümmert. «Fragen Sie mich gar nicht erst, was zum Teufel das Ganze soll», sagte sie zu den Reportern. «Parce-que je ne sais pas, mes chers. (Weil ich es nicht weiß, meine Lieben.) *Ja – ich habe Sally Tomato besucht. Jede Woche bin ich bei ihm gewesen. Was ist daran Schlimmes? Er glaubt an Gott und ich auch.» ...*

Es folgte der Zwischentitel GIBT EIGENE RAUSCHGIFTSUCHT ZU, und danach hieß es weiter:

Miss Golightly lächelte, als ein Reporter fragte, ob sie selbst rauschgiftsüchtig sei. «Ich hab's mal mit Marihuana probiert. Das ist nicht halb so schädlich wie Brandy. Und billiger obendrein. Leider mag ich Brandy lieber. Nein, mir gegenüber hat Mr. Tomato nie etwas von Rauschgift erwähnt. Es macht mich ganz wütend, wie diese gräßlichen Leute dauernd auf ihm herumhacken. Er ist ein empfindsamer und frommer Mensch. Ein lieber alter Mann.»

Ein besonders grober Irrtum in diesem Bericht ist die Behauptung, daß Holly in ihrem ‹Luxusappartement› verhaftet wurde. Der Schauplatz war vielmehr mein Badezimmer. Ich saß in der Wanne, um meine Reitschmerzen in brühheißem, mit Epsomsalz vermischtem Wasser zu lindern, während Holly, eine hilfreiche Pflegerin, auf dem Rand der Wanne hockte und wartete, daß sie mich mit Liniment einreiben und ins Bett packen könnte. Da klopfte es an der Wohnungstür, die nicht abgeschlossen war. Holly rief: «Herein.» Und herein kam Madame Spanella, der zwei Kriminalbeamte in Zivil folgten: ein Mann und eine Frau mit dicken gelbblonden, um den Kopf gewundenen Zöpfen.

«Da ist sie – die Gesuchte!» dröhnte Madame Spanella. Sie pflanzte sich mitten im Badezimmer auf und deutete mit dem Finger zuerst auf Holly, dann auf meine Blöße. «Sehen Sie, was für eine Hure die ist.» Der männliche Beamte schien Madame Spanella und die Situation als peinlich zu empfinden, während sich auf dem Gesicht seiner Kollegin grimmiges Vergnügen malte. Sie ließ ihre Hand auf Hollys Schulter fallen und sagte mit überraschender Kinderstimme: «Komm, Schwester, jetzt gehen wir mal ein bißchen aus.» Worauf Holly kühl erwiderte: «Weg mit den schmutzigen Pfoten, du alte Schwule.» Das brachte die Dame in Harnisch – sie schlug verdammt hart zu. So hart, daß es Holly den Kopf herumriß; die Flasche mit dem Liniment flog ihr aus der Hand, zersprang auf den Fliesen in tausend Stücke, und ich, aus der Wanne hüpfend, um den Tumult noch zu vergrößern, trat auf die Scherben und hätte um ein Haar beide große Zehen eingebüßt. Nackt, eine Wegspur blutiger Fußabdrücke hinterlassend, folgte ich Holly und den Gesetzeshütern bis ins Treppenhaus. «Bitte», rief Holly mir noch zu, während die Beamten sie die Treppe hinuntertrieben, «vergessen Sie nicht, die Katze zu füttern.»

Natürlich dachte ich, Madame Spanella stecke hinter alldem. Sie hatte sich ja verschiedentlich an die Polizei gewandt und Beschwerde über Holly geführt. Auf den Gedanken, daß es sich um viel schlimmere Beschuldigungen handeln könnte, kam ich überhaupt nicht – bis abends Joe Bell bei mir auftauchte und die Zeitungen schwenkte. In seiner Aufregung brachte er kein vernünftiges Wort heraus; er rannte wie betrunken im Zimmer herum und schlug die Fäuste gegeneinander, während ich die Berichte las.

Schließlich sagte er: «Glauben Sie, was die da schreiben? Daß sie in diese lausige Geschichte verwickelt ist.»

«Ja.»

Er funkelte mich wütend an, beförderte eine Magenpille in seinen Mund und biß auf ihr herum, als zermalme er meine

Knochen. «Na, so eine Gemeinheit! Und Sie wollen ihr Freund sein. Sie Lump!»

«Moment mal. Ich habe nicht gesagt, daß sie wußte, was da gespielt wurde. Das nicht. Aber getan hat sie's. Botschaften übermittelt und so ...»

Er sagte: «Aufregen tut Sie das überhaupt nicht, wie? Mein Gott, sie kann zehn Jahre kriegen. Oder mehr.» Joe Bell riß mir die Zeitungen aus der Hand. «Sie kennen doch ihre Freunde. Diese reichen Kerle. Los, kommen Sie mit ins Lokal, wir müssen telefonieren. Unsere Kleine wird gerissenere Anwälte brauchen, als ich bezahlen kann.»

Ich war so wund und zerschlagen, daß ich mich nicht allein anziehen konnte. Joe Bell mußte mir helfen. In seiner Bar lehnte er mich gegen die Wand der Telefonzelle, stellte einen dreistöckigen Martini vor mich hin und daneben ein Wasserglas voller Münzen. Aber ich wußte nicht, wen ich anrufen sollte. José war in Washington, und ich hatte keine Ahnung, wo ich ihn dort erreichen konnte. Rusty Trawler? Nicht dieser Widerling! Nur – wer zählte sonst noch zu ihren Freunden? Offenbar hatte sie recht gehabt, als sie sagte, sie habe keine richtigen Freunde.

Ich bekam Verbindung mit Crestview 5–6958 in Beverly Hills, einer Nummer, die die Auskunft des Fernamts für O. J. Berman angegeben hatte. Die Person, die sich meldete, sagte, Mr. Berman erhalte soeben eine Massage und könne nicht gestört werden – bedaure, versuchen Sie's später noch mal. Joe Bell war entrüstet – er meinte, ich hätte sagen sollen, es ginge um Leben und Tod –, und er bestand darauf, daß ich Rusty anrief. Zuerst verhandelte ich mit Mr. Trawlers Butler und erfuhr, daß Mr. und Mrs. Trawler bei Tisch säßen. Ob er etwas ausrichten könne? Joe Bell brüllte in den Hörer: «Sie, es ist dringend. Leben und Tod.» Die Folge war, daß ich mit der ehemaligen Mag Wildwood sprechen – besser gesagt, ihr zuhören durfte. «Sind Sie besoffen?» erkundigte sie sich. «Mein Mann und ich werden *jeden* vor Gericht bringen, der versucht, unsere Namen mit diesen v-v-verkommenen M-M-Mädchen in Verbindung zu bringen. Eine Nu-Nu-Nutte ist sie und hat nicht mehr Anstand, als 'ne läufige Hündin, das habe ich schon immer gewußt. Sie gehört ins G-G-Gefängnis. Und mein Mann denkt tausendprozentig wie ich. Wir werden *jeden* vor Gericht bringen, der ...» Als ich auflegte, fiel mir der alte Doc in Tulip, Texas, ein. Aber dann sagte ich mir, daß es Holly bestimmt nicht recht wäre, wenn ich ihn anriefe, sie würde mich glatt umbringen.

Ich versuchte es wieder mit Kalifornien; die Leitungen waren besetzt, blieben besetzt, und als ich O. J. Berman endlich an den Apparat bekam, hatte ich so viele Martinis gekippt, daß er mir erzählen mußte, weshalb ich bei ihm anrief. «Wegen der Kleinen, was? Ich weiß schon. Ich hab gerade mit Iggy Fitelstein gesprochen. Iggy ist der beste Rechtsverdreher von New York. ‹Kümmern Sie sich drum, Iggy›, hab ich gesagt, ‹und schicken Sie mir die Rechnung, nur halten Sie meinen Namen geheim, verstanden?› Na ja, ich bin's der Kleinen schuldig. Genaugenommen bin ich ihr natürlich gar nichts schuldig. Sie ist verrückt. Aber 'ne *echte* Verrückte, wenn Sie wissen, was ich meine. Na, jedenfalls haben sie als Kaution nur zehntausend verlangt. Keine Angst, Iggy holt sie heute abend noch raus – sollte mich nicht wundern, wenn sie schon zu Hause wäre.»

Aber sie war nicht zu Hause; und sie war auch nicht gekommen, als ich am nächsten Morgen hinunterging, um den Kater zu füttern. Da ich keinen Wohnungsschlüssel hatte, benutzte ich die Feuertreppe und stieg durch das Fenster. Den Kater fand ich im Schlafzimmer und nicht nur ihn – auch ein Mann war da, über einen Koffer gebeugt. Wir beide, jeder den anderen für einen Einbrecher haltend, wechselten mißtrauische Blicke, als ich das Zimmer betrat. Er sah gut aus, hatte lackschwarzes Haar und war José ähnlich; überdies enthielt der Koffer, den er gepackt hatte, die Garderobe, die José bei Holly aufbewahrte, die Schuhe und Anzüge, um die sie immer soviel Aufhebens gemacht und die sie fortwährend zum Reparieren und Reinigen geschleppt hatte. Ich fragte, überzeugt, daß es so war: «Hat Mr. Ybarra-Jaeger Sie geschickt?»

«Ich bin die Vetter», erklärte er mit einem vorsichtigen Grinsen und hörbarem Akzent.

«Wo ist José?»

Er wiederholte die Frage, als gelte es, sie in eine andere Sprache zu übersetzen. «Ah, wo José ist! Meine Vetter, sie wartet», sagte er und nahm seine Kammerdienertätigkeit wieder auf, ohne sich weiter um mich zu kümmern.

Aha – der Diplomat wollte sich verdrücken. Nun, ich war weder erstaunt noch im geringsten betrübt. Aber was für ein hundsgemeiner Trick. «Auspeitschen sollte man ihn», knurrte ich.

Der Vetter kicherte; ich bin sicher, daß er verstanden hatte. Er schloß den Koffer und brachte einen Brief zum Vorschein. «Meine Vetter, sie bitten mich, dies dazulassen für seine Freundin. Sie wollen so gütig sein?»

Auf dem Umschlag stand gekritzelt: *Für Miss H. Golightly – Durch Boten.*

Ich setzte mich auf Hollys Bett und drückte Hollys Kater an mich, und es tat mir für Holly so schrecklich leid, wie es eigentlich nur ihr selbst leid tun konnte.

«Ja, ich werde so gütig sein.»

Und ich war es – übrigens durchaus gegen meinen Willen. Aber ich hatte nicht den Mut, den Brief zu vernichten, und auch nicht die Kraft, ihn in der Tasche zu behalten, als Holly zaghaft fragte, ob ich zufällig etwas von José gehört hätte. Es war zwei Tage später, und ich saß an ihrem Bett in einem Raum, der penetrant nach Jod und Bettpfannen roch, einem Krankenhauszimmer. Dort lag sie seit dem Abend ihrer Verhaftung. «Ach, Herzchen», hatte sie mich begrüßt, als ich mich ihr auf Zehenspitzen näherte, in der Hand eine Schachtel Picayune-Zigaretten und einen großen Strauß Herbstveilchen, «nun habe ich doch den Stammhalter verloren.» Sie sah aus wie eine knapp Zwölfjährige – das blaßblonde Haar zurückgekämmt, die Augen, ausnahmsweise ohne die dunkle Brille, klar wie Regenwasser – man konnte einfach nicht glauben, daß sie sehr krank gewesen war.

Und doch stimmte es. «Jesus, beinah wär ich draufgegangen. Ja, wirklich, das fette Weib hatte mich schon fast am Kragen. Sie hat einen tollen Wirbel angestellt. Ich glaube, ich habe Ihnen noch gar nicht von dem fetten Weib erzählt. Weil ich selber nichts von ihr wußte, bevor mein Bruder starb. Ich habe immerzu überlegt, wo er sein könnte, wieso er gestorben ist und was es zu bedeuten hat, und dann sah ich sie plötzlich, sie war bei mir im Zimmer, und sie hielt Fred in den Armen. Dieses fette, ekelhaft gemeine Weibsbild schaukelte sich im Schaukelstuhl mit Fred auf dem Schoß und lachte dazu.

Eine Lache wie Blechmusik. Und so voller Hohn! Aber das ist alles, was uns erwartet, mein Junge – diese Komödiantin, die uns verschaukeln will. Verstehen Sie jetzt, warum ich verrückt gespielt und alles kaputtgeschlagen habe?»

Außer dem Anwalt, den ihr O. J. Berman besorgt hatte, war ich der einzige, der sie besuchen durfte. Sie teilte das Zimmer mit drei anderen Patientinnen, die wie Drillinge aussahen und in geflüstertem Italienisch Vermutungen anstellten, während sie mich mit nicht unfreundlichem Interesse von Kopf bis Fuß musterten. «Die denken, Sie sind mein Verführer, Herzchen», erklärte Holly. «Der Kerl, der mich ins Unglück gebracht hat.» Als ich ihr vorschlug, dies richtigzustellen, erwiderte sie: «Kann ich nicht. Sie sprechen kein Englisch. Außerdem denke ich nicht daran, ihnen den Spaß zu verderben.» Und dann fragte sie nach José.

Als sie den Brief sah, kniff sie die Augen zusammen und verzog die Lippen zu einem kaum sichtbaren harten Lächeln, das sie unendlich viel älter erscheinen ließ. «Herzchen», sagte sie, «würden Sie mal in die Schublade greifen und mir meine Tasche geben? So etwas liest ein Mädchen nicht ohne Make-up.»

Geleitet von einem kleinen Spiegel, puderte und malte sie sich jede Spur einer Zwölfjährigen aus ihrem Gesicht. Sie färbte die Lippen mit einem Stift, tönte die Wangen mit einem anderen, umrandete die Augen, legte Lidschatten auf, besprühte den Hals mit 4711, befestigte Perlenclips an ihren Ohren und setzte ihre dunkle Brille auf. Solcherart gewappnet und nach einem mißbilligenden Blick auf ihre Fingernägel, die dringend der Maniküre bedurften, riß sie den Brief auf und überflog ihn, wobei ihr winziges steinernes Lächeln noch winziger und härter wurde. Schließlich verlangte sie eine Picayune. Nahm einen Zug. «Schmeckt ekelhaft. Aber himmlisch», sagte sie. Und indem sie mir den Brief zuwarf: «Kommt Ihnen vielleicht gut zupaß, wenn Sie eine Geschichte über einen Schuft schreiben wollen. Aber nicht so egoistisch sein: laut lesen, ja? Ich möchte es hören.»

Ich begann zu lesen: «Mein liebstes kleines Mädchen ...»

Und schon unterbrach sie mich. Was ich über die Handschrift dächte, wollte sie wissen. Ich dachte nichts – eine enge, sehr leserliche, sehr nüchterne Schrift. «Das ist José, wie er leibt und lebt. Zugeknöpft und verstopft», erklärte sie. «Weiter.»

«Mein liebstes kleines Mädchen, ich habe Dich geliebt in dem Bewußtsein, daß Du nicht wie andere warst. Aber welches war meine Verzweiflung, als ich in so brutaler und öffentlicher Form entdecken mußte, wie sehr verschieden Du von jener Art Frauen bist, die ein Mann meines Glaubens und Berufes zu ehelichen hoffen dürfte. Ich gräme mich fürwahr über die Schande Deiner derzeitigen Situation, und mein Herz läßt nicht zu, daß ich es den anderen gleichtue und Dich verurteile. So hoffe ich denn, daß auch Dein Herz mich nicht verurteilen wird. Ich habe meine Familie zu schützen und meinen Namen, und ich bin ein Feigling, wenn es um diese Institutionen geht. Vergiß mich, schönes Kind. Ich bin nicht mehr hier. Ich bin nach Hause zurückgekehrt. Möge Gott stets mit Dir und Deinem Kinde sein. Möge Gott nicht sein wie – José.»

«Na?»

«Eigentlich klingt es ganz aufrichtig. Und sogar rührend, finde ich.»

«*Rührend?* Dieses blöde Geschwafel?»

«Aber er sagt ja selber, er sei ein Feigling, und Sie müssen doch begreifen, daß er von seinem Standpunkt aus ...»

Holly wollte nicht zugeben, daß sie es begriff, obgleich ihr Gesicht trotz der kosmetischen Übermalung vom Gegenteil zeugte. «Na schön, er mag seine Gründe haben, aber ein Schuft ist er doch. Ein überlebensgroßer King-Kong-Schuft wie Rusty. Oder Benny Shacklett. Und trotzdem, verflucht noch mal –» sie stopfte sich die Faust in den Mund wie ein verzweifeltes Baby – «ich habe ihn geliebt. Dieser Schuft.»

Die italienischen ‹Drillinge› vermuteten eine Liebeskrise, und da sie die Schuld an Hollys Stöhnen dort suchten, wo sie ihrer Meinung nach hingehörte, nämlich bei mir, schnalzten sie mit den Zungen und blickten mich vorwurfsvoll an. Das schmeichelte mir. Ich war stolz, daß jemand glauben konnte, Holly mache sich etwas aus mir. Als ich ihr eine zweite Zigarette anbot, wurde sie ruhiger. Sie schluckte und sagte: «Vielen Dank, mein Junge. Und besonders herzlichen Dank, daß Sie ein so schlechter Reiter sind. Wenn ich nicht die kühne Lebensretterin hätte spielen müssen, stünde mir jetzt der Fraß in einem Heim für ledige Mütter bevor. Sportliche Überanstrengung, damit haben wir's geschafft. Aber in dem ganzen Blechmarkenladen habe ich für *le merde* gesorgt, weil ich behauptet habe, schuld sei nur Miss Schwulibu, die mich gehauen hat. Ja, mein Lieber, ich kann die nicht nur wegen der unrechtmäßigen Verhaftung belangen. Da kommt eins zum andern.»

Bis dahin hatten wir es vermieden, ihre schwierigeren Probleme zu erwähnen, und diese scherzend hingeworfene Bemerkung erschreckte und erschütterte mich, weil sie so deutlich offenbarte, wie unfähig Holly war, die rauhe Wirklichkeit zu erkennen. «Hören Sie, Holly», sagte ich und dachte: sei stark, männlich, ein Onkel. «Hören Sie, Holly, wir können das nicht als Witz ansehen. Wir müssen einen Ausweg suchen.»

«Sie sind viel zu jung, um sich derart aufzuplustern. Noch viel zu klein. Außerdem, was geht Sie das an?»

«Nichts. Aber ich bin Ihr Freund und mache mir Sorgen um Sie. Ich muß wissen, was Sie vorhaben.»

Sie rieb sich die Nase und fixierte einen Punkt an der Dekke. «Heute ist Mittwoch, nicht wahr? Schön, dann werde ich erst mal bis zum Samstag schlafen, sanft und selig wie ein Murmeltier. Samstag früh entfleuche ich hier, fahre zur Bank und dann zu meiner Wohnung, wo ich mir ein, zwei Nachthemden und mein Modellkleid von Mainbocher hole. Danach werde ich mich in Idlewild melden. Dort ist, wie Sie verdammt genau wissen, ein überaus prächtiger Platz in einem überaus prächtigen Flugzeug für mich reserviert. Und da Sie mein Freund sind, dürfen Sie mich nach Idlewild begleiten und mir zum Abschied winken. Bitte hören Sie auf, den Kopf zu schütteln.»

«Holly, Holly. Das können Sie nicht machen.»

«*Et pourquoi pas?* Falls Sie sich einbilden, daß ich José nachrenne, dann sind Sie schwer im Irrtum. In meinen Akten wird er für alle Zeit als Bewohner der Hölle geführt. Aber warum sollte ich ein so überaus prächtiges Flugbillet verfallen lassen? Noch dazu eines, das mich nichts kostet? Außerdem bin ich noch nie in Brasilien gewesen.»

«Was für Medikamente hat man Ihnen hier eigentlich gegeben? Begreifen Sie denn nicht, daß gegen Sie ein Strafverfahren läuft? Wenn Sie beim Fluchtversuch geschnappt werden, kommen Sie hinter Schloß und Riegel. Und selbst wenn

Sie entwischen könnten – Sie dürften nie mehr nach Hause zurück.»

«Na wennschon. Zu Hause ist man sowieso nur dort, wo man sich heimisch fühlt. So einen Ort suche ich noch.»

«Holly, seien Sie vernünftig. Sie sind unschuldig. Sie *müssen* die Sache durchstehen.»

Sie sagte: «Terämtätä» und blies mir Rauch ins Gesicht. Trotzdem war sie beeindruckt; ihre weit aufgerissenen Augen verrieten, daß sie genau wie ich schreckliche Visionen hatte: vergitterte Zellen, Stahlkorridore mit Türen, die sich eine nach der anderen schlossen. «Ach was», sagte sie und drückte ihre Zigarette aus, «ich habe die besten Chancen, daß man mich nicht schnappt. Vorausgesetzt, Sie halten Ihre *bouche fermée.* Bitte, Herzchen, verachten Sie mich doch nicht.» Sie legte ihre Hand auf die meine und fuhr mit plötzlicher, überwältigender Aufrichtigkeit fort: «Mir bleibt ja keine andere Wahl. Ich habe es mit meinem Anwalt besprochen – oh, natürlich habe ich ihm nichts von Rio erzählt, denn er würde mich sofort an die Polypen verraten, aus lauter Angst, sein Honorar zu verlieren, ganz zu schweigen von O. J.s Kaution. Gott segne O. J., die gute Seele, aber ich habe ihm mal in Hollywood dazu verholfen, daß er mehr als zehntausend beim Poker gewann – wir sind also quitt. Die Sache ist so: Die Polypen wollen von mir nichts weiter, als daß ich mich von ihnen betatschen lasse und außerdem als Zeugin der Anklage gegen Sally auftrete. Niemand hat die Absicht, gegen mich vorzuhen; sie hätten auch keinerlei Rechtsgründe dafür. Nun mag ich ja bis ins Mark verdorben sein, mein Lieber, aber einen Freund belasten, das tue ich nicht. Nicht mal, wenn sie ihm nachweisen könnten, daß er verschiedene Wohltäter der Menschheit süchtig gemacht hat. Ich gehe danach, wie jemand mich behandelt, und der gute Sally – schön, er war nicht hundertprozentig ehrlich mit mir, er hat mich, sagen wir, ein bißchen ausgenutzt, aber er ist trotzdem goldrichtig, und ich ließe mich eher von dem fetten Weibsstück packen, als daß ich den Kerlen beim Gericht helfen würde, ihn festzunageln.» Sie hielt den Taschenspiegel schräg über das Gesicht, wischte mit leicht gekrümmtem kleinem Finger glättend über ihr Lippenrot und sagte: «Um ehrlich zu sein, das ist noch nicht alles. Es gibt gewisse Schattierungen von Scheinwerferlicht, die einem Mädchen den Teint verderben. Selbst wenn mich das Gericht mit Glanz und Gloria rehabilitierte, hätte ich in dieser Gegend hier keine Zukunft mehr – die würden trotzdem überall, von *‹La Rue›* bis zu *‹Perona's Bar›*, die Türen vor mir schließen. Glauben Sie mir, ich wäre dort genauso willkommen wie etwa Mr. Frank E. Campbell. Und wenn Sie von meinen speziellen Talenten lebten, Schätzchen, dann würden Sie wissen, daß so was den Bankrott bedeutet. Ich hab einfach keine Lust, meine Karriere damit zu beenden, daß ich mich im Roseland-Rummelpark von irgendwelchen Hinterwäldlern herumbumsen lasse. Während die vortreffliche Madame Trawler ihren Hintern bei Tiffany durch die Räume schwenkt. Das könnte ich nicht aushalten. Dann soll mich schon lieber das fette Weib schnappen.»

Eine Schwester kam auf leisen Sohlen ins Zimmer und meldete, daß die Besuchszeit vorüber sei. Holly wollte protestieren, wurde aber durch ein Thermometer, das man ihr in den Mund stopfte, zum Schweigen gebracht. Als ich mich verabschiedete, entstöpselte sie sich, um rasch zu sagen: «Tun Sie mir einen Gefallen, Herzchen. Rufen Sie die *Times* oder sonst eine Zeitung an und lassen Sie sich die Namen der fünfzig reichsten Männer von Brasilien geben. Nein, das ist kein Witz. Die fünfzig reichsten. Rasse und Hautfarbe spielen keine Rolle. Und noch was: Bitte, durchstöbern Sie meine Wohnung, bis Sie die Medaille finden, die Sie mir mal geschenkt haben. Den Sankt Christopherus. Ich werde ihn auf der Reise nötig haben.»

Am Freitagabend war der Himmel rot, in der Nacht donnerte es, und der Samstag, der Abreisetag, überschüttete die Stadt mit sintflutartigen Regengüssen. Haie wären vielleicht durch die Luft geschwommen, aber es war mehr als zweifelhaft, ob ein Flugzeug das schaffen würde.

Holly jedoch, die meine fröhliche Behauptung, ihre Flucht werde nicht gelingen, als unbegründet verwarf, fuhr mit ihren Vorbereitungen fort – wobei sie die Hauptlast allerdings mir aufbürdete. Sie hatte nämlich entschieden, daß es unklug von ihr wäre, sich in der Nähe des Sandsteinhauses zu zeigen. Sehr zu Recht, denn das Haus wurde überwacht, ob durch die Polizei oder Reporter oder sonstige interessierte

Personen, war schwer zu sagen – man sah nur einen Mann – mitunter auch zwei, drei Männer – vor dem Eingang herumlungern. Holly war also vom Krankenhaus zu einer Bank und dann geradewegs in Joe Bells Lokal gegangen. «Sie glaubt nicht, daß ihr jemand gefolgt ist», berichtete Joe Bell, als er mir die Nachricht brachte, Holly wünsche mich so bald wie möglich zu sehen, spätestens in einer halben Stunde, und mitbringen solle ich folgendes: «Ihren Schmuck. Ihre Gitarre. Zahnbürsten und so. Und eine Flasche hundertjährigen Brandy – liegt ganz unten im Wäschepuff, meinte sie. Ach ja, und den Kater. Den will sie auch haben. Aber zum Teufel», sagte er, «ich weiß gar nicht, ob es richtig ist, daß wir ihr helfen. Sie müßte vor sich selber geschützt werden. Wenn Sie mich fragen, ich bin dafür, der Polente Bescheid zu sagen. Na, ich werde erst mal zurückgehen und ihr ein paar Drinks zusammenbrauen. Vielleicht kann ich sie so betrunken machen, daß die ganze Sache ins Wasser fällt.»

Stolpernd und rutschend kletterte ich die Feuertreppe zwischen Hollys Wohnung und der meinen hinauf und hinunter, vom Wind zerzaust, atemlos und naß bis auf die Knochen (überdies bis auf die Knochen zerkratzt, weil der Kater keine Lust hatte, sich evakuieren zu lassen, besonders nicht bei so scheußlichem Wetter). Immerhin leistete ich erstklassige Arbeit beim raschen Zusammentragen von Hollys Habseligkeiten. Ich fand sogar die Christopherus-Medaille. Alles häufte sich auf dem Fußboden meines Zimmers, eine eindrucksvolle Pyramide von Büstenhaltern, Abendschuhen und sonstigen hübschen Dingen, die ich in Hollys einzigen Koffer packte. Das, was übrigblieb, stopfte ich in Tragetüten. Ich wußte nicht, wie ich den Kater transportieren sollte, bis ich auf den Gedanken kam, ihn in einen Kissenbezug zu stecken.

Aus Gründen, die hier keine Rolle spielen, bin ich einmal von New Orleans nach Nancy's Landing am Mississippi gewandert, nahezu 500 Meilen. Das war ein unbeschwerter Spaß, verglichen mit dem Marsch zu Joe Bells Bar. Die Gitarre füllte sich mit Regen, in der Nässe weichten die Papiertüten auf, die Tüten platzten, Parfum ergoß sich auf das Pflaster, Perlen rollten in den Rinnstein, während der Wind mich stieß und der Kater kratzte, der Kater kreischte. Noch schlimmer aber war, daß ich Angst hatte, ein Feigling war wie

José – diese vom Sturm durchbrausten Straßen schienen von unsichtbaren Beobachtern zu wimmeln, die nur darauf warteten, mich zu schnappen und einzusperren, weil ich einer Geächteten half.

Die Geächtete sagte: «Reichlich spät, mein Junge. Haben Sie den Brandy?»

Der Kater, aus seinem Gefängnis befreit, nestelte sich auf ihrer Schulter zurecht – sein Schwanz wirbelte wie ein Taktstock bei feuriger Musik. Auch Holly schien von Melodien beflügelt, von irgendeinem munteren *bon voyage*-Hmtata. Während sie die Brandyflasche entkorkte, sagte sie: «Dieses edle Getränk war für meine Aussteuertruhe bestimmt. Ich dachte, daß wir an jedem Hochzeitstag einen heben würden. Gott sei Dank habe ich die Truhe gar nicht erst gekauft. Mr. Bell, bitte drei Gläser.»

«Sie brauchen nur zwei», knurrte er. «Ich trinke nicht auf Ihre Torheit.»

Je mehr sie ihn umschmeichelte («Oh, Mr. Bell, die Dame entschwindet nicht alle Tage. Wollen Sie nicht auf sie anstoßen?»), desto barscher wurde er. «Ich will nichts damit zu tun haben. Wenn Sie unbedingt zum Teufel gehen wollen, dann auf Ihre eigene Verantwortung. Von mir haben Sie keine Hilfe mehr zu erwarten.» Eine nicht zutreffende Behauptung, denn kaum hatte er sie von sich gegeben, da fuhr draußen eine Limousine mit Chauffeur vor, und Holly, die den Wagen als erste bemerkte, stellte ihr Glas ab, zog die Brauen hoch und war offensichtlich darauf gefaßt, den Staatsanwalt persönlich aussteigen zu sehen. Ich auch. Und als ich Joe Bell rot werden sah, dachte ich: Mein Gott, er hat tatsächlich die Polizei gerufen. Er aber verkündete mit feuerroten Ohren: «Keine Angst, das ist nur ein Carey-Cadillac. Hab ihn gemietet. Soll Sie zum Flughafen bringen.»

Er wandte sich ab und zupfte an einem seiner Blumenarrangements herum. Holly sagte: «Lieber, guter Mr. Bell. Schauen Sie mich doch an.»

Er wollte nicht. Er zerrte die Blumen aus der Vase und warf sie Holly zu: sie verfehlten ihr Ziel, landeten verstreut auf dem Boden. «Leben Sie wohl», stieß er hervor und rannte zur Herrentoilette, als müsse er sich übergeben. Wir hörten das Schloß einschnappen.

Der Chauffeur von Careys Autovermietung, ein welterfahrener Mann, nahm unser schlampiges Gepäck sehr höflich entgegen und verzog keine Miene, als Holly, während die Limousine durch den nachlassenden Regen rollte, den Reitdreß abstreifte, den sie noch immer trug, und sich in ihr schmales schwarzes Kleid zwängte. Wir sprachen nicht – sprechen hätte nur zu einem Streit geführt, und Holly schien auch nicht zu einer Unterhaltung aufgelegt. Sie summte vor sich hin, trank Brandy, beugte sich immer wieder vor und spähte aus dem Fenster, so daß ich dachte, sie forsche nach einer Adresse oder nehme vielleicht letzte Eindrücke einer Gegend in sich auf, an die sie sich zu erinnern wünschte. Beide Vermutungen waren falsch, wie sich herausstellte, als sie plötzlich rief: «Halten Sie hier!» Der Fahrer stoppte an der Bordkante einer Straße in Spanisch-Harlem. Eine wüste, eine finstere Gegend mit Filmstarplakaten und Madonnenbildern. Obstschalen und Zeitungsfetzen trieben im Wind dahin, denn der Wind wehte mit unverminderter Stärke, obgleich der Regen aufgehört hatte und zeitweise sogar etwas Blau am Himmel durchbrach.

Holly stieg aus dem Wagen; sie nahm den Kater mit. Ihn wie einen Säugling im Arm haltend, kraulte sie seinen Kopf und sagte: «Was meinst du? Für einen Kerl wie dich müßte doch das hier der richtige Ort sein. Mülltonnen. Ratten in rauhen Mengen. Viele Katergenossen zum Herumstreunen. Also hau ab.» Damit ließ sie ihn fallen, und als er sich nicht von der Stelle rührte, sondern nur seine Raufboldvisage hob und sie aus gelben Piratenaugen fragend anschaute, stampfte sie mit dem Fuß auf. «Scher dich weg, hab ich gesagt!» Er rieb sich an ihrem Bein. «Verdufte, du Mistvieh!» rief sie, sprang in den Wagen und knallte die Tür hinter sich zu. «Los!» befahl sie dem Fahrer. «Los doch, los!»

Ich war wie vor den Kopf geschlagen. «Sie sind ja... ein Biest sind Sie.»

Wir waren schon an der nächsten Querstraße, als sie erwiderte: «Ich hab's Ihnen doch gesagt. Wir sind uns eines Tages am Fluß begegnet – das ist alles. Zwei unabhängige Geschöpfe. Wir haben einander nie irgendwelche Versprechen gegeben. Wir haben niemals...» Die Stimme versagte ihr, ein Zucken lief über ihr krankhaft blasses Gesicht. Der

Wagen hielt vor einer Verkehrsampel. Holly riß die Tür auf, lief die Straße zurück, und ich lief hinterher.

Aber der Kater war nicht mehr an der Ecke, wo sie ihn ausgesetzt hatte. Wir sahen nur einen pissenden Betrunkenen und zwei farbige Nonnen, die einen Trupp lieblich singender Kinder begleiteten. Andere Kinder tauchten aus Torwegen auf, Frauen beugten sich aus den Fenstern, als Holly hin und her rannte und lockend rief: «Hallo, Kater! Wo bist du? Hier, Kater.» Sie rief, bis ein pickliger Junge auftauchte, der ein altes Katervieh am Genick hielt und hoffnungsfroh fragte: «Wollense 'n hübsches Kätzchen, Miss? Nur ein Dollar.»

Der Chauffeur war uns nachgefahren. Jetzt ließ sich Holly von mir zum Wagen führen. An der Tür zögerte sie, blickte an mir vorbei, an dem Jungen vorbei, der noch immer seine Katze anbot («Halber Dollar. Oder vier Cent? Vier Cent is noch nich zuviel»), und ein Schauer überlief sie. «O Gott», flüsterte sie und klammerte sich Halt suchend an meinen Arm, «wir gehörten doch zusammen. Er war mein.»

Da gab ich ihr mein Versprechen. Ich sagte, daß ich ihren Kater suchen und bestimmt auch finden würde. «Ich nehme ihn zu mir und sorge für ihn. Mein Wort darauf.»

Sie lächelte – dieses neue freudlose, gezwungene Lächeln. «Aber was wird aus mir?» fragte sie leise, und wieder erschauerte sie. «Ich fürchte mich so, mein Junge. Ja, endlich. Weil das ewig so weitergehen kann. Nicht wissen, was zu einem gehört, bis man es weggeworfen hat. Das rote Grausen, das ist gar nichts. Das fette Weib, gar nichts. Aber das hier – mir ist der Mund so trocken, daß ich nicht ausspucken könnte, und wenn mein Leben davon abhinge.» Sie stieg in den Wagen, sank auf den Sitz. «Entschuldigen Sie, Fahrer. Es kann weitergehen.»

TOMATOS TOMATE VERSCHWUNDEN meldeten die Zeitungen. Und: RAUSCHGIFTSCHMUGGEL-SCHAUSPIELERIN MÖGLICHES OPFER DER GANGSTER. Nach einiger Zeit jedoch berichtete die Presse: GEFLÜCHTETES PLAYGIRL NACH RIO ENTKOMMEN. Anscheinend machten die Behörden keinen Versuch, Holly zurückzuholen, und bald wurde die Angelegenheit nur noch gelegentlich in den Klatschspalten erwähnt. Als Meldung lebte sie ein einziges Mal wieder auf: am Weihnachtstag, als

Sally Tomato in Sing-Sing einen Herzanfall erlitt und starb. Monate vergingen, der Winter wich dem Frühling – aber von Holly kein Wort. Der Besitzer des Sandsteinhauses verkaufte, was sie zurückgelassen hatte, das luxuriöse Bett, den Jagdgobelin, die kostbaren gotischen Lehnstühle. Ein neuer Mieter zog in die Wohnung: sein Name war Quaintace Smith, und bei ihm waren ebenso viele und ebenso lärmende Herren zu Gast wie seinerzeit bei Holly – in diesem Fall erhob Madame Spanella jedoch keinen Einspruch; im Gegenteil, sie himmelte den jungen Mann an und sorgte für Filet mignon, sooft er ein blaues Auge hatte. Im späten Frühjahr kam endlich eine Postkarte, mit Bleistift gekritzelt und mit einem Lippenstiftkuß gezeichnet: *Brasilien war scheußlich, aber Buenos Aires ist ganz groß. Nicht Tiffany, aber fast. Bin eng mit himmlischem Señor verbunden. Liebe? Ich glaube. Sehe mich jedenfalls nach was zum Wohnen um (Señor hat Frau und sieben Bälger) und schreibe Ihnen Adresse, sobald ich sie weiß. Mille tendresses.* Aber die Adresse, falls es sie je gegeben hat, wurde mir nie geschrieben, und das betrübte mich sehr. Da war so vieles, was ich Holly hätte schreiben mögen: daß ich zwei Geschichten *verkauft* hatte, daß ich gelesen hatte, die Trawlers hätten gegenseitig auf Scheidung geklagt, und daß ich aus dem Sandsteinhaus ausziehen wollte, weil dort Gespenster umgingen. Vor allem aber hätte ich ihr so gern von ihrem Kater berichtet. Ich hatte mein Versprechen gehalten, hatte ihn gesucht und gefunden. Wochenlang war ich nach der Arbeit durch die Straßen von Spanisch-Harlem gelaufen, und oft genug hatte mich das Aufblitzen eines tigergestreiften Fells genarrt – bei näherer Besichtigung war er's dann doch nicht. Eines Tages aber, an einem kalten, sonnigen Wintersonntagnachmittag, war er's wirklich. Flankiert von Blumentöpfen und eingerahmt von sauberen Spitzengardinen saß er im Fenster eines warm aussehenden Zimmers. Ich fragte mich, wie er wohl hieß, denn ich war sicher, daß er jetzt einen Namen hatte, sicher, daß er an einen Ort gekommen war, an den er gehörte. Das hoffe ich auch von Holly – mag es nun eine Hütte in Afrika sein oder irgend etwas anderes.

(1958)

HAUS AUF DEN HÖHEN

Ich lebe in Brooklyn. Aus freien Stücken.

Wer seine Reize nicht kennt, fragt sich mit Recht warum. Denn im ganzen gesehen ist es eine reizlose Gegend. Ein regelrechtes Ödland, dessen Geschmacklosigkeit von den *noms de quartiers* noch betont wird: Flatbush und Flushing Avenue, Bushwick, Brownsville, Red Hook. Gleichwohl trifft man in dem grünlosen Ruß-Grau auf Oasen, leuchtende Kontraste, volltönende Echos besserer Tage. Das unverfälschteste Beispiel jener scheinbaren Fata Morganas ist die Gegend, in der ich wohne, ein Bezirk, der als die Höhen von Brooklyn bekannt ist. Höhen, weil er hoch oben auf einer Klippe liegt, die einen Möwenblick auf die Brücken von Manhattan und Brooklyn bietet, auf den phantastischen Glanz des tiefer gelegenen Manhattans und die Fahrrinnen der Dampfer, vom Fluß über die Bucht hin zum Ozean, die die in Positur stehende Freiheitsstatue umkreisen, an ihr vorbeischäumen.

Ich bin nicht sonderlich vertraut mit der exakten Geschichte der Höhen von Brooklyn. Jedoch *glaube* ich (bitte verlassen Sie sich nicht darauf), daß das älteste Haus, das älteste erhaltene und noch bewohnte, unseren rückwärtigen Nachbarn gehört, Mr. und Mrs. Philip Broughton. Ein silbriggraues Holzschindelhaus im Kolonialstil, von reichbelaubten Bäumen beschattet, 1790 von einem zur See fahrenden Kapitän erbaut. Zeitgenössische Stiche, mit 1830 datiert, zeigen die Höhen als verträumten Hafen, den geblähte Segel beleben; und tatsächlich waren viele der schöneren Häuser dieser Gegend, insbesondere die im föderalistischen Stil erbauten, ursprünglich dazu bestimmt, die Familien der Schiffskapitäne zu beherbergen. In ihrer freundlichen Nüchternheit so elegant und einer anderen Zeit entstammend wie formelle Visitenkarten, zeugen diese Häuser von einer Epoche mit tüchtigen Dienstboten und gediegener Behaglichkeit im häuslichen Kreis, mit Pferden in glöckchenbesetztem Geschirr (überall findet man hier alte, aus rosaroten Backsteinen erbaute Remisen; jetzt natürlich allesamt in freundliche, wenngleich ein wenig puppenhafte Wohnstätten verwandelt); sie beschwören die Erscheinung bärtiger, seefahrender Väter und haubentragender das Haus hütender Frauen: liebende Eltern vielköpfiger Sippen von zukünftigen Bankiers und vornehmen Bräuten. Rund ein Jahrhundert lang muß es so ausgesehen haben: eine Zeit mit Straßen, die von Bäumen beschirmt waren, mit biegsamen Weidenpfaden, Augustgärten voller Hummeln und würzigem Kräuterduft, mit Schiffshörnern auf dem Fluß, Segeln im Wind und einer länglichgrünen Wiese, die sich bis zum Hafen hinunterzog, einer Wiese mit grasenden Kühen und mit Schmetterlingen, wo die Kinder windige Sommernachmittage verrekelten und im Dezemberschnee das Knirschen der Schlitten widerhallte.

Hat es so ausgesehen? Ich könnte mir vorstellen, daß mein Bild allzu große Ähnlichkeit mit einer Traumpostkarte hat. Doch wie dem auch sein mag, meine Traumpostkarte nimmt die strengeren Züge eines Stahlstichs an, während wir durch die zweite Hälfte des vorigen Jahrhunderts schlendern, Hand in Hand mit Henry Ward Beecher, dessen Kirche einst das geistige Leben der Höhen beherrschte. Über dem Fluß schwebte jetzt die große Brücke, die 1883 eingeweiht wurde; und der Hafen, der sich mit jedem Jahr ausdehnte, immer mehr ein Ort rauher, lebhafter Geschäftigkeit wurde, vertrieb die Kinder von der Wiese, ließ diese Wiese verdorren, verschluckte sie, um Raum zu schaffen für schwarze, palastgroße Lagerhäuser, die von eingeschleppten Taranteln kribbelten und den Gestank verfaulter Bananen ausströmten.

Um 1910 hatte die Gegend mit ihren stillen Gäßchen und verborgenen Plätzen und Straßen, die zuweilen gradlinig verlaufen, ebensooft aber gekrümmt, um irgendwo einfach aufzuhören, grimmigere Veränderungen erfahren. Abkömmlinge von Reverend Beechers steifkragiger Herde hatten begonnen, zu anderen Triften abzuwandern; und Einwanderersippen, die anfänglich die Nachbarschaft eingekreist hatten, drangen mit einemmal in Scharen ein. Woraufhin die Mehrzahl derer, die von den vornehmen alten Familien übriggeblieben waren und gewissermaßen den Satz am Boden der Flasche bildeten, geschlossen ihre Häuser verließen, sie der Zerstörung oder der Umwandlung in häßliche, verwahrloste Mietshäuser preisgebend. So daß 1925 Edmund Wilson in einem den seiner Ansicht nach toten und sterbenden Höhen gewidmeten Artikel angewidert berichtete: «Noch immer repräsentieren die freundlichen roten und rosa Backsteinhäuser würdig die Generation Henry Ward Beechers; doch liegt jetzt ein ewiger Sonntag über ihnen; sie wirken wie in endgültiges Schweigen versunken. Auf den Straßen erhascht man vielleicht von fern einen flüchtigen Blick auf einen vereinzelten gutgekleideten alten Herrn, der langsam dahinschreitet; im großen ganzen aber sind die Leute von Stand verschwunden, und nur die Plebs ist übriggeblieben. Die freudlose Stille wird zerrissen vom schrillen Geschrei italienischer Kinder und von unaufhörlich aus schmutzigen Mietshäusern ertönenden mechanischen Klavieren, begleitet von menschlichen Stimmen, die beinahe ebenso mechanisch klingen wie sie. Des Nachts macht man auf den unbeleuchteten Straßen einen großen Bogen um Trunkenbolde, die im Schatten dunkler Hauseingänge auf dem Gehsteig ausgestreckt liegen; und ich habe es erlebt, daß ein totes Pferd nahezu drei Wochen auf der Straße liegen blieb – zwei Häuserblocks vom Hauptpostamt entfernt und nicht viel mehr von der Borough Hall –, ohne daß man Anstalten gemacht hätte, es wegzuschaffen.»

So bedrückend das hier skizzierte Bild ist, bewahrte sich die Gegend nichtsdestoweniger, von den billigen Mieten abgesehen, eine gewisse Anziehungskraft, die auf Künstlerkreise zu wirken begann. Unter denen, die von der ersten Welle hereingetragen wurden, war Hart Crane, dessen Dichterauge, auf den Blick aus seinem Fenster gerichtet, *The Bridge* entstehen ließ. Später, kurz nach dem Erfolg von *Schau heimwärts, Engel,* bezog hier Thomas Wolfe Quartier, der bekannte Pirschgänger durch Brooklyner Nächte: ein Appartement, ausgestattet mit dem berühmtesten Eisschrank der Literaturgeschichte, das er bewohnte, bis sein «überdimensionaler Kadaver» heimwärts zu den Hügeln von Carolina gebracht wurde. Einmal, während einer Reihe von Jahren nach 1940, konnte sich ein einziges, weiß Gott einzigartiges Haus in der Middagh Street einer Bewohnerliste rühmen, auf der folgende Namen standen: W. H. Auden, Richard Wright, Carson McCullers, Paul und Jane Bowles, Benjamin Britten, der englische Komponist, Oliver Smith, der Impresario und Bühnenbildner, Miss Gipsy Rose Lee, eine Mordgeschichten-Autorin, und ein Schimpanse samt Trainer. Jeder Bewohner dieser Elfenbeinturm-Pension trug sein Teil zu den Unterhaltskosten bei, zur Beleuchtung und Beheizung, zur Entlohnung einer gemeinschaftlichen Köchin (einer ehemaligen Cotton-Club-Sängerin), und alle hatte der Besitzer des Hauses eingeladen, dort zu wohnen, der höchst originelle Editor, Autor und *fantaisiste*, ein Gentleman mit guillotinescharfer Zunge und gleichwohl gütig und weichherzig, der verstorbene, zu Recht betrauerte George Davis.

George ist nicht mehr; und auch sein Haus steht nicht länger: die Erfordernisse irgendeines absurden städtischen Projekts führten während des Krieges dazu, daß es abgerissen wurde. In der Tat sahen die Kriegsjahre das Abgleiten der Gegend bis zum Nadir. Viele der stattlicheren alten Häuser wurden vom Militär requiriert, als Unterkünfte, Kantinen mit Jukeboxes, und die bäuerlichen hinterwäldlerischen Soldaten gingen mit ihnen nicht anders um als Sherman mit den Herrenhäusern von Dixieland. Nicht daß es ins Gewicht gefallen wäre; nicht daß es irgendwem etwas ausgemacht hätte. Kein Mensch kümmerte sich darum; bis dann, kurz nach dem Krieg, die Höhen eine gänzlich neue Schicht anzuziehen begannen, tatkräftige Pioniere, die mit Besen und Eimern voll Farbe anrückten: städtische, aufstrebende junge Ehepaare, großenteils mitten im Aufbau ihrer Arzt-Rechtsanwalts-Wall-Street-was-immer-Karriere begriffen, die sich voll Eifer daranmachten, den Höhen ihren abgewogenen, wohltuenden Zauber zurückzugeben.

Ihnen vermochte die Gegend vieles zu bieten: weitläufige große Häuser, die nur darauf warteten, wieder in Privathäuser zurückverwandelt zu werden, die Familien von der Größe früherer Zeiten beherbergen konnten; und eben solche Familien hatten diese jungen Paare bereits gegründet oder waren doch im Begriff, sie etappenweise zu gründen. Und die Gegend ist sehr geeignet, Kinder aufzuziehen, denn der Verkehr ist hier gering und die Luft rein, voll herber Meeresfrische; es gibt Gärten zum Spielen, stille Plätze, auf denen man sich vergnügen kann; und vor allem ist da die Esplanade zum Rollschuhlaufen. (Verboten: aber die Gören tun es natürlich doch.) Wenngleich sie weit entfernt davon ist, einer Wiese voll Schmetterlingen zu gleichen, tut doch die Esplanade, eine hoch über dem Hafen gelegene terrassenähnliche Promenade, das unter den heutigen Gegebenheiten Bestmögliche, jenem Spielanger längst dahingegangener Mädchen und ihrer Brüder ähnlich zu sein.

So hat seit zehn Jahren und länger das Experiment einer Wiederbelebung der Höhen Fortschritte gemacht: bis zu jenem Punkt, an dem man von einem *fait accompli* zu sprechen versucht ist. Vor den Fenstern blühen Kästen mit Geranien; je nach der Jahreszeit fallen grüne Lichter durch das Blattwerk der Bäume oder brennt an den Straßenecken zusammengerechtes Herbstlaub; blumenbeladene Karren rollen vorüber, und der Blumenmann ruft seine Ware aus; in der Morgendämmerung hört man zuweilen einen Hahn krähen, denn es gibt eine Dame hier, die in ihrem Garten Hühner und einen Hahn hält. In Winternächten, wenn der Wind die Abschiedsbriefe ausfahrender Schiffe herweht, den Rauch abendlicher Kaminfeuer über die Dächer treibt, hat man ein Gefühl, flüchtig und doch wirklich wie das Flackern des Kaminfeuers, als habe sich der Kreis des Zeitenablaufs geschlossen, als sei der freundlichere Schimmer der Vergangenheit wiedergewonnen.

Wenngleich mir die Gegend durch gelegentliche Besuche seit langem vertraut war, begann doch meine engere Bindung an sie erst vor zwei Jahren, als ein Freund ein Haus in der Willow Street kaufte. An einem milden Maiabend lud er mich ein, es in Augenschein zu nehmen. Ich war zutiefst beeindruckt; voller Neid. Es hatte achtundzwanzig hohe, wohlproportionierte Zimmer und achtundzwanzig funktionierende marmorverkleidete Kamine. Eine herrliche Treppe erhob sich in weißen, schwangleichen Bogen bis hinauf zu einem Oberlicht aus sonnenhellem bernsteingoldenem Glas. Schöne

Böden aus hartem, spiegelndem Holz; und die Wände! 1820, als das Haus erbaut wurde, wußten die Leute Wände zu mauern – dick wie ein Büffel, undurchlässig für die größte Kälte, die mörderischste Hitze.

Hohe Glastüren führten auf eine geräumige rückwärtige Veranda, die an Louisiana erinnerte. Eine Veranda unter einem Baldachin, völlig eingetaucht wie in ein Meer von Blättern unter einem alten, gleichwohl wunderbar kräftigen Weinstock, vollbehangen mit traubengleichen Glyzinienbüscheln. Dahinter ein Garten: ein Tulpenbaum, ein blühender Birnbaum, ein schwarzroter Vogel auf einem sanftgebeugten, federleichten Forsythienzweig.

Wir sprachen im Dämmerlicht, mein Freund und ich. Wir saßen auf der Veranda und tranken Martinis – ich drängte ihn, noch einen zu trinken, und noch einen. Es wurde ziemlich spät, und dann begann er, die Dinge mit meinen Augen zu sehen: Ja, achtundzwanzig Zimmer *waren* eine Menge; und ja, es schien nur *recht und billig*, daß er mir ein paar davon einräumte.

Und so kam es, daß ich meinen Einzug in das gelbe Backsteinhaus in der Willow Street hielt.

Häufig vergeht eine Woche, ohne daß ich «einen Gang in die Stadt» mache oder «über die Brücke», wie die Nachbarn einen Ausflug nach Manhattan nennen. Verblüffte Freunde fragen mich, provinzielle Stagnation argwöhnend: «Aber was *tun* Sie denn da drüben?» Ich meinerseits kann nur sagen, daß das Leben hier manchmal höchst aufregend ist. Denken Sie nur an Oberst Rudolf Abel, den russischen Geheimdienstagenten, den größten Spion, den man je in Amerika fing, den Kopf des gesamten verteufelten Apparats! Wissen Sie, wo man ihn geschnappt hat? Hier und nirgends anders! In der Fulton Street, peng! In einem Haus zwischen David Semples Delikatessenladen und Frank Gamuzzas Fernsehreparaturenwerkstatt. Frank war in *Life* abgebildet, grinsend, als hätte er es höchstpersönlich geschafft; desgleichen die Kellnerin aus der Music-Box-Bar, der bevorzugten Wasserstelle des Obersten. Ein paar Vergrämte unter uns konnten nicht begreifen, weshalb *Life* nicht auch unsere Bilder brachte. Frank und das Mädchen aus der Music-Box-Bar waren schließlich nicht die einzigen, die den Oberst gekannt hatten.

Ein so gentlemanliker Herr: niemals wäre einem der Gedanke gekommen ...

Ich gebe zu, daß wir nicht jeden Tag Spione fangen. Aber fast jeder Tag bietet Stimulantien: im Hafen ein exotischer Frachter zu untersuchen; ein seltsam gefiederter Vogel schaukelt sich in den Glyzinien; oder eine neueingetroffene Sendung bei Knapp, und das ist vielleicht ein aufregendes Ereignis. Knapp ist eine Ladenkette, oder richtiger eine Folge von Lagerräumen, die höhlenähnlich in der Fulton Street nahe der Pineapple Street zusammengedrängt sind. Der Besitzer – doch dies ist eine allzu bescheidene Bezeichnung für eine so bedeutende Persönlichkeit –, der Zar, der Aga Khan dieses paradiesischen Emperiums ist Mr. George Knapp, von seinen Freunden Vater genannt.

Vater ist ein Weltreisender. Karten treffen ein: er ist in Sevilla, dann in Kopenhagen, dann in Mailand, nächste Woche in Manchester, überall und immer auf einer glanzvoll-verschwenderischen Vergnügungsreise. Er kauft ein: blaues Steingut aus einem dänischen Schloß. Rosafarbene Apothekertöpfe aus einer alten Londoner Pharmazie. Englisches Messinggerät, spanische Lampen, Battersea-Dosen, französische Briefbeschwerer, italienische Zauberkugeln, griechische Ikonen, venezianische Mohren, spanische Heilige, koreanische Schatullen; und Trödel, herrlichen Trödel, einen Ramsch von zerlumpten Puppen, zerbrochenen Knöpfen, ein ausgestopftes Känguruh, ein Vogelhaus mit Eulen unter einer großen Glasglocke, die Spielfiguren abgenutzter Spiele, Papiergeld abgedankter Regierungen, einen elfenbeinernen Schirmstock ohne Schirm, prunkvolle Nachttöpfe und Barttassen und nicht mehr zu reparierende Uhren, zersprungene Geigen, eine sechshundert Pfund schwere Sonnenuhr, Schädel, Schlangenknochen, Elefantenfüße, Schlittenglöckchen und Eskimo-Schnitzereien und montierte Schwertfische, mittelalterliche Melkschemel, rostige Feuerwaffen und abblätternde Spiegel aus der Zeit des Walzers.

Und dann kommt Vater zurück nach Brooklyn, seine Schätze im Schlepptau. Aus den Kisten befreit und dem zuvor bereits gefährlichen Durcheinander eingefügt, paradieren die Mohren im phantastischen Dunkel, die Schwertfische gleiten durch das atlantiktiefe Dämmerlicht des Ladens. Eines

Tages werden sie verschwinden: Prominente Antiquitätensammler und unbekannte reine Schönheitsliebende werden kommen und sie wegschleppen. Einstweilen stöbere herum. Eine Rosine wirst du bestimmt entdecken; und vielleicht ist es dann eine Trouvaille. Diesen Briefbeschwerer – den mit der eingeschlossenen Bakkarat-Libelle. Nimm ihn jetzt gleich, wenn du ihn haben möchtest: morgen nämlich oder bestimmt übermorgen, wirst du ihn zum fünffachen Preis auf der Siebenundfünfzigsten Straße sehen.

Vater hat einen Teilhaber, seine Frau Florence. Sie stammt aus Panama, ist hübsch, von frischer Gesichtsfarbe, und groß und schlank genug, um in den von ihr bevorzugten Hosen gut auszusehen, eine Frau mit stolzer Haltung und Kunden gegenüber von fast exzentrischer Barschheit, einem Entschließen-Sie-sich-oder-gehn-Sie-Hochmut – aber schließlich unterliegt die Arme der Vorschrift, selbst nicht verkaufen, ja nicht einmal einen Preis nennen zu dürfen. Einzig Vater darf das, er mit dem Gedächtnis eines Macaulay, mit seiner verblüffenden Fähigkeit, inmitten dieses schwindelerregenden Labyrinths auf der Stelle jeden beliebigen Gegenstand zu lokalisieren. In Brooklyn geboren, am Meer aufgewachsen, nie ohne Hut und für gewöhnlich mit einer nassen, kalten Zigarre im Mund, ein kräftiges, gedrungenes, rundes Kraftwerk mit einem Arm, mit steifem Gang, einer Grobianstimme und schüchternen, nervösen sensitiven Augen, die zu blinzeln anfangen, wenn der Ärger ihn stottern macht, ist Vater nichtsdestoweniger ein Ästhet. Ein unnachgiebiger Ästhet, der sich nicht zum Narren halten läßt, über seine Taxierungen nicht disputiert, sondern ganz einfach erklärt: «Stellen Sie's hin!» und «Treiben Sie's in Manhattan zum halben Preis auf, und ich geb's Ihnen umsonst». Sie passen ausgezeichnet zueinander, die Knapps. Jede Woche erkunde ich ein paarmal ihr Museum, und wenn es auf den Oktober zugeht und der Franklin-Ofen in der Form eines Hexenhauses die Luft erwärmt und Florence Apfelwein kredenzt und feuchtes, köstliches Dattelbrot, das sie in ausgedienten Kaffeebüchsen backt, lasse ich keinen Tag aus. Zuweilen schaut Vater an solchem festlichen Nachmittag um sich, blinzelt in vager Ungläubigkeit mit den Lidern, um dann, als schlössen sich seine romantischen Erwerbungen bedrohlich um ihn zusammen, zu bemerken: «Muß wohl verrückt sein. Mein Herz an so einen Saftladen zu hängen. Und die *Investition.* Wenn ich nur an das Geld denke! Ehrlich, nun mal ganz ehrlich gesagt, finden Sie nicht auch, daß ich verrückt bin?»

Gewiß nicht. Wenn dagegen Mrs. Cornelius Oosthuizen diese Frage stellen sollte...

Es scheint unglaubwürdig, daß jemand so Erhabenes wie Mrs. Oosthuizen sich herabgelassen haben sollte, mich ihrer Bekanntschaft zu würdigen. Ich verdanke es einzig einem Pfund Hundefleisch. Folgendes trug sich zu: der Fleischerjunge lieferte eine Bestellung bei mir ab, die irrtümlicherweise auch Hackfleisch enthielt, das für Mrs. O. bestimmt war. Ich entdeckte ihren Namen auf dem Lieferschein, und da mir ihr Haus des öfteren aufgefallen war, ein granatfarbenes Chateau, das die Atmosphäre des alten Schwab-Herrenhauses am Riverside Drive in Manhattan wachruft, kam ich auf die Idee, das Päckchen selbst dort abzugeben. Ich dachte nicht im Traum daran, die vornehme Dame kennenzulernen, war vielmehr höchstens von dem Wunsch beseelt, einen flüchtigen Blick in ihr glückgesegnetes Reich zu tun. Glückgesegnet, weil es, wie man mir anvertraut hatte, einen Butler und einen Stab von sechs Bediensteten aufweisen konnte. Nicht daß es die einzige *maison de luxe* auf den Höhen wäre: wir sind mit mehreren Exponenten des Luxuslebens gesegnet – unzweifelhaft aber ist Mrs. O. *la regina di tutti.*

Als ich mich ihrem Besitztum näherte, bemerkte ich eine Gestalt in Persianerlamm, die sehr verärgert auf die Klingel drückte, den messingnen Türklopfer in heftige Bewegung setzte. «Der Teufel hole dich, Mabel», sagte sie zur Tür; wandte sich sodann um und sah mich zornig an, während ich die Stufen hinaufstieg – eine hochgewachsene furchteinflößende Replik der zerbrechlichen, liebenswürdigen Marianne Moore (die, wie wir uns erinnern wollen, gleichfalls eine Brooklyn-Lady ist). Blasse, wimpernlose Augen, rasiermesserdünne Lippen, das Haar in silbriges Gestrüpp. «Ah, *Sie.* Ich kenne Sie», beschuldigte sie mich, während hinter ihr eine irische Alte in knöchellanger Schürze die Tür öffnete. «Also ich vermute, Sie kommen, um die Petition zu unterzeichnen? Sehr schön von Ihnen, ganz gewiß.» Eine Erklärung murmelnd und abgenutzte Höflichkeitsfloskeln brummend, ließ ich das Fleischerpäckchen von meinen Händen in ihre wandern; sie faßte es und ließ es vorsichtig baumeln, als hätte ich ihr einen ziemlich übelriechenden Fisch zugeschleudert, bis der dienstbare Geist sagte: «*Ma'am*, 's ist Marys Fleisch, wo der nette Junge da bringt.»

«Tatsächlich. Dann steh nicht hier herum, Mabel. Nimm es.» Und dann, mich mit vermindertem Staunen betrachtend, dem ich, was sie betraf, nicht entsprechen konnte: «Putzen Sie Ihre Schuhe ab, und kommen Sie herein. Wir wollen über die Petition sprechen. Mabel, sage Murphy, er soll Bristol und Gebäck bringen ... Oh? Beim Zahnarzt! Wo ich ihn doch ausdrücklich gebeten habe, *nicht* an diesem Zahn herumzupfuschen. Was für ein hahnebüchener Unsinn», wetterte sie, während wir auf einen Vorplatz mit Kleiderablage traten. «Warum ist er nicht zum Hypnotiseur gegangen, wie ich ihm anriet? Mary! Mary! Mary!» sagte sie, als jetzt ein freundlicher, hübscher Hund mit grausamem Stammbaum erschien: ein Spaniel *plus* Chow auf Dachshundbeinen. «Ich glaube, Mabel hat dein Futter. Mabel, nimm Miss Mary mit in die Küche. Und wir nehmen das Gebäck im Roten Salon.»

Der Raum, in dem man Rot einzig in einer Schale mit Porzellanrosen und einem Körbchen Marzipanerdbeeren entdekken konnte, wies samtdrapierte Fenster auf, die einen Blick auf eine Szenerie freigaben, angesichts deren alle Pulse schneller zu schlagen begannen: Himmel, Skyline, weit draußen ein bewaldeter Zipfel von Staten Island. In anderer Hinsicht hatte der Raum nichts Anziehendes zu bieten, eine langweilige und klobige geistlose Mischung, ein dicker Brocken von Biedermeier-Zuckerbäckerei.

«Es war das Schlafzimmer meiner Großmutter; mein Vater zog vor, es als Besuchszimmer einzurichten. Cornelius, mein Mann, ist hier gestorben. Ganz plötzlich: während er am Radio saß und diesem Roosevelt zuhörte. Ein Anfall. Durch Aufregung und Zigarren hervorgerufen. Ich bin sicher, Sie möchten nicht rauchen. Nehmen Sie Platz ... Da nicht. Dort, beim Fenster. Also hier, sie *müßte* hier sein, irgendwo, vielleicht in dieser Schublade? Oder sollte sie oben sein? Zum Teufel mit diesem Murphy, schrecklicher Kerl das, mengt ständig in meinen – nein, da hab ich sie: die Petition.» Das Dokument legte, zugleich dagegen opponierend, das Vorhaben einer unbedeutenden religiösen Sekte dar, die einen halben Häuserblock auf den Höhen erworben hatte, um ihn abzureißen und an seiner Stelle ein Wohnheim für ihre Anhänger zu errichten. Darunter standen die Unterschriften eines runden Dutzends Protestierender; die Schwestern Seeley hatten unterzeichnet und Mr. Arthur Veere Vinson, Mrs. K. Mackaye Brownlowe – Nachfahren jener Kinder auf der Wiese, die Überlebenden der alten Garde aus den schlimmsten Zeiten *ihrer* Nachbarschaft; jene *happy few,* die regelmäßig zu Mrs. O.s Empfängen mit schwarzer Schleife geladen wurden. Sie verschwendete keinerlei Eloquenz an die bedeutende Verdienstlichkeit dieser Beschwerde; kommandierte lediglich: «Unterschreiben Sie», jeder Zoll eine Lady Catherine de Brough, die einem Mr. Collins Befehle erteilte.

Sherry erschien; und mit ihm eine Versammlung von Katzen. Narbenbedeckte Kämpfer mit aussatzzerfressenem Fell und glasigen Augen. Auf den unansehnlichsten von allen zeigend, einen getigerten Marodeur, erklärte Mrs. O.: «Den da dürfen Sie mitnehmen. Seit einem Monat ist er bei uns, wir haben ihn glänzend herausgepflegt, ich bin sicher, daß Sie ihn liebgewinnen werden. Hunde? *Was* für Hunde haben Sie? Also, ich nehme keine reinrassigen Tiere auf. *Ihnen* wird jedermann eine Zuflucht bieten. Miss Mary habe ich von der Straße aufgelesen. Und auch die schöne Luise, Maus und den süßen William – meine Hunde wie alle meine Katzen kommen von der Straße. Schaun Sie in den Garten hinunter. Die Markierungen unter dem Paradiesbaum: lauter Gräber, was Sie da sehen, manche noch aus meiner Kinderzeit. Die Muscheln sind Goldfische. Die gelbe Koralle – Kanarienvögel. Der weiße Stein dort, ein Kaninchen; das Kieselkreuz: mein Liebling, die erste Mary – ein engelgleiches Mädchen, ging im Fluß baden und erkältete sich auf den Tod. Cornelius, meinen Mann, habe ich immer damit aufgezogen, daß ich ihm sagte, haha, ich sagte ihm, ich hätte vor, ihn da gemeinsam mit meinen übrigen Lieblingen zu begraben. Haha, er fand es gar nicht komisch, kein bißchen. Also, ich meine, daß Sie Hunde halten, hat weiter nichts zu bedeuten: dieser Billy ist so mutig, *er* weiß sich schon zu behaupten. Nein, ich bestehe darauf, daß Sie ihn nehmen. Ich kann ihn nämlich nicht mehr lange behalten, er bringt alles in Aufruhr; und wenn ich ihn laufenlasse, wird er in sein schlimmes altes Leben in der St. George Alley zurückkehren. Ich an Ihrer Stelle möchte *das* nicht auf dem Gewissen haben.»

Ihre Überredungskünste zeitigten keinen Erfolg; demgemäß war unser Abschied kühl. Zu Weihnachten schickte sie mir jedoch eine Karte, einen Cartier-Stich mit dem Paradiesbaum, der die Knochenreste in seine traurige Obhut genommen hatte. Und als wir uns einmal beim Konditor trafen, wo wir beide Schokoladenkuchen kauften, sprachen wir über die schamlose Gleichgültigkeit, mit der man ihrer Petition begegnet war: ach und weh, die Abbrucharbeiter hatten den Häuserblock abgerissen, die Brüdergemeinde baute. Bei eben dieser Gelegenheit teilte sie mir mit, Sie-sollten-sich-schämen, daß der Kater Billy, aus ihrer Obhut entlassen, tatsächlich zum sündhaften Leben der St. George Alley zurückgekehrt war.

Die St. George Alley, die an ein kleines Kino angrenzt, ist ein schattiger Zufluchtsort für Streuner: heruntergekommene Alkoholiker, die von Chinatown und der Bowery über die Brücke kamen, teilen sie mit anderen verlassenen, verwilderten Geschöpfen: Katzen, so zahlreich wie Elritzen in einem Fluß, die ihre größten Versammlungen bei hereinbrechender Nacht abhalten; dann nämlich, wenn es dunkelt, schleichen Frauen mit seltsamem Blick, nicht unähnlich jenen schwarzgewandten Fanatikerinnen, die durch die Katzenbereiche Roms geistern, mit zärtlichen Zischlauten und Tüten voll gemahlenem Lachs durch die kleine Gasse. (Womit nicht der Eindruck erweckt werden soll, Mrs. O. gehöre zu jenen, die dieser irgendwie ungesunden Liebhaberei frönen: Was Tiere anlangt, entspringen ihre Handlungen, mögen sie auch ein wenig exaltiert sein, einer guten Absicht und sind nicht uncharakteristisch für die Höhen, wo ein hoher Prozentsatz der Schoßtierbevölkerung von der Straße aufgelesen wurde. Tatsächlich ist es verblüffend, wie viele verlaufene Streuner bei ihren Streifzügen in diese Gegend gelangen, so als sagte ihnen der Instinkt, daß sie hier jemanden finden werden, der es nicht zu ertragen vermag, daß im Regen jemand hinter ihm herläuft, der sie vielmehr mit heimnehmen, Milch kochen und Dr. Wassermann anrufen wird, Bernie, unseren jungen Tierarzt, smart wie nur einer, in dessen makelloser Klinik die

Musik Bachscher Concertos erklingt und das Gebell von Hunden, die zusammengeflickt werden.)

Gerade habe ich in Verbindung mit diesen Aufzeichnungen ein hieroglyphisches Durcheinander durchstöbert, das ich mein Tagebuch nenne. Seltsame, wirklich die seltsamsten, flüchtig hingeworfenen Notizen – deren Mehrzahl mir unergründlich bleibt. Der Himmel mag wissen, worauf «Donner in der Cobra Street» Bezug nimmt. Oder «Eine Diarrhoe von Gemeinplätzen in siebzehn Sprachen». Falls es nicht eine höchst langweilige Lokalfigur beschreiben soll, einen Linguisten, der von erschreckender Redseligkeit in vielen Zungen ist, in keiner einzigen jedoch etwas zu sagen hat. Dagegen ergibt «Mit T & G bei G & T» ohne weiteres einen Sinn. Die ersten Initialen stehen für zwei Freunde, die letzten für ein nah gelegenes Restaurant. Sicher kennen Sie es vom Hörensagen Gage & Tollner. Wie Kolb & Antonie in New Orleans ist Gage & Tollner ein aus dem vorigen Jahrhundert stammendes Unternehmen, das in hohem Grade seinen ursprünglichen Charakter bewahrt hat. Der zitternde Lichterglanz seiner Gaslampen ist keine museale Fälschung; ebensowenig erscheinen die Tische mit den einfach-soliden Marmorplatten, das verschwenderische Aufgebot goldgerahmter Spiegel als sentimentale Heuchelei – dies alles bezeugt vielmehr die Aufrichtigkeit der Besitzer, die unseren Dank verdienen, weil sie das Lokal im wesentlichen so haben bestehen lassen, wie es an jenem Eröffnungstag im Jahre 1874 aussah. Man würde es nicht vermuten, denn hier gibt es in der Atmosphäre nichts von Meeres-Firlefanzerei, wie sie für gewöhnlich solchen Aquarien eignet, und doch sind Meerestiere hier Spezialität. Erstklassig. Chowders, die auch beim aufrechtesten Neuengländer Anklang finden müssen. Hummer, die Nero entzücken würden. Ich selbst bin ein *aficionado* der weichschaligen Krabben: ein Teller sautierter Krabben, eine halbierte Zitrone, ein Glas eisgekühlten Chablis: der höchste Genuß. Auch die Kellner, würdevolle, doch stets zu einem Lächeln bereite Neger, die stolz auf ihre Arbeit sind, tragen zur Qualität von Gage & Tollner bei; auf den Ärmeln ihrer blütenweißen Jacketts prangen Winkel im Militärstil, je nach der Zahl ihrer Dienstjahre verliehen; und *wäre* dies die Armee, so wären einige von ihnen Generale.

Nicht weit davon entfernt ist ein anderes Restaurant, eine Spur weniger vornehm, doch von ähnlicher Qualität und mit praktisch demselben Menu: Joe's – und Joe ist, das sei am Rande erwähnt, eine attraktive junge Dame. An den äußersten Ausläufern der Höhen, unmittelbar ehe Brooklyn wieder Brooklyn wird, ist eine Zigeunerstraße mit Zigeunercafés (man kann sich wahrsagen und tätowieren lassen, während man kannenweise maurischen Tee trinkt); es gibt auch ein arabisch-armenisches Viertel, gesprenkelt mit gewürzgeschwängerten Restaurants, wo man frisch vom Herd eine knusprige Art Pfannkuchen kaufen kann, der mit Sesamsamen glasiert ist – zuweilen trage ich meinen hinunter zum Wasser, in der Absicht, ihn mit den Möwen zu teilen; doch ich beiße im Gehen immer wieder davon ab, und es bleibt nie ein Krümchen übrig.

Ein abendlicher Bummel über die Brücke im Sommer, wenn ein kühlender Wind durch die stählernen Verstrebungen harft, über dir die Sterne ziehen und drunten die Schiffe, kann berauschend sein, insbesondere wenn man in Richtung auf Chinatown geht mit seinen Düften nach brutzelndem Schweinefleisch und süßsauren Gerichten.

Eine andere Tagebucheintragung lautet: «Endlich ein Gesicht im Geisterhotel!» Was bedeutet, daß ich nach monatelangem Beobachten zu jeder möglichen Tageszeit und bei jedem Wetter jemand an einem der Fenster in einem scheinbar von Geistern bewohnten Gebäude am Fluß entdeckt hatte. Ein einsames Hotel in der Water Street am Fuße der Höhen, das ich häufig zum Ziel meiner Spaziergänge mache: weil ich es romantisch finde, mir in Augenblicken der Verärgerung ausmale, mich dorthin zurückzuziehen, ist es doch so abgeschieden wie der Berg Athos, entrückter als der Krak Chevalier in den verlassensten Bergdistrikten Syriens. Tagsüber herrscht nur wenig Verkehr an diesem Ort, einer Piazza, die von Chirico sein könnte und in einer Sackgasse gegenüber dem Fluß endet, nachts überhaupt keiner: kein Laut außer Nebelhörnern und einem fernen Wispern des Verkehrs von der Brücke, die da oben wuchtet. Friede und das zitternde Leuchten vorübergleitender Schlepper und Fähren.

Das Hotel ist dreistöckig. Über die Fenster huschen von der Sonne getroffene Bruchstückchen reflektierten Flußgleißens und gebrochene, zickzackförmige Abbilder der Brücke; hinter den Scheiben aber rührt sich nichts: die Zimmer scheinen unbewohnt, trotz allen gegenteiligen Beweisen wie Milchflaschen auf Fensterbrettern, einem Hut am Haken, ungemachten Betten und brennenden Glühbirnen: nie zeigt sich eine Menschenseele. Wie die Matrosen der Marie Celeste müssen die Gäste auf ein Klopfen hin ihre Türen einem Fremden geöffnet haben, der sie mit Haut und Haar verschluckte. Könnte es eben jener Fremde gewesen sein, den ich sah; vielleicht *war* er es? – «Endlich ein Gesicht im Geisterhotel!» Ich erspähte ihn nur dies eine Mal, an einem Aprilnachmittag, einem wolkenlos blauen Tag; und er, ein kahlwerdender Mann im Unterhemd, ließ ein Fenster hochschnellen, beugte behaarte Arme, gähnte gewaltig, atmete tief die Brise vom Fluß her ein – war verschwunden. Nein, wenn ich es genau bedenke, so werde ich keinen Fuß je in dieses Hotel setzen. Denn entweder müßte ich dann verschlungen werden oder erleben, wie sich mein Geheimnis in Nichts auflösen würde. Als Kinder sind wir empfänglich für alles Geheimnisvolle: versperrte Kästen, Geflüster hinter geschlossenen Türen, das Was-ist-das, das dort drüben in den Bäumen lauert, in jedem Dunkel zwischen den Straßenlaternen wartet; doch wenn wir älter werden, wird alles nur zu leicht erklärbar, unsere Fähigkeit, angenehmes Gruseln zu beschwören, nimmt ab: zu schade, ein Jammer – unser Leben lang sollten wir an Geisterhotels glauben.

Dicht beim Hotel beginnt eine Straße, die am Fluß entlangführt. Stumme Meilen von Lagerhäusern, die Fenster mit hölzernen Laden verrammelt, von Docks, die auf dem Wasser schweben wie Seespinnen. Von Mai bis September, *la saison pour la plage,* dienen diese Docks stämmigen Gassenjungen als Sprungbretter – während parfümierte Affen, Potentaten der Uferzone und gleichwohl selbst ehemalige Dock-Taucher, am Steuer zweifarbiger Traumwagen (Banane-Tomate) vorüberrollen. Von Kränen emporgetragen, schweben Traktoren und Baumwollballen, schwebt unglückliches Vieh über den Ladeluken der Schiffe, die nach Bahia fahren, nach Bremen, nach Häfen, deren Namen in orientalischer Kalligrafie erscheinen. Vorausgesetzt, daß man Freunde hat, die am Wasser wohnen, bietet sich manchmal Gelegenheit, an Bord der

Frachter zu klettern, einen zu trinken und sich zu sonnen: vielleicht wird man sogar zum Mittagessen eingeladen – und ich für mein Teil pflege solche Einladungen ohne Sträuben anzunehmen und mit beinahe peinlicher Schnelligkeit, wenn die Gastgeber Skandinavier sind: sie bieten immer eine erlesene Tafel, bestückt aus randvollen Speisekammern mit geräucherten ‹Appetithappen› und eisgekühltem Aquavit. Die griechischen Schiffe hingegen sollte man meiden: sehr mäßige Küche und keinerlei Alkohol außer Ouzo, einem widerwärtig süßen Sirup; und die Atzung auf französischen Frachtdampfern entspricht, zumindest nach der Ansicht dieses Fechtbruders, in keiner Weise den Maßstäben, die man billigerweise voraussetzen dürfte.

Die Leute auf den Schleppern sind in den meisten Fällen gut für einen Kaffee, und was für ein Genuß bei winterlichem Wetter, wenn der Fluß brandend schäumt, Zuflucht in einer ofenbeheizten Kajüte zu suchen und über einem Becher nachtschwarzen Javas aufzutauen. Zuweilen tauchen längs der Fahrtroute winzige Strände auf, und einmal, es war gegen Sonnenuntergang an einem friedlichen Sonntag, erblickte ich auf einem von ihnen etwas, das mich veranlaßte, ein zweites Mal hinzuschauen, und noch zweimal: und noch immer schien es eine Vision zu sein. Matrosen aller Art sind hier ein wohlvertrauter Anblick, selbst Inder im Sarong, selbst die riesigen Senegalesen, deren Onyxarme leuchten von blauen, von gelben, feurig eintätowierten Blumen, feschen Gestalten und grellen *sgraffitti* (*Je t'aime*, Pech gehabt, Mimi Chang, *adios amigo*). Auch ungehobelte Russen – man sieht sie in ihrem schlafanzugähnlichen Aufzug umherflattern. Die bloßfüßigen Matrosen auf diesem Strand jedoch, die drei, die ich dort ausgestreckt sah, ihre Profile gegen den Sonnenuntergang abgehoben, schienen so mythisch wie Meermänner: genauer gesagt, wie Meermädchen – denn sie trugen ihr von Albinosträhnen durchzogenes Haar so lang wie Mädchen, ein wildes, bis auf die Schultern niederfallendes Geflecht; und in ihren Ohren glitzerten goldene Ringe. Ob Abgesandte aus dem perlengepflasterten Palast Poseidons oder einfache Seeleute, wikingisch gelockte Seefahrer aus dem mittelalterlichen gotischen barbarischen Norden, ermattet von langer und barbierloser Fahrt, sie sind unvergeßlich in das Kuriositätenkabinett meiner Erinnerung eingegangen: ein Gegenstand, den man immer wieder im Licht hin- und herwendet wie jene kristallenen Rhomben, deren Inneres geheime Muster birgt.

Nach einigem Überlegen wird auch «Donner in der Cobra Street» verständlich. Es gibt auf den Höhen keine Cobra Street, wenngleich eine Straße existiert, die den Namen verdiente, ein steil abfallender Berg, der zu einem dunklen Sektor der Hafenanlagen führt. Er gehört nicht eigentlich zum Bezirk der Höhen, liegt da wie die Schlange vorm Tor an ihrer äußersten Peripherie. Verwahrloste Kneipen, von Biergeruch schale Bars und klebrige Süßwarenläden mischen sich mit den verwitternden Häusern, den Behausungen zahlreicher Familien, die architektonisch vom altersschwarzen Braunsandsteinhaus bis zu vergrößerten Ausführungen von Mississippi-Abtritten reichen.

Hier wimmelt die Gosse von Cobras; will sagen einer Bande ‹jugendlicher› Verbrecher: COBRA, das Wort ist ihren Unterhemden aufgedruckt und mit Farbe quer über den Rükken ihrer Lederjacken gemalt, manchmal in Buchstaben, die furchterregend phosphoreszent schimmern. Die steile Straße ist innerhalb ihres häßlichen Reiches ein Stückchen ihres ‹Turfs›, wie sie es nennen; ein unendliches Stückchen, denn die Cobras, ein mächtiger Geheimbund, beherrschen ganze Morgen städtischen Geländes. Ich bin kein Held – *au contraire*; ganz offengestanden verursachen mir diese Burschen, mögen sie nun zwölf Jahre alt sein oder zwanzig, Herzklopfen, wie es der Sünder beim sonntäglichen Gottesdienst empfindet. Nichtsdestoweniger habe ich, wenn es die Bequemlichkeit erforderte, einen Abschnitt ihres Bereichs zu durchqueren, meine Nerven dazu gezwungen, der Herausforderung standzuhalten.

Bei meinem letzten Abenteuer, und vielleicht wird es das letzte bleiben, trug ich eine gute Kamera bei mir. Ein sonnenloser Himmel, der entweder Donner oder Regen androhte. Lärmende Kinder vergnügten sich mit Seilspringen, während unter den Laternen tatenlos eine Menge Älterer herumstand und ihnen zusah, gelangweilten Gesichts und lustlos: eine baumwollbehoste, cowboygestiefelte Versammlung von Cobras. Ihre Augen, ihre schläfrigen, überdrüssigen, dreisten Augen schwenkten auf mich ein, der ich die Straße hinaufstieg.

Ich ging auf die andere Straßenseite hinüber und *wußte* alsbald, ohne mich durch einen Blick vergewissern zu müssen, daß die Cobras sich entrollt hatten und auf mich zuglitten. Ich hörte sie pfeifen; und die Kinder verstummten, die Springseile schwirrten nicht mehr. Einer – die untere Hälfte seines Gesichts räuberhaft maskiert durch ein mit Pickeln bedecktes feuerrotes Muttermal – sagte: «He du, Weißerchen, laßmirmadeinkamrasehn.» Die Schritte beschleunigen? Tun, als habe man nichts gehört? Doch jede Möglichkeit schien explosiv. «He, Weißerchen, he, du da, willstemirnichmaknipsen?»

Donner rettete die Situation. Ein rollender Donner, der in die Straße einbrach wie ein Lastwagen, dessen Fahrer die Gewalt über sein Fahrzeug verloren hat. Wir alle sahen auf, ein sturmdrohender Himmel starrte uns entgegen. «Regen! Regen!» schrie ich und rannte davon. Rannte auf die Höhen zu, diese sichere Festung, die bürgerliche Bastion. Raste die Esplanade entlang, wo die hübschen jungen Mütter mit ihren Kinderwagen ein Wettrennen gegen die hereinbrechende Katastrophe liefen. Holte Luft unter dem peitschenden Laub sturmdurchwühlter Ulmen, eilte weiter: sah den Blumenwagenmann mit seinem vor dem Donner scheuenden Pferd kämpfen. Sah, zwanzig Meter vor mir, dann zehn, fünf, dann null, das gelbe Haus in der Willow Street. Daheim! Und heilfroh darüber.

(1959)

AUF ALL DEN WEGEN NACH EDEN

Die süßesten Lieder werden im Schatten des alten Friedhofbaumes gesungen.

An einem Samstag im März, einem einladenden Tag mit angenehmen Winden und segelnden Wolken, kaufte Mr. Ivor Belli von einem Blumenhändler in Brooklyn einen ansehnlichen Strauß Narzissen und beförderte sie, zuerst mit der Untergrundbahn, dann zu Fuß, nach einem riesigen Friedhof in Queens, einem von ihm unbesuchten Ort, seit er im vergangenen Herbst dort dem Begräbnis seiner Frau beigewohnt hatte. Man konnte es nicht seiner Pietät gutschreiben, ihn heute zurückgebracht zu haben, denn Mrs. Belli, mit der er siebenundzwanzig Jahre verheiratet gewesen, während welcher Zeit sie zwei jetzt erwachsene und verehelichte Töchter hervorgebracht hatte, war eine Frau von vielfältigem Naturell gewesen, vorwiegend schwer erträglichem: Er hatte keine Sehnsucht, eine so aufregende Bekanntschaft zu erneuern, selbst nicht im Geiste. Nein, aber ein strenger Winter war gerade vorüber, und er fühlte das dringende Bedürfnis nach Bewegung, Luft, einem herzerhebenden Bummel durch das prächtige, frühlingkündende Wetter; natürlich als Zugabe war es auch schön, daß er so in der Lage sein würde, seinen Töchtern von einem Ausflug zu ihrer Mutter Grab berichten zu können, besonders da es die ältere vielleicht beschwichtigen mochte, die Mr. Bellis allzu bereitwillige Hinnahme eines Lebens, wie man es alleine lebt, zu mißbilligen schien.

Der Friedhof war kein ruhevoller, hübscher Ort, vielmehr ein verdammt furchteinflößender: Morgen von nebelfarbenem Stein über ein spärlich begrastes und schattenloses Plateau verstreut. Ein ungehinderter Blick auf die Skyline von Manhattan verlieh dem Ort die Schönheit eines Bühnenbildes – jenseits der Gräber ragte sie auf wie ein steiler Grabstein, dieses stumme Volk ehren, seine verbrauchten und sehr ehemaligen Bürger. Dieser gegensätzliche Anblick ließ Mr. Belli, der von Beruf Steuerbeamter war und deshalb gerüstet, sich an Ironie zu ergötzen, wie sadistisch sie auch sein mochte, lächeln, sogar kichern – und dennoch, o Gott im Himmel, seine Folgerungen entmutigten ihn auch, lähmten den beschwingten Schritt, der ihn über des Friedhofs starre, kiesige Wege trug. Er ging zusehends langsamer, blieb endlich stehen, dachte: Ich hätte mit Morty in den Zoo gehen sollen; Morty war sein Enkel, drei Jahre alt. Aber nicht weiterzugehen wäre roh, rachsüchtig: Und warum das Bukett verschwenden? Die Verbindung von Sparsamkeit und Tugend belebte ihn wieder; er atmete schwer vor Eile, als er sich schließlich bückte, um die Narzissen in eine steinerne Urne zu zwängen, die auf einem rohen grauen Block saß, der mit gotischer Zierschrift graviert kundtat, daß

SARAH BELLI
1901–1959

die

zärtliche Gattin von Ivor
geliebte Mutter von Ivy und Rebecca

gewesen war.

Lieber Himmel, welche Erlösung, zu wissen, daß die Zunge der Frau endgültig verstummt war. Aber der Gedanke, friedenbringend wie er auch war, und obschon gestützt von Visionen seiner neuen und stillen Junggesellenwohnung, entzündete nicht wieder das plötzlich erloschene Gefühl von Unsterblichkeit, von Lebensfreude, das der Tag zuvor angefacht hatte. Er war ausgezogen, solche Wohltat erwartend von der Luft, dem Fußmarsch, dem Aroma eines neuen, schon vor der Tür stehenden Frühlings. Jetzt wünschte er, er hätte einen Schal getragen; der Sonnenschein war trügerisch, ohne wirkliche Wärme, und der Wind, schien ihm, war ziemlich ungestüm geworden. Während er die Narzissen dekorativ zurechtzupfte, bedauerte er, daß er ihr Schicksal nicht hinauszuzögern vermochte, indem er sie mit Wasser versorgte; Blumen Blumen sein lassend, wandte er sich zum Gehen.

Eine Frau stand ihm im Weg. Obgleich wenig andere Besucher auf dem Friedhof waren, hatte er sie vordem nicht bemerkt noch jetzt ihre Annäherung gehört. Sie trat nicht zur Seite. Flüchtig blickte sie auf die Narzissen, sogleich glitten ihre Augen, die hinter metallgefaßten Gläsern lagen, zu Mr. Belli zurück.

«Ah. Verwandte?»

«Meine Frau», sagte er und seufzte, als sei ein solches Geräusch obligatorisch.

Sie seufzte gleichfalls; ein seltsames Seufzen, das Befriedigung miteinschloß. «Herrje, tut mir leid.»

Mr. Bellis Gesicht wurde lang. «Schon gut.»

«Ein Jammer.»

«Ja.»

«Ich hoffe, es war keine lange Krankheit. Irgendwas Schmerzhaftes.»

«Nein», sagte er, von einem Fuß auf den anderen tretend. «Im Schlaf.»

Ein unbefriedigtes Schweigen fühlend, setzte er hinzu: «Herzgeschichte.»

«Herrje. So verlor ich meinen Vater. Vor kurzem erst. Das gibt uns irgendwie was Gemeinsames. Etwas», sagte sie, in beunruhigend kläglichem Ton, «etwas, um darüber zu reden.»

«Weiß, wie Ihnen zumute sein muß.»

«Wenigstens haben sie nicht gelitten. Das ist ein Trost.»

Die Zündschnur, an Mr. Bellis Langmut gelegt, brannte herab. Bis jetzt hatte er seinen Blick geziemend gesenkt gehalten, nach seinem ersten flüchtigen Blick auf sie nur noch die Schuhe der Frau betrachtend, die von der derben und sogenannt vernünftigen Art waren, die häufig von ältlichen Frauen und Pflegerinnen getragen wird. «Ein großer Trost», sagte er, während er drei Aufgaben ausführte: aufsah, an seinen Hut tippte, einen Schritt vorwärts tat.

Wieder wich die Frau nicht vom Fleck; es war, als sei sie dazu angestellt worden, ihn aufzuhalten. «Könnten Sie mir sagen, wie spät es ist? Meine alte Uhr», verkündete sie, verlegen auf einen zierlichen Mechanismus klopfend, der an ihrem Handgelenk befestigt war. «Ich bekam sie zur Abschlußprüfung. Deshalb geht sie nicht mehr so gut. Ich meine, sie ist ganz schön alt. Aber sie sieht nett aus.»

Mr. Belli war gezwungen, seinen Mantel aufzuknöpfen und nach seiner in die Westentasche eingebetteten goldenen Uhr zu graben. Unterdessen unterzog er die Dame einer genauen Prüfung, nahm sie richtig auseinander. Sie mußte blond gewesen sein als Kind, ihr Teint ließ darauf schließen: der reine Glanz ihrer skandinavischen Haut, ihre runden Wangen, gerötet von bäuerlicher Gesundheit, und die Bläue ihrer fröhlichen Augen – so ehrliche Augen, anziehend trotz der sie umrahmenden dünnen silberglänzenden Brille; doch das Haar selbst, soviel er davon unter einem grauen Filzhut ausmachen konnte, war dürftig dauergewelltes Gekräusel ohne besondere Färbung. Sie war ein wenig größer als Mr. Belli, der mit Hilfe von Einlagen einsdreiundsiebzig war, und sie mochte mehr wiegen; jedenfalls konnte er sich nicht vorstellen, daß sie allzu freudig auf die Waage stieg. Ihre Hände: Küchenhände; und die Nägel: nicht nur fransig benagt, noch dazu bemalt mit einem Perlmuttlack, der seltsam phosphoreszierte. Sie trug einen schlichten braunen Mantel und in der Hand eine schlichte schwarze Tasche. Als der Betrachter diese Bestandteile wieder zu einem Ganzen fügte, fand er, daß sie sich zu einer sehr annehmbar aussehenden Person verbanden, deren Aussehen ihm gefiel; der Nagellack war entmutigend, dennoch fühlte er, daß hier jemand war, dem man vertrauen konnte. Wie er Esther Jackson vertraute, Miss Jackson, seiner Sekretärin. Tatsächlich, an die erinnerte sie ihn; nicht etwa, daß der Vergleich gerecht gewesen wäre – Miss Jackson gegenüber, die, wie er einmal im Verlauf eines Streites Mrs. Belli unterrichtet hatte, eine ‹intellektuelle Eleganz und Eleganz auch sonst› besaß. Nichtsdestoweniger schien die Frau, die vor ihm stand, ganz erfüllt von jener Eigenschaft des Wohlwollens, die er an seiner Sekretärin so schätzte, Miss Jackson, Esther (wie er sie kürzlich gedankenlos gerufen hatte). Mehr noch, er schätzte sie gleichen Alters: vermutlich noch keine vierzig.

«Mittag. Genau.»

«Denken Sie an! Wirklich, Sie müssen ausgehungert sein», sagte sie, klappte ihre Tasche auf, blickte suchend hinein als wär's ein Picknickkorb, vollgestopft mit Leckerbissen, die für ein Smörgasbord ausreichten. Sie schaufelte eine Handvoll Erdnüsse heraus. «Praktisch lebe ich von Erdnüssen, seit Paps – seit ich für niemanden zu kochen habe. Ich muß sagen, selbst wenn ich es sage, ich vermisse meine Küche; Paps sagte immer, bei mir wär's besser als in jedem Restaurant, in dem er je war. Aber es macht keinen Spaß, nur für sich selbst zu kochen, selbst wenn man Pasteten so leicht wie ein Blatt machen kann. Nur zu. Nehmen Sie davon. Sind frisch geröstet.»

Mr. Belli nahm an; er war immer kindisch versessen auf Erdnüsse gewesen, und als er sich auf dem Grab seiner Frau niedersetzte, sie zu essen, hoffte er nur, seine Freundin hätte noch mehr davon. Eine Handbewegung deutete an, sie solle neben ihm niedersitzen; es überraschte ihn, zu sehen, daß die Einladung sie zu verwirren schien; plötzliche Zugaben von Rosa färbten ihre Wangen, als hätte er sie aufgefordert, Mrs. Bellis Totenstatt in ein Liebeslager zu verwandeln.

«Für Sie ist's in Ordnung. Ein Angehöriger. Aber ich. Würde sie's mögen, daß eine Fremde auf ihrer – Ruhestätte sitzt?»

«Bitte. Seien Sie Gast. Sarah würde nichts dagegen haben», erklärte er ihr, dankbar, daß die Toten nicht hören können, denn es ließ ihn schaudern und amüsierte ihn zugleich, sich auszumalen, was Sarah, diese lebhafte Szenenmacherin, diese energische Sucherin nach Lippenstiftspuren und verirrten blonden Strähnen, sagen würde, wenn sie sehen könnte, wie er da auf ihrem Grab Erdnüsse pellte mit einer Frau, die nicht ganz reizlos war. Und dann, als sie geziert auf dem Rand des Grabes Platz nahm, bemerkte er ihr Bein. Ihr linkes Bein; es stak geradeaus wie ein steifes Stück Unfug, mit dem sie Vorübergehende zu Fall zu bringen gedachte. Sein Interesse gewahrend, lächelte sie, bewegte das Bein auf und ab. «Ein Unfall, müssen Sie wissen. Als ich ganz klein war. Ich fiel von der Achterbahn auf Coney Island. Ehrlich. Es stand in der Zeitung. Niemand weiß, warum ich noch lebe. Nur, ich kann mein Knie nicht mehr beugen. Sonst ist kein Unterschied. Nur beim Tanzen. Sind Sie ein großer Tänzer?»

Mr. Belli schüttelte den Kopf; sein Mund war voller Erdnüsse.

«Also noch etwas, das wir gemeinsam haben. Tanzen. Ich

könnt es schon gern haben. Aber ich hab's nicht. Doch Musik liebe ich.» Mr. Belli nickte Zustimmung.

«Und Blumen», setzte sie hinzu und berührte den Narzissenstrauß; dann wanderten ihre Finger weiter und strichen, als läse sie Blindenschrift, über die Marmorlettern seines Namens. «Ivor», sagte sie, betonte falsch, «Ivor Belli. Mein Name ist Mary O'Meaghan. Aber ich wünschte, ich wär Italienerin. Meine Schwester ist's, nun ja, sie hat einen geheiratet. Aber er steckt voller Übermut, von glücklichem Naturell und unternehmend, wie alle Italiener. Er sagt, meine Spaghetti sind die besten, die er je gegessen hat. Besonders die Art, die ich mit Fischsoße mache. Die müßten Sie mal kosten.»

Mr. Belli, mit den Erdnüssen zu Ende, fegte die Schalen von seinem Schoß.

«Sie haben einen Kunden bekommen. Aber er ist kein Italiener. Belli klingt so. Ich bin aber Jude.»

Sie runzelte die Stirn, nicht mißbilligend, aber als habe er sie auf geheimnisvolle Weise entmutigt.

«Meine Familie stammt aus Rußland. Ich bin dort geboren.»

Diese letzte Auskunft stellte ihre Begeisterung wieder her, brachte sie in Fahrt. «Ich kümmere mich nicht darum, was die Zeitungen schreiben. Ich bin sicher, Russen sind wie alle anderen auch. Menschlich. Haben Sie im Fernsehen das Bolschoi-Ballett gesehen? Hat Sie das nun nicht stolz gemacht, ein Russe zu sein?»

Er dachte: sie meint es gut; und schwieg.

«Rotkohlsuppe – heiß oder kalt – mit saurem Rahm. Hmmm. Sehen Sie», sagte sie, eine zweite Portion Erdnüsse hervorzaubernd, «Sie *waren* hungrig. Armer Kerl.» Sie seufzte. «Wie müssen Sie die Küche Ihrer Frau vermissen.»

Es stimmte, so war es; und der Spannungszustand, in den die Unterhaltung seinen Appetit versetzte, machte es ihm deutlich. Sarah hatte eine ausgezeichnete Tafel gehalten: abwechslungsreich, immer zur Zeit, gut gewürzt. Er entsann sich gewisser zimtduftender Festtage. Nachmittage mit Bratensoße und Wein, gestärktem Linnen, dem ‹guten› Silber, gefolgt von einem Nickerchen. Überdies hatte Sarah ihn nie gebeten, einen Teller abzutrocknen – er konnte sie hören, wie sie in der Küche ruhig vor sich hin summte – hatte sich nie über die Hausarbeit beklagt, und sie hatte es fertiggebracht, das Heranwachsen zweier Mädchen zu einer reibungslosen Folge durchdachter und liebevoller Ereignisse zu machen; Mr. Bellis Beitrag zu ihrer Aufzucht hatte darin bestanden, bewundernder Zeuge zu sein; wenn seine Töchter ihm Ehre machten (Ivy in Bronxville lebend, verheiratet mit einem Zahnarzt, ihre Schwester die Frau von A. J. Krakower, Juniorpartner in der Anwaltsfirma von Finnegan, Loeb und Krakower), so hatte er es Sarah zu danken, sie waren ihre Leistung. Vieles sprach für Sarah, und er war froh, zu entdecken, daß er so dachte, sich selbst nicht voller Erinnerung an die lange Hölle der Stunden zu finden, die sie damit hingebracht hatte, ihre Zunge an seinen Gewohnheiten zu wetzen, geargwöhntem Pokerspiel, schürzenjägerischen Lastern, sondern an freundlichere Episoden: Sarah, ihre selbstgemachten Hüte vorführend, Sarah, Brosamen für Wintertauben auf verschneite Fenstersimse streuend: eine Flut von Bildern, die den Kehricht der herberen Erinnerungen ins Meer schwemmte. Er fühlte Trauer und war mit einemmal glücklich, so zu fühlen, bekümmert, daß er nicht eher bekümmert gewesen; und doch, obschon er plötzlich Sarah aufrichtig schätzte, konnte er kein Bedauern darüber heucheln, daß ihr gemeinsames Leben ein Ende gefunden hatte, denn der gegenwärtige Zustand war, im ganzen gesehen, bei weitem vorzuziehen. Jedoch wünschte er, daß er ihr statt der Narzissen eine Orchidee gebracht hätte, eines jener Prachtexemplare, wie sie sie immer von den Verabredungen ihrer Töchter gerettet und dann im Kühlschrank verwahrt hatte, bis sie verwelkt waren.

«... nicht wahr?» hörte er und fragte sich, wer da gesprochen hatte, bis er blinzelnd Mary O'Meaghan erkannte, deren Stimme ungehört dahingeplätschert war: eine schüchterne, einlullende Stimme, ein seltsam dünner und jugendlicher Klang für eine so robuste Gestalt.

«Ich sagte, sie müssen niedlich sein, nicht wahr?»

«Nun ja», war Mr. Bellis vorsichtige Antwort.

«Seien Sie nur bescheiden. Aber ich bin ganz sicher, sie sind's. Wenn sie ihrem Vater gleichen, haha, nehmen Sie mich nicht ernst, ich mach nur Spaß. Aber im Ernst, Kinder werfen mich geradezu um. Ich tausche jedes Kind gegen jeden Erwachsenen, der je gelebt hat. Meine Schwester hat fünf, vier Jungen und ein Mädchen. Dot, das ist meine Schwester, ist immer hinter mir her, daß ich sie hüte, wo ich jetzt doch die Zeit habe und nicht mehr jede Minute auf Paps achten muß. Sie und Frank, mein Schwager, ich erwähnte ihn, sie sagen, Mary, niemand kann wie du mit Kindern umgehen. Und gleichzeitig Spaß haben. Aber es ist ja so leicht; nichts bringt Kinder so sicher zum Schlafen wie heißer Kakao und eine wilde Kissenschlacht. Ivy», sagte sie, laut die ernste Schrift des Grabsteins lesend, «Ivy und Rebecca. Süße Namen. Und ich bin sicher, Sie tun Ihr Bestes. Aber zwei kleine Mädchen ohne Mutter.»

«Nein, nein», sagte Mr. Belli, der schließlich begriff. «Ivy ist selbst Mutter. Und Becky guter Hoffnung.»

Ihr Gesicht wandelte momentane Enttäuschung zum Ausdruck des Unglaubens.

«Großvater? Sie?»

Mr. Belli hatte verschiedene Eitelkeiten: zum Beispiel glaubte er, er wäre normaler als andere Menschen, und des weiteren hielt er sich für einen wandelnden Kompaß; seine Verdauung und die Fähigkeit, auf dem Kopf Stehendes lesen zu können, waren andere ichgefühlsteigernde Posten. Aber sein Bild im Spiegel rief wenig inneren Applaus hervor. Nicht daß er seine Erscheinung nicht gemocht hätte, er wußte nur, daß sie sehr ‹lala› war. Die Erntezeit für sein Haar hatte schon vor Jahrzehnten begonnen; jetzt war sein Haupt beinahe ein unfruchtbares Feld. Während seine Nase Charakter zeigte, hatte sein Kinn, obgleich doppelt bemüht, keinen. Seine Schultern waren breit; aber das war auch alles übrige. Natürlich hielt er sich reinlich, sorgte für glänzende Schuhe, gewaschene Wäsche, schabte und puderte seine bläulichen Wangen zweimal am Tag. Aber solche Maßnahmen vermochten seine mittelständische angejahrte Alltäglichkeit nicht zu tarnen, unterstrichen sie in Wahrheit. Nichtsdestoweniger wies er Mary O'Meaghans Schmeichelei nicht zurück, letzten Endes ist unverdientes Lob oft das wirksamste.

«Teufel, ich bin einundfünfzig», sagte er, vier Jahre abziehend. «Kann nicht sagen, daß ich's spüre.» Und das stimmte; vielleicht war es, weil der Wind sich gelegt hatte, die Wärme der Sonne jetzt glaubwürdiger war. Was immer der Grund sein mochte, seine Erwartungen waren von neuem entfacht, wieder war er unsterblich, ein Mann, der Pläne für die Zukunft schmiedete.

«Einundfünfzig. Das ist nichts. Das beste Mannesalter, wenn Sie auf sich achten. Ein Mann Ihres Alters braucht Fürsorge. Jemanden, der nach ihm sieht.»

Auf einem Friedhof war man doch gewiß vor Männerjägerinnen sicher?! Die Frage, die ihm durch den Kopf schoß, verhielt auf halbem Weg, während er ihr gemütliches und leichtgläubiges Gesicht durchforschte, ihren Blick auf Arglist prüfte. Wenn auch beruhigt, hielt er es für das Beste, sie an ihre Umgebung zu gemahnen.

«Ihr Vater. Ist er –» Mr. Belli gestikulierte linkisch – «in der Nähe?»

«Paps? Aber nein. Er war sehr eigensinnig; er lehnte es strikt ab, beerdigt zu werden. So ist er zu Hause.» Eine beunruhigende Vorstellung reifte in Mr. Bellis Kopf, die ihre nächsten Worte: «Seine Asche natürlich» nicht gänzlich zerstreuten. «Nun ja», sie zuckte die Achseln, «so wollte er's. Doch – ich sehe, Sie wundern sich, warum ich hier bin? Ich wohne nicht allzu weit. Es ist ein Spaziergang, und der Blick ...» Sie wandten sich beide um, starrten auf die Skyline, wo die Türme einzelner Gebäude Wolkenbanner flattern ließen und sonnengeblendete Fenster glitzerten wie eine Million Glimmerteilchen. Mary O'Meaghan sagte: «Welch vollkommener Tag für einen Umzug.»

Mr. Belli dachte, *You're a very nice girl*; und dann sagte er es auch noch und wünschte, er hätte es nicht getan, denn natürlich fragte sie warum. «Darum. Nun ja, das war nett, was Sie da gesagt haben. Von den Umzügen.»

«Sehen Sie? So vieles gemeinsam. Ich verpasse nie einen Umzug», erzählte sie ihm triumphierend. «Die Waldhörner. Ich blase selbst Waldhorn. Früher jedenfalls tat ich's, als ich im Heiligen Herz war. Vorhin sagten Sie ...» sie senkte die Stimme, als nähere sie sich einem Thema, das ernste Töne erfordere, «Sie deuteten an, Sie wären Musikliebhaber. Ich besitze nämlich Tausende von alten Schallplatten. Hunderte. Paps war in dieser Branche. Es war sein Job. Bis er sich zur Ruhe setzte. Platten schellacken in einer Plattenfabrik. Erinnern Sie sich an Helen Morgan? Sie haut mich um, die macht mich richtig fertig.»

«Mein Gott», flüsterte er. Ruby Keller, Jean Harlow: das waren stürmische, aber heilbare Schwärmereien gewesen, aber Helen Morgan, albinobleich, ein paillettenblitzernder Geist hinter Ziegfelds Rampenlicht – wahrlich, wahrlich, er hatte sie geliebt.

«Glauben Sie es? Daß sic sich zu Tode getrunken hat? Wegen eines Gangsters?»

«Das ist nicht wichtig. Sie war schön.»

«Manchmal, wenn ich allein bin und es irgendwie satt habe, dann tu ich so, als wäre ich sie. Tue so, als sänge ich in einem Nachtlokal. Es macht Spaß, wissen Sie.»

«Ja, ich weiß», sagte Mr. Belli, dessen eigener Lieblingstraum es war, sich die Abenteuer auszumalen, die er bestehen würde, wenn er unsichtbar wäre.

«Darf ich Sie fragen, ob Sie mir einen Gefallen tun würden?»

«Wenn ich kann. Gewiß.»

Sie holte tief Luft, hielt den Atem an, als schwimme sie unter einer Woge von Schüchternheit dahin, und auftauchend sagte sie: «Würden Sie sich meine Imitation anhören? Und mir Ihre ehrliche Meinung sagen?»

Dann nahm sie ihre Brille ab: Die silbernen Ränder hatten sich so tief eingegraben, daß ihr Umriß bleibend in ihr Antlitz eingedrückt war. Ihre Augen nackt und feucht und hilflos, schienen von ihrer Freiheit betäubt, die spärlich befransten Lider flatterten gleich langgefangenen, plötzlich freigelassenen Vögeln. «Da: alles weich und rauchig. Jetzt müssen Sie ihre Phantasie gebrauchen. Stellen Sie sich vor, ich sitze auf einem Flügel – mein Gott, verzeihen Sie mir, Mr. Belli.»

«Vergessen Sie's. Ist schon in Ordnung. Sie sitzen auf dem Flügel.»

«Ich sitze auf dem Flügel», sagte sie, lehnte träumerisch den Kopf zurück, bis er eine romantische Pose einnahm. Sie saugte ihre Wangen ein, öffnete ihre Lippen, im gleichen Augenblick biß sich Mr. Belli auf die seinen. Denn es war ein taktloser Besuch, den der Glanz von Schönheit Mary O'Meaghans pausbäckigem und rosigem Gesicht abstattete, ein Besuch, der überhaupt nicht hätte abgestattet werden sollen; es war die falsche Adresse. Sie wartete, wie lauschend auf die Musik, auf den Einsatz, und dann: *«Don't ever leave me, now that you're here! Here is where you belong. Everything seems so right when you're near, when you're away it's all wrong.»*

Und Mr. Belli war betroffen, denn was er da hörte, war aufs Haar Helen Morgans Stimme, und die Stimme, mit ihrer verletztlichen Süße, ihrer Reinheit, ihrem zärtlichen Erzittern, wenn sie sich zu den hohen Tönen aufschwang, schien nicht geborgt, schien Mary O'Meaghans eigene und natürlicher Ausdruck eines verborgenen Einsseins. Allmählich gab sie die theatralischen Posen auf, saß aufrecht, sang mit fest geschlossenen Augen: *«I'm so dependent. When I need comfort, I always run to you. Don't ecer leave me! 'Cause if you do, I'll have no one to run to.»* Bis es zu spät war, bemerkten weder sie noch Mr. Belli die sargbeladene Gesellschaft, die sich in ihre Zurückgezogenheit drängte: eine schwarze Raupe, aus stillen Negern bestehend, die auf das weiße Paar starrten, als seien sie gerade über ein paar betrunkene Grabschänder gestolpert – mit Ausnahme einer Trauernden, eines kleinen Mädchens mit trockenen Augen, das zu lachen anfing und nicht aufhören konnte; ihre schluckaufähnliche Heiterkeit hallte noch lange wider, nachdem die Prozession um eine entfernte Ecke verschwunden war.

«Wenn das mein Kind wäre», sagte Mr. Belli.

«Ich schäme mich so.»

«Nun hören Sie aber! Warum denn? Es war wundervoll. Ehrlich: Sie können singen.»

«Danke», sagte sie und klemmte ihre Brille auf, als wolle sie einen Schutzwall gegen drohende Tränen errichten.

«Glauben Sie mir, ich war gerührt. Was ich gern haben würde, das wäre ein Dakapo.»

Es war, als wäre sie ein Kind, dem er einen Luftballon gegeben hatte, einen einzigartigen Ballon, der immer noch anschwoll, bis er sie schließlich in die Luft hob, mit ihr dahintanzte, so daß nur noch ihre Fußspitzen ab und zu den Boden berührten. Sie kam wieder zur Erde herab, um zu sagen: «Aber nicht hier. Vielleicht», so begann sie, und aufs neue schien sie emporgetragen, durch die Luft gewiegt zu werden. «Vielleicht werden Sie mich einmal für Sie kochen lassen. Ich werde etwas echt Russisches ausdenken. Wir können Platten spielen.»

Der Gedanke, der aufkeimende Verdacht, der vorhin auf Zehenspitzen vorübergehuscht war, kehrte mit schwerem Tritt zurück, eine fette, vierschrötige Kreatur, die Mr. Belli nicht verjagen konnte. «Ich danke Ihnen, Miss O'Meaghan. Das ist etwas, auf das man sich freuen kann», sagte er. Aufstehend rückte er den Hut zurecht, zog den Mantel glatt. «Man kann sich was holen, wenn man zu lange auf kalten Steinen sitzt.»

«Wann?»

«Nun ja, niemals. Man sollte niemals auf kalten Steinen sitzen.»

«Wann werden Sie zum Essen kommen?»

Mr. Bellis Lebensunterhalt hing einigermaßen davon ab, daß er ein geschickter Erfinder von Ausflüchten war. «Jederzeit», antwortete er glatt, «nur nicht in Bälde. Ich bin bei der Steuer. Sie wissen ja, was uns Burschen im März passiert. Ja, mein Herr», sagte er und zog wieder seine Uhr heraus. «Für mich heißt's zurück in die Tretmühle.» Doch er konnte nicht – konnte er's? – einfach davonschlendern, sie auf Sarahs Grab sitzend zurücklassen? Er schuldete ihr Höflichkeit, für die Erdnüsse, wenn nicht für mehr, obschon da noch mehr war – vielleicht war es ihr zu danken, daß er sich Sarahs Orchideen erinnert hatte, wie sie im Kühlschrank welkten. Wie sich das auch verhielt, sie *war* nett; eine so liebenswerte Frau, Fremde, wie er nur je eine getroffen hatte. Er dachte, einen Vorteil aus dem Wetter ziehend, aber das Wetter bot keinen: weniger Wolken jetzt, die Sonne ungemein sichbar. «Kühler geworden», stellte er fest und rieb sich die Hände. «Könnte Regen geben.»

«Mr. Belli, jetzt werde ich Ihnen eine sehr persönliche Frage stellen», sagte sie, jedes Wort mit Entschiedenheit aussprechend. «Weil ich nicht möchte, daß Sie denken, ich ginge herum und lüde jeden zum Essen ein. Meine Absichten ...» ihre Augen irrten herum, ihre Stimme schwankte, als sei diese direkte Art eine Maskerade gewesen, die sie nicht aufrechthalten konnte. «Deshalb bin ich dabei, Ihnen eine sehr persönliche Frage zu stellen. Haben Sie daran gedacht, wieder zu heiraten?»

Er brummte gleich einem Radio, das warm wird, bevor es spricht, und als er's dann tat, klang es wie Störgeräusch.

«Oh, in *meinem* Alter. Will nicht mal 'nen Hund. Ein bißchen Bier. Poker einmal die Woche. Teufel. Wer zum Teufel sollte mich wollen?» sagte er und erinnerte sich mit einem

Stich an Rebeccas Schwiegermutter Mrs. A. J. Krakower sen., Dr. Pauline Krakower, Dentistin, nicht mehr praktizierend, die ein kühner Teilnehmer an einer gewissen Familienverschwörung gewesen war. Oder was war mit Sarahs bester Freundin, der hartnäckigen Brownie Pollock? Seltsam, aber solange Sarah am Leben war, hatte er Spaß an Brownies Bewunderung gefunden, bei sich bietender Gelegenheit seinen Nutzen daraus gezogen; nachher – schließlich hatte er ihr ausdrücklich erklärt, sie solle ihn nicht mehr anrufen (und sie hatte geschrien: Sarah hatte recht mit allem, was sie je gesagt hat! Du fetter, kleiner, *haariger* kleiner Bastard!). Und dann – ja dann gab es Miss Jackson. Trotz Sarahs Vermutungen, ihrer in der Tat inbrünstigen, eigensinnigen Überzeugung, hatte sich nichts Anstößiges, sehr Anstößiges, zwischen ihm und der liebenswürdigen Esther ereignet, deren Steckenpferd Kegeln war. Aber immer hatte er vermutet und in den letzten Monaten gewußt, daß, wenn er eines Tages einen Drink vorschlagen würde, ein Abendessen, eine richtige Kraftprobe in irgendeiner Kegelbahn ... Er sagte: «Ich *war* verheiratet. Siebenundzwanzig Jahre lang. Das reicht fürs ganze Leben»; aber als er es sagte, wurde ihm klar, daß er in eben diesem Augenblick zu einem Entschluß gelangt war, und zwar zu dem: Er *würde* Esther zum Essen einladen, er würde sie zum Kegeln mitnehmen und ihr eine Orchidee kaufen, ein rotes Prachtexemplar mit einer Schleife aus lavendelfarbenem Band. Und wo, überlegte er, verbringen Pärchen die Flitterwochen im April? Spätestens Mai? Miami? Bermuda? Bermuda! «Nein, ich hab niemals daran gedacht. Noch einmal zu heiraten.»

Man hätte aus ihrer aufmerksamen Haltung schließen können, daß Mary O'Meaghan Mr. Belli hingerissen lauschte, nur daß ihre Augen spazierengingen, umherschweiften, als jagten sie auf einer Gesellschaft nach einem anderen, mehr versprechenden Gesicht. Aus ihrem eigenen Gesicht war die Farbe gewichen, und mit ihr war das meiste ihres blühenden Zaubers vergangen. Sie hustete.

Er hustete. Den Hut lüftend, sagte er: «Es war reizend, Ihnen zu begegnen, Miss O'Meaghan.»

«Ganz meinerseits», sagte sie und stand auf. «Haben Sie was dagegen, wenn ich mit Ihnen bis zum Tor gehe?»

Er hatte, ja; denn er wollte allein herumschlendern, ausgehungert das herbe Labsal dieses frühlingsstrahlenden Paradewetters in sich schlürfen, allein sein mit seinen vielen Gedanken an Esther, seiner hoffnungsvollen, sinnenfreudigen, lebensprühenden Stimmung.

«Ein Vergnügen», sagte er, seinen Schritt ihrem langsameren Gang anpassend und dem leichten Schlingern, das ihr steifes Bein verursachte.

«Aber es schien eine vernünftige Idee», sagte sie, streitbar argumentierend. «Und da war die alte Annie Austin: der lebende Beweis. Ja, kein Mensch hatte einen besseren Einfall. Ich meine, alle waren an mir: Heirate. Von dem Tag, wo Paps starb, sagten meine Schwester und alle immer: Arme Mary, was soll aus ihr werden? Ein Mädchen, das nicht Maschine kann. Steno. Mit ihrem Bein und allem; kann nicht mal servieren. Was passiert mit einem Mädchen – einer erwachsenen Frau –, das nichts kann, niemals was getan hat? Außer Kochen und ihren Vater pflegen. Ich hörte immer nur: Mary, du mußt heiraten.»

«Nun. Warum sich sträuben? Ein feiner Kerl wie Sie, Sie sollten verheiratet sein. Sie würden einen Gefährten sehr glücklich machen.»

«Sicher würd ich. Aber *wen*?» Sie warf ihre Arme in die Luft, streckte eine Hand gen Manhattan, das restliche Land, die Kontinente dahinter.

«Ich hab also Ausschau gehalten, von Natur bin ich nicht faul. Aber offen und ehrlich, wie findet jemand jemals einen Mann? Wenn man nicht sehr, sehr hübsch ist, aufregend gut tanzt. Wenn man gerade nur – nun, alltäglich ist.»

«Nein, nein, ganz und gar nicht», nuschelte Mr. Belli. «Nicht alltäglich. Nein. Könnten Sie nicht etwas aus Ihrem Talent machen? Ihrer Stimme?»

Sie blieb stehen, stand da und klappte ihre Handtasche auf und ab. «Machen Sie sich nicht lustig. Bitte. Mein Leben steht auf dem Spiel», und sie beharrte: «Ich bin alltäglich. Wie Annie Austin auch. Und sie meint, der Ort, wo ich einen Mann finden könnte – einen anständigen Mann, eine Stütze –, sei die Spalte mit den Todesanzeigen.»

Als Mann, der sich für einen menschlichen Kompaß hielt, erlebte Mr. Belli das beängstigende Gefühl, den Weg verloren zu haben. Mit Erleichterung sah er die Tore des Friedhofs nur knapp hundert Meter entfernt. «Tatsächlich? Sagt sie das? Die alte Annie Austin?»

«Ja. Und sie ist eine sehr praktische Frau. Sie versorgt sechs Leute für achtundfünfzig Dollar fünfundsiebzig die Woche, Essen, Kleidung, alles. Wie sie es erklärt hat, klang es bestimmt logisch. Weil nämlich die Todesanzeigen voll sind von unverheirateten Männern. Witwern. Geh einfach zur Beerdigung und führ dich irgendwie ein: zeig Mitgefühl. Oder der Friedhof, geh an einem schönen Tag hin, oder geh nach Woodlawn, dort spazieren immer Witwer herum. Burschen, die daran denken, wie sehr ihnen die Häuslichkeit fehlt, und die vielleicht wünschen, sie wären wieder verheiratet.»

Als Mr. Belli begriff, daß sie es ernst meinte, war er erschrocken. Aber es belustigte ihn auch, und er lachte, stieß die Hände in die Taschen und warf den Kopf zurück. Sie stimmte ein, sprudelte ein Lachen hin, das ihr wieder Farbe gab, sie in übermütiger Manier gegen ihn stoßen ließ.

«Sogar ich», sagte sie, seinen Arm packend, «sogar *ich* kann den Witz sehen.» Aber die Einsicht war nicht von Dauer; ernst sagte sie: «Aber so lernte Annie Austin ihre Männer kennen. Beide, Mr. Cruikshank und dann Mr. Austin. Also *muß* es doch eine vernünftige Idee sein. Glauben Sie nicht?»

«Ja, ich glaube schon.»

Sie zuckte die Achseln. «Aber es hat sich nicht allzugut angelassen. Nehmen Sie uns zum Beispiel. *Wir* schienen so viel gemeinsam zu haben.»

«Eines Tages», sagte er, seine Schritte beschleunigend, «mit einem lebhafteren Burschen.»

«Ich weiß nicht. Ich hab ein paar großartige Leute kennengelernt. Aber immer endet es so. Wie bei uns...» sagte sie und ließ weiteres ungesagt, denn ein neuer Pilger, der gerade durch das Friedhofstor hereinkam, hatte ihr Interesse auf sich gezogen: ein munterer kleiner Mann, freudiges Gepfeife von sich gebend und mit vielen Hüpfern im Gang. Auch Mr. Belli gewahrte ihn, bemerkte das schwarze Band, das um den Ärmel des leuchtend grünen Tweedmantels genäht war, den der Besucher trug, und kommentierte: «Viel Glück, Miss O'Meaghan. Schönen Dank für die Erdnüsse.»

(1960)

Quellennachweis

Dieser Ausgabe liegen folgende amerikanische Originalbände zugrunde:

«A Tree of Night and Other Stories», Random House, New York. Copyright by Truman Capote, 1945, 1946, 1947, 1948, 1949: Baum der Nacht / A Tree of Night – Miriam / Miriam – Der silberne Krug / Jug of Silver – Wie ich die Dinge sehe / My Side of the Matter – Ohne Ziel / The Headless Hawk – Schließ die letzte Tür / Shut a Final Door – Kindergeburtstag / Children on Their Birthdays – Master Misery / Master Misery

Ins Deutsche übertragen von Liselotte Fassbinder

«Breakfast at Tiffany's. A Short Novel and Three Stories», Random House, New York. Copyright by Truman Capote, 1958: Eine Weihnachtserinnerung / A Christmas Memory (Deutsch von Elisabeth Schnack) – Die Diamanten-Gitarre / A Diamond Guitar (Deutsch von Helen Ryhenstroth) – Das Blumenhaus / House of Flowers (Deutsch von Marion F. Steipe) – Frühstück bei Tiffany (Breakfast at Tiffany's (Deutsch von Hansi Bochow-Blüthgen)

«Selected Writings», Random House, New York. Copyright by Truman Capote, 1960. Copyright by The Curtis Publishing Company, 1959: Haus auf den Höhen / A House on the Heights (Deutsch von Marguerite Schlüter) – Auf all den Wegen nach Eden / Among the Paths to Eden (Deutsch von Raymond G. May und Kurt Oppermann-Kostra)